확장판

나만의 주제별 영단어 학습 플래너

VOCA PLANNER

수능 완성

신문섭

DARAKWON

신문섭 혜화여자고등학교 교사
서울대학교 사범대학 영어교육과 졸업

VOCA PLANNER 수능 완성

지은이 신문섭
펴낸이 정규도
펴낸곳 (주)다락원

초판 1쇄 발행 2025년 11월 28일

편집장 홍인표
편집 정연순
디자인 박나래, 김예지
영문 감수 Ted Gray

다락원 경기도 파주시 문발로 211
내용 문의 (02)736-2031 내선 501
구입 문의 (02)736-2031 내선 250~252
Fax (02)732-2037
출판 등록 1977년 9월 16일 제406-2008-000007호

ISBN 978-89-277-8104-2 54740
     978-89-277-8101-1 54740 (set)

http://www.darakwon.co.kr
다락원 홈페이지를 방문하시면 상세한 출판 정보와 함께 MP3 자료 등의 다양한 어학 정보를 얻으실 수 있습니다.

주제별로 핵심 어휘만 쏙쏙 뽑은
VOCA PLANNER
고등 시리즈 확장판 소개

📌 **VOCA PLANNER 고등 시리즈 확장판**은 '수능 완성' 단계를 새롭게 추가하여 〈고등 필수〉, 〈수능 필수〉, 〈수능 완성〉 총 3단계로 확장 구성했습니다. 고등학생이 꼭 알아야 할 필수 어휘를 촘촘하게 학습하여 내신과 수능 대비를 효과적으로 할 수 있습니다.

📌 최신 교육과정 권장 어휘와 주요 고등 교과서, 수능 기출, 모의평가, 학력평가를 분석하여 중요 어휘만 선별했습니다.

📌 소주제로 주제를 세분화하여, 어휘의 뜻을 주제에 맞게 연상하며 학습할 수 있습니다.

📌 새롭게 추가된 **Voca Plus** 코너로 주요 구동사를 학습할 수 있습니다.

📌 플래너 기능이 담긴 **미니 단어장**이 새롭게 추가되어, 휴대하며 어휘를 학습할 수 있습니다.

VOCA PLANNER 고등 시리즈 확장판 단계

고등 필수
표제어 1,500개 수록
대상 고1~고2 | 고등학생이 꼭 알아야 할 고등 기본·필수 어휘

수능 필수
표제어 1,500개 수록
대상 고3~수능 대비 학습자 | 수능 및 모의평가 고빈출 필수·고난도 어휘

수능 완성
표제어 1,500개 수록
대상 수능 전 최종 점검 학습자 | 수능 및 모의평가 최빈출 기본·필수·고난도 어휘 총정리

VOCA PLANNER 특징 및 활용법

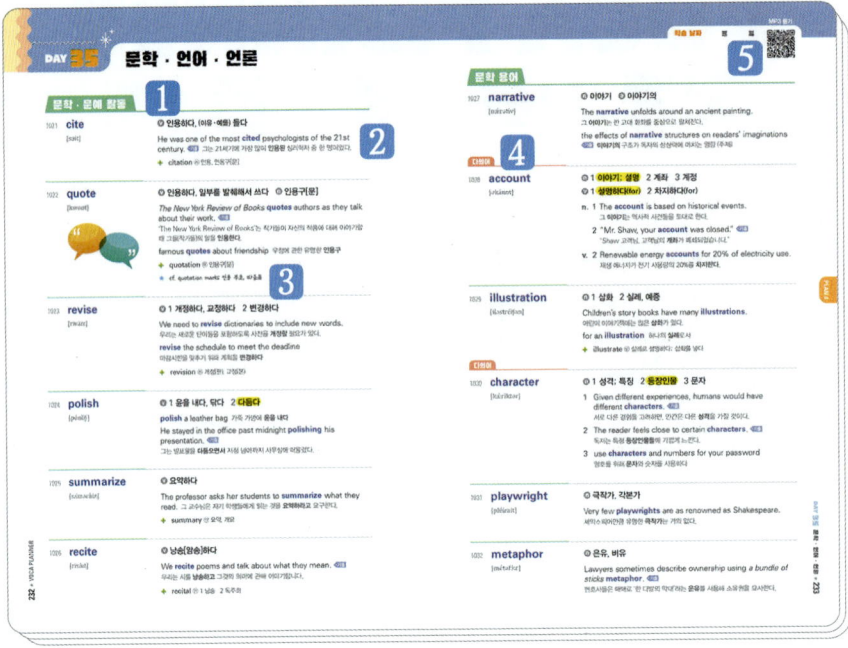

1 소주제별로 관련 표제어가 묶여 있어 어휘 뜻 암기에 효과적
소주제로 묶여 서로 연관된 어휘들의 뜻을 연상하면서 암기합니다.

2 표제어의 뜻을 잘 보여주는 최적의 예문
〈확장판〉에서는 일부 기출 예문이 추가되었습니다. 어휘의 뜻을 잘 보여주는 예문을 읽어보며 어휘의 쓰임을 익힙니다.

3 어휘 학습에 도움을 주는 다양한 팁
혼동하기 쉬운 어휘, 어원, 동·반의어, 파생어 등 팁을 읽어 보며 어휘를 확실하게 익힙니다.

4 수능에서 중요한 다의어는 특별 관리
3개 이상의 뜻을 가진 어휘에는 다의어 표시, 해당 주제에 맞는 뜻에는 노란색 표시가 되어 있습니다.
각각의 뜻과 예문을 꼼꼼히 익힙니다.
*다의어 표시는 없지만 두 개 이상의 뜻이 있는 표제어의 경우에도 주제에 해당하는 어휘에 노란색으로 표시했습니다.

5 Day별 4가지 버전의 MP3 듣기 활용
〈표제어 개별/전체 듣기〉로 표제어의 뜻을 떠올려보고, 〈표제어+우리말 뜻 듣기〉로 뜻 확인 후, 〈표제어+우리말 뜻+예문 듣기〉로 예문까지 모두 들으며 어휘의 쓰임과 발음을 확실하게 학습합니다.

학습하기 전 알아두기

n 명사 | **v** 동사 | **a** 형용사 | **ad** 부사 | **prep** 전치사 | **pron** 대명사 | **conj** 접속사
★ 어원과 팁 표시 | ✚ 예문의 핵심 표현 정리 | ✚ 파생어 표시

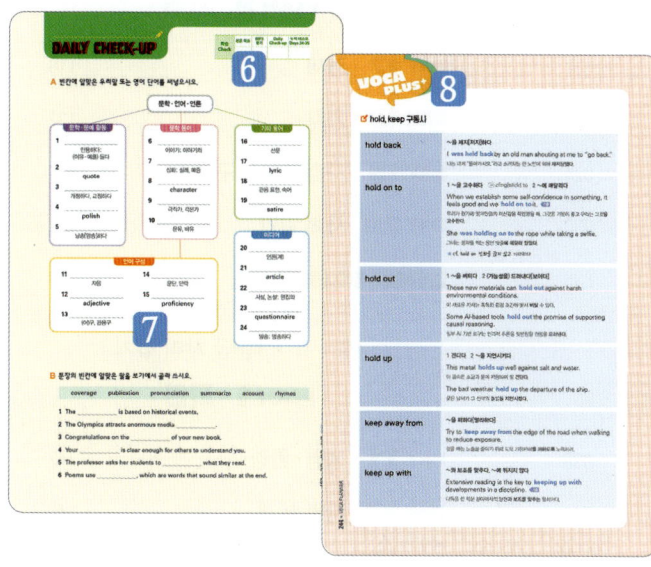

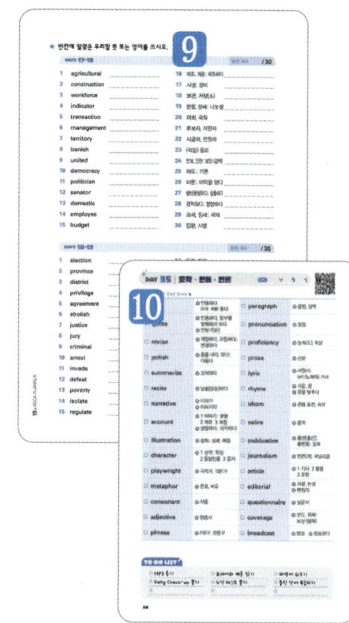

⑥ Day별 학습 진도 체크 표

하루하루 해야 할 학습 진도표에 학습했는지 여부를 체크하면서 학습하세요.

⑦ Daily Check-up으로 확실한 복습

소주제에 맞게 분류한 워드맵과 〈확장판〉에 새롭게 추가된 문장 빈칸 채우기 연습으로 어휘를 확실하게 복습합니다.

⑧ Voca Plus 코너로 중요 구동사 학습하기

〈확장판〉에 추가된 Voca Plus를 통해 매 PLAN마다 수능에 자주 나오는 중요 구동사를 추가로 점검하고 학습합니다.

⑨ 매일매일 누적테스트

Days 1–2, Days 2–3 방식으로 하루씩 누적한 테스트로 앞에 학습한 어휘도 누적하여 복습합니다.

⑩ 휴대용 미니 단어장

미니 단어장 속의 To-Do List에 할 일을 체크하면서 어휘를 암기합니다.

온라인 부가자료 (www.darakwon.co.kr)

다락원 홈페이지에서 무료로 다양한 부가자료를 다운로드하거나 웹에서 이용할 수 있습니다.

- 각종 추가 테스트지 제공

- PLAN별 추가 Review Test 제공

- 4가지 버전의 MP3 듣기 파일

  표제어 전체 듣기 | 표제어 개별 듣기 | 표제어+우리말 뜻 듣기 | 표제어+우리말 뜻+예문 듣기

- 5가지 유형의 문제 출제가 가능한 문제출제프로그램 제공

  영어 단어 쓰기 | 우리말 뜻 쓰기 | 영영풀이 보고 어휘 쓰기 | 문장이나 어구 빈칸 채우기 | 음성 받아쓰기(단어를 듣고 단어와 우리말 뜻 쓰기)

VOCA PLANNER 수능 완성 목차

Part Ⅰ ★ 1등급 들어가기

PLAN 1 자연·사물·과학

DAY 1	환경·생명	012
DAY 2	자연 세계	018
DAY 3	사물	024
DAY 4	자연과학	030
VOCA PLUS⁺		036

PLAN 2 인간

DAY 5	신체·감각	038
DAY 6	정서	044
DAY 7	인성·태도	050
DAY 8	식품·건강	056
VOCA PLUS⁺		062

PLAN 3 사고

DAY 9	생각	064
DAY 10	판단	070
DAY 11	인지	076
DAY 12	지성	082
VOCA PLUS⁺		088

PLAN 4 문화

DAY 13	존재·대인관계	090
DAY 14	여가·참여	096
DAY 15	문화·예술	102
DAY 16	교육·언어	108
VOCA PLUS⁺		114

PLAN 5 사회

DAY 17	경제	116
DAY 18	통치	122
DAY 19	사법·군사·구호	128
DAY 20	사회 일반	134
VOCA PLUS⁺		140

Part Ⅱ ★ 1등급 자리 잡기

PLAN 1 자연

DAY 21	생명·환경	142
DAY 22	자연 세계	148
DAY 23	사물	154
DAY 24	자연과학	160
VOCA PLUS⁺		166

PLAN 2 인간

DAY 25	인생·목표	168
DAY 26	심경·심리	174
DAY 27	인성·태도	180
DAY 28	식품·건강	186
VOCA PLUS⁺		192

PLAN 3 사고

DAY 29	생각	194
DAY 30	판단	200
DAY 31	인지	206
DAY 32	지성	212
VOCA PLUS⁺		218

PLAN 4 문화

DAY 33 생활   220

DAY 34 여가 · 예술   226

DAY 35 문학 · 언어 · 언론   232

DAY 36 교육 · 종교 · 문화   238

VOCA PLUS⁺   244

PLAN 3 사고

DAY 45 생각 · 판단   300

DAY 46 인지 · 지성   306

VOCA PLUS⁺   312

PLAN 5 사회

DAY 37 경제 일반   246

DAY 38 개인 경제   252

DAY 39 입법 · 행정   258

DAY 40 사법 · 국제 사회   264

VOCA PLUS⁺   270

PLAN 4 문화

DAY 47 생활   314

DAY 48 문학 · 교육   320

VOCA PLUS⁺   326

Part III ★ 1등급 굳히기

PLAN 1 자연

DAY 41 생명 · 환경   272

DAY 42 사물   278

VOCA PLUS⁺   284

PLAN 5 사회

DAY 49 경제 일반   328

DAY 50 사법 · 군사   334

VOCA PLUS⁺   340

PLAN 2 인간

DAY 43 인생 · 심경 · 인성   286

DAY 44 식품 · 건강   292

VOCA PLUS⁺   298

Answer Key   341

Index   355

VOCA PLANNER 학습 계획표

매일매일 계획을 세워 Day별로 날짜를 쓰면서 단어를 외워보세요. 한 책을 다 학습한 후 2회독하면 더욱 더
수능 완성 어휘를 내 것으로 만들 수 있어요.

			1회독			2회독		
Part I	PLAN 1	Day 1	년	월	일	년	월	일
		Day 2	년	월	일	년	월	일
		Day 3	년	월	일	년	월	일
		Day 4	년	월	일	년	월	일
	PLAN 2	Day 5	년	월	일	년	월	일
		Day 6	년	월	일	년	월	일
		Day 7	년	월	일	년	월	일
		Day 8	년	월	일	년	월	일
	PLAN 3	Day 9	년	월	일	년	월	일
		Day 10	년	월	일	년	월	일
		Day 11	년	월	일	년	월	일
		Day 12	년	월	일	년	월	일
	PLAN 4	Day 13	년	월	일	년	월	일
		Day 14	년	월	일	년	월	일
		Day 15	년	월	일	년	월	일
		Day 16	년	월	일	년	월	일
	PLAN 5	Day 17	년	월	일	년	월	일
		Day 18	년	월	일	년	월	일
		Day 19	년	월	일	년	월	일
		Day 20	년	월	일	년	월	일
Part II	PLAN 1	Day 21	년	월	일	년	월	일
		Day 22	년	월	일	년	월	일
		Day 23	년	월	일	년	월	일
		Day 24	년	월	일	년	월	일

			1회독			2회독		
Part II	PLAN 2	Day 25	년	월	일	년	월	일
		Day 26	년	월	일	년	월	일
		Day 27	년	월	일	년	월	일
		Day 28	년	월	일	년	월	일
	PLAN 3	Day 29	년	월	일	년	월	일
		Day 30	년	월	일	년	월	일
		Day 31	년	월	일	년	월	일
		Day 32	년	월	일	년	월	일
	PLAN 4	Day 33	년	월	일	년	월	일
		Day 34	년	월	일	년	월	일
		Day 35	년	월	일	년	월	일
		Day 36	년	월	일	년	월	일
	PLAN 5	Day 37	년	월	일	년	월	일
		Day 38	년	월	일	년	월	일
		Day 39	년	월	일	년	월	일
		Day 40	년	월	일	년	월	일
Part III	PLAN 1	Day 41	년	월	일	년	월	일
		Day 42	년	월	일	년	월	일
	PLAN 2	Day 43	년	월	일	년	월	일
		Day 44	년	월	일	년	월	일
	PLAN 3	Day 45	년	월	일	년	월	일
		Day 46	년	월	일	년	월	일
	PLAN 4	Day 47	년	월	일	년	월	일
		Day 48	년	월	일	년	월	일
	PLAN 5	Day 49	년	월	일	년	월	일
		Day 50	년	월	일	년	월	일

PLAN 1
자연 · 사물 · 과학

DAY 1 환경 · 생명
DAY 2 자연 세계
DAY 3 사물
DAY 4 자연과학

환경·생명
ecosystem 생태계
biodiversity 생물 다양성

자연 세계
coastal 해안의, 연안의
persist 지속하다, 존속하다

자연·사물·과학

사물
solid 고체의; 고체
deficient 부족한, 결핍한

자연과학
property 속성, 특성
explore 탐구하다; 탐사하다

환경 · 생명

환경

0001 **ecosystem**
[í:kousìstəm]

ⓝ 생태계

Forest **ecosystems** provide a lot of services to life and the planet.
숲 **생태계**는 생명체와 행성에 많은 서비스를 제공한다.

0002 **atmosphere**
[ǽtməsfiər]

ⓝ 1 **대기** 2 분위기

Plants remove carbon from the **atmosphere**. 〈기출〉
식물은 **대기**에서 탄소를 제거한다.

The tense **atmosphere** soon turned into wild laughter. 〈기출〉
긴장된 **분위기**는 곧 웃음 바다로 바뀌었다.

✚ atmospheric ⓐ 1 대기의 2 분위기의

0003 **oxygen**
[ɑ́ksidʒən]

ⓝ 산소

We can live without cars, but we cannot live without **oxygen**. 〈기출〉
우리는 차 없이는 살 수 있지만, **산소** 없이는 살 수 없다.

★ cf. carbon 탄소 | hydrogen 수소 | nitrogen 질소

0004 **landscape**
[lǽndskèip]

ⓝ 풍경, 경치

Josef Sudek photographed wooded **landscapes** of Bohemia. 〈기출〉
Josef Sudek은 보헤미아의 숲이 우거진 **풍경**을 사진에 담았다.

✚ landscaping ⓝ 조경

0005 **habitat**
[hǽbətæ̀t]

ⓝ 서식지

We must protect the forest for wildlife **habitat**.
우리는 야생 생물 **서식지**를 위해 숲을 보호해야 한다.

0006 **layer**
[léiə:r]

ⓝ 층, 겹 ⓥ 층층이[겹겹이] 쌓다[놓다]

The ozone **layer** protects the earth from ultraviolet rays.
오존층은 자외선으로부터 지구를 보호한다.

The Earth has organized itself into its present **layered** structure.
지구는 스스로 현재의 **층층이 쌓인** 구조로 체계화되었다.

생물

0007 **organism**
[ɔ́ːrgənìzm]

ⓝ 유기체, (극도로 작은) 생물(체)

Single-celled **organisms** evolved into multi-celled ones.
단세포 **유기체**는 다세포 유기체로 진화하였다.

★ cf. microorganism 미생물

0008 **mammal**
[mǽməl]

ⓝ 포유류, 포유동물

All **mammals** are warm-blooded and feed their babies milk.
모든 **포유류**는 온혈 동물이고 새끼에게 젖을 먹인다.

0009 **reptile**
[réptail / -təl]

ⓝ 파충류

Animals with backbones are fish, amphibians, **reptiles**, birds, and mammals.
척추를 가진 동물은 어류, 양서류, **파충류**, 조류, 그리고 포유류이다.

+ reptilian ⓐ 파충류의

0010 **primate**
[práimit / -meit]

ⓝ 영장류

Both humans and chimpanzees are **primates**.
인간과 침팬지 둘 다 **영장류**이다.

★ cf. ape 유인원

0011 **predator**
[prédətər]

ⓝ 포식자, 포식 동물

A prey species has to avoid **predators** after dark. 〈기출〉
먹잇감 종은 어두워진 후에 **포식자**를 피해야 한다.

+ predatory ⓐ 포식(성)의 | predation ⓝ 포식
★ cf. prey 먹잇감 (동물)

0012 **vegetation**
[vèdʒətéiʃən]

ⓝ (집합적) 식물, 식생

Climate change affects **vegetation** growth around the world.
기후 변화는 전 세계적으로 **식물** 성장에 영향을 미친다.

★ cf. vegetable 채소 | vegetarian 채식주의자

0013 blossom
[blάsəm]

ⓥ 꽃을 피우다 ⓝ 꽃; 개화

Cherries and tulips are **blossoming** early this year.
벚나무와 튤립이 올해는 일찍 **꽃을 피우고** 있다.

white **blossoms** of magnolia 목련의 하얀 **꽃**

★ cf. bloom 꽃이 피다; 꽃, 개화

다의어

0014 breed
[bri:d]
breed-bred-bred

ⓥ 1 새끼를 낳다 2 사육하다; 기르다 ⓝ (동식물의) 품종

v. 1 These animals move south to **breed** and to survive winter.
이 동물들은 **새끼를 낳고** 겨울을 나기 위해 남쪽으로 이동한다.

n. There are over 340 different **breeds** of dogs worldwide.
전 세계적으로 340종이 넘는 다양한 개 **품종**이 있다.

＋ breeding ⓝ 번식

0015 decay
[dikéi]

ⓥ 부패[부식]하다 ⓝ 부패, 부식

Decaying leaves give off carbon back into the atmosphere.
부패하는 잎은 탄소를 다시 대기로 방출한다.

the **decay** of dead plant material
죽은 식물 물질의 **부패**

0016 reproductive
[rì:prədʌ́ktiv]

ⓐ 1 번식의, 생식의 2 재생의; 복제하는

Social groups provide survival and **reproductive** benefits. ◀기출
사회 집단은 생존과 **번식** 이점을 제공한다.

reproductive prints of an artwork 예술작품의 **복제** 인쇄본

＋ reproduce ⓥ 1 번식하다 2 재생하다; 복제하다
reproduction ⓝ 1 번식 2 재생; 복제

0017 adaptable
[ədǽptəbl]

ⓐ 쉽게 적응하는; 적응할 수 있는

Humans are highly **adaptable** to new and changing environments.
인간은 새롭고 변화하는 환경에 매우 **적응력이 뛰어나다**.

＋ adapt ⓥ 적응하다 | adaptation ⓝ 적응
adaptability ⓝ 적응성 | adaptive ⓐ 적응의, 적응할 수 있는

0018 extinct
[ikstíŋkt]

ⓐ 사멸한, 멸종된; (화산이) 활동을 멈춘

At least 100 species of plants and animals go **extinct** every day. 적어도 100종의 동식물이 매일 **사멸한다**.

＋ extinction ⓝ 사멸, 멸종, 소멸

★ cf. die out 사멸하다, 멸종되다

환경 훼손

0019 pollution
[pəlúːʃən]

ⓝ 오염, 공해

The main cause of air **pollution** is the burning of fossil fuels.
대기 **오염**의 주원인은 화석 연료의 연소이다.

✚ pollute ⓥ 오염시키다 | pollutant ⓝ 오염 물질

0020 emission
[imíʃən]

ⓝ 1 배출, 방출 2 배기가스, 배출물

Nations band together to tackle the problems of greenhouse gas **emissions**.
국가들이 온실가스 **배출** 문제를 해결하기 위해 단합하고 있다.

reduce vehicle **emissions**
자동차 **배기가스**를 줄이다

✚ emit ⓥ 배출하다, 내뿜다

0021 deforestation
[diːfɔ̀ːristéiʃən]

ⓝ 삼림 벌채

Deforestation severely affects a plant community. ◀기출
삼림 벌채는 식물 군락에 심각하게 영향을 미친다.

★ cf. forestation 조림, 식림 | desertification 사막화

0022 destructive
[distrʌ́ktiv]

ⓐ 파괴적인

Many species are threatened with extinction by **destructive** human activities.
많은 종이 **파괴적인** 인간 활동으로 사멸 위협을 받는다.

✚ destroy ⓥ 파괴하다 | destruction ⓝ 파괴

0023 disastrous
[dizǽstrəs]

ⓐ 재앙의, 재난[재해]을 일으키는

A big oil spill would be **disastrous** to wildlife.
대량의 기름 유출은 야생 생물에 **재앙이 될** 것이다.

✚ disaster ⓝ 재앙, 재해, 재난

0024 endangered
[indéindʒərd]

ⓐ 멸종 위기에 처한

Worldwide Efforts to Protect **Endangered** Species ◀기출
멸종 위기에 처한 종을 보호하려는 전 세계적인 노력 (제목)

✚ endanger ⓥ 위험에 빠뜨리다

0025 conserve
[kənsə́:rv]

ⓥ 1 보존하다, 보호하다 2 절약하다

It is our duty to **conserve** our environment for future generations.
미래 세대를 위해 우리의 환경을 **보존하는** 것은 우리의 의무이다.

Limiting the use of electronics is a great way to **conserve** energy.
전자기기 사용을 제한하는 것은 에너지를 **절약하는** 훌륭한 방법이다.

✚ conservation ⓝ 보존, 보호

0026 revive
[riváiv]

ⓥ 소생시키다; 부활시키다

Cutting down dead trees helps **revive** the forest.
죽은 나무를 베어내는 것은 숲을 **소생시키는** 것을 돕는다.

✚ revival ⓝ 소생, 부활

0027 restore
[ristɔ́:r]

ⓥ 1 복원하다, 복구하다 2 회복하다

It is of great significance to **restore** the damaged ecosystem.
훼손된 생태계를 **복원하는** 것은 매우 중요하다.

She took a long vacation to **restore** her health.
그녀는 건강을 **회복하기** 위해 긴 휴가를 떠났다.

✚ restoration ⓝ 1 복원, 복구 2 회복

0028 alternative
[ɔːltə́:rnətiv]

ⓝ 대안; 양자택일 ⓐ 대안의; 양자택일의

Hydrogen will be a good **alternative** to fossil fuels within a few years. 수소는 몇 년 내에 화석 연료의 좋은 **대안**이 될 것이다.

possibilities of **alternative** explanations of an event
한 사건에 대한 **대안적** 설명 가능성

0029 biodiversity
[bàioudivə́:rsəti / -dai-]

ⓝ 생물 다양성

Biodiversity is important to the functioning of real-world ecosystems. **생물 다양성**은 현실 세계 생태계 기능에 중요하다.

★ cf. diversity 다양성

0030 sustainability
[səstèinəbíləti]

ⓝ 지속 가능성

Ensuring productivity and diversity is the driving force for **sustainability**.
생산성과 다양성을 확실히 하는 것이 **지속 가능성**을 위한 동력이다.

✚ sustainable ⓐ 지속 가능한 | sustain ⓥ 지속[유지]하다

DAILY CHECK-UP

A 빈칸에 알맞은 우리말 또는 영어 단어를 써넣으시오.

환경 · 생명

환경

1 _____
생태계

2 _____
atmosphere

3 _____
oxygen

4 _____
landscape

5 _____
층, 겹; 층층이 쌓다

생물

6 _____
유기체, 생물(체)

7 _____
mammal

8 _____
reptile

9 _____
영장류

10 _____
vegetation

환경 훼손

16 _____
오염, 공해

17 _____
deforestation

18 _____
파괴적인

19 _____
disastrous

20 _____
멸종 위기에 처한

생명 활동

11 _____
새끼를 낳다; 품종

12 _____
blossom

13 _____
부패[부식](하다)

14 _____
reproductive

15 _____
사멸한, 멸종된

환경 보호

21 _____
소생시키다; 부활시키다

22 _____
대안(의); 양자택일(의)

23 _____
biodiversity

24 _____
sustainability

B 문장의 빈칸에 알맞은 말을 보기에서 골라 쓰시오.

adaptable	predators	habitat	restore	conserve	emissions

1 We must protect the forest for wildlife _____.

2 A prey species has to avoid _____ after dark.

3 It is of great significance to _____ the damaged ecosystem.

4 Humans are highly _____ to new and changing environments.

5 It is our duty to _____ our environment for future generations.

6 Nations band together to tackle the problems of greenhouse gas _____.

자연 세계

지리 · 장소

0031 coastal
[kóustəl]

ⓐ 해안의, 연안의

Mombasa is a **coastal** city along the Indian Ocean.
몸바사는 인도양 연안의 **해안** 도시이다.

+ coast ⓝ 해안, 연안

0032 marine
[mərí:n]

ⓐ 해양의, 바다의

Activity: Dolphin watching guided by a **marine** biologist 기출
활동: **해양** 생물학자가 안내하는 돌고래 관람 (안내문)

0033 remote
[rimóut]

ⓐ 1 외딴, 먼 2 원격의

The doctors volunteered in a **remote** mountain village.
그 의사들은 한 **외딴** 산골 마을에서 자원봉사를 했다.

an organism's **remote** ancestors 한 유기체의 **먼** 조상
remote control **원격** 조종 장치(리모컨)

0034 continent
[kántənənt]

ⓝ 대륙; 육지

The twin **continents** of the Americas lie in a north-south direction. 기출
두 아메리카 **대륙**은 남북 방향으로 놓여 있다.

+ continental ⓐ 대륙의
★ cf. supercontinent 초대륙

0035 boundary
[báundəri]

ⓝ 1 경계(선) 2 (주로 pl.) 한계, 범위

Within the **boundaries** of the park, the picnic area is clearly marked with signs.
공원 **경계** 내에, 소풍 구역이 표지판으로 명확히 표시되어 있다.

test the **boundaries** of science 과학의 **한계**를 시험하다

0036 location
[loukéiʃən]

ⓝ 1 장소, 위치 2 현지 촬영(지)

Early researchers traveled to remote **locations** for their studies. 기출
초기 연구자들은 연구를 위해 외딴 **장소**로 찾아갔다.

His new film was shot on **location** in Prague.
그의 새 영화는 프라하에서 **현지 촬영**되었다.

+ locate ⓥ 1 찾아내다 2 (위치에) 두다

자연 현상

0037 freeze
[fri:z]
freeze-froze-frozen

ⓥ 얼다, 얼리다 ↔ melt, thaw 녹다

The river **freezes** in winter but may still flow under the ice.
그 강은 겨울에 **얼지만**, 얼음 아래서는 여전히 흐르고 있을 수 있다.

➕ frozen ⓐ 얼어붙은, 냉동의 | freezing ⓐ 어는; 몹시 추운

0038 float
[flout]

ⓥ (공중, 물 위에) 뜨다; 떠다니다 ↔ sink 가라앉다

In fact, a star is "a hot gaseous mass **floating** in space."
사실, 별은 우주에 **떠 있는** 뜨거운 가스 덩어리이다.

➕ afloat ⓐ (물에) 뜬

0039 scatter
[skǽtər]

ⓥ 흩뿌리다; 흩어지다, 흩어지게 하다

scatter seeds on the soil 흙에 씨를 **흩뿌리다**

Seeds spread and **scatter** to find new places to grow.
씨앗은 퍼지고 **흩어져** 자랄 새로운 장소를 찾는다.

다의어

0040 stack
[stæk]

ⓥ 쌓다[포개다]; 쌓이다 ⓝ 더미, 무더기

v. The thick fallen leaves **stacked** up on the ground.
두툼한 낙엽이 땅 위에 **쌓였다**.

n. There were **stacks** of wood off in the corner.
구석 한쪽에 장작**더미**가 있었다.

다의어

0041 decline
[dikláin]

ⓥ 1 <mark>감소하다, 하락하다</mark> 2 (정중히) 거절하다
ⓝ <mark>감소, 하락</mark>

v. 1 Plant growth **declines** as the plant gets older.
식물의 성장은 그 식물이 나이가 듦에 따라 **감소한다**.

2 Why did you **decline** the job offer?
당신은 왜 그 일자리 제안을 **거절했나요**?

n. Global insect populations have seen a sharp **decline**.
전 세계의 곤충 개체 수가 급격한 **감소세**를 보여왔다.

0042 abandon
[əbǽndən]

ⓥ 1 <mark>버리다, 버리고 떠나다</mark> 2 단념하다

Birds **abandoned** their nests because of noise.
새들이 소음 때문에 둥지를 **버리고 떠났다**.

Do not **abandon** your dreams for anything or anyone. ◀기출
그 무엇을 위해서도 그 누구를 위해서도 여러분의 꿈을 **단념하지** 말라.

0043 persist
[pəːrsíst]

ⓥ 1 고집하다, (계속) 주장하다   2 <mark>지속하다; 존속하다</mark>

She **persisted** with her original plan.
그녀는 자신의 원래 계획을 **고집했다[고수했다]**.

The hot weather **persisted** into late September.
무더운 날씨가 9월 말까지 **지속되었다**.

➕ persistent ⓐ 1 끈질긴 2 지속적인 | persistence ⓝ 1 고집 2 지속(성)

0044 expand
[ikspǽnd]

ⓥ 1 팽창하다   2 확장하다, 확대하다

Metals **expand** when the temperature rises.
금속은 기온이 상승할 때 **팽창한다**.

We ask you to **expand** the school road for students' safety. 〈기출〉
학생들의 안전을 위해 학교 도로를 **확장할** 것을 요청합니다.

다의어

0045 extend
[iksténd]

ⓥ 1 확대하다, 넓히다   2 연장하다   3 뻗다, 내밀다

1   The telescope vastly **extends** our power of vision.
   망원경은 우리의 시각 능력을 크게 **확대시킨다**.

3   Trees manage to **extend** their roots towards the water source. 〈기출〉 나무는 용케도 뿌리를 수원을 향해 **뻗는다**.

➕ extensive ⓐ 넓은, 광범위한 | extension ⓝ 연장; 확대

0046 transform
[trænsfɔ́ːrm]

ⓥ 1 변형시키다; 바꾸다   2 탈바꿈시키다

Our old garage has been **transformed** into a multi-use room.
우리의 낡은 차고가 다용도실로 **바뀌었다**.

Welcoming stress can **transform** it into something helpful. 〈기출〉
스트레스를 환영하는 것은 그것을 뭔가 도움이 되는 것으로 **탈바꿈시킬** 수 있다.

0047 explode
[iksplóud]

ⓥ 1 폭발하다, 파열하다   2 폭발적으로 증가하다

A bomb **exploded** and killed three people.
폭탄이 **폭발하여** 세 명이 죽었다.

As the bird population neared extinction, the insect population **exploded**.
그 조류 개체군이 멸종에 가까워지자, 곤충 개체군이 **폭발적으로 증가했다**.

0048 vibrate
[váibreit]

ⓥ 진동하다

My phone began to **vibrate** violently on the desk.
내 전화기가 책상 위에서 맹렬하게 **진동하기** 시작했다.

➕ vibration ⓝ 진동

0049 rapid
[rǽpid]

ⓐ 급속한, 신속한

REM stands for **Rapid** Eye Movement, a stage of sleep. 기출
REM은 **급속** 안구 운동을 의미하는데, 수면의 한 단계이다.

✚ rapidity ⓝ 급속, 신속

0050 permanent
[pə́ːrmənənt]

ⓐ 1 영구적인, 영속하는   2 상설의

The player suffered **permanent** damage to his leg due to an accident.
그 선수는 사고로 다리에 **영구** 손상을 입었다.

permanent exhibition **상설** 전시

0051 temporary
[témpərèri/-rəri]

ⓐ 1 일시적인   2 임시의   ↔permanent

Will the joy be **temporary** or longlasting?
그 기쁨은 **일시적일** 것인가 오래 지속될 것인가?

temporary worker **임시** 직원

0052 opposite
[ɑ́pəzit]

ⓐ 반대(쪽)의; 맞은편의   ⓝ 정반대(되는 사람·일)

Venus spins in the **opposite** direction to Earth.
금성은 지구와 **반대** 방향으로 회전한다.

Opposites attract. **정반대되는 사람들**은 서로에게 끌린다.

0053 vertical
[və́ːrtikəl]

ⓐ 수직의, 세로의   ⓝ 수직선[면]

Helicopters can perform **vertical** takeoffs and landings.
헬리콥터는 **수직** 이착륙을 수행할 수 있다.

The chessboard has 8 **verticals**.
체스판에는 8개의 **수직선**이 있다.

0054 horizontal
[hɔ̀ːrəzɑ́ntl]

ⓐ 수평의, 가로의   ⓝ 수평선[면]

Friendship is a **horizontal** relationship between two equals.
우정은 동등한 두 사람 사이의 **수평적** 관계이다.

Draw a line parallel to the **horizontal**.
수평선에 평행한 선을 그리시오.

✚ horizon ⓝ 수평선, 지평선

0055 virtually
[vɔ́ːrtʃuəli]

@ad **거의, 사실상**

Sometimes the wind can blow from **virtually** every direction.
때때로 바람은 **거의** 모든 방향으로부터 불어올 수 있다.

+ virtual @ 1 사실상의 2 가상의

0056 seemingly
[síːmiŋli]

@ad **외관상은, 겉보기에는**

Even a **seemingly** small leak can cause a disaster.
겉보기에 작은 누출조차도 재앙을 초래할 수 있다.

+ seeming @ 겉으로의, 외관상의

0057 gradually
[grǽdʒuəli]

@ad **서서히, 점차, 차츰**

Photographs have **gradually** become cheap mass-produced objects. 기출
사진은 **서서히** 대량 생산되는 저렴한 물건이 되었다.

+ gradual @ 점차적인, 점진적인

0058 obviously
[ɔ́bviəsli]

@ad **명백하게, 분명히** ≡ evidently 분명히

The problem is that **obviously** good ideas are not truly innovative. 기출
문제는 **명백하게** 좋은 아이디어가 진실로 혁신적이지 않다는 것이다.

+ obvious @ 명백한, 분명한

0059 eventually
[ivéntʃuəli]

@ad **결국, 마침내** ≡ finally 마침내

If you do something many times, **eventually** you get used to it.
뭔가를 여러 번 하면, **결국** 여러분은 그것에 익숙해진다.

+ eventual @ 결과의; 최종적인

0060 immediately
[imíːdiətli]

@ad **즉시, 곧**

The teddy bear in the window **immediately** caught her eye.
기출 진열창의 곰 인형이 **즉시** 그녀의 시선을 끌었다.

+ immediate @ 즉시의; (공간적) 인접한

DAILY CHECK-UP

A 빈칸에 알맞은 우리말 또는 영어 단어를 써넣으시오.

자연 세계

지리 · 장소

1 _____ coastal

2 _____ 외딴, 먼; 원격의

3 _____ 대륙; 육지

4 _____ boundary

5 _____ 장소, 위치

자연 현상

6 _____ 얼다, 얼리다

7 _____ float

8 _____ stack

9 _____ 감소[하락](하다); 거절하다

10 _____ abandon

시공간적 성질

16 _____ 급속한, 신속한

17 _____ permanent

18 _____ temporary

19 _____ 수평의; 수평선[면]

존재 · 변화

11 _____ persist

12 _____ 확대하다; 연장하다; 뻗다

13 _____ transform

14 _____ 폭발하다; 폭발적으로 증가하다

15 _____ vibrate

양상

20 _____ 거의, 사실상

21 _____ seemingly

22 _____ 서서히, 점차, 차츰

23 _____ obviously

24 _____ eventually

B 문장의 빈칸에 알맞은 말을 보기에서 골라 쓰시오.

scatter	expand	vertical	immediately	marine	opposite

1 Metals _____ when the temperature rises.

2 Venus spins in the _____ direction to Earth.

3 The teddy bear in the window _____ caught her eye.

4 Seeds spread and _____ to find new places to grow.

5 Helicopters can perform _____ takeoffs and landings.

6 Activity: Dolphin watching guided by a(n) _____ biologist

DAY 3 사물

기본 속성

0061 raw
[rɔː]

ⓐ 1 가공하지 않은 2 익히지 않은, 날것의

Work combines labor with **raw** materials to produce goods. 〈기출〉
일은 노동을 **가공하지 않은** 물질(원료)과 결합하여 물건을 생산한다.

Raw food contains germs. **익히지 않은** 음식에는 세균이 들어 있다.

다의어

0062 solid
[sάlid]

ⓐ 1 <mark>고체의</mark> 2 확고한 =firm, 확실한 ⓝ <mark>고체</mark>

a. 1 Even **solid** material could move under such conditions. 〈기출〉
고체 물질조차도 그러한 조건에서는 움직일 수 있다.

  2 a **solid** belief in your value as a human being
  인간으로서의 여러분의 가치에 대한 **확고한** 믿음

➕ solidity ⓝ 1 고체성 2 견고

★ cf. liquid 액체(의) | gas 기체

0063 fluid
[flúːid]

ⓐ 유(동)체의; 유동성의 ⓝ 유(동)체, 액체

Mercury is a **fluid** metal, as white as silver.
수은은 **유체** 금속으로, 은처럼 하얗다.

a glass with a clear **fluid** in it 〈기출〉 맑은 **액체**가 들어있는 유리잔

➕ fluidity ⓝ 유동성, 가변성

0064 slippery
[slípəri]

ⓐ 미끄러운

The heavy rain made the roads **slippery** and dangerous. 〈기출〉
폭우로 인해 도로가 **미끄럽고** 위험하게 되었다.

➕ slip ⓥ 미끄러지다

0065 sticky
[stíki]

ⓐ 끈적끈적한, 끈적거리는; 들러붙는

Who likes the feeling of **sticky** clothes after sweating?
그 누가 땀을 흘린 후의 그 **끈적끈적한** 옷의 느낌을 좋아하겠는가?

0066 flexible
[fléksəbəl]

ⓐ 1 유연한 2 융통성 있는

Yoga helps you become more **flexible**.
요가는 여러분이 더 **유연해지는** 데 도움이 된다.

be **flexible** and adaptable in various environments
다양한 환경에 **융통성 있고** 적응력이 있다

➕ flexibility ⓝ 1 유연성 2 융통성

다양한 성질

0067 stiff
[stif]

ⓐ 뻣뻣한, 딱딱한

Our ancestors soon found that cooking softens **stiff** and tough foods.
우리 조상들은 곧 요리가 **뻣뻣하고** 질긴 음식을 부드럽게 만든다는 것을 발견했다.

➕ stiffen ⓥ 뻣뻣해지다, 경직되다

0068 dense
[dens]

ⓐ 밀집한, 빽빽한, 우거진; (인구가) 조밀한

Karim was deep within the **dense** forest alone. ◀기출
Karim은 **우거진** 숲 안에 혼자 깊이 들어가 있었다.

the disadvantages of a **dense** population 인구 **조밀**의 단점

➕ density ⓝ 밀집; 밀도

0069 poisonous
[pɔ́izənəs]

ⓐ 독성[독]이 있는, 유독한

The Importance of Recognizing **Poisonous** Plants in the Wild
야생에서 **독성이 있는** 식물을 알아보는 것의 중요성 (제목)

a **poisonous** snake / mushroom 독사 / 독버섯

➕ poison ⓝ 독, 독물 ⓥ 독살하다

0070 humid
[hjúːmid]

ⓐ 습한, 습기 있는

All I need in this **humid** and hot weather is a breath of fresh air.
이 **습하고** 더운 날씨 속에 내게 필요한 것은 오로지 신선한 공기를 마시는 것이다.

➕ humidity ⓝ 습도; 습기 | humidifier ⓝ 가습기

0071 primitive
[prímətiv]

ⓐ 원시의, 원시 시대의

The plant kingdom shows the **primitive** state of the earth. ◀기출
식물계는 지구의 **원시** 상태를 보여준다.

tools and customs of **primitive** societies
원시 사회의 도구와 관습

0072 artificial
[àːrtəfíʃəl]

ⓐ 인공의, 인위적인 ↔ natural 자연[천연]의

The robot has an **artificial** arm to grab and pile the blocks. ◀기출
그 로봇은 블록을 움켜쥐어 쌓도록 **인공** 팔을 가지고 있다.

➕ artificial intelligence (= AI) 인공 지능

0073 numerous
[njúːmərəs]

ⓐ 다수의, 많은　＝countless 무수한

Josef Frank created **numerous** designs for furniture. 기출
Josef Frank는 가구를 위한 **많은** 디자인을 창안했다.

＋ numerously ⓐⓓ 다수로, 무수하게

0074 enormous
[inɔ́ːrməs]

ⓐ 막대한, 거대한, 엄청난

Organisms have evolved to have an **enormous** range of sizes. 기출
유기체는 진화하여 **막대한** 범위의 크기를 갖게 되었다.

take an **enormous** amount of time
엄청난 시간이 걸리다

0075 sufficient
[səfíʃənt]

ⓐ 충분한　↔insufficient 불충분한

Sufficient scientific evidence for evolution has been provided to us. 기출
진화에 관한 **충분한** 과학적 증거가 우리에게 제공되었다.

＋ sufficiency ⓝ 충분

0076 excessive
[iksésiv]

ⓐ 과도한, 과다한; 지나친

Excessive work hours have caused problems for laborers. 기출
과도한 작업 시간이 노동자들에게 문제를 초래해왔다.

Her **excessive** care was destroying the development of her children. 그녀의 **지나친** 보살핌은 자녀들의 발달을 망치고 있었다.

＋ exceed ⓥ 초과하다 ｜ excess ⓝ 초과, 과다

0077 rare
[rɛər]

ⓐ 1 희귀한, 드문　2 (공기 등이) 희박한

Companies want to provide **rare** items that draw customers' eyes.
기업들은 고객들의 시선을 끌 **희귀한** 물품을 제공하고 싶어 한다.

the **rare** atmosphere of the high Himalayas
히말라야산맥 고지대의 **희박한** 공기

＋ rarity ⓝ 희소(성), 드묾

0078 deficient
[difíʃənt]

ⓐ 부족한, 결핍한

Their food is rather **deficient** in protein. 기출
그들의 음식은 단백질이 다소 **부족하다**.

＋ deficiency ⓝ 부족, 결핍

0079 attract
[ətrǽkt]

ⓥ 1 **끌어당기다** 2 (흥미 등을) 끌다; 유치하다

A magnet **attracts** metals such as iron and nickel. 〈기출〉
자석은 철과 니켈 같은 금속을 **끌어당긴다**.

The new museum will **attract** more tourists to this city.
그 새로운 박물관이 이 도시에 더 많은 관광객을 **유치할** 것이다.

➕ attraction ⓝ 1 인력, 끄는 힘 2 매력 3 인기물, 명소

〔다의어〕

0080 transmit
[trænsmít, trænz-]

ⓥ 1 전하다; 전송하다 2 **전도하다** 3 전염시키다

1 Some parental habits are **transmitted** to their children.
부모의 일부 습관은 자녀들에게 **전해진다**.

2 Heat is easily **transmitted** through glass windows.
열은 유리창을 통해 쉽게 **전도된다**.

➕ transmission ⓝ 1 전달, 전송 2 전도 3 전염

0081 absorb
[æbsɔ́ːrb]

ⓥ 흡수하다

The deeper the water, the more red light is **absorbed**. 〈기출〉
물이 깊을수록, 더 많은 붉은 빛이 **흡수된다**.

➕ absorption ⓝ 흡수

〔다의어〕

0082 reflect
[riflékt]

ⓥ 1 **반사하다** 2 반영하다 3 곰곰이 생각하다(on)

1 When light enters the eye, it is **reflected** from behind the retina. 〈기출〉
빛이 눈에 들어왔을 때, 그것은 망막 뒤에서 **반사된다**.

2 This anxiety **reflects** their confusion over the question. 〈기출〉
이 불안은 그 질문에 대한 그들의 당황스러움을 **반영한다**.

3 **reflect** on what you've learned 〈기출〉
배운 것을 **곰곰이 생각하다**

0083 circulate
[sə́ːrkjəlèit]

ⓥ 1 순환하다 2 퍼지다, 유포되다

Energy **circulates** throughout the ecosystem.
에너지는 생태계 전체에서 **순환한다**.

False information is **circulating** on social media.
거짓 정보가 소셜미디어에서 **퍼지고** 있다.

➕ circulation ⓝ 1 순환 2 유통

0084 evaporate
[ivǽpərèit]

ⓥ 증발하다

The Thicker the Liquid Is, the Less It **Evaporates**. 〈기출〉
액체가 진할수록, 그것은 덜 **증발한다**. (제목)

★ cf. vapor 증기, 수증기

PLAN 1

0085 constantly
[kánstəntli]

@ 끊임없이; 자주

Technology changes **constantly**. 기출
기술은 **끊임없이** 변화한다.

+ constant @ 끊임없는, 부단한

0086 frequently
[fríːkwəntli]

@ 자주, 빈번히

In this society, people **frequently** have family get-togethers.
기출
이 사회에서는 사람들이 **빈번히** 가족 모임을 한다.

+ frequent @ 빈번한, 잦은

0087 occasionally
[əkéiʒənəli]

@ 가끔, 이따금 = sometimes, from time to time

Occasionally the reactions of others provide false information. 기출
가끔 다른 이들의 반응은 그릇된 정보를 제공한다.

+ occasional @ 이따금의 | occasion ⓝ 1 경우, 때 2 행사

★ cf. special occasion 특별 행사

0088 entirely
[entáiərli]

@ 완전히, 전적으로 = completely

A single misstep in planning could ruin innovation **entirely**. 기출
계획 세우기에서의 단 하나의 과실이 혁신을 **완전히** 망칠 수 있다.

+ entire @ 전체의, 전부의

0089 vastly
[vǽstli]

@ 대단히, 막대하게 = hugely

Behavioural adaptation is **vastly** more efficient than genetic adaptation. 기출
행동 적응은 유전적 적응보다 **대단히** 더 효율적이다.

+ vast @ 대단한, 방대한, 막대한

0090 partially
[páːrʃəli]

@ 부분적으로, 불완전하게

At best, his theory is **partially** correct.
기껏해야 그의 이론은 **부분적으로** 옳다.

+ partial @ 부분적인, 불완전한

A 빈칸에 알맞은 우리말 또는 영어 단어를 써넣으시오.

사물

기본 속성

1 _____
　가공하지 않은; 날것의

2 _____
　solid

3 _____
　fluid

4 _____
　미끄러운

5 _____
　끈적끈적한; 들러붙는

다양한 성질

6 _____
　stiff

7 _____
　밀집한; 조밀한

8 _____
　poisonous

9 _____
　습한, 습기 있는

10 _____
　artificial

물리적 현상

16 _____
　끌어당기다; 유치하다

17 _____
　transmit

18 _____
　reflect

19 _____
　증발하다

빈도·규모

20 _____
　끊임없이; 자주

21 _____
　occasionally

22 _____
　entirely

23 _____
　대단히, 막대하게

24 _____
　부분적으로, 불완전하게

수량

11 _____
　다수의, 많은

12 _____
　enormous

13 _____
　sufficient

14 _____
　희귀한, 드문; 희박한

15 _____
　부족한, 결핍한

B 문장의 빈칸에 알맞은 말을 보기에서 골라 쓰시오.

circulates	excessive	primitive	frequently	flexible	absorbed

1 Yoga helps you become more _____.

2 Energy _____ throughout the ecosystem.

3 The deeper the water, the more red light is _____.

4 _____ work hours have caused problems for laborers.

5 The plant kingdom shows the _____ state of the earth.

6 In this society, people _____ have family get-togethers.

자연과학

기본 용어

0091 laboratory
[lǽbərətɔ̀ːri]

ⓝ 실험실(= lab)

Economists have no **laboratories** and cannot use controlled experiments. 기출
경제학자들은 **실험실**이 없어서 통제된 실험을 사용할 수 없다.

0092 equipment
[ikwípmənt]

ⓝ 장비, 비품, 설비

Science lab **equipment** includes beakers, test tubes, microscopes, etc.
과학실험실 **장비**에는 비커, 시험관, 현미경 등이 포함된다.

➕ equip ⓥ 장비를 갖추다

0093 trial
[tráiəl]

ⓝ 1 시험, 실험 2 재판, 공판

After a series of animal **trials**, Haffkine tested the vaccine on himself.
일련의 동물 **실험** 후에, Haffkine은 백신을 자신에게 테스트했다.

a lawyer with **trial** experience **재판** 경험이 있는 변호사

➕ trial and error 시행착오

0094 property
[prάpərti]

ⓝ 1 재산, 자산 2 속성, 특성

Much musical material is considered common **property**. 기출
많은 음악 자료는 공공 **재산**으로 여겨진다.

One **property** of magnets is that they attract or stick to metal.
자석의 한 가지 **속성**은 금속을 끌어당기거나 들러붙는다는 것이다.

⭐ cf. estate 토지; 재산

다의어

0095 scale
[skeil]

ⓝ 1 규모 2 척도, 눈금 3 저울

1 the contribution of experts to solving large-**scale** problems 기출
   대**규모** 문제를 푸는 것에 대한 전문가들의 기여 (주제)

2 on a **scale** of 1-15 기출 1에서 15까지의 **척도**로

3 We weigh ourselves on a **scale**. 기출
   우리는 **저울**에다 무게를 단다.

0096 domain
[douméin]

ⓝ 영역, 범위

Creativity is helpful to productivity in many **domains**.
창의력은 많은 **영역**에서의 생산성에 도움이 된다.

기본 개념

0097 **perspective**

[pəːrspéktiv]

ⓝ 1 <mark>견해, 관점</mark> ⊜ viewpoint   2 원근법

People have different **perspectives** on AI.
사람들은 인공지능에 관해 서로 다른 **견해**를 가지고 있다.

the history of **perspective** in Western painting 〈기출〉
서구 회화에서 **원근법**의 역사

0098 **phenomenon**

[finάmənὰn]

ⓝ 현상 (*pl.* phenomena)

It is natural to be surprised by unusual **phenomena** like lightning. 〈기출〉
번개 같은 보기 드문 **현상**에 놀라는 것은 당연하다.

0099 **formula**

[fɔ́ːrmjələ]

ⓝ 공식, 식 (*pl.* formulas, formulae)

Research involves a lot of thinking and writing mathematical **formulas**. 〈기출〉
연구는 많은 사고와 수학 **공식** 쓰기를 수반한다.

다의어

0100 **foundation**

[faundéiʃən]

ⓝ 1 <mark>토대, 근간</mark>   2 창립   3 재단

1 Truth is the **foundation** of accurate understanding. 〈기출〉
진실은 정확한 이해의 **토대**이다.

2 The **foundation** of the United Nations (UN) in 1945
1945년 국제 연합의 **창립**

3 the Henry Moore **Foundation** 〈기출〉 Henry Moore **재단**

➕ found ⓥ 창립하다

0101 **precision**

[prisíʒən]

ⓝ 정확(성), 정밀(함) ⊜ accuracy

Precision is a necessary requirement for all meaningful scientific discussion. 〈기출〉
정확성은 모든 의미 있는 과학적 논의에서 필요조건이다.

➕ precise ⓐ 정확한, 정밀한

0102 **scope**

[skoup]

ⓝ 1 영역, 범위   2 기회, 여지

The **scope** of scientific research is ever expanding.
과학 연구의 **범위**는 나날이 확대되고 있다.

Fortunately, there's **scope** for negotiation.
다행히, 협상의 **여지**가 있다.

0103 explore
[iksplɔ́ːr]

ⓥ 1 탐사하다, 탐험하다 **2** 탐구하다, 분석하다

It was Evelyn's first time to **explore** the Badlands of Alberta.
기출 Evelyn이 앨버타 주의 Badlands(미 서부의 불모지대)를 **탐사하는** 것은 처음이었다.

Each topic was **explored** during a specific period of time. 기출
각 주제는 특정 시기 동안 **탐구되었다**.

다의어

0104 conduct
ⓥ [kəndʌ́kt]
ⓝ [kándʌkt]

ⓥ 1 수행하다 ≡ carry out **2** 지휘하다 **3** 전도하다
ⓝ 행동, 품행

v. 1 In 2010 scientists **conducted** a rat experiment. 기출
2010년에 과학자들이 쥐 실험을 **수행했다**.

3 conduct electricity 전기를 **전도하다**

n. a code of **conduct** 행동 강령

0105 investigate
[invéstəgèit]

ⓥ 1 연구하다 **2** 조사하다, 수사하다

History can be **investigated** only by examining the records it has left. 기출
역사는 오직 그것이 남긴 기록을 살펴봄으로써 **연구될** 수 있다.

In this workshop, you will **investigate** crime scenes. 기출
이 워크숍에서 여러분은 범죄 현장을 **조사할** 것입니다. (안내문)

다의어

0106 observe
[əbzə́ːrv]

ⓥ 1 관찰하다 **2** 준수하다 **3** 말하다

1 Most climate change impacts cannot be **observed** day-to-day. 기출
대부분의 기후 변화 영향은 날마다 **관찰될** 수 없다.

2 observe the norms of society 사회 규범을 **준수하다**

3 as Edmund Burke **observed** two centuries ago 기출
두 세기 전에 Edmund Burke가 **말했듯이**

다의어

0107 measure
[méʒər]

ⓥ 1 측정하다 **2** 평가[판단]하다 **ⓝ** 조치, 대책

v. 1 Clocks allow us to **measure** time precisely. 기출
시계는 우리가 시간을 정확하게 **측정하도록** 해준다.

n. take all possible **measures** to reduce noise 기출
소음을 줄일 수 있는 가능한 모든 **조치**를 취하다

0108 calculate
[kǽlkjəlèit]

ⓥ 계산하다; 추산하다

Computers can **calculate** about 1500 times faster than humans.
컴퓨터는 인간보다 1,500배 더 빠르게 **계산할** 수 있다.

+ calculation ⓝ 계산 | calculator ⓝ 계산기

0109 analyze
[ǽnəlàiz]

ⓥ 분석하다

The strategy is to **analyze** all the possible scenarios. 기출
전략은 모든 가능한 시나리오를 **분석하는** 것이다.

➕ analysis ⓝ 분석 | analytic ⓐ 분석적인 | analyst ⓝ 분석가

0110 assess
[əsés]

ⓥ 평가하다, 사정하다

Assessing sleep quality, rather than quantity (time), would be helpful. 기출
수면의 양(시간)이 아니라 질을 **평가하는** 것이 도움이 될 것이다.

assess potential causes of error in the experiment
실험에서 발생할 수 있는 잠재적 오류 원인을 **평가하다[사정하다]**

➕ assessment ⓝ 평가, 사정

0111 identify
[aidéntəfài]

ⓥ 1 (신원을) 확인하다, 식별하다　2 일체감을 갖다(with)

Chimps can **identify** themselves in a mirror. 기출
침팬지는 거울에서 자기 자신을 **식별할** 수 있다.

We often **identify** with people who look, act, or think similarly to ourselves.
우리는 흔히 우리 자신과 비슷하게 보이거나, 행동하거나, 생각하는 사람들과 **일체감을 갖는다.**

➕ identification ⓝ 신원 확인, 신분 증명

0112 uncover
[ənkʌ́vər]

ⓥ 밝혀내다　🟰reveal; 폭로하다

Scientists **uncovered** more about the history of our solar system.
과학자들은 우리 태양계의 역사에 관해 더 많은 것을 **밝혀냈다.**

0113 demonstrate
[démənstrèit]

ⓥ 1 증명해 보이다, 드러내다　2 시위를 벌이다

Donald Griffin **demonstrated** that bats emit sounds. 기출
Donald Griffin은 박쥐가 소리를 방출한다는 것을 **증명해 보였다.**

demonstrate against the government's policy
정부 정책에 반대하여 **시위를 벌이다**

➕ demonstration ⓝ 1 증명　2 시위, 데모

0114 simulate
[símjəlèit]

ⓥ 모의 실험하다

The experiment **simulates** the early Earth atmosphere.
그 실험은 초기 지구 대기를 **모의 실험한다.**

➕ simulation ⓝ 모의실험, 시뮬레이션

0115 **chemical**
[kémikəl]

ⓐ 화학적인, 화학의 ⓝ 화학 물질

Some plants rely on their own **chemical** defenses to kill microbes.
어떤 식물은 미생물을 죽이기 위해 자체 **화학적** 방어력에 의존한다.

different methods for controlling harmful **chemicals** 기출
유해한 **화학 물질**을 통제하는 여러 방법 (주제)

➕ chemistry ⓝ 화학; 화학 작용 ｜ chemist ⓝ 화학자

다의어

0116 **physical**
[fízikəl]

ⓐ 1 신체[육체]의 2 물리적인, 물리(학)의 3 물질의

1 **physical** benefits of doing household chores 기출
집안일 하는 것의 **신체적** 이점 (주제)

2 Living things adapt to their **physical** environments. 기출
생명체는 자신의 **물리적** 환경에 적응한다.

➕ physics ⓝ 물리학; 물리적 현상 ｜ physicist ⓝ 물리학자

0117 **astronomic(al)**
[æstrənámik(əl)]

ⓐ 천문(학상)의

The blue moon is a rare **astronomical** phenomenon.
블루문은 드문 **천문** 현상이다.

➕ astronomy ⓝ 천문학 ｜ astronomer ⓝ 천문학자

0118 **botanic(al)**
[bətǽnik(əl)]

ⓐ 식물의, 식물학(상)의

Botanical gardens are widely considered ideal places for **botanical** research.
식물원은 **식물학** 연구에 이상적인 장소로 널리 여겨진다.

➕ botany ⓝ 식물학 ｜ botanist ⓝ 식물학자

⭐ cf. zoology 동물학 zoologist 동물학자

0119 **geologic(al)**
[dʒìːəládʒik(əl)]

ⓐ 지질학(상)의, 지질의

Mr. Buckland used large-scale **geological** maps in his classes. 기출
Buckland 씨는 자신의 수업에서 대규모 **지질학** 지도를 사용했다.

➕ geology ⓝ 지질학 ｜ geologist ⓝ 지질학자

0120 **geometric(al)**
[dʒìːəmétrik(əl)]

ⓐ 기하학적인, 기하학(상)의

These rats preferred squares to other **geometric** forms. 기출
이 쥐들은 다른 **기하학적** 모양보다 정사각형을 선호했다.

➕ geometry ⓝ 기하학 ｜ geometrician ⓝ 기하학자

DAILY CHECK-UP

A 빈칸에 알맞은 우리말 또는 영어 단어를 써넣으시오.

자연과학

기본 용어

1 _____ 실험실
2 _____ equipment
3 _____ trial
4 _____ 규모; 척도, 눈금; 저울
5 _____ domain

실험·연구 활동

11 _____ 수행하다; 전도하다; 행동
12 _____ explore
13 _____ 관찰하다; 준수하다
14 _____ measure
15 _____ 계산하다; 추산하다

16 _____ 분석하다
17 _____ identify
18 _____ 밝혀내다; 폭로하다
19 _____ demonstrate
20 _____ 모의 실험하다

기본 개념

6 _____ perspective
7 _____ 현상
8 _____ formula

9 _____ 토대; 창립; 재단
10 _____ scope

학문 관련

21 _____ 화학의; 화학 물질
22 _____ physical
23 _____ botanic(al)
24 _____ 지질학(상)의, 지질의

B 문장의 빈칸에 알맞은 말을 보기에서 골라 쓰시오.

geometric	astronomical	investigated	property	precision	assessing

1 The blue moon is a rare _____ phenomenon.

2 These rats preferred squares to other _____ forms.

3 One _____ of magnets is that they attract or stick to metal.

4 History can be _____ only by examining the records it has left.

5 _____ sleep quality, rather than quantity (time), would be helpful.

6 _____ is a necessary requirement for all meaningful scientific discussion.

📝 「be + 형용사 + to부정사」

be apt to *do*

~하기 쉽다, ~하는 경향이 있다 🔲 be prone to *do*

We **are apt to forget** that children watch examples better than they listen to being lectured.

우리는 아이들이 설교를 듣는 것보다 사례를 지켜보는 것을 더 잘한다는 것을 **잊기 쉽다.**

be about to *do*

막 ~하려는 참이다

They **were about to visit** one of the world's most famous art galleries. 〈기출〉

그들은 **막** 세계의 가장 유명한 미술관 중 하나를 **방문하려는 참이었다.**

be eager to *do*

~하는 것을 간절히 바라다 🔲 be anxious to *do*

Being eager to learn more, he asked Grandpa Joe to teach him about baseball. 〈기출〉

더 많은 것을 **배우는 것을 간절히 바라서,** 그는 Joe 할아버지께 야구에 관해 자신에게 가르쳐달라고 요청했다.

be forced to *do*

~하지 않을 수 없다 🔲 be compelled to *do*

Being forced to breathe in tobacco smoke in restaurants makes people angry. 〈기출〉

음식점에서 담배 연기를 **들이마시지 않을 수 없는** 것은 사람들을 분노케 한다.

be supposed to *do*

1 ~인 것으로 여겨지다   2 ~하기로 되어 있다   3 ~해야 한다

1 It **is supposed to snow** heavily overnight.
   밤새 눈이 많이 내릴 것으로 여겨진다.

2 Everyone I **was supposed to meet** had already left for the event. 〈기출〉
   내가 **만나기로 되어 있는** 모든 이가 이미 행사에 참석하러 떠나버렸다.

3 You **are supposed to finish** the exam in the given time.
   여러분은 주어진 시간에 시험을 **마쳐야 합니다.**

be willing to *do*

기꺼이 ~하려 하다   ↔ be unwilling to *do* ~할 의사가 없다

If you **are willing to take part in** the volunteer group, please email us. 〈기출〉

귀하가 **기꺼이** 자원봉사단에 **참가하려 한다면,** 저희에게 이메일을 주세요.

PLAN 2
인간

DAY 5   신체 · 감각
DAY 6   정서
DAY 7   인성 · 태도
DAY 8   식품 · 건강

신체·감각

seize 붙잡다, 붙들다
perception 인식; 지각

정서

grateful 감사하는, 고마워하는
sympathy 연민, 동정

인간

인성·태도

earnest 성실한, 착실한
favorable 호의적인

식품·건강

nutrition 영양
chronic 만성의, 만성적인

신체 · 감각

신체 행위

0121 grip
[grip]

ⓥ 꽉 쥐다, 움켜잡다   ⓝ 꽉 쥠, 움켜쥠

Wood ducks have strong claws on their feet to help them **grip** branches.
원앙은 발에 나뭇가지를 **꽉 쥐는** 데 도움이 되는 강력한 발톱이 있다.

You need strong **grips** to handle the tool safely.
그 연장을 안전하게 다루려면 강하게 **쥐는 것**이 필요하다.

★ cf. grab (붙)잡다, 움켜쥐다

다의어

0122 grasp
[græsp]

ⓥ 1 **움켜쥐다, 붙잡다**   2 파악하다
ⓝ 1 움켜쥠   2 이해, 파악

v. 1 The little girl **grasped** the coin as if it were gold. 〈기출〉
　　그 어린 소녀는 그 동전이 마치 금이라도 되는 양 **움켜쥐었다**.

n. 1 objects within the **grasp** of their jaws
　　그것들의 주둥이로 **붙잡을 수 있는** 범위 내의 물체들

0123 seize
[siːz]

ⓥ 1 **붙잡다, 붙들다**   2 (의미 등을) 파악하다

He was suddenly **seized** and found himself in the hands of a giant. 〈기출〉
그는 갑자기 **붙잡혔고** 자신이 거인의 손아귀에 있는 것을 알게 되었다.

0124 glance
[glæns]

ⓥ 흘끗 보다   ⓝ 흘끗 봄

Anna **glanced** up and couldn't believe what she saw. 〈기출〉
Anna는 **흘끗** 올려다**보고는** 자신이 본 것을 믿을 수 없었다.

at first **glance** 언뜻 보기에는, 첫눈에는

0125 stare
[stɛər]

ⓥ 뚫어지게[빤히] 보다(at)   ⓝ 응시

He **stared** at the questions, but they looked completely unfamiliar. 〈기출〉
그는 문제들을 **뚫어지게 보았으나** 그것들은 완전히 낯설어 보였다.

★ cf. glare 노려보다 | gaze (가만히) 응시하다; 응시

다의어

0126 peer
[piər]

ⓥ 자세히 보다, 응시하다   ⓝ 동료, 또래

v. We don't want someone to **peer** into our bedroom.
　　우리는 누군가 우리 방을 **자세히** 들여다**보는** 것을 원치 않는다.

n. behave as one's friends and **peers** have behaved 〈기출〉
　　자신의 친구들과 **동료들**이 행동한 것처럼 행동하다

0127 blink
[bliŋk]

ⓥ (눈을) 깜빡거리다   ⓝ 깜빡임

On average, we **blink** our eyes 25 times a minute.
평균적으로 우리는 1분에 25번 눈을 **깜빡거린다.**

in the **blink** of an eye 눈 **깜빡할** 사이에

0128 frown
[fraun]

ⓥ 눈살을 찌푸리다, 얼굴을 찡그리다   ⓝ 찌푸림

Hundreds of **frowning** faces pointed in his direction. `기출`
수백 개의 **눈살을 찌푸린** 얼굴이 그가 있는 방향으로 향했다.

He read the message with a **frown**.
그는 얼굴을 **찡그린** 채 메시지를 읽었다.

0129 grin
[grin]

ⓥ (소리 없이) 활짝[씩] 웃다, 싱글거리다   ⓝ 활짝 웃음

The kid **grinned** as he opened the present.
아이는 선물을 열어보며 **활짝 웃었다.**

When I look at my empty hands, my **grin** fades. `기출`
내 빈손을 보자 내 **활짝 웃음**이 사그라진다.

0130 swallow
[swάlou]

ⓥ (꿀꺽) 삼키다; 침을 꿀꺽 삼키다

The girl **swallowed** the pill with a cup of water.
여자아이는 물 한잔과 함께 알약을 **꿀꺽 삼켰다.**

The rabbit saw the carrot and **swallowed** hard. `기출`
토끼는 당근을 보자 **침을 꿀꺽 삼켰다.**

0131 shiver
[ʃívər]

ⓥ (추위·공포 등으로 몸을) 떨다   ⓝ 떨림, 전율

My hair stood on end and I **shivered** all over.
내 머리카락은 곤두섰고 온몸이 **떨렸다.**

feel a **shiver** of fear 두려움의 **전율**을 느끼다

0132 shrug
[ʃrʌg]

ⓥ (어깨를) 으쓱하다   ⓝ 어깨를 으쓱하기

He **shrugged** his shoulders as if it wasn't a big deal.
그는 그것이 대수롭지 않은 일인 듯 어깨를 **으쓱했다.**

She replied with a **shrug**.
그녀는 어깨를 **으쓱**하며 대답했다.

0133 perception
[pərsépʃən]

ⓝ 1 인식, 인지 2 지각

Surely the **perception** of music varies greatly between listeners. 〈기출〉
확실히 음악에 대한 **인식**은 청자 사이에서 크게 다르다.

the **perception** of visual information 시각 정보의 **지각**

+ perceive ⓥ 인식하다, 지각하다 | perceptive ⓐ 감지하는, 지각하는

0134 sensation
[senséiʃən]

ⓝ 1 감각, 지각 2 센세이션, 선풍적 인기

The way we understand **sensation** is called perception.
감각을 이해하는 방식은 지각이라고 불린다.

The novel became an instant **sensation** both inside and outside the country.
그 소설은 국내외적으로 즉시 **센세이션**을 일으켰다.

+ sensational ⓐ 1 지각의, 감각의 2 선풍적 인기의

0135 stimulus
[stímjələs]

ⓝ 자극(물), 자극제 (pl. stimuli)

A thing reflecting light is a visual **stimulus**.
빛을 반사하는 것은 시각적 **자극물**이다.

+ stimulate ⓥ 자극하다 | stimulation ⓝ 자극

0136 sensory
[sénsəri]

ⓐ 감각의, 지각의; 감각[지각] 기관의

Like pain, taste is not just the product of **sensory** signals. 〈기출〉
통증과 마찬가지로 맛은 단지 **감각** 신호의 산물이 아니다.

+ sense ⓝ 감각, 오감의 하나 ⓥ 감지하다, 느끼다

0137 visible
[vízəbəl]

ⓐ (눈에) 보이는, 가시의 ↔ invisible (눈에) 보이지 않는

Cinema makes **visible** the hidden outlines of our reality. 〈기출〉
영화는 우리 현실의 숨은 윤곽이 **눈에 보이게** 만든다.

+ visual ⓐ 시각의

0138 auditory
[ɔ́ːditɔ̀ːri]

ⓐ 청각의, 청각 기관의

The brain processes sensory input like visual and **auditory** information. 〈기출〉
뇌는 시각 정보와 **청각** 정보 같은 감각 입력 자료를 처리한다.

★ cf. audible 들을 수 있는, 들리는

0139 **consciousness**
[kánʃəsnis]

ⓝ 의식, 자각

Much learning occurs without **consciousness**.
많은 학습은 **의식** 없이 일어난다.

➕ conscious ⓐ 의식하는; 의식이 있는

★ cf. unconscious 의식을 잃은, 의식 불명의

0140 **awareness**
[əwéərnis]

ⓝ 의식; 인식, 자각

The danger in sleep is the loss of **awareness**. 기출
수면에서의 위험은 **의식**의 상실이다.

➕ aware ⓐ 의식하고 있는, 알고 있는

★ cf. unaware 모르는, 눈치 못 챈

0141 **recognition**
[rèkəgníʃən]

ⓝ 1 인식, 인지 2 인정

Face **Recognition** Technologies: A blessing or Not? 기출
얼굴 **인식** 기술: 축복인가 아닌가? (제목)

The biggest reward is the **recognition** of one's work.
최고의 보상은 한 사람의 업적에 대한 **인정**이다.

➕ recognize ⓥ 1 알아보다 2 인정하다

0142 **instinct**
[ínstiŋkt]

ⓝ 본능

Mating, nesting, and preykilling behaviors are driven by **instinct**.
짝짓기, 둥지 짓기, 먹이 죽이기 행동은 **본능**에 의해 이끌린다.

➕ instinctive ⓐ 본능적인

0143 **insight**
[ínsàit]

ⓝ 통찰(력)

Stressful events sometimes force people to learn new **insights**. 기출
스트레스가 많은 사건은 때때로 사람들이 새로운 **통찰력**을 배우도록 강제한다.

➕ insightful ⓐ 통찰력 있는

0144 **intuition**
[ìntjuíʃən]

ⓝ 직관(력), 육감

Intuition helps us quickly become aware of hidden truths around us.
직관력은 우리 주변의 숨겨진 진실을 빠르게 인식하게 도와준다.

➕ intuitive ⓐ 직관의

0145 posture
[pάstʃər]

ⓝ (몸의) 자세; 태도

Bad body **posture** can cause pain and other health issues.
나쁜 **자세**는 통증과 다른 건강 문제를 초래할 수 있다.

maintain a neutral **posture** on the issue
그 사안에 대해 중립적인 **입장[태도]**을 유지하다

0146 fatigue
[fətíːg]

ⓝ 피로, 피곤

Headaches, stomachaches, or **fatigue** can be signs of stress.
두통, 복통, 또는 **피로**는 스트레스의 징후일 수 있다.

0147 exposure
[ikspóuʒər]

ⓝ 1 노출 2 접합, 경험함

Plants bend to increase **exposure** to sunlight. ◀기출▶
식물은 햇빛에의 **노출**을 늘리기 위해 휘어진다.

wide **exposure** to different ideas
여러 다른 아이디어를 폭넓게 **접함**

✚ expose ⓥ 1 노출시키다 2 접하게[경험하게] 하다

0148 sensitive
[sénsətiv]

ⓐ 1 민감한, 예민한 2 세심한

Animals are more **sensitive** to visual information than any other stimuli. ◀기출▶
동물은 다른 어떤 자극보다 시각 정보에 더 **민감하다**.

Parents need to be **sensitive** to their children's feelings.
부모는 자녀의 감정에 **세심해야** 한다.

✚ sensitivity ⓝ 민감성[도], 예민함

0149 vigorous
[vígərəs]

ⓐ 활발한, 활기찬 ⩵ vital 생기 넘치는

Climbing stairs can be a **vigorous** lifestyle physical activity.
계단을 오르는 것은 **활발한** 생활방식의 신체 활동이 될 수 있다.

✚ vigor ⓝ 활기, 활력 (= vitality 활력, 생명력)

0150 weary
[wíəri]

ⓐ 1 지친, 피곤한 2 싫증이 난

She grew **weary** after waiting a month for a response that never came.
그녀는 전혀 오지 않는 응답을 한 달을 기다린 후에 **지쳐**버렸다.

get **weary** of talking about the same thing again and again
같은 것에 대해 반복해서 말하는 것에 **싫증이 나다**

A 빈칸에 알맞은 우리말 또는 영어 단어를 써넣으시오.

신체 · 감각

신체 행위

1 _____ 꽉 쥐다; 꽉 쥠

2 _____ seize

3 _____ 흘끗 보다; 흘끗 봄

4 _____ stare

5 _____ peer

6 _____ (눈을) 깜빡거리다; 깜빡임

7 _____ 눈살을 찌푸리다; 찌푸림

8 _____ grin

9 _____ 떨다; 떨림, 전율

10 _____ shrug

지각 · 감각

11 _____ sensation

12 _____ 자극(물), 자극제

13 _____ 감각의; 감각 기관의

14 _____ visible

15 _____ 청각의, 청각 기관의

의식 · 인식

16 _____ consciousness

17 _____ 의식; 인식, 자각

18 _____ recognition

19 _____ intuition

신체 상태

20 _____ posture

21 _____ 피로, 피곤

22 _____ 노출; 접함

23 _____ vigorous

24 _____ weary

B 문장의 빈칸에 알맞은 말을 보기에서 골라 쓰시오.

instinct	sensitive	perception	grasped	insights	swallowed

1 The rabbit saw the carrot and _____ hard.

2 The little girl _____ the coin as if it were gold.

3 Surely the _____ of music varies greatly between listeners.

4 Stressful events sometimes force people to learn new _____.

5 Mating, nesting, and preykilling behaviors are driven by _____.

6 Animals are more _____ to visual information than any other stimuli.

DAY 6 정서

심경 묘사

0151 grateful
[gréitfəl]

ⓐ 감사하는, 고마워하는

We are **grateful** to all of you who have signed up for this program. 기출
이 프로그램에 등록하신 모든 분께 **감사드립니다**.

➕ gratitude ⓝ 감사

0152 regretful
[rigrétfəl]

ⓐ 후회하는; 유감으로 생각하는

I am deeply **regretful** about the action I took years ago.
저는 여러 해 전에 제가 취했던 행동에 대해 깊이 **후회합니다**.

➕ regret ⓝ 후회; 유감 ⓥ 후회하다; 유감스러워하다

0153 sorrowful
[sɑ́roufəl]

ⓐ 슬픈, 슬퍼하는

We feel **sorrowful** when we see someone suffer.
우리는 누군가가 고통을 겪는 것을 볼 때 **슬픔**을 느낀다.

➕ sorrow ⓝ 슬픔, 비애

0154 envious
[énviəs]

ⓐ 부러워하는, 시샘하는

When others make **envious** comparisons with me, I feel uneasiness. 기출
다른 사람들이 나와 **부러워하는** 비교를 할 때, 나는 불편함을 느낀다.

➕ envy ⓝ 부러움, 시샘 ⓥ 부러워하다

0155 comfortable
[kʌ́mfərtəbəl]

ⓐ 편안한, (마음이) 편한

Such familiarity places the viewer in a **comfortable** space. 기출
그런 친숙함은 보는 이를 **편안한** 공간에 있게 한다.

The members made me feel **comfortable** and welcomed.
구성원들은 내가 **편안하고** 환영받는다고 느낌이 들게 했다.

➕ comfort ⓝ 편안; 위안 ⓥ 위로하다, 위안하다

0156 indifferent
[indífərənt]

ⓐ 무관심한, 냉담한

If everyone else is **indifferent**, we will tend to remain so. 기출
다른 모든 이가 **무관심하면**, 우리도 계속 그렇게 남아 있는 경향이 있을 것이다.

➕ indifference ⓝ 무관심, 냉담

심경 유발

0157 annoy
[ənɔ́i]

Ⓥ 짜증 나게[약 오르게] 하다

We were **annoyed** by mosquitoes while preparing a campfire.
우리는 캠프파이어를 준비하는 동안 모기로 인해 **짜증이 났다.**

➕ annoyed ⓐ 짜증이 난 | annoyance ⓝ 짜증, 성가심

[다의어]

0158 relieve
[rilíːv]

Ⓥ 1 안도하게 하다   2 덜어주다   3 구원[구제]하다

1 The wife was **relieved** when her husband returned home
safely. 아내는 남편이 무사히 귀가하자 **안도했다.**
2 thoughts that **relieve** anxiety ◀기출 걱정을 **덜어주는** 생각들
3 **relieve** animals from suffering
동물들을 고통으로부터 **구원하다**

➕ relieved ⓐ 안심한, 안도한 | relief ⓝ 1 안도 2 완화 3 구호(품)

0159 delight
[diláit]

Ⓥ (매우) 기쁘게 하다 ⹀please ⓝ (큰) 기쁨, 즐거움

Joshua was **delighted** with the outcome. ◀기출
Joshua는 그 결과에 **매우 기뻐했다.**

the **delight** of holiday travel 휴가 여행의 **즐거움**

➕ delighted ⓐ 매우 기뻐하는

0160 frighten
[fráitn]

Ⓥ 무서워하게[겁먹게] 하다

Frightened, he screamed, hoping someone would hear. ◀기출
무서워서, 그는 누군가가 듣기를 바라며 소리를 질렀다.

➕ frightened ⓐ 무서워하는, 겁먹은 | fright ⓝ 공포, 경악

0161 fascinate
[fǽsənèit]

Ⓥ 매료[매혹]하다

As he started playing, everyone fell silent, **fascinated** by the
music. ◀기출
그가 연주를 시작하자 모든 사람이 그 음악에 **매료되어** 조용해졌다.

➕ fascinated ⓐ 매료된, 매혹된 | fascination ⓝ 매료, 매혹

0162 embarrass
[imbǽrəs]

Ⓥ 당혹[당황]하게 하다, 난처하게 하다

Ethan felt **embarrassed** about the late collection. ◀기출
Ethan은 수거 지연에 대해 **당혹감을** 느꼈다.

➕ embarrassed ⓐ 당황한, 난처해하는
embarrassment ⓝ 당혹, 곤혹, 난처

0163 admire
[ædmáiər]

ⓥ 감탄하다, 칭송하다, 높이 평가하다

He was the author of many widely **admired** books about music. 기출
그는 많은 널리 **칭송되는** 음악 서적의 저자였다.

+ admiration ⓝ 감탄, 칭송 | admirable ⓐ 감탄[존경]스러운

0164 boast
[boust]

ⓥ 자랑하다, 뽐내다(of)

A wise man does not **boast** of his wisdom.
지혜로운 사람은 자신의 지혜를 **자랑하지** 않는다.

+ boastful ⓐ 자랑하는; 허풍 떠는

0165 apologize
[əpálədʒàiz]

ⓥ 사과하다

"I'm late because traffic was terrible," Jeff **apologized** as he arrived. 기출
도착하면서 Jeff는 "교통이 너무 막혀서 늦었어."라고 **사과했다**.

+ apology ⓝ 사과, 사죄 | apologetic ⓐ 사과의, 사죄의

0166 insult
ⓥ [insʌlt]
ⓝ [insʌlt]

ⓥ 모욕하다 ⓝ 모욕, 무례

We should not **insult** anyone, but rather respect everyone.
기출 우리는 누구도 **모욕해서는** 안 되며, 오히려 모든 사람을 존중해야 한다.
I can't stand the **insult** anymore.
나는 더는 그 **모욕**을 참을 수 없어.

0167 dread
[dred]

ⓥ 두려워하다, 무서워하다 ⓝ 공포, 불안

A burnt child **dreads** fire.
불에 덴 아이는 불을 **두려워한다**.
(자라 보고 놀란 가슴 솥뚜껑 보고도 놀란다.) (속담)
I felt a sense of **dread**. 나는 **불안**감을 느꼈다.

+ dreadful ⓐ 무서운, 두려운

0168 dismay
[disméi]

ⓥ 낙담하게 하다, 경악하게 하다 ⓝ 낙담, 실망, 경악

The host was **dismayed** at seeing only a few guests arrive.
주최자는 몇몇 손님만 도착하는 것을 보고 **낙담했다**.
To my **dismay** the last shuttle to the convention center had already gone. 기출
실망스럽게도 컨벤션 센터로 가는 마지막 셔틀이 이미 떠나버렸다.

심리 상태

0169 eager
[íːgər]

ⓐ 간절히 바라는, 열망하는 ⊜ anxious 열망하는; 걱정하는

He was **eager** to ride on the Hawaiian surf once again. 기출
그는 다시 한번 하와이의 파도를 타기를 **간절히 바랐다.**

➕ eagerness ⓝ 열망 | eagerly ⓐⓓ 열렬히, 간절히

PLAN 2

0170 optimistic
[àptəmístik]

ⓐ 낙관적인, 낙천적인

Being **optimistic** makes us more confident in our abilities.
낙관적인 것은 우리가 우리의 능력에 더 자신감을 느끼게 한다.

➕ optimism ⓝ 낙관론, 낙천주의 | optimist ⓝ 낙관론자, 낙천주의자

0171 passive
[pǽsiv]

ⓐ 수동적인, 소극적인 ⟷ active 능동적인, 적극적인

Rising above the **passive** nature of existence, humans create their own purposes. 기출
존재의 **수동적인** 본성을 넘어, 인간은 그들 자신만의 목적을 창조한다.

➕ passivity ⓝ 수동성 | passively ⓐⓓ 수동적으로, 소극적으로

0172 accustomed
[əkʌ́stəmd]

ⓐ 익숙한

Sailors, **accustomed** to the sound of waves, no longer hear it. 기출
선원들은 파도 소리에 **익숙해서** 더는 그 소리를 듣지 않는다.

➕ be accustomed[used] to ～에 익숙하다

0173 willing
[wíliŋ]

ⓐ 기꺼이 ～하는; 자발적인

If you are **willing** to take part in the volunteer group, please email us. 기출
자원봉사단에 **기꺼이** 참가하시겠다면, 저희에게 이메일을 보내 주세요.

➕ willingness ⓝ 기꺼이 하는 마음

0174 hesitant
[hézətənt]

ⓐ 주저하는, 망설이는

They were **hesitant** at first, but eventually agreed to our suggestion.
그들은 처음에는 **주저했으나** 결국 우리의 제안에 동의했다.

➕ hesitate ⓥ 주저하다, 망설이다 | hesitation ⓝ 주저, 망설임

DAY 6 형용사 · 47

0175 sympathy
[símpəθi]

🄝 연민, 동정

Sympathy: The key to Preventing Disharmony in the Workplace `기출`
연민: 직장에서 불화를 막는 열쇠 (제목)

➕ sympathetic ⓐ 동정적인, 인정 있는

0176 anticipation
[æntìsəpéiʃən]

🄝 기대, 예상

Anticipation and expectations play a key role in driving our emotions. `기출`
기대와 예상은 우리의 감정을 움직이는 데 핵심적 역할을 한다.

➕ anticipate ⓥ 기대하다, 예상하다

0177 greed
[gri:d]

🄝 탐욕, 큰 욕심

A majority of people wanted society to move away from **greed**. `기출`
대다수 사람은 사회가 **탐욕**에서 벗어나기를 원했다.

➕ greedy ⓐ 탐욕스러운, 욕심 많은

0178 despair
[dispéər]

🄝 절망 ⓥ 절망하다, 단념하다

Design a logo that best expresses our journey of hope and **despair**. `기출`
우리의 희망과 **절망**의 여정을 가장 잘 표현하는 로고를 디자인하세요. (안내문)

The fans **despaired** of their team's poor performance.
팬들은 그들 팀의 형편없는 경기력에 **절망했다**.

0179 boredom
[bɔ́:rdəm]

🄝 지루함, 권태

We often decide to relieve our **boredom** by watching TV.
우리는 흔히 TV를 봄으로써 우리의 **지루함**을 달래기로 결정한다.

➕ bore ⓥ 지루하게 하다

0180 distress
[distrés]

🄝 (정신적) 고통, 괴로움 ⓥ 괴롭히다, 슬프게 하다

The caged rat gave out **distress** signals. `기출`
우리에 갇힌 쥐는 **고통** 신호를 내보냈다.

be **distressed** by one's own situation
자기 자신의 처지에 **괴로워하다**

DAILY CHECK-UP

학습 Check	본문 학습	MP3 듣기	Daily Check-up	누적 테스트 Days 5-6

A 빈칸에 알맞은 우리말 또는 영어 단어를 써넣으시오.

정서

심경 묘사

1 _____ 후회하는; 유감으로 생각하는
2 _____ sorrowful
3 _____ 부러워하는, 시샘하는
4 _____ comfortable
5 _____ 무관심한, 냉담한

심경 유발

6 _____ 짜증 나게 하다
7 _____ delight
8 _____ frighten
9 _____ 매료[매혹]하다
10 _____ embarrass

심리 상태

16 _____ eager
17 _____ 수동적인, 소극적인
18 _____ accustomed
19 _____ 기꺼이 ~하는; 자발적인
20 _____ 주저하는, 망설이는

심경 표출

11 _____ admire
12 _____ 자랑하다, 뽐내다
13 _____ 모욕하다; 모욕, 무례
14 _____ dread
15 _____ 낙담하게 하다; 낙담

정서 상태

21 _____ 연민, 동정
22 _____ despair
23 _____ 지루함, 권태
24 _____ distress

B 문장의 빈칸에 알맞은 말을 보기에서 골라 쓰시오.

relieved	optimistic	greed	grateful	apologized	anticipation

1 Being _____ makes us more confident in our abilities.

2 The wife was _____ when her husband returned home safely.

3 "I'm late because traffic was terrible," Jeff _____ as he arrived.

4 We are _____ to all of you who have signed up for this program.

5 _____ and expectations play a key role in driving our emotions.

6 A majority of people wanted society to move away from _____.

성격 특성

0181 earnest
[ə́ːrnist]

ⓐ 성실한, 착실한

She is an **earnest**, honest, and likable youth.
그녀는 **성실하고**, 정직하며, 호감이 가는 젊은이이다.

0182 courageous
[kəréidʒəs]

ⓐ 용기 있는, 용감한

The award is given to the most **courageous** player in pro football. 기출
그 상은 프로 풋볼에서 가장 **용기 있는** 선수에게 주어진다.

➕ courage ⓝ 용기

0183 outgoing
[autgóuiŋ]

ⓐ 외향적인, 사교적인

His **outgoing** nature makes him the center of attention.
외향적 성격으로 인해 그는 관심의 중심이 된다.

⭐ cf. easygoing 태평한, 느긋한

0184 humble
[hʌ́mbəl]

ⓐ 1 겸손한 2 비천한; 초라한

It is not easy to be **humble** when you are at your peak. 기출
한창 잘 나갈 때는 **겸손하기가** 쉽지 않다.

rise from **humble** origins to positions of wealth 기출
비천한 출신에서 부유의 지위에 오르다

0185 timid
[tímid]

ⓐ 소심한, 겁 많은

The panda is a **timid** animal, feeding almost always alone.
판다는 **소심한** 동물로, 거의 늘 혼자 먹이를 먹는다.

I was too **timid** to join the new group of people.
나는 새로운 사람들 모임에 끼기엔 너무 **소심했다**.

➕ timidity ⓝ 소심, 겁

0186 brutal
[brúːtl]

ⓐ 잔인한, 잔혹한, 악랄한

The **brutal** war destroyed all aspects of life in Syria.
그 **잔인한** 전쟁은 시리아의 삶의 모든 측면을 파괴했다.

➕ brutality ⓝ 잔인성, 무자비

성향 · 행동

0187 donate
[dóuneit]

ⓥ 기부하다, 기증하다

All profits will be **donated** to the local children's hospital. 기출
모든 수익금은 지역 아동 병원에 **기부될** 것입니다. (안내문)

➕ donation ⓝ 기부(금), 기증(품) | donor ⓝ 기부자, 기증자

0188 obey
[oubéi]

ⓥ 1 복종[순종]하다 2 따르다

Soldiers are required to **obey** lawful orders.
군인은 합법적인 명령에 **복종해야** 한다.

obey the laws of geometrical perspective 기출
기하학적 원근법의 법칙을 **따르다**

➕ obedient ⓐ 복종[순종]하는 | obedience ⓝ 복종, 순종

0189 compliment
ⓥ [kámpləmènt]
ⓝ [kámpləmənt]

ⓥ 칭찬하다 ⩵praise ⓝ 칭찬

Never stop **complimenting** yourself.
절대로 여러분 자신을 **칭찬하는** 것을 멈추지 마라.

understand what drove the **compliments** 기출
그 **칭찬**을 유발한 것이 무엇인지 이해하다

0190 offend
[əfénd]

ⓥ 1 기분 상하게 하다 2 (법을) 위반하다

We get **offended** when someone else determines what we will get. 기출
우리는 다른 누군가가 우리가 받을 것을 결정할 때 **기분이 상한다**.

offend the rules of professional conduct
전문가의 행동 규칙을 **위반하다**

➕ offensive ⓐ 모욕적인, 불쾌한 | offense ⓝ 1 불쾌 2 위반 3 공격

0191 deceive
[disíːv]

ⓥ 속이다, 기만하다

The word "animal," **deceives** us, distancing humans from other animals. 기출
'동물'이라는 말은 우리를 **속이는데**, 인간을 다른 동물로부터 멀어지게 한다.

➕ deceptive ⓐ 기만적인 | deception ⓝ 기만, 속임

다의어

0192 neglect
[niglékt]

ⓥ 1 방치하다 2 무시하다; 소홀히 하다
ⓝ 방치; 소홀

v. 2 The true value and importance of volunteering is **neglected**. 기출
자원봉사 활동의 진정한 가치와 중요성이 **무시된다**.

n. experience emotional **neglect** 정서적 **방치**를 겪다

0193 personality
[pə̀ːrsənǽləti]

ⓝ 성격, 개성, 인품

Emil Zátopek was also noted for his friendly **personality**. 〈기출〉
Emil Zátopek는 그의 상냥한 **인품**으로도 유명했다.

Her hairstyle reflects her unique **personality**.
그녀의 헤어스타일은 그녀의 독특한 **개성**을 반영한다.

➕ personal ⓐ 개인의

0194 reputation
[rèpjətéiʃən]

ⓝ 1 평판 2 명성

His theory of social comparison earned him a good
reputation. 〈기출〉 그는 사회 비교 이론으로 좋은 **평판**을 얻었다.

Your **reputation** as a pianist is well known.
피아니스트로서 귀하의 **명성**은 잘 알려져 있습니다.

0195 generosity
[dʒènərάsəti]

ⓝ 관대(함), 아량, 너그러움

Giving out of **generosity** means expecting nothing in return.
관대함에서 주는 것은 그 보답으로 아무것도 기대하지 않는다는 것을 의미한다.

➕ generous ⓐ 관대한, 아량 있는

0196 modesty
[mάdisti]

ⓝ 1 겸손 2 수수(함), 소박

Modesty is the best way to treat others.
겸손은 다른 이들을 대하는 최선의 방법이다.

Despite its **modesty**, the soup is considered good food.
그것의 **소박함**에도 불구하고 그 수프는 좋은 음식으로 여겨진다.

➕ modest ⓐ 1 겸손한 2 수수한

0197 stupidity
[stjuːpídəti]

ⓝ 어리석음, 아둔함

His **stupidity** ended up costing him his entire business.
그의 **어리석음**은 결국 그의 사업 전체를 잃게 하고 말았다.

➕ stupid ⓐ 어리석은, 아둔한

0198 cruelty
[krúːəlti]

ⓝ 잔인(함); 학대

Climate crisis is the product of human **cruelty** to the
environment. 〈기출〉
기후 위기는 환경에 대한 인간의 **잔인함**의 산물이다.

➕ cruel ⓐ 잔인한, 잔혹한

0199 favorable
[féivərəbəl]

ⓐ 1 <mark>호의적인; 찬성하는</mark> 2 알맞은, 유리한

The poet has received **favorable** recognition by his peers and critics.
그 시인은 동료들과 비평가들로부터 **호의적인** 인정을 받아왔다.

Bacteria grow rapidly in **favorable** environments.
박테리아는 **알맞은** 환경에서 신속하게 증식한다.

+ favor ⓝ 호의 ⓥ 호의를 보이다

0200 hostile
[hástil / hɔ́stail]

ⓐ 적대적인

This country has been **hostile** to foreign investment.
이 나라는 외국의 투자에 줄곧 **적대적이었다**.

+ hostility ⓝ 적대감, 적의

0201 neutral
[njúːtrəl]

ⓐ 중립적인

The author selected the content in an attempt to be **neutral** and objective. ◀기출▶
저자는 **중립적이고** 객관적이고자 하는 시도로 그 내용을 선택했다.

+ neutrality ⓝ 중립 (상태)

0202 sincere
[sinsíər]

ⓐ 진심 어린, 진실한

Express a **sincere** apology after doing something wrong.
뭔가 잘못을 한 후에는 **진심 어린** 사과를 표하라.

+ sincerity ⓝ 성실, 진실 | sincerely ⓐⓓ 진심으로

0203 impatient
[impéiʃənt]

ⓐ 조급한, 성급한

The more **impatient** you are, the less effective you will be.
여러분이 더 **조급할수록**, 여러분은 덜 효율적일 것이다.

+ impatience ⓝ 성급함, 조급함
★ cf. patient 참을성 있는 | patience 참을성

0204 decisive
[disáisiv]

ⓐ 1 <mark>단호한</mark> ↔ indecisive 우유부단한 2 결정적인

Her positive and **decisive** attitude made the meeting go well.
그녀의 긍정적이고 **단호한** 태도로 인해 그 회의는 원활하게 진행되었다.

the **decisive** evidence of human free-will
인간의 자유의지에 대한 **결정적** 증거

+ decisiveness ⓝ 단호함, 결정적임

0205 considerate
[kənsídərit]

ⓐ 사려 깊은, 배려하는

It is **considerate** and polite to send a thank-you note.
감사의 편지를 보내는 것은 **사려 깊고** 예의 바른 것이다.

★ cf. considerable 상당한; 많은

0206 sensible
[sénsəbəl]

ⓐ 현명한, 분별 있는

It's **sensible** to question the accuracy of any data. 기출
어떤 자료든 그 정확성을 묻는 것이 **현명하다**.

0207 intelligent
[intélədʒənt]

ⓐ 지적인, 총명한

Can robots be **intelligent** enough to be good team members? 기출
로봇이 좋은 팀원이 될 만큼 **지적일** 수 있을까?

✚ intelligence ⓝ 1 지능 2 정보, 첩보

★ cf. intelligence quotient = IQ 지능 지수
　　Central Intelligence Agency = CIA 미국 중앙정보부

다의어

0208 brilliant
[bríljənt]

ⓐ 1 화창한, 빛나는 2 기발한, 뛰어난 3 총명한

1 bright blue sky on a **brilliant** day
　　화창한 날의 맑고 파란 하늘

2 Share your **brilliant** ideas for our environment. 기출
　　우리 환경을 위한 여러분의 **기발한** 아이디어를 공유하세요. (안내문)

3 He was a **brilliant** student who won many awards.
　　그는 많은 상을 받은 **총명한** 학생이었다.

✚ brilliance ⓝ 1 총명, 걸출 2 광휘; 광택

0209 renowned
[rináund]

ⓐ 저명한, 유명한

Niklas Luhmann was a **renowned** sociologist of the 20th century. 기출
Niklas Luhmann은 20세기의 **저명한** 사회학자였다.

0210 absurd
[æbsə́:rd]

ⓐ 어리석은; 불합리한

Why Do We Cling to **Absurd** Looking Promises? 기출
왜 우리는 **어리석어** 보이는 약속에 매달릴까? (제목)

✚ absurdity ⓝ 어리석음, 불합리

DAILY CHECK-UP

A 빈칸에 알맞은 우리말 또는 영어 단어를 써넣으시오.

인성·태도

성격 특성

1 _____ earnest

2 _____ 용기 있는, 용감한

3 _____ outgoing

4 _____ 겸손한; 비천한

5 _____ brutal

성향·행동

6 _____ 기부하다, 기증하다

7 _____ obey

8 _____ compliment

9 _____ 속이다, 기만하다

10 _____ neglect

태도

16 _____ hostile

17 _____ 중립적인

18 _____ sincere

19 _____ 단호한; 결정적인

지적 특성

20 _____ considerate

21 _____ sensible

22 _____ 지적인, 총명한

23 _____ renowned

24 _____ 어리석은; 불합리한

인품

11 _____ 성격, 개성, 인품

12 _____ generosity

13 _____ 겸손; 소박

14 _____ stupidity

15 _____ 잔인(함); 학대

B 문장의 빈칸에 알맞은 말을 보기에서 골라 쓰시오.

reputation	impatient	brilliant	timid	offended	favorable

1 He was a(n) _____ student who won many awards.

2 The more _____ you are, the less effective you will be.

3 The panda is a(n) _____ animal, feeding almost always alone.

4 His theory of social comparison earned him a good _____.

5 The poet has received _____ recognition by his peers and critics.

6 We get _____ when someone else determines what we will get.

식품 · 건강

영양(소)

0211 nutrition
[njuːtríʃən]

ⓝ 영양

Unexplained weight loss is a sign of poor **nutrition**.
설명되지 않는 체중 감소는 부실한 **영양**의 징후이다.

+ nutritional ⓐ 영양(상)의 | nutritious ⓐ 영양이 풍부한

★ cf. malnutrition 영양실조

0212 nutrient
[njúːtriənt]

ⓝ 영양소, 영양분

The reason for their decline is lack of **nutrients**. 기출
그것들의 감소 이유는 **영양소** 부족이다.

0213 fiber
[fáibər]

ⓝ 섬유; 섬유질

The **fibers** in vegetables help the body to better absorb minerals.
채소에 있는 **섬유질**은 몸이 미네랄을 더 잘 흡수하도록 돕는다.

0214 carbohydrate
[kɑ̀ːrbouháidreit]

ⓝ 탄수화물

Carbohydrates provide the energy plants need to live. 기출
탄수화물은 식물이 살아가는 데 필요한 에너지를 제공한다.

+ carbon ⓝ 탄소

★ cf. fat 지방 | protein 단백질

0215 ingredient
[ingríːdiənt]

ⓝ 1 성분, 재료 2 (구성) 요소, 요인

We assume that natural food **ingredients** are more secure. 기출
우리는 천연 식품 **성분**이 더 안전하다고 가정한다.

key **ingredients** for growth 성장의 핵심 **요소**

0216 preservation
[prèzərvéiʃən]

ⓝ 보존; 저장; 보호

Freezing is a common method of food **preservation**. 기출
냉동은 널리 쓰이는 음식 **보존** 방법이다.

wildlife/forest **preservation** 야생 생물/산림 **보호**

+ preserve ⓥ 보존하다; 보호하다

음식 섭취

0217 appetite
[金pitàit]

ⓝ 1 **식욕** 2 욕구

Stress can sometimes cause your **appetite** to increase.
스트레스는 때때로 여러분의 **식욕**이 늘어나는 원인이 될 수 있다.

an **appetite** for change 변화에 대한 **욕구**

✚ appetizer ⓝ 식욕을 돋우는 음식, 전채

0218 flavor
[fléivər]

ⓝ 맛, 풍미 ⓥ 맛을 내다, 풍미를 더하다

With its unique **flavor**, this dish will satisfy you.
이 요리는 그것만의 고유한 **풍미**로 여러분을 만족시킬 것입니다.

oil **flavored** with garlic and chilli
마늘과 고추로 **맛을 낸** 오일

0219 texture
[tékstʃər]

ⓝ 식감, 질감; 감촉

Texture and taste are both important for how we enjoy food.
식감과 맛 둘 다 우리가 음식을 즐기는 방식에 있어 중요하다.

Its soft **texture** is similar to silk.
그것의 부드러운 **질감[감촉]**은 비단과 비슷하다.

0220 intake
[íntèik]

ⓝ 섭취(량)

Your brain will adapt to your daily caffeine **intake**. 〈기출〉
여러분의 뇌는 여러분의 일일 카페인 **섭취**에 적응할 것이다.

★ cf. take in ~을 섭취[흡수]하다

0221 digestion
[didʒéstʃən, dai-]

ⓝ 1 **소화 (작용)** 2 터득, 이해

To improve **digestion** while sleeping, try lying on your left side.
자는 동안 **소화**를 향상하려면 왼쪽으로 누워 자보도록 하라.

the **digestion** of basic knowledge 기초 지식의 **터득[이해]**

✚ digest ⓥ 소화하다 | digestive ⓐ 소화의

0222 beverage
[bévəridʒ]

ⓝ 음료, 마실 것

A free **beverage** is offered in the waiting area. 〈기출〉
무료 **음료**가 대기 구역에서 제공됩니다. (안내문)

0223 vomit
[vάmit / vɔ́m-]

Ⓥ 구토하다 Ⓝ 구토

Vomiting helps remove harmful substances from the body.
구토하는 것은 몸에서 해로운 물질을 제거하는 데 도움이 된다.

the **vomit** caused by a bad smell 고약한 냄새로 인한 **구토**

다의어

0224 exhaust
[igzɔ́:st]

Ⓥ 1 지치게 하다 2 고갈시키다 Ⓝ 배기, 배기가스

v. 1 I was emotionally and physically **exhausted** by the end
  of the day. 나는 하루가 끝날 무렵 정신적으로, 신체적으로 **지쳤다**.
  2 **exhaust** natural resources 천연자원을 **고갈시키다**

n. a car's **exhaust** system 자동차의 **배기** 시스템

＋ exhaustion Ⓝ 1 탈진, 기진맥진 2 고갈
  exhausted ⓐ 1 기진맥진한 2 고갈된

다의어

0225 faint
[feint]

Ⓥ 기절하다 ⓐ 1 희미한, 약한 2 어질어질한

v. The reduced blood flow to your brain can cause you to
  faint. 뇌로의 혈류 감소는 여러분이 **기절하는** 원인이 될 수 있다.

a. 1 a **faint** memory of the past 과거에 대한 **희미한** 기억
  2 I felt **faint** with exhaustion. 나는 탈진으로 **어지러웠다**.

0226 bleed
[bli:d]

Ⓥ 출혈하다, 피를 흘리다

You may require proper medical care if you don't stop
bleeding.
출혈하는 것이 멈추지 않으면 적절한 의료 조치가 필요할 것이다.

＋ bleeding Ⓝ 출혈 | blood Ⓝ 피

0227 infect
[infékt]

Ⓥ 감염시키다, 전염시키다

She was **infected** with malaria on her most recent trip.
그녀는 가장 최근의 여행에서 말라리아에 **감염되었다**.

＋ infection Ⓝ 감염, 전염 | infectious ⓐ 전염되는, 전염성의

0228 addict
Ⓥ [ədíkt]
Ⓝ [ǽdikt]

Ⓥ 중독시키다 Ⓝ 중독자

Why are some people easily **addicted** to social media?
왜 어떤 사람들은 소셜미디어에 쉽게 **중독되는가**?

alcohol **addict** 알코올 **중독자**

＋ addiction Ⓝ 중독 | addictive ⓐ 중독성의

건강 상태

0229 abnormal
[æbnɔ́ːrməl]

ⓐ 비정상적인

A disease is an **abnormal** condition that affects a living organism.
질병은 살아 있는 유기체에 영향을 미치는 **비정상적인** 상태이다.

+ abnormality ⓝ 비정상, 이상, 기형
★ cf. normal 정상적인 | normality 정상 (상태)

0230 chronic
[kránik]

ⓐ 만성의, 만성적인　↔ acute 급성의

One of the outcomes of poor posture is **chronic** back pain.
나쁜 자세의 결과 중 하나는 **만성** 허리 통증이다.

+ chronically ⓐⓓ 만성적으로

0231 fatal
[féitl]

ⓐ 치명적인　= deadly

Cancer is a **fatal** disease and the second biggest cause of death.
암은 **치명적인** 질병으로 두 번째로 큰 사망 원인이다.

+ fate ⓝ 운명, 숙명 | fatality ⓝ 1 사망(자 수) 2 치사율

0232 incurable
[inkjúərəbəl]

ⓐ 치료 불가능한, 불치의

The disease is considered to be **incurable** at present.
그 질병은 현재 **치료 불가능한** 것으로 여겨진다.

+ cure ⓝ 치료(법) ⓥ 치료하다
★ cf. curable 치료 가능한

0233 resistant
[rizístənt]

ⓐ 저항력이 있는, 저항하는

An active body is **resistant** to various health problems and diseases.
활동적인 몸은 다양한 건강 문제와 질병에 **저항력이 있다**.

+ resist ⓥ 저항하다 | resistance ⓝ 저항(력)

0234 immune
[imjúːn]

ⓐ 면역(성)의

Humans have a complex **immune** system for preventing infection.
인간은 감염을 막기 위한 복잡한 **면역** 체계를 가지고 있다.

+ immunity ⓝ 면역(성)

0235 disorder
[disɔ́:rdər]

ⓝ 1 무질서, 혼란 2 <mark>장애, 질환</mark>

political **disorder** during the revolution
혁명기의 정치적 **무질서**

Anyone can suffer from mental **disorder** at some stage in their life.
누구든 생의 어느 단계에서 정신 **질환**으로 고통받을 수 있다.

0236 emergency
[imə́:rdʒənsi]

ⓝ 1 응급 2 비상(사태)

A car accident victim was carried to the **emergency** room.
자동차 사고 피해자가 **응급**실로 실려 왔다.

Users should open the safe with the **emergency** key. 기출
사용자는 **비상** 열쇠로 금고를 열어야 합니다. (안내문)

0237 vaccination
[væksənéiʃən]

ⓝ 예방 접종

To sign up, **vaccination** records must be provided. 기출
등록하려면, **예방 접종** 기록이 제공되어야 합니다.

✚ vaccinate ⓥ 예방 접종하다 │ vaccine ⓝ 백신

0238 therapy
[θérəpi]

ⓝ 치료(법)

Music **therapy** is used to treat mental health disorders. 기출
음악 **치료**가 정신 건강 질환을 치료하는 데 사용된다.

0239 surgery
[sə́:rdʒəri]

ⓝ 외과 (의술), (외과) 수술

She graduated from medical school and completed an internship in **surgery**. 기출
그녀는 의과 대학을 졸업하고 **외과**에서 수련의 과정을 마쳤다.

a football player recovering from knee **surgery**
무릎 **수술**에서 회복 중인 축구 선수

✚ surgical ⓐ 외과의, 외과 수술의 │ surgeon ⓝ 외과 의사

0240 vessel
[vésəl]

ⓝ 1 <mark>혈관</mark> 2 선박

Blood **vessels** carry blood, oxygen and nutrients to all parts of the body.
혈관은 피, 산소, 영양소를 몸의 모든 부분으로 운반한다.

vessels for transportation and fishing 운송용과 어로용 **선박**

★ cf. artery 동맥 │ vein 정맥

DAILY CHECK-UP

A 빈칸에 알맞은 우리말 또는 영어 단어를 써넣으시오.

식품 · 건강

영양(소)

1 _____ 영양소, 영양분

2 _____ 섬유; 섬유질

3 _____ carbohydrate

4 _____ 성분, 재료; (구성) 요소

5 _____ preservation

음식 섭취

6 _____ 식욕; 욕구

7 _____ flavor

8 _____ 식감, 질감; 감촉

9 _____ intake

10 _____ 음료, 마실 것

건강 상태

16 _____ 비정상적인

17 _____ chronic

18 _____ 저항력이 있는, 저항하는

19 _____ incurable

의료 용어

20 _____ 장애, 질환; 무질서

21 _____ vaccination

22 _____ 치료(법)

23 _____ surgery

24 _____ vessel

건강 이상

11 _____ vomit

12 _____ 기절하다; 어질어질한

13 _____ exhaust

14 _____ bleed

15 _____ 감염[전염]시키다

B 문장의 빈칸에 알맞은 말을 보기에서 골라 쓰시오.

> emergency   immune   nutrition   digestion   addicted   fatal

1 Unexplained weight loss is a sign of poor _____.

2 A car accident victim was carried to the _____ room.

3 Why are some people easily _____ to social media?

4 To improve _____ while sleeping, try lying on your left side.

5 Humans have a complex _____ system for preventing infection.

6 Cancer is a(n) _____ disease and the second biggest cause of death.

PLAN 2

✏️ break, bring 구동사

break down	**1 고장 나다 2 ~을 분해하다** Her car **broke down** in the drive thru with 100 people behind her. 그녀의 차가 뒤에 100명이 있는 드라이브 스루에서 **고장이 났다.** The fungi quickly move into the opening and begin to **break down** the wood. 균류는 재빨리 구멍[틈]으로 들어가 나무**를 분해하기** 시작한다.
break in	**침입하다** The armed robbers **broke in** through the back door of the shop. 그 무장 강도들은 상점 뒷문을 통해 **침입했다.**
break out	**발발하다, 발생하다** He returned to America about the time the War of Independence **broke out**. 〈기출〉 그는 독립 전쟁이 **발발할** 즈음에 미국으로 돌아왔다.
break up with	**~와 헤어지다[결별하다]** When you **break up with** a partner, the natural response is to blame yourself. 〈기출〉 여러분이 연인**과 헤어질 때,** 자연스러운 반응은 자신을 질책하는 것이다.
bring about	**~을 초래[유발]하다** The fruit ripening process **brings about** the softening of cell walls. 〈기출〉 과일이 익는 과정은 세포벽의 부드러워짐**을 초래한다.**
bring up	**1 ~를 기르다 2 (화제 등을) 꺼내다, 언급하다** After her parents passed, she **was brought up** from six by her grandparents. 부모님이 돌아가신 후에, 조부님이 그녀를 여섯 살 때부터 **길렀다.** I didn't want to **bring up** the issue again. 나는 그 문제를 다시 **꺼내고** 싶지 않았다.

PLAN 3
사고

DAY 9 생각

DAY 10 판단

DAY 11 인지

DAY 12 지성

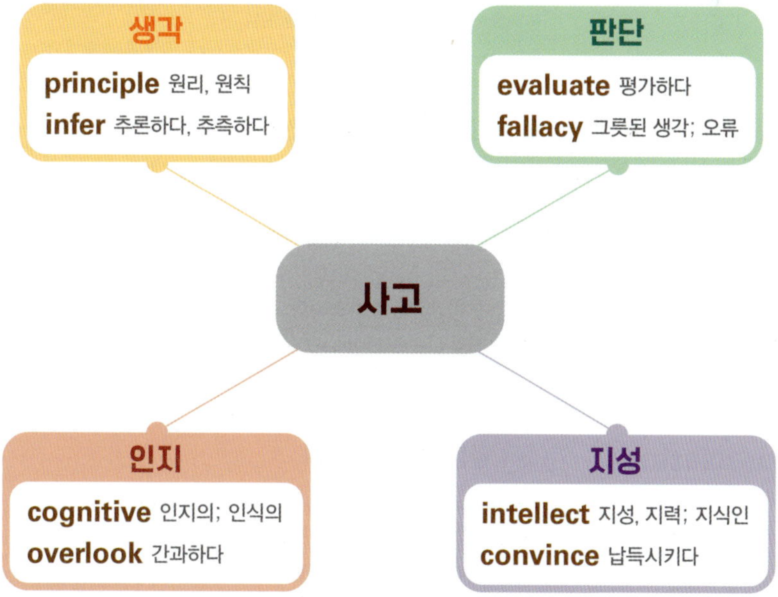

생각
principle 원리, 원칙
infer 추론하다, 추측하다

판단
evaluate 평가하다
fallacy 그릇된 생각; 오류

사고

인지
cognitive 인지의; 인식의
overlook 간과하다

지성
intellect 지성, 지력; 지식인
convince 납득시키다

생각의 기반

0241 principle
[prínsəpəl]

ⓝ 원리, 원칙

One call for one message is the general **principle** of animal communication. 기출
하나의 메시지를 위한 하나의 소리는 동물 의사소통의 일반적인 **원리**이다.

0242 norm
[nɔːrm]

ⓝ (pl.) 규범, 기준; 표준

Norms in groups result from people following the behavior of others. 기출
집단에서 **규범**은 사람들이 다른 사람들의 행동을 따르는 것에서 나온다.

0243 impression
[impréʃən]

ⓝ 인상; 감명

They didn't leave a lasting **impression** on me. 기출
그들은 내게 지속적인 **인상**을 남기지 못했다.

+ impress ⓥ 인상[감명]을 주다 | impressive ⓐ 인상적인, 감명 깊은

0244 priority
[praiɔ́(ː)rəti]

ⓝ 우선(순위); 우선(권)

Your interests should be the **priority** in your job search. 기출
여러분의 흥미가 직업 탐색에서 **우선순위**가 되어야 한다.

+ prior ⓐ 먼저의, 앞서의; 우선하는

0245 outlook
[áutlùk]

ⓝ 1 전망, 전도 2 −관, 견해

The latest world economic **outlook** reports stable global growth.
최신 세계 경제 **전망**은 안정적인 세계적 성장을 보고한다.

Be open to new ideas that can extend your **outlook** on life.
여러분의 인생**관**을 확장할 수 있는 새로운 아이디어에 개방적이 되라.

★ cf. look out 1 내다보다 2 조심하다

0246 appreciation
[əprìːʃiéiʃən]

ⓝ 1 감상; 이해 2 감사

He had little **appreciation** for French culture. 기출
그는 프랑스 문화에 대한 **이해**가 거의 없었다.

Express our **appreciation** for your support.
귀하의 지지에 **감사**를 표합니다.

+ appreciate ⓥ 1 감상하다; 진가를 알아보다 2 고마워하다

생각의 과정

0247 associate
[əsóuʃièit]

ⓥ 1 관련시키다, 연상하다　2 교류하다, 어울리다(with)

Positive comments are **associated** with effective teaching. 〈기출〉
긍정적 언급은 효과적인 교수법과 **관련된다**.

associate with renowned scholars 저명한 학자들과 **교류하다**

➕ association ⓝ 1 관련, 연상　2 연합, 협회　3 교제, 제휴

0248 infer
[infə́:r]

ⓥ 추론하다, 추측하다

Children learn how to **infer** people's emotions from their behaviors. 〈기출〉
아이들은 사람들의 행동으로부터 그들의 감정을 **추론하는** 법을 배운다.

➕ inference ⓝ 추론

0249 contrast
ⓥ [kəntrǽst]
ⓝ [kántræst]

ⓥ 대조하다　ⓝ 대조, 대비

In her book, the author **contrasts** the 1930s with the present.
자신의 책에서, 저자는 1930년대와 현재를 **대조한다**.

the **contrast** of light and darkness 〈기출〉 빛과 어둠의 **대조**

➕ in[by] contrast 대조적으로, 그에 반해서

➕ contrary ⓐ 반대의

0250 distinguish
[distíŋgwiʃ]

ⓥ 구별하다, 구분하다　⊜ differentiate

We try to **distinguish** false information from the truth. 〈기출〉
우리는 거짓 정보와 진실을 **구별하려고** 애쓴다.

0251 comprehend
[kàmprihénd]

ⓥ 이해하다

With the help of the Internet, we **comprehend** the information quickly. 〈기출〉
인터넷의 도움으로 우리는 그 정보를 빠르게 **이해한다**.

➕ comprehension ⓝ 이해(력)
comprehensive ⓐ 1 이해(력)의　2 포괄적인

0252 conclude
[kənklú:d]

ⓥ 결론을 내리다; 끝내다

We **conclude** that sport is an important part of our culture. 〈기출〉
우리는 스포츠가 우리 문화의 중요한 일부라는 **결론을 내린다**.

➕ conclusion ⓝ 결론 | conclusive ⓐ 결정적인

PLAN 3

0253 persuasive
[pərswéisiv]

ⓐ 설득력 있는

Ads that promoted group benefits were more **persuasive** in Korea. ◀기출
집단 이익을 도모하는 광고가 한국에서 더 **설득력이** 있었다.

＋ persuade ⓥ 설득하다 ｜ persuasion ⓝ 설득, 납득

0254 thorough
[θə́:rou]

ⓐ 철저한, 면밀한

Her essay demonstrated a **thorough** understanding of the law. ◀기출
그녀의 에세이는 그 법에 관한 **철저한** 이해를 증명해 보였다.

＋ thoroughly ⓐⓓ 철저히, 완전히

0255 consistent
[kənsístənt]

ⓐ 1 일관된, 한결같은 2 일치하는, 부합하는

Basic aspects of perception are **consistent** across listeners. ◀기출
지각의 기본적 측면은 청자들 전반에 걸쳐 **일관된다**.

in a manner **consistent** with social values ◀기출
사회적 가치와 **부합하는** 방식으로

＋ consistency ⓝ 일관성, 언행일치

0256 subjective
[səbdʒéktiv]

ⓐ 주관적인 ⟷ objective 객관적인

We may have the **subjective** impression that we are careful thinkers. ◀기출
우리는 우리가 신중하게 생각하는 사람이라는 **주관적인** 인상을 가질 수도 있다.

＋ subjectivity ⓝ 주관성, 주관적임

0257 radical
[rǽdikəl]

ⓐ 1 근본적인, 철저한 2 급진적인

The EU requires **radical** reform to deal with challenges.
EU(유럽연합)는 난제들을 다루기 위해 **근본적인** 개혁이 필요하다.

a **radical** idea that challenges the existing art forms ◀기출
기존 예술 형태에 도전하는 **급진적** 아이디어

0258 contradictory
[kàntrədíktəri]

ⓐ 모순되는, 상충하는

The two experts' opinions were **contradictory** to each other.
두 전문가의 의견이 서로 **모순되었다**.

＋ contradict ⓥ 반박하다; 모순되다 ｜ contradiction ⓝ 반박; 모순

0259 convey
[kənvéi]

ⓥ 1 (생각·감정 등을) 전달하다 2 운송하다, 나르다

A book **conveys** the writer's subjective view on the world. ◀기출
책은 글쓴이의 주관적 세계관을 **전달한다**.

convey oil by means of pipelines
수송관을 이용하여 석유를 **운송하다**

0260 inform
[infɔ́:rm]

ⓥ 알리다, 통지하다

You should've **informed** me about the competition. ◀기출
너는 내게 그 대회에 대해 **알려주었어야** 했어.

다의어

0261 state
[steit]

ⓥ 진술하다, 말하다 **ⓝ** 1 상태 2 국가 3 주(州)

v. Darwin **stated** that evolution was driven by natural
selection. ◀기출
다윈은 진화가 자연 선택에 의해 일어난다고 **진술했다**.

n. 1 the items that are in a good **state** 상태가 좋은 물품들

2 ancient city-**states** like Athens and Sparta
아테네와 스파르타 같은 고대 도시 **국가**

3 the Nevada-California **state** line
네바다**주**와 캘리포니아**주** 경계

0262 mention
[ménʃən]

ⓥ 언급하다 **ⓝ** 언급

If someone **mentions** a movie, you're recalling the
content. ◀기출
누군가가 어떤 영화를 **언급하면**, 여러분은 그 내용을 회상하게 된다.

her **mention** of her marriage
자신의 결혼 생활에 대한 그녀의 **언급**

0263 confess
[kənfés]

ⓥ 고백하다; 자백하다, 실토하다

He **confessed** to me that he avoided fatty food.
그는 기름진 음식을 피한다고 내게 **고백했다**.

confess one's crime in court 법정에서 범죄를 **자백하다**

+ confession **ⓝ** 고백, 자백

0264 maintain
[meintéin]

ⓥ 1 유지하다; 지속하다 2 주장하다 ≡argue

maintain one's rankings ◀기출 순위를 **유지하다**

Hegel **maintains** that the human being is a cultural being.
헤겔은 인간이 문화적 존재라고 **주장한다**.

가정적 생각

0265 probably
[prɑ́bəbli]

ⓐ 아마도 (~일 것이다)

The position he seeks in your company is **probably** much better than ours. 기출
그가 귀사에서 구하는 직위는 **아마도** 우리의 것보다 훨씬 좋을 것입니다. (추천서)

➕ probable ⓐ 있음직한, 개연성 있는

0266 supposedly
[səpóuzidli]

ⓐ 추측건대, 아마 (~일 것이다)

That is the one that's **supposedly** the most familiar of all. 기출
추측건대 그것이 모든 것 중에서 가장 친숙한 것일 것이다.

➕ suppose ⓥ 추측[가정]하다

0267 potentially
[pəténʃəli]

ⓐ 잠재적으로

These kinds of errors are **potentially** more dangerous. 기출
이러한 종류의 오류들이 **잠재적으로** 더 위험하다.

➕ potential ⓐ 잠재적인 | potentiality ⓝ 잠재력

0268 conceivably
[kənsíːvəbli]

ⓐ 상상컨대

How can we **conceivably** have healthy people without a healthy planet?
상상컨대 건강한 행성 없이 어떻게 건강한 사람들이 있을 수 있겠는가?

➕ conceivable ⓐ 상상할 수 있는 | conceive ⓥ 상상하다

0269 arguably
[ɑ́ːrgjuəbli]

ⓐ 거의 틀림없이, 주장하건대

Animals **arguably** make art. 기출
동물은 **거의 틀림없이** 예술을 만든다.

➕ argue ⓥ 주장하다

0270 reportedly
[ripɔ́ːrtidli]

ⓐ 전하는 바에 따르면, 소문에 의하면

Necho II **reportedly** ordered his men to sail around Africa. 기출
전하는 바에 따르면, Necho 2세는 부하들에게 아프리카 주위를 항해하라고 명령했다고 한다.

DAILY CHECK-UP

A 빈칸에 알맞은 우리말 또는 영어 단어를 써넣으시오.

생각

생각의 기반

1 _____ principle

2 _____ 규범, 기준; 표준

3 _____ impression

4 _____ 전망, 전도; -관

5 _____ appreciation

생각의 과정

6 _____ associate

7 _____ 추론하다, 추측하다

8 _____ 구별하다, 구분하다

9 _____ comprehend

10 _____ 결론을 내리다; 끝내다

생각의 표현

16 _____ 전달하다; 운송하다

17 _____ state

18 _____ 언급하다; 언급

19 _____ confess

생각의 양상

11 _____ persuasive

12 _____ 철저한, 면밀한

13 _____ subjective

14 _____ 근본적인; 급진적인

15 _____ contradictory

가정적 생각

20 _____ probably

21 _____ 추측건대, 아마 (~일 것이다)

22 _____ conceivably

23 _____ 거의 틀림없이

24 _____ reportedly

B 문장의 빈칸에 알맞은 말을 보기에서 골라 쓰시오.

potentially	maintains	contrasts	consistent	priority	informed

1 These kinds of errors are _____ more dangerous.

2 You should've _____ me about the competition.

3 Basic aspects of perception are _____ across listeners.

4 Hegel _____ that the human being is a cultural being.

5 Your interests should be the _____ in your job search.

6 In her book, the author _____ the 1930s with the present.

판단 행위

0271 evaluate
[ivǽljuèit]

Ⓥ 평가하다 ⊜ assess

Clients are in a good position to **evaluate** an employee's performance. 기출
고객은 직원의 업무 수행을 **평가할** 좋은 위치에 있다.

+ evaluation ⓝ 평가

0272 interpret
[intə́:rprit]

Ⓥ 1 해석하다, 설명하다 2 통역하다

Our beliefs influence how we **interpret** facts. 기출
우리의 믿음이 우리가 사실을 **해석하는** 방식에 영향을 준다.

interpret English into German 영어를 독일어로 **통역하다**

+ interpretation ⓝ 1 해석 2 통역

0273 emphasize
[émfəsàiz]

Ⓥ 강조하다, 역설하다 ⊜ highlight, stress 강조하다

Ostrom **emphasizes** the importance of effective processes. 기출
Ostrom은 효과적인 처리 과정의 중요성을 **강조한다**.

0274 advocate
ⓥ [ǽdvəkèit]
ⓝ [ǽdvəkit]

Ⓥ 옹호하다; 변호하다 Ⓝ 옹호자; 변호사

She **advocated** for better opportunities for Chinese-Americans. 기출
그녀는 중국계 미국인들을 위한 더 나은 기회를 **옹호했다**.

advocates for independent decision-making 기출
독립적인 의사결정의 **옹호자들**

다의어

0275 dismiss
[dismís]

Ⓥ 1 묵살[일축]하다 2 해산시키다 3 해고하다

1 We immediately **dismiss** others' opinions without any consideration. 기출
우리는 다른 이들의 의견을 고려도 해보지 않고 즉시 **묵살한다**.

2 Today students will be **dismissed** at noon.
오늘 학생들이 정오에 **하교할** 것이다.

3 **dismiss** dishonest employees 부정직한 직원을 **해고하다**

다의어

0276 object
ⓥ [əbdʒékt]
ⓝ [ábdʒikt]

Ⓥ 반대하다(to) Ⓝ 1 물건 2 목적, 목표

v. As it would be a huge loss to future generations, I strongly **object** to it. 기출
그것이 미래 세대에 크나큰 손실일 것이므로 나는 그것에 강력하게 **반대한다**.

n. 2 maintain a consistent **object** 일관된 **목표**를 유지하다

중요성 판단

0277 essential
[isénʃəl]

ⓐ 필수적인; 본질적인

Conserving energy is **essential** for an organism's ability to survive. 〈기출〉
에너지를 절약하는 것은 유기체의 생존 능력에 **필수적이다.**

➕ essence ⓝ 본질, 정수

다의어

0278 fundamental
[fÀndəméntl]

ⓐ 기본적인, 근본적인; 기초의   ⓝ (보통 pl.) 기본, 근본

a. Honesty is **fundamental** in discussions of trustworthiness. 〈기출〉
정직은 신뢰성 논의에서 **기본적이다.**

n. learn the **fundamentals** of mathematics
수학의 **기본을** 배우다

0279 primary
[práimèri / -məri]

ⓐ 1 주요한 2 1차적인; 초기의   ⟷ secondary 부차적인, 제2의

Social media is a **primary** source of information for millions. 〈기출〉
소셜 미디어는 수백만 명에게 **주요한** 정보 원천이다.

phytoplankton as a **primary** producer in the food chain
먹이사슬에서 **1차** 생산자로서의 식물성 플랑크톤

0280 crucial
[krúːʃəl]

ⓐ 중대한, 결정적인   ⚌ vital 지극히 중요한

Common knowledge can also influence **crucial** decisions. 〈기출〉
상식 또한 **중대한** 결정에 영향을 미칠 수 있다.

gather **crucial** evidence **결정적인** 증거를 수집하다

0281 trivial
[tríviəl]

ⓐ 사소한, 하찮은, 대단치 않은   ⚌ trifling

When it comes to a **trivial** problem, we often think, "This will pass." 〈기출〉
사소한 문제에 관해서라면, 우리는 흔히 "이건 지나갈 거야."라고 생각한다.

0282 insignificant
[ìnsignífikənt]

ⓐ 대수롭지 않은, 사소한, 무의미한   ⟷ significant 중요한

She often felt that her efforts were **insignificant**. 〈기출〉
그녀는 종종 자신의 노력이 **무의미하다고** 느꼈다.

➕ insignificance ⓝ 무의미; 사소

0283 prejudice
[prédʒədis]

🅝 편견, 선입관 🆅 편견을 갖게 하다

Racial **prejudice** has made Black people feel powerless.
인종적 **편견**은 흑인들이 무력감을 느끼게 해왔다.

prejudice your audience against you 〈기출〉
청중이 당신에 대해 불리한 **편견을 갖게 하다**

0284 bias
[báiəs]

🅝 편향, 선입견, 편견 🆅 편향되게 하다, 편견을 갖게 하다

Social **biases** easily turn into prejudices. 〈기출〉
사회적 **편향**은 쉽게 편견으로 바뀐다.

be **biased** to produce welcome results 〈기출〉
원하는 결과를 내도록 **편향되어 있다**

0285 fallacy
[fǽləsi]

🅝 그릇된 생각; 오류 🟰 misconception

In economics, there is a principle known as the *sunk cost* **fallacy**. 〈기출〉
경제학에는 '매몰 비용' **오류**라고 알려진 원리가 있다.

commit a logical **fallacy** 논리적 **오류**를 범하다

0286 stereotype
[stériətàip]

🅝 고정관념 🆅 정형화하다

n. The real danger of **stereotypes** is their lack of flexibility.
〈기출〉 **고정관념**의 진짜 위험은 그것의 융통성 부족이다.

v. problems of **stereotyped** predictions
정형화된 예측의 문제점들

0287 distortion
[distɔ́:rʃən]

🅝 왜곡, 비틀기

Several forms of bias cause **distortions** in storing memories. 〈기출〉
여러 가지 형태의 편견이 기억을 저장하는 데 **왜곡**을 일으킨다.

➕ distort ⓥ 왜곡하다, 비틀다

0288 exaggeration
[igzæ̀dʒəréiʃən]

🅝 과장

Exaggeration is part of making myths and also lying.
과장은 근거 없는 이야기를 꾸며내고 또한 거짓말하는 것의 일부이다.

➕ exaggerate ⓥ 과장하다

우수성 판단

0289 **outstanding**
[àutstǽndiŋ]

ⓐ 뛰어난, 걸출한

He was an **outstanding** newspaper columnist with his humor. ◀기출
그는 유머를 갖춘 **뛰어난** 신문 칼럼니스트였다.

★ cf. stand out 눈에 띄다, 빼어나다

0290 **remarkable**
[rimá:rkəbəl]

ⓐ 주목할 만한, 놀랄 만한

As a child, Rosen displayed a **remarkable** talent for the piano. ◀기출
어렸을 때, Rosen은 피아노에 대한 **놀랄 만한** 재능을 드러냈다.

➕ remark ⓥ 주목하다; 언급하다 ⓝ 주목; 언급

0291 **striking**
[stráikiŋ]

ⓐ 눈에 띄는, 현저한; 인상적인

We remember the events that are unusual and **striking**. ◀기출
우리는 드물고 **인상적인** 사건들을 기억한다.

a **striking** difference between the two paintings
두 그림 사이의 **눈에 띄는** 차이

0292 **extraordinary**
[ikstrɔ́:rdənèri]

ⓐ 비상한, 비범한; 대단한 ⟷ ordinary 평범한, 보통의

Reviewers praised her **extraordinary** acting. ◀기출
평론가들은 그녀의 **비범한** 연기를 칭찬했다.

0293 **superior**
[səpíəriər]

ⓐ 1 우월한, 우수한 2 상관의, 상급의

Our communication system is **superior** to that of any animal. ◀기출
우리의 의사소통 체계는 그 어떤 동물의 것보다 **우수하다**.

a **superior** officer 상급 장교

➕ superiority ⓝ 우월성

0294 **inferior**
[infíəriər]

ⓐ 1 열등한 2 하급의, 하위의 ⟷ superior

We tend to dismiss computational creativity as **inferior** to our own. ◀기출
우리는 컴퓨터의 창의력을 우리 자신의 것보다 **열등한** 것으로 일축하는 경향이 있다.

inferior rank 하위 계급

➕ inferiority ⓝ 열등(함)

0295 **inaccurate**
[inǽkjərit]

ⓐ 부정확한; 틀린 ↔ accurate 정확한

Non-Western theories were once considered as **inaccurate**.
비서구의 이론은 한때 **부정확한** 것으로 여겨졌다.

➕ inaccuracy ⓝ 부정확성 (↔ accuracy 정확성)
★ cf. in-은 '무(無)', 비(非), '불(不)'의 뜻의 접두사로 결합하는 어휘의 첫 번째
철자에 따라 il-, ir-, im-으로 바뀐다.
active (활동적인) ↔ inactive (활동하지 않는)
regular (규칙적인) ↔ irregular (불규칙적인)

0296 **inappropriate**
[ìnəpróupriət]

ⓐ 부적당한, 부적절한 ↔ appropriate 적당[적절, 적합]한

Some expressions are **inappropriate** for younger viewers. 기출
일부 표현은 어린 시청자들에게 **부적절하다**.

0297 **irrational**
[irǽʃətnəl]

ⓐ 비이성적인, 불합리한 ↔ rational 이성적인, 합리적인

ways to ease one's **irrational** fear of crowds 기출
군중에 대한 **비이성적인** 두려움을 완화하는 방법 (주제)

He often makes **irrational** decisions without thinking.
그는 종종 생각하지 않고 **불합리한** 결정을 한다.

➕ irrationality ⓝ 불합리 (↔ rationality 합리성)

0298 **misleading**
[mislíːdiŋ]

ⓐ 오해하게 하는, 호도하는; 현혹하는

Plato believed that our perceptions can be **misleading**. 기출
플라톤은 우리의 지각이 **오해하게 할 수** 있다고 믿었다.

➕ mislead ⓥ 오해하게 하다, 호도[오도]하다

0299 **unacceptable**
[ʌ̀nəkséptəbl]

ⓐ 받아들이기 어려운 ↔ acceptable 받아들일 수 있는

These kinds of comments are **unacceptable** for a channel
like this. 기출
이런 종류의 논평은 이런 채널에서는 **받아들이기 어렵습니다**.

➕ accept ⓥ 받아들이다, 수락하다

0300 **unreasonable**
[ʌnríːzənəbəl]

ⓐ 이치에 맞지 않는, 불합리한 ↔ reasonable 이치에 맞는, 합리적인

A 50 percent increase to the price seems totally
unreasonable. 기출
50% 가격 인상은 전혀 **이치에 맞지 않아** 보입니다.

➕ reason ⓝ 1 이유 2 이치 ⓥ 추론하다

DAILY CHECK-UP

A 빈칸에 알맞은 우리말 또는 영어 단어를 써넣으시오.

판단

판단 행위

1 _____
평가하다

2 _____
강조하다, 역설하다

3 _____
advocate

4 _____
dismiss

5 _____
반대하다; 물건; 목표

중요성 판단

6 _____
필수적인; 본질적인

7 _____
fundamental

8 _____
crucial

9 _____
사소한, 대단치 않은

10 _____
insignificant

우수성 판단

16 _____
outstanding

17 _____
striking

18 _____
비상한, 비범한; 대단한

19 _____
열등한; 하급의

타당성 결여

20 _____
부정확한; 틀린

21 _____
inappropriate

22 _____
비이성적인, 불합리한

23 _____
받아들이기 어려운

24 _____
unreasonable

판단 오류

11 _____
bias

12 _____
그릇된 생각; 오류

13 _____
stereotype

14 _____
왜곡, 비틀기

15 _____
exaggeration

B 문장의 빈칸에 알맞은 말을 보기에서 골라 쓰시오.

> primary   misleading   interpret   superior   prejudice   remarkable

1 Our beliefs influence how we _____ facts.

2 Plato believed that our perceptions can be _____.

3 Racial _____ has made Black people feel powerless.

4 As a child, Rosen displayed a _____ talent for the piano.

5 Our communication system is _____ to that of any animal.

6 Social media is a _____ source of information for millions.

인지적 특성

0301 cognitive
[kάgnətiv]

ⓐ 인지의; 인식의

Honesty is a more instinctive response, but dishonesty takes greater **cognitive** effort.
정직은 더 본능적인 반응이지만, 부정직은 더 큰 **인지적** 노력이 필요하다.

the emotional and **cognitive** functions of our brain
우리 뇌의 정서적, **인식적** 기능

+ cognition ⓝ 인지, 인식

0302 logical
[lάdʒikəl]

ⓐ 논리적인; 논리학(상)의

New ideas are discovered through **logical** reasoning. ◀기출
새로운 아이디어는 **논리적** 추론을 통해 발견된다.

+ logic ⓝ 논리(학)

0303 causal
[kɔ́:zəl]

ⓐ 인과의, 인과 관계의, 원인이 되는

AI can map out the **causal** relationships between events. ◀기출
인공 지능은 사건 사이의 **인과** 관계를 계획할 수 있다.

+ cause ⓝ 원인 ⓥ 일으키다 | causality ⓝ 인과성, 인과 관계

0304 refined
[rifáind]

ⓐ 1 정제된 2 세련된; 정교한

refined sugar/flour 정제 설탕/밀가루

He presented his ideas with a **refined**, logical structure.
그는 **세련되고** 논리적인 구조로 자신의 생각을 제시했다.

+ refine ⓥ 1 정제하다 2 세련되게 하다

0305 profound
[prəfáund]

ⓐ 1 지대한, 엄청난 2 깊은, 심오한

The Renaissance movement led to a **profound** religious change. ◀기출
르네상스 운동은 **지대한** 종교적 변화로 이어졌다.

a **profound** insight into human nature
인간 본성에 대한 **심오한** 통찰

0306 superficial
[sù:pərfíʃəl]

ⓐ 1 피상적인 2 표면적인, 외면의

Superficial understanding is easy but limited. ◀기출
피상적인 이해는 쉽지만 제한적이다.

These methods do nothing more than treat **superficial** symptoms. ◀기출
이 방법들은 그저 **표면적인** 증상을 치료할 뿐이다.

관계와 분류

0307 connection
[kənékʃən]

🄝 1 관련(성)　2 연결, 접속

the **connection** between brain health and hormone balance
뇌 건강과 호르몬 균형 사이의 **관련성** (주제)

An Internet **connection** is not required. 기출
인터넷 **연결**은 필요하지 않습니다. (안내문)

➕ connect ⓥ 1 관련시키다　2 연결시키다

0308 correlation
[kɔ̀:rəléiʃən]

🄝 상관관계, 연관성

There was little **correlation** between the ratings of a wine's taste and its cost. 기출
와인의 맛에 대한 평가와 가격 사이에는 거의 **상관관계**가 없었다.

➕ correlate ⓥ 서로 관련시키다

★ cf. relation(ship) 관계 ｜ interrelation 상호 관계

0309 relevance
[réləvəns]

🄝 관련(성); 타당성

This information has strong **relevance** to what we're searching for. 기출
이 정보는 우리가 찾고 있는 것에 강한 **관련성**이 있다.

the **relevance** of the question 질문의 **타당성**

➕ relevant ⓐ 관련된; 타당한

0310 category
[kǽtəgɔ̀:ri]

🄝 범주, 부문

Contest **categories** include photography, painting, and drawing. 기출
경연 **범주**에는 사진, 회화, 소묘가 포함됩니다. (안내문)

➕ categorize ⓥ 범주에 넣다, 분류하다 ｜ categorization 🄝 분류, 범주화

0311 criterion
[kraitíəriən]

🄝 (판단, 심사 등의) 기준, 표준 (pl. criteria)

Judging **criteria** are creativity and usefulness of the invention. 기출
심사 **기준**은 발명품의 창의성과 유용성입니다. (안내문)

0312 classification
[klæ̀səfikéiʃən]

🄝 분류(법)

This type of **classification** frequently results in biases. 기출
이런 유형의 **분류**는 자주 편견을 낳는다.

➕ classify ⓥ 분류하다

0313 imply
[implái]

ⓥ 암시하다, 함축하다, 의미하다

Teaching **implies** a level of intentionality on the part of the model. 기출
가르침은 본보기 역할을 하는 쪽의 어느 정도의 의도성을 **암시한다**.

다의어

0314 assume
[əsúːm]

ⓥ 1 추정[추측]하다   2 (떠)맡다   3 띠다[취하다]

1 You are likely to **assume** the secretary is a woman. 기출
  여러분은 아마 그 비서가 여성이라고 **추측할** 것이다.

2 Great leaders **assume** responsibility.
  위대한 지도자는 책임을 **떠맡는다**.

3 **assume** a calm attitude   차분한 태도를 **취하다**

+ assumption ⓝ 1 가정, 추정 2 인수, 취임

0315 recollect
[rèkəlékt]

ⓥ 회상하다, 기억해 내다 = recall

We can **recollect** the most precious moments from the past.
우리는 과거의 가장 소중한 순간들을 **회상할** 수 있다.

+ recollection ⓝ 회상; 기억(력)

0316 stimulate
[stímjəlèit]

ⓥ 자극하다, 고무하다

Unusual natural phenomena **stimulate** the human imagination. 기출
진기한 자연 현상은 인간의 상상력을 **자극한다**.

+ stimulation ⓝ 자극

0317 reinforce
[rìːinfɔ́ːrs]

ⓥ 강화하다, 보강하다

Reward systems **reinforce** long-term performance. 기출
보상 체계는 장기적인 업무 수행을 **강화한다**.

reinforce an old bridge with steel beams
강철 빔으로 오래된 다리를 **보강하다**

+ reinforcement ⓝ 강화, 보강

0318 manipulate
[mənípjəlèit]

ⓥ 조작하다, 조종하다

Digital data can be easily **manipulated**. 기출
디지털 데이터는 쉽게 **조작될** 수 있다.

+ manipulation ⓝ 조작, 조종 | manipulative ⓐ 조종하는, 조작의

0319 accidental
[æksidéntl]

ⓐ 우연한, 우발적인

Distinguish intentional behavior from **accidental** behavior.
의도적인 행동과 **우발적인** 행동을 구별하라.

+ accident ⓝ 1 사고 2 우연
★ cf. by accident 우연히

0320 purposeful
[pə́:rpəsfəl]

ⓐ 목적이 있는; 고의적인

Babies see the movements of living things as **purposeful**. 〈기출〉
아기들은 살아 있는 것의 움직임을 **목적이 있는** 것으로 여긴다.

+ purpose ⓝ 목적, 의도
★ cf. on purpose 고의로[일부러]

0321 complicated
[kámplikèitid]

ⓐ 복잡한; 풀기 어려운 〓complex

The system is very **complicated** and not easy for ordinary people to use.
그 시스템은 매우 **복잡해서** 일반 사람들이 사용하기 쉽지 않다.

+ complicate ⓥ 복잡하게 하다

0322 particular
[pərtíkjələr]

ⓐ 특정한; 특유의

A person sees a scene from a **particular** position in space. 〈기출〉
사람은 공간상 **특정** 위치에서 풍경을 바라본다.

+ particularly ⓐⓓ 특히, 특별히 (= in particular)

0323 utmost
[ʌ́tmòust]

ⓐ 1 최고의, 극도의 2 가장 먼, 맨 끝의

Results consistent with the observation were the **utmost** priority in their science-philosophy. 〈기출〉
관찰과 일치하는 결과가 그들의 과학 철학에서 **최고의** 우선순위였다.

travel to the **utmost** ends of the universe
우주의 **가장 먼** 끝까지 여행하다

0324 ultimate
[ʌ́ltəmit]

ⓐ 궁극적인, 최후의, 최종의

Conflicting Ideas Lead to the **Ultimate** Innovation. 〈기출〉
상충하는 아이디어는 **궁극적인** 혁신으로 이어진다. (제목)

+ ultimately ⓐⓓ 궁극적으로, 결국

0325 **reject**
[ridʒékt]

ⓥ 1 거부[거절]하다   2 기각[부결]하다

At first the theory of evolution was **rejected**. 〈기출〉
처음에는 진화론이 **거부되었다**.

The bill was **rejected** in a 198-101 vote.
그 법안은 198표 대 101표로 **부결되었다**.

➕ rejection ⓝ 1 거절, 거부   2 기각, 부결

〈다의어〉

0326 **overlook**
[òuvərlúk]

ⓥ 1 <mark>간과하다</mark>   2 감독하다   3 내려다보다

1 What is often **overlooked** is that scientists should be skillful writers. 〈기출〉
흔히 **간과되는** 것은 과학자가 글쓰기에 능해야 한다는 것이다.

2 **overlook** the whole process of designing
디자인의 전 과정을 **감독하다**

3 a café **overlooking** a fine view   멋진 전망이 **내려다보이는** 카페

0327 **criticize**
[krítisàiz]

ⓥ 비판하다, 비난하다   ↔ praise 칭찬하다

People have a remarkable ability to **criticize** their own failures. 〈기출〉
사람들은 자기 자신의 실패를 **비판하는** 놀라운 능력을 지녔다.

➕ criticism ⓝ 비판, 비평 | critic ⓝ 비평가

0328 **deny**
[dinái]

ⓥ 부인하다, 부정하다; 거절하다

Humans have a tendency to **deny** that they are stereotyped. 〈기출〉
인간은 자신이 정형화되어 있다는 것을 **부인하는** 경향이 있다.

➕ denial ⓝ 부인, 부정

0329 **disregard**
[dìsrigá:rd]

ⓥ 무시하다, 경시하다   ⓝ 무시, 경시

The fact is that we completely **disregard** this aspect. 〈기출〉
사실은 우리가 이 측면을 완전히 **무시한다는** 것이다.

a **disregard** for others   타인에 대한 **무시**

★ cf. regard 간주하다; 중시하다; 관심 | regardless of ~과 관계없이

0330 **conceal**
[kənsí:l]

ⓥ 숨기다, 감추다; 비밀로 하다

This solution **conceals** the limits of innovations at present.
〈기출〉 이 해결책은 현재 혁신이 가진 한계를 **숨긴다**.

DAILY CHECK-UP

A 빈칸에 알맞은 우리말 또는 영어 단어를 써넣으시오.

인지

인지적 특성
1 _____ 논리적인, 논리학(상)의
2 _____ causal
3 _____ 정제된; 세련된
4 _____ profound
5 _____ 피상적인; 표면적인

관계와 분류
6 _____ 관련(성); 연결, 접속
7 _____ correlation
8 _____ 범주, 부문
9 _____ criterion
10 _____ 분류(법)

인지적 판단
16 _____ 우연한, 우발적인
17 _____ purposeful
18 _____ 특정한; 특유의
19 _____ utmost

부정적 인지 행위
20 _____ 간과하다; 감독하다
21 _____ reject
22 _____ 비판하다, 비난하다
23 _____ disregard
24 _____ 숨기다; 비밀로 하다

인지 행동
11 _____ 암시하다, 함축하다
12 _____ assume
13 _____ recollect
14 _____ 자극하다, 고무하다
15 _____ manipulate

B 문장의 빈칸에 알맞은 말을 보기에서 골라 쓰시오.

complicated	deny	ultimate	reinforce	relevance	cognitive

1 Reward systems _____ long-term performance.

2 Conflicting Ideas Lead to the _____ Innovation.

3 Humans have a tendency to _____ that they are stereotyped.

4 This information has strong _____ to what we're searching for.

5 The system is very _____ and not easy for ordinary people to use.

6 Honesty is a more instinctive response, but dishonesty takes greater _____ effort.

지적 상태

0331 intellect
[íntəlèkt]

🔵 1 지성, 지력   2 지식인

He believed human behavior to be based on **intellect**, emotion, and will. 기출
그는 인간 행동이 **지성**, 감정, 그리고 의지에 기반을 둔다고 믿었다.

professional **intellects** such as lawyers and doctors
변호사와 의사 같은 전문 **지식인들**

➕ intellectual ⓐ 지적인, 지능의

0332 capacity
[kəpǽsəti]

🔵 1 용량; 수용력   2 <mark>역량, 재능</mark>

the **capacity** of a refrigerator 냉장고의 **용량**

The richness of experiences relies on intellectual **capacity**. 기출
경험의 풍부함은 지적 **역량**에 달려 있다.

➕ capable ⓐ 유능한; 할 수 있는 | capability ⓝ 능력, 역량

0333 aptitude
[ǽptitùːd]

🔵 적성, 소질, 재능

necessity to find one's **aptitude** as early as possible 기출
가능한 한 빨리 **적성**을 찾아야 할 필요성 (주제)

She showed an **aptitude** for music early on.
그녀는 어릴 때부터 음악에 **소질**을 보였다.

0334 expertise
[èkspərtíːz]

🔵 전문 지식[기술]

The **expertise** of professionals creates authority and power. 기출
전문가들의 **전문 지식**은 권위와 권력을 만들어낸다.

➕ expert ⓝ 전문가

0335 literacy
[lítərəsi]

🔵 식자 (능력), 읽고 쓰는 능력

A country's **literacy** rate affects the standard of living.
한 나라의 **식자율**(문맹 퇴치율)은 생활 수준에 영향을 미친다.

➕ literate ⓐ 글을 읽고 쓸 줄 아는

★ cf. illiteracy 문맹 | illiterate 문맹의

0336 ignorance
[ígnərəns]

🔵 무지, 무식

We are too often ignorant of our **ignorance**. 기출
우리는 너무 자주 우리의 **무지**에 대해 알지 못한다.

➕ ignore ⓥ 무시하다, 모르는 체하다 | ignorant ⓐ 무지한

지적 활동

0337 quest
[kwest]

ⓝ 탐구, 탐색 = exploration

The **quest** for knowledge is a never-ending pursuit. 기출
지식 **탐구**는 절대로 끝나지 않는 추구이다.

0338 introduction
[ìntrədʌ́kʃən]

ⓝ 1 도입 2 입문; 소개

The **introduction** of mathematics into economics was a long process. 기출
수학의 경제학으로의 **도입**은 기나긴 과정이었다.

an **introduction** to the basic techniques 기출
기초 기법에 대한 **입문[소개]**

다의어

0339 application
[æ̀plikéiʃən]

ⓝ 1 적용, 응용 2 응용 프로그램(앱) 3 지원(서), 신청(서)

1 the **application** of various teaching methods in classrooms 기출
교실에서의 다양한 교수법 **적용** (주제)

2 usage of smartphone **applications**
스마트폰 **응용 프로그램**의 사용

3 submit the **application** for the contest
대회 참가 **신청서**를 제출하다

➕ apply ⓥ 1 적용하다, 응용하다 2 지원하다, 신청하다

0340 adoption
[ədʌ́pʃən]

ⓝ 1 채택 2 입양

The **adoption** of the new method can reduce the use of fuel.
그 새로운 방법의 **채택**은 연료 사용을 줄일 수 있다.

the **adoption** of a newborn puppy 갓 태어난 강아지의 **입양**

➕ adopt ⓥ 1 채택하다 2 입양하다

0341 generalization
[dʒènərəlizéiʃən]

ⓝ 일반화, 개괄

Generalizations about groups of people are not necessarily always negative. 기출
인간 집단에 대한 **일반화**가 항상 꼭 부정적인 것은 아니다.

0342 simplification
[sìmpləfikéiʃən]

ⓝ 단순화, 간소화

Simplification helps you see what really matters.
단순화는 여러분이 정말로 중요한 것을 보도록 돕는다.

➕ simplify ⓥ 단순화[간소화]하다

논쟁과 찬반

0343 debate
[dibéit]

ⓝ 논쟁, 토론, 논의 **ⓥ** 논쟁[토론]하다, 논의하다

The **debates** on the superiority of reason or experience continued. 〈기출〉
이성 또는 경험의 우월성에 대한 **논쟁**이 계속되었다.

a widely **debated** topic 널리 **논의되는** 주제

〈다의어〉

0344 dispute
[dispjú:t]

ⓝ 논쟁, 논란 **ⓥ** 1 논쟁하다 2 반박하다

n. The nature of the aging problem is never in **dispute**. 〈기출〉
노화 문제의 본질은 결코 **논쟁거리**가 되지 않는다.

v. 1 a hotly **disputed** issue 뜨겁게 **논쟁이 되는** 이슈

0345 controversy
[kántrəvə̀:rsi]

ⓝ 논쟁, 논의, 논란

His claim sparked much **controversy** in the science community. 〈기출〉
그의 주장은 과학계에서 많은 **논쟁**을 일으켰다.

+ controversial ⓐ 논쟁의, 논란의 여지가 있는

0346 approval
[əprú:vəl]

ⓝ 1 찬성 2 승인 ⟷ disapproval 불찬성; 반감

The bill was passed with the **approval** of two-thirds of the members. 그 법안은 정원 3분의 2의 **찬성**으로 통과되었다.

gain government **approval** for a new drug 〈기출〉
신약에 대한 정부 **승인**을 얻다

+ approve ⓥ 1 찬성하다(of) 2 승인하다

0347 opposition
[àpəzíʃən]

ⓝ 반대, 저항

Innovation is often faced with disapproval and **opposition**.
〈기출〉 혁신은 흔히 반감과 **반대**에 직면한다.

+ oppose ⓥ 반대하다, 이의를 제기하다

0348 settlement
[sétlmənt]

ⓝ 1 합의, 해결 2 정착(지)

The two parties met again in an attempt to reach a **settlement**.
양측은 **합의**에 이르려는 시도로 다시 만났다.

the **settlement** of Europeans in America
유럽인들의 아메리카 **정착**

+ settle ⓥ 1 해결하다 2 정착하다

PLAN 3

0349 **detect**
[ditékt]

ⓥ 발견하다; 탐지하다, 감지하다

Errors may be **detected** by repeating the measurements. 〈기출〉
오류는 측정을 반복함으로써 **탐지될** 수 있다.

➕ detection ⓝ 발견, 탐지, 감지 | detector ⓝ 탐지기, 감지기

다의어

0350 **monitor**
[mánitər]

ⓥ 추적 관찰하다; 감시하다 ⓝ (컴퓨터 등의) 모니터

v. A driver agreed to the **monitoring** of her driving behavior. 〈기출〉
한 운전자가 자신의 운전 행동을 **추적 관찰하는** 것에 동의했다.

n. the screen on the computer **monitor** 컴퓨터 **모니터**의 화면

다의어

0351 **address**
ⓥ [ədrés]
ⓝ [ǽdres, ədrés]

ⓥ 1 연설하다 2 (문제·상황 등을) 다루다
ⓝ 1 주소 2 연설

v. 2 We should search for a solution to **address** serious noise issues. 〈기출〉
우리는 심각한 소음 문제를 **다루기** 위한 해결책을 찾아야 한다.

n. 1 the contact email **address** 연락용 이메일 **주소**
2 deliver an **address** at a meeting 회의에서 **연설**하다

0352 **determine**
[ditə́:rmin]

ⓥ 1 결정하다 2 결심시키다[하다]

The relationship **determines** the types of communication. 〈기출〉
관계가 의사소통의 유형을 **결정한다**.

Apgar was **determined** to succeed in the field of medicine. 〈기출〉
Apgar는 의학 분야에서 성공하기로 **결심했다**.

➕ determination ⓝ 1 결정 2 결의, 결심

0353 **convince**
[kənvíns]

ⓥ 납득시키다, 확신시키다

Suppose you're trying to **convince** others of your side of the issue. 〈기출〉
여러분이 그 문제에 관해 여러분의 입장을 다른 사람들에게 **납득시키려고** 한다고 가정해보라.

0354 **resolve**
[rizálv]

ⓥ 1 해결하다 2 결심[결의]하다

Global issues cannot be **resolved** merely by looking at numbers. 〈기출〉
세계적인 문제들은 단지 숫자를 보는 것만으로는 **해결될** 수 없다.

Emily **resolved** to help revive Martha's creative spirit. 〈기출〉
Emily는 Martha의 창의적 정신을 되살리는 것을 돕기로 **결심했다**.

➕ resolution ⓝ 1 해결 2 결심, 결의(안)

0355 motivation
[mòutəvéiʃən]

ⓝ 동기 (부여); 자극, 유도

Motivation is a key factor in sports training and performance. 〈기출〉
동기 부여는 스포츠 훈련과 경기력의 핵심 요소이다.

➕ motivate ⓥ 동기를 부여하다

0356 preference
[préfərəns]

ⓝ 선호

A baby's **preference** for looking at new things is very strong. 〈기출〉
새로운 것을 보려는 아기의 **선호**는 매우 강하다.

➕ prefer ⓥ 선호하다

다의어

0357 discipline
[dísəplin]

ⓝ 1 훈육, 규율 2 (학문) 분야, 학과 ⓥ 훈육하다

n. 1 **Discipline** is a way to teach people to learn self-control.
　　훈육은 사람들이 절제력을 배우도록 가르치는 방법이다.

　　2 His theory helped such **disciplines** as art criticism and brain research. 〈기출〉
　　그의 이론은 예술 비평과 뇌 연구 같은 **분야**에 도움이 되었다.

0358 reliability
[rilàiəbíləti]

ⓝ 신빙성, 신뢰도[성]

Historians question the **reliability** of historical evidence collected. 〈기출〉
역사학자들은 수집된 역사적 증거의 **신빙성**에 의문을 제기한다.

➕ reliable ⓐ 신뢰할 수 있는

0359 commitment
[kəmítmənt]

ⓝ 1 약속, 서약 2 전념, 헌신

We made a **commitment** to complete the project successfully.
우리는 프로젝트를 성공적으로 완수하겠다는 **약속**을 했다.

The king was famous for his **commitment** to the welfare of his people.
그 왕은 자기 백성의 복지를 위한 **전념**으로 유명했다.

0360 consequence
[kánsikwèns]

ⓝ 결과, 결말

We tend to imagine the bad **consequences** more than the good ones. 〈기출〉
우리는 좋은 결과보다는 나쁜 **결과**를 상상하는 경향이 있다.

➕ consequent ⓐ 결과의, 결과로서 일어나는

DAILY CHECK-UP

PLAN 3

A 빈칸에 알맞은 우리말 또는 영어 단어를 써넣으시오.

지성

지적 상태

1 _____ capacity

2 _____ 적성, 소질, 재능

3 _____ 전문 지식[기술]

4 _____ literacy

5 _____ 무지, 무식

지적 활동

6 _____ 탐구, 탐색

7 _____ introduction

8 _____ application

9 _____ 일반화, 개괄

10 _____ simplification

문제 인식과 해결

16 _____ monitor

17 _____ 연설하다; (문제·상황 등을) 다루다

18 _____ determine

19 _____ 해결하다; 결심하다

기타 개념

20 _____ 동기 (부여); 자극, 유도

21 _____ preference

22 _____ 신빙성, 신뢰도[성]

23 _____ commitment

24 _____ 결과, 결말

논쟁과 찬반

11 _____ debate

12 _____ dispute

13 _____ 찬성; 승인

14 _____ 반대, 저항

15 _____ settlement

B 문장의 빈칸에 알맞은 말을 보기에서 골라 쓰시오.

detected	adoption	disciplines	controversy	intellect	convince

1 The _____ of the new method can reduce the use of fuel.

2 His claim sparked much _____ in the science community.

3 Errors may be _____ by repeating the measurements.

4 Suppose you're trying to _____ others of your side of the issue.

5 His theory helped such _____ as art criticism and brain research.

6 He believed human behavior to be based on _____, emotion, and will.

✎ call, catch 구동사

call for	**1 ~을 필요로 하다 2 (공식적으로) 요구하다** Scientific work often **calls for** bodily skills, one of which is listening. 〈기출〉 과학적 연구는 흔히 신체 기술을 필요로 하는데, 그중 하나는 듣기이다. The environmentalists **called for** an end to the dam construction. 환경운동가들은 댐 건설 중단을 요구했다.
call off	**1 ~을 취소하다 2 ~을 중지하다** Illness compelled him to **call off** the trip to Spain. 병이 나서 그는 스페인 여행을 취소할 수밖에 없었다. The pursuit **was called off** due to safety concerns. 그 추격은 안전 문제로 중지되었다.
call on	**~을 방문하다** The newlyweds were supposed to **call on** the wife's parents. 그 신혼부부는 아내의 부모님을 방문할 예정이었다.
call up	**1 ~을 소집하다 2 ~에게 전화하다** Considering the seriousness of the matter, the mayor **called up** his staff for an urgent meeting. 〈기출〉 문제의 심각성을 고려하여, 시장은 긴급회의를 위해 직원들을 소집했다. I'll **call** you **up** soon. 네게 곧 전화할게.
catch on	**유행하다** The fashion **caught on** immediately and soon spread into many cities. 그 패션은 즉시 유행했고 곧 많은 도시로 퍼져나갔다.
catch up with	**~을 따라잡다** The company must **catch up with** its competitors in terms of productivity. 그 회사는 생산성 측면에서 경쟁사들을 따라잡아야 한다.

PLAN 4
문화

DAY 13   존재 · 대인관계
DAY 14   여가 · 참여
DAY 15   문화 · 예술
DAY 16   교육 · 언어

존재·대인관계
identity 정체(성); 신분
assemble 운집하다, 모이다

여가·참여
depart 출발하다, 떠나다
registration 등록, 기재

문화

문화·예술
civilization 문명
mastery 숙달, 정통

교육·언어
instruct 교육하다, 가르치다
linguistic 언어의, 언어학의

사회적 존재

0361 identity
[aidéntəti]

ⓝ 정체(성); 신분

We need to balance our personal **identity** with our social **identity**. 〈기출〉
우리는 우리의 개인 **정체성**과 사회적 **정체성**의 균형을 맞출 필요가 있다.

wear the **identity** card **신분증**을 착용하다

✛ identify ⓥ 1 (신원 등을) 확인하다 2 동일시하다

0362 individuality
[ìndəvìdʒuǽləti]

ⓝ 개성, 특성

Our **individuality** is viewed as a product of specific social and cultural experiences. 〈기출〉
우리의 **개성**은 특정한 사회적, 문화적 경험의 산물로 여겨진다.

✛ individual ⓝ 개인 ⓐ 개인의 | individualism ⓝ 개인주의

0363 status
[stéitəs, stǽtəs]

ⓝ (법적) 신분; (사회적) 지위

The refugee has no legal **status** in this country.
그 난민은 이 나라에서 법적 **신분**이 없다.

Some people use their money to show off their social **status**. 〈기출〉
어떤 사람들은 자신의 사회적 **지위**를 뽐내려고 돈을 쓴다.

0364 dignity
[dígnəti]

ⓝ 존엄(성), 위엄, 품위

Human **dignity** cannot be disregarded for any reason.
인간의 **존엄성**은 어떤 이유로도 경시될 수 없다.

0365 morality
[mɔ(:)rǽləti]

ⓝ 도덕; 도덕성

Morality is a universal human instinct like language.
도덕성은 언어처럼 보편적인 인간의 본능이다.

✛ moral ⓐ 도덕적인, 윤리의

0366 elegance
[éligəns]

ⓝ 기품, 고상, 우아(함)

Her **elegance** makes her stand out from the crowd. 〈기출〉
그녀의 **기품**은 그녀를 무리에서 돋보이게 한다.

✛ elegant ⓐ 우아한, 기품 있는

존재 양상

0367 **former**
[fɔ́:rmər]

ⓐ 1 전의, 이전의   2 (the) 전자(의)

All living **former** Presidents were invited and present.
살아 있는 모든 **전직** 대통령이 초대되고 참석했다.

The decrease of the latter was greater than that of the **former**. 〈기출〉 후자의 감소가 **전자의** 감소보다 더 컸다. (도표 분석)

★ cf. the latter 후자

0368 **mutual**
[mjú:tʃuəl]

ⓐ 1 상호의, 서로의   2 공통의   ≡common

Recognizing Differences: The Beginning of **Mutual** Respect
〈기출〉 차이를 인정하는 것: **상호** 존중의 시작 (제목)

a **mutual** friend of my partner and me   나와 내 배우자 **공통의** 친구

0369 **intimate**
[íntəmit]

ⓐ 1 친밀한   2 정통한

Children need to have **intimate** relationships with their parents.
아이들은 부모와 **친밀한** 관계를 맺을 필요가 있다.

have an **intimate** knowledge of metal
금속에 관한 **정통한** 지식을 가지고 있다

+ intimacy ⓝ 친밀

0370 **ethical**
[éθikəl]

ⓐ 윤리적인, 도덕상의

A person's actions can be evaluated as right or wrong, **ethical** or unethical. 〈기출〉
한 사람의 행동은 옳거나 그른지, **윤리적이거나** 비윤리적인지로 평가될 수 있다.

+ ethics ⓝ 윤리(학)

0371 **influential**
[ìnfluénʃəl]

ⓐ 영향력 있는, 유력한

Hans Hofmann was one of the most **influential** art teachers of the 20th century. 〈기출〉
Hans Hofmann은 20세기의 가장 **영향력 있는** 미술 교사 중 한 명이었다.

0372 **noble**
[nóubəl]

ⓐ 1 숭고한, 고귀한   2 귀족의

Many great people sacrificed themselves for **noble** causes. 〈기출〉
많은 위인들은 **숭고한** 대의명분을 위해 자신들을 희생했다.

come from a **noble** family   **귀족** 가문 출신이다

+ nobility ⓝ 1 숭고, 고귀   2 (the) 귀족 (계급)

0373 permission

[pəːrmíʃən]

ⓝ 허가, 허락, 승인

Certain information should not be circulated without **permission**. 기출 어떤 정보는 **허가** 없이 유포되어서는 안 된다.

+ permit ⓥ 허가하다, 허락하다

0374 refusal

[rifjúːzəl]

ⓝ 거절, 거부

A **refusal** of a request for information can occur for privacy concerns.
정보 요청에 대한 **거절**은 사생활 침해 문제 때문에 일어날 수 있다.

+ refuse ⓥ 거절하다, 거부하다

0375 farewell

[fèərwél]

ⓝ 작별, 송별(회) ⓥ 작별을 고하다

Join us at our **farewell** party for Mr. James this weekend.
이번 주말 James씨를 위한 **송별** 파티에 저희와 함께하세요.

Farrelly thanked him and **farewelled** him. 기출
Farrelly는 그에게 감사하고 **작별을 고했다**.

0376 reunion

[riːjúːnjən]

ⓝ 재회; 재결합; 동창회

It was nice having a **reunion** with my family over the weekend.
가족과 주말 동안 **재회**를 할 수 있어서 좋았다.

+ school reunion 동창회

0377 avoidance

[əvɔ́idəns]

ⓝ 회피, 기피

Avoidance is a way to protect oneself from a perceived threat.
회피는 인지된 위협으로부터 자신을 보호하는 방법이다.

+ avoid ⓥ 피하다, 회피하다

0378 treatment

[tríːtmənt]

ⓝ 1 대우, 처우 2 치료 3 처리

1 These countries have tried to improve their **treatment** of their citizens. 기출
   이 나라들은 자국민에 대한 **대우**를 개선하기 위해 노력해왔다.

2 follow through with medical **treatment** 기출
   의학적 **치료**를 끝까지 이행하다

3 the plastic packaging waste **treatments** 기출
   플라스틱 포장재 쓰레기 **처리**

+ treat ⓥ 1 대우하다 2 치료하다 3 처리하다

사회적 행위

0379 engage
[engéidʒ]

ⓥ 1 하다, 관여하다, 참여하다(in) 2 약혼시키다

All of us **engage** in automatic thinking, taking the easier path. ◀기출
우리 모두는 자동적 사고를 **하여** 더 쉬운 경로를 택한다.

My sister is **engaged** to the love of her life.
나의 언니는 평생 사랑하는 이와 **약혼했다**.

➕ engagement ⓝ 1 참여, 관여 2 약혼

0380 assemble
[əsémbəl]

ⓥ 1 운집하다, 모이다, 모으다 2 조립하다

A large crowd **assembled** at Daley Plaza to support the people of Ukraine.
대규모 군중이 우크라이나 사람들을 지지하기 위해 Daley 광장에 **운집했다**.

assemble parts into a product 부품을 **조립하여** 제품을 만들다

➕ assembly ⓝ 1 집회, 모임 2 의회 3 조립

0381 obtain
[əbtéin]

ⓥ 획득하다, 손에 넣다

Prigogine **obtained** a PhD in chemistry in 1941. ◀기출
Prigogine은 1941년에 화학 박사 학위를 **획득했다**.

0382 possess
[pəzés]

ⓥ 1 지니다 2 소유하다

The group **possesses** a sense of responsibility toward the community.
그 단체는 지역사회에 대한 책임감을 **지니고 있다**.

Plants **possess** the senses of sight, touch, smell, and hearing. ◀기출
식물은 시각, 촉각, 후각과 청각을 **소유하고 있다**.

➕ possession ⓝ 소유; 소유물

0383 undertake
[ʌ̀ndərtéik]
undertake-undertook-
undertaken

ⓥ 맡다, (~의) 책임을 지다; 착수하다

This position **undertakes** the role of team leader.
이 직위는 팀 리더의 역할을 **맡는다**.

0384 tolerate
[tɑ́lərèit]

ⓥ 1 참다; 용인하다 2 (~에) 내성이 있다

Parents need to learn to **tolerate** the momentary anger. ◀기출
부모는 순간적인 노여움을 **참는** 것을 배워야 한다.

Maybe it has evolved to **tolerate** warmer temperatures. ◀기출
아마도 그것은 더 따뜻한 온도에 **내성이 있도록** 진화했을 것이다.

➕ toleration ⓝ 용인, 관용 | tolerance ⓝ 1 아량, 관용 2 내성

0385 interrupt

[ìntərʌ́pt]

ⓥ (말·행동을) 중단시키다; 방해하다

They were suddenly **interrupted** by the doorbell ringing. 기출
그들의 대화[일]가 갑자기 초인종 소리에 **중단되었다**.

A cyber-attack could **interrupt** communication with pilots.
기출 사이버 공격은 조종사들과의 교신을 **방해할** 수 있다.

+ interruption ⓝ 중단, 방해

0386 disturb

[distə́:rb]

ⓥ 1 방해하다; 불안하게 하다 2 교란하다

You can hang a "Do Not **Disturb**" sign on the door.
문에 '**방해하지** 마시오' 표지판을 걸 수 있다.

Disturbed areas can also recover through reseeding. 기출
교란된 지역 또한 씨를 다시 뿌림으로써 회복할 수 있다.

+ disturbance ⓝ 1 방해 2 교란

다의어

0387 abuse

ⓥ [əbjúːz]
ⓝ [əbjúːs]

ⓥ 1 학대하다 2 남용하다 ⓝ 1 학대 2 남용

v. 1 Children were **abused** when they were alone at night.
아이들은 밤에 혼자 있을 때 **학대를 당했다**.

n. 2 The **abuse** of drugs leads to great physical health damage.
약물 **남용**은 큰 신체적 건강 훼손으로 이어진다.

0388 mourn

[mɔːrn]

ⓥ 슬퍼하다, 애도하다

We **mourn** the passing of a beloved old friend.
우리는 사랑하는 오랜 친구의 죽음을 **슬퍼한다**.

0389 condemn

[kəndém]

ⓥ 나무라다, 비난하다

You should not **condemn** your child for being less than perfect.
여러분은 완벽하지 못한 것에 대해 자녀를 **나무라서는** 안 된다.

0390 flatter

[flǽtər]

ⓥ 추켜세우다, 아첨하다

Sayers said, "You **flatter** me by giving me this award." 기출
Sayers는 "여러분께서 제게 이 상을 주어 저를 **추켜세우시네요**."라고 말했다.

+ flattery ⓝ 아첨, 아부

DAILY CHECK-UP

A 빈칸에 알맞은 우리말 또는 영어 단어를 써넣으시오.

존재·대인관계

사회적 존재

1 _____
  정체(성); 신분
2 _____
  individuality
3 _____
  (법적) 신분; (사회적) 지위
4 _____
  dignity
5 _____
  기품, 고상, 우아(함)

존재 양상

6 _____
  전의, 이전의; 전재(의)
7 _____
  intimate
8 _____
  윤리적인
9 _____
  influential
10 _____
  송고한; 귀족의

사회적 행위

16 _____
   (참여)하다; 약혼시키다
17 _____
   assemble
18 _____
   obtain
19 _____
   맡다, (~의) 책임을 지다

대인 행동

11 _____
   permission
12 _____
   작별; 작별을 고하다
13 _____
   reunion

14 _____
   회피, 기피
15 _____
   대우; 치료; 처리

부정적 상호작용

20 _____
   방해하다; 교란하다
21 _____
   abuse
22 _____
   슬퍼하다, 애도하다
23 _____
   condemn
24 _____
   추켜세우다, 아첨하다

B 문장의 빈칸에 알맞은 말을 보기에서 골라 쓰시오.

possesses	interrupted	tolerate	refusal	mutual	morality

1 _____ is a universal human instinct like language.

2 They were suddenly _____ by the doorbell ringing.

3 Parents need to learn to _____ the momentary anger.

4 Recognizing Differences: The Beginning of _____ Respect

5 The group _____ a sense of responsibility toward the community.

6 A _____ of a request for information can occur for privacy concerns.

여행 1

0391 arrange
[əréindʒ]

ⓥ 1 준비하다, 마련하다 2 배열하다, 정리하다

I'll **arrange** the business trip for you and your team. 기출
제가 귀하와 귀하의 팀을 위해 출장을 **준비하겠습니다.**

The food was **arranged** in a certain order on the shelves. 기출
식품은 선반에 특정한 순서로 **배열되어** 있었다.

➕ arrangement ⓝ 1 준비 2 배열

다의어

0392 reserve
[rizə́:rv]

ⓥ 1 <mark>예약하다</mark> 2 비축하다, 남겨 두다   ⓝ 비축(물)

v. 1 He was told that the restaurant was fully **reserved**. 기출
그는 그 음식점이 만석 **예약되었다는** 말을 들었다.

2 **reserve** oil for emergencies 비상시를 위해 석유를 **비축하다**

n. a large fuel **reserve** 대규모 연료 **비축**

➕ reservation ⓝ 1 예약 2 보류, 유보

0393 depart
[dipá:rt]

ⓥ 출발하다, 떠나다   ↔ arrive 도착하다

We **depart** at 7 a.m. from the Highland Tours office. 기출
우리는 오전 7시에 Highland Tours 사무실에서 **출발합니다.**

➕ departure ⓝ 출발 (↔ arrival 도착)

0394 boarding
[bɔ́:rdiŋ]

ⓝ 탑승, 승선

People were gathering in the **boarding** area for flight. 기출
사람들이 항공편의 **탑승** 구역에 모여들고 있었다.

➕ boarding pass 탑승권

0395 passenger
[pǽsəndʒər]

ⓝ (탑)승객, 여객

It is required that **passengers** remain seated while the bus is in motion.
승객들은 버스가 움직이고 있는 동안에는 좌석에 앉아 있어야 한다.

➕ passenger plane 여객기

0396 attendant
[ətÉndənt]

ⓝ 1 종업원, 안내원 2 수행원

Flight **attendants** must be trained and prepared for unforeseen emergencies. 기출
기내 **승무원**은 뜻하지 않은 비상사태에 대비해 훈련되고 준비되어야 한다.

The king and his **attendants** showed up for services.
왕과 그의 **수행원들**이 예배에 모습을 드러냈다.

➕ flight attendant 기내 승무원

여행 2

0397 aboard
[əbɔ́ːrd]

ⓐ 탑승[승선]하고　**prep** ~을[에] 타고

We look forward to welcoming you back **aboard**. 기출
저희는 고객님이 다시 **탑승하시기를** 고대하겠습니다.

Passengers were already **aboard** the train when it departed.
기차가 출발할 때 승객들은 이미 기차에 **타고[탑승해]** 있었다.

0398 abroad
[əbrɔ́ːd]

ⓐ 해외로, 외국으로

These unwritten rules include flying **abroad** for holidays. 기출
이 불문율에는 휴가를 맞아 **해외로** 항공 여행하는 것이 포함된다.

0399 destination
[dèstənéiʃən]

ⓝ (여행의) 목적지, 행선지

Bangkok was the top **destination** in the Asia-Pacific region in 2018. 기출
방콕은 2018년에 아시아 태평양 지역에서 최고의 **여행 목적지**였다. (도표 설명)

0400 journey
[dʒə́ːrni]

ⓝ 1 여행　2 여정

Interstellar **journeys** take tens of thousands of years.
항성 간 **여행**은 수만 년이 걸린다.

our **journey** through life　우리의 인생 **여정**

0401 companion
[kəmpǽnjən]

ⓝ 동반자, 친구

Emilia and her traveling **companion** were walking in London. 기출
Emilia와 그녀의 여행 **동반자**가 런던을 거닐고 있었다.

+ company ⓝ 1 동반, 동석　2 회사

0402 souvenir
[sùːvəníər]

ⓝ 기념품

Swiss snow globes are popular as **souvenirs** or decorations.
스위스 스노우볼은 **기념품**이나 장식품으로 인기가 있다.

0403 **convenience** [kənvíːnjəns]

ⓝ 편의, 편리

Please use public transportation for your **convenience**. 기출
여러분의 **편의**를 위해 대중교통을 이용해 주시기 바랍니다.

+ convenient ⓐ 편리한

0404 **cancellation** [kæ̀nsəléiʃən]

ⓝ 취소; 해제

In the case of **cancellation**, a full refund will be provided. 기출
취소 시에는 전액 환불이 제공됩니다. (안내문)

+ cancel ⓥ 취소하다

0405 **complaint** [kəmpléint]

ⓝ 항의, 불평

We have very few **complaints** from our customers. 기출
저희는 고객들로부터 거의 **항의**를 받지 않습니다.

+ complain ⓥ 항의하다, 불평하다

0406 **baggage** [bǽgidʒ]

ⓝ 수하물, (여행의) 짐 ⊜ luggage

"Excuse me. I can't find where my **baggage** is." 기출
"실례합니다. 저는 제 **수하물**이 어디 있는지 찾을 수가 없어요."

⊕ baggage claim (공항의) 수하물 찾는 곳

0407 **amusement** [əmjúːzmənt]

ⓝ 놀이, 오락; 즐거움

Without a word, he handed Steven two Ace **Amusement** Park tickets. 기출
말도 없이, 그는 Steven에게 Ace **놀이**공원 입장권 두 장을 건넸다.

⊕ amusement park 놀이공원

+ amuse ⓥ 즐겁게 하다

0408 **announcement** [ənáunsmənt]

ⓝ 안내 방송; 알림, 발표

I heard an **announcement** saying that my flight has been cancelled.
나는 내 항공편이 취소되었다고 전하는 **안내 방송**을 들었다.

without one word of **announcement** 기출
한 마디의 **알리는 말**도 없이

+ announce ⓥ 알리다, 발표하다

0409 annual
[ǽnjuəl]

ⓐ 1 <mark>연례의, 연 1회의</mark> ⊜ yearly 2 일년생의

In this **annual** event, you have the opportunity to invent a useful object. 〈기출〉
이 **연례**행사에서 여러분은 유용한 물건을 발명할 기회를 갖습니다. (안내문)

Lettuce is an **annual** plant. 양상추는 **일년생** 식물이다.

★ cf. anniversary 기념일

0410 celebrate
[séləbrèit]

ⓥ 기념하다, 경축하다, 축하하다

The 2023 Oakfield Marathon **celebrates** the opening of Central Parks.
2023 Oakfield 마라톤은 Central Parks의 개장을 **기념합니다**. (안내문)

➕ celebration ⓝ 경축, 축하

0411 accompany
[əkʌ́mpəni]

ⓥ 동반하다

Children must be **accompanied** by a parent or guardian. 〈기출〉
아이들은 부모나 보호자가 **동반해야** 합니다. (안내문)

0412 admission
[ædmíʃən]

ⓝ 1 <mark>입장; 입장료</mark> 2 입학 (허가) 3 인정, 시인

1 We are offering free **admission** to all visitors on reopening day. 〈기출〉
   저희는 재개장일에 모든 방문객에게 무료**입장**을 제공합니다.
2 gain **admission** to Harvard 하버드 대학교 **입학 허가**를 받다
3 the culture of **admission** of one's mistake
   자신의 실수를 **인정**하는 문화

➕ admit ⓥ 1 입장[입학]을 허락하다 2 인정[시인]하다

0413 fundraiser
[fʌ́ndrèizər]

ⓝ 모금 행사

Join us for our Annual Car Wash **Fundraiser**! 〈기출〉
우리의 연례 세차 **모금 행사**에 저희와 함께하세요! (안내문)

➕ fundraising ⓝ 기금 모금

0414 charity
[tʃǽrəti]

ⓝ 자선; 자선 단체; 자선 사업

Our hospital is planning to hold a **charity** concert. 〈기출〉
우리 병원은 **자선** 콘서트를 개최할 계획을 세우고 있습니다.

➕ charitable ⓐ 자선의; 자비로운

0415 competition
[kàmpətíʃən]

ⓝ 1 경쟁 2 대회, 경기

Cooperation, rather than **competition**, builds up a team. 기출
경쟁보다는 협력이 팀을 강하게 만든다.

Mark was participating in freestyle swimming **competitions**.
기출 Mark는 자유형 수영 **대회**에 참가하고 있었다.

➕ compete ⓥ 경쟁하다; (경기에) 참가하다
competitive ⓐ 경쟁의; 경쟁력 있는

0416 requirement
[rikwáiərmənt]

ⓝ 자격, 필요조건, 요건

Requirements: Only those aged 18 and over can apply. 기출
자격: 18세 이상만 신청할 수 있습니다. (안내문)

➕ require ⓥ 요구하다, 필요로 하다

0417 registration
[rèdʒəstréiʃən]

ⓝ 등록, 기재

Registration will take place ONLINE at www.obtown.org.
기출 **등록**은 www.obtown.org에서 '온라인'으로 진행될 것입니다. (안내문)
fill out a **registration** form **등록** 양식[신청서]을 작성하다

➕ register ⓥ 등록하다

0418 submission
[səbmíʃən]

ⓝ 1 제출; 제출작[물] 2 복종, 항복

Submissions are limited to one poster per person. 기출
제출작은 1인당 포스터 한 점으로 제한됩니다. (안내문)

bowing as a sign of **submission**
복종의 표시로서 고개 숙이기

➕ submit ⓥ 1 제출하다 2 복종[굴복]하다

0419 entry
[éntri]

ⓝ 1 참가; 참가작 2 입장; 가입

Up to 3 **entries** per person may be submitted. 기출
1인당 3개의 **참가작**까지 제출될 수 있습니다. (안내문)

Free **entry** is allowed for children under 13.
13세 이하 어린이는 무료 **입장**이 가능합니다.

0420 arena
[ərí:nə]

ⓝ 1 경기장, 시합장 ≡venue 2 -장, 활동 장소

The theater served also as an **arena** for sports events, such as boxing matches.
그 극장은 또한 복싱 경기 같은 스포츠 행사를 위한 **경기장** 역할도 했다.

create an **arena** for open communication
열린 의사소통의 **장**을 창조하다

DAILY CHECK-UP

A 빈칸에 알맞은 우리말 또는 영어 단어를 써넣으시오.

여가·참여

여행 1

1 _____ reserve
2 _____ 출발하다, 떠나다
3 _____ passenger
4 _____ 탑승, 승선
5 _____ attendant

여행 2

6 _____ aboard
7 _____ 해외로, 외국으로
8 _____ 여행; 여정
9 _____ companion
10 _____ 기념품

여행 3

11 _____ convenience
12 _____ 취소; 해제
13 _____ 항의, 불평
14 _____ baggage
15 _____ amusement

행사 참가

16 _____ 연례의; 일년생의
17 _____ celebrate
18 _____ 입장(료); 입학; 인정
19 _____ fundraiser
20 _____ 자선 (단체); 자선 사업

대회 참가

21 _____ 경쟁; 대회
22 _____ 등록, 기재
23 _____ 참가(작); 입장; 가입
24 _____ 경기장; -장, 활동 장소

B 문장의 빈칸에 알맞은 말을 보기에서 골라 쓰시오.

accompanied	requirements	announcement	submissions	arrange	destination

1 _____ : Only those aged 18 and over can apply.

2 _____ are limited to one poster per person.

3 Children must be _____ by a parent or guardian.

4 I'll _____ the business trip for you and your team.

5 Bangkok was the top _____ in the Asia-Pacific region in 2018.

6 I heard a(n) _____ saying that my flight has been cancelled.

역사 문화

0421 civilization
[sìvələzéiʃən / -ai-]

🄝 문명

Ancient **civilizations** were the basis for modern culture.
고대 **문명**은 현대 문화의 토대였다.

+ civilize ⓥ 문명화하다, 개화하다

0422 heritage
[héritidʒ]

🄝 (문화)유산, (문화적) 전통

Every culture has a **heritage** that needs to be preserved.
모든 문화는 보존되어야 할 **유산**을 가지고 있다.

UNESCO World **Heritage** Site 유네스코 세계 **문화유산**

0423 advent
[ǽdvent]

🄝 (중요 인물·시대 등의) 도래, 출현

The **advent** of the Iron Age is dated around 1,300 BC.
철기 시대의 **도래**는 기원전 1,300년 전으로 거슬러 올라간다.

0424 revolutionary
[rèvəlúːʃənèri]

ⓐ 1 혁명의; 혁명적인 2 회전의

The formation of the EU is one of the most **revolutionary** events of our time.
유럽연합의 결성은 우리 시대의 가장 **혁명적인** 사건 중 하나이다.

the **revolutionary** movement of planets
행성들의 **회전(공전)** 운동

+ revolution 🄝 1 혁명; 대변혁 2 회전; 공전 | revolve ⓥ 회전하다

다의어

0425 contemporary
[kəntémpərèri]

ⓐ 1 현대의 ⹀modern 2 동시대의 🄝 동시대인

a. 1 Why Does Global Citizenship Matter in **Contemporary** Society? 기출
왜 **현대** 사회에서 세계 시민 의식이 중요한가? (제목)

n. Among his **contemporaries** was the late John Berry.
그의 **동시대인** 중에는 고인이 된 John Berry가 있었다.

0426 ethnic
[éθnik]

ⓐ 민족의, 종족의

Language and **ethnic** identity are strongly tied.
언어와 **민족** 정체성은 강하게 묶여 있다.

+ ethnicity 🄝 민족성

문화 전승 · 통합

0427 inherit
[inhérit]

ⓥ 물려받다, 상속받다

We **inherit** cultural heritage from our ancestors.
우리는 우리의 조상으로부터 문화유산을 **물려받는다**.

➕ inheritance ⓝ 상속 재산, 유산

PLAN 4

0428 cherish
[tʃériʃ]

ⓥ 소중히 하다 ⊜ treasure

It's very important that we **cherish** our culture and language.
우리가 우리의 문화와 언어를 **소중히 하는** 것은 매우 중요하다.

0429 immigrate
[íməgrèit]

ⓥ 이민 오다, 이주해 오다 ⇆ emigrate 이민 가다

Antonia Brico **immigrated** to the United States at the age of six. ‹기출›
Antonia Brico는 여섯 살의 나이에 미국에 **이민 왔다**.

➕ immigration ⓝ 이민 | immigrant ⓝ 이민자 ⓐ 이민자의

0430 assimilate
[əsíməlèit]

ⓥ 1 동화하다[되다] 2 흡수하다, 받아들이다

Immigrants need to **assimilate** the values and lifestyle of the host culture. ‹기출›
이민자는 수용국 문화의 가치관과 생활방식에 **동화할** 필요가 있다.

assimilate new scientific ideas
새로운 과학적 아이디어를 **흡수하다**

➕ assimilation ⓝ 1 동화 2 흡수

0431 embrace
[embréis]

ⓥ 1 껴안다 2 포용하다, 받아들이다

warmly **embrace** each other 서로를 따뜻하게 **껴안다**
Australians have started to **embrace** immigrant culture.
호주 사람들은 이민자 문화를 **포용하기** 시작했다.

0432 integrate
[íntəgrèit]

ⓥ 통합하다[되다]

Local culture is able to **integrate** foreign cultural elements into its own.
지역 문화는 외국 문화 요소를 자체 문화에 **통합할** 수 있다.

➕ integration ⓝ 통합; 융합

0433 director
[diréktər]

Ⓝ 1 (영화) 감독, 연출가 2 책임자, 이사, 중역

Jean Renoir (1894-1979), a French film **director**, was born in Paris. 기출
프랑스 영화**감독** Jean Renoir(1894~1979)는 파리에서 태어났다.

the marketing **director** of Calbary Hospital 기출
Calbary 병원 마케팅 **책임자**

+ direct ⓥ 감독하다; 지도하다 ⓐ 직접의, 직접적인

0434 composer
[kəmpóuzər]

Ⓝ 작곡가

Do you think Beethoven is a better **composer** than Brahms? 기출
여러분은 베토벤이 브람스보다 더 훌륭한 **작곡가**라고 생각하는가?

+ compose ⓥ 1 구성하다 2 작곡[작문]하다
composition Ⓝ 1 구성 2 작곡, 작문 3 곡, 작품

0435 architect
[ɑ́ːrkitèkt]

Ⓝ 건축가

Donato Bramante's buildings influenced other **architects** for centuries. 기출
Donato Bramante의 건물들은 수 세기 동안 다른 **건축가들**에게 영향을 미쳤다.

+ architecture Ⓝ 건축(술), 건축학; 건축 양식
architectural ⓐ 건축학[술]의

0436 athlete
[ǽθliːt]

Ⓝ (운동)선수

Consider an **athlete** who runs the 100 m wearing training shoes. 기출
훈련화를 신고 100미터를 달리는 **운동선수**를 생각해 보라.

+ athletic ⓐ 운동 경기의; 체육의

0437 celebrity
[səlébrəti]

Ⓝ 유명인, 명사, 연예인

Celebrities are always under the spotlight.
유명인들은 항상 세간의 관심 속에 있다.

0438 spectator
[spékteitər]

Ⓝ 관중, 관(람)객

The **spectators** were moved by her graceful performance.
관중들은 그녀의 우아한 연기에 감동했다.

0439 mastery

[mǽstəri]

ⓝ 숙달, 정통

Pablo Picasso demonstrated technical **mastery** in many of his works.
파블로 피카소는 자신의 많은 작품에서 기술적 **숙달**을 입증했다.

➕ master ⓥ 숙달하다, 통달하다 ⓝ 거장, 대가

0440 instrument

[ínstrəmənt]

ⓝ 1 기구, 도구 2 악기

thermometers as temperature measurement **instruments**
온도 측정 **기구**로서의 온도계

The most expressive musical **instrument** is the human voice. 기출
가장 표현력이 풍부한 **악기**는 인간의 목소리이다.

0441 representation

[rèprizentéiʃən]

ⓝ 1 표현, 묘사 2 대표, 대리

Film is not a mere delivery device for **representations** of reality. 기출
영화는 그저 현실의 **표현**을 위한 전달 장치가 아니다.

right to legal **representation** 법정 **대리**권

➕ represent ⓥ 1 표현[묘사]하다 2 대표[대리]하다

0442 acclaim

[əkléim]

ⓝ 갈채, 환호 ⓥ 갈채[환호]하다

The group's new album earned a lot of **acclaim** from critics.
그 그룹의 새 앨범은 비평가들로부터 많은 **갈채**를 받았다.

Her performance was **acclaimed** by the audience of 3,000.
그녀의 공연은 3,000명의 관객의 **갈채를 받았다**.

0443 costume

[kɑ́stjuːm]

ⓝ 의상, 복장

In 1938, the actress sold her movie **costumes** and donated the money. 기출
1938년에, 그 여배우는 자신의 영화 **의상**을 팔아 그 돈을 기부했다.

0444 autograph

[ɔ́ːtəgræf]

ⓝ (유명인의) 서명, 사인 ⓥ 서명[사인]하다

The uniform with his **autograph** on it was sold for $200,000.
그의 **서명**이 있는 유니폼이 20만 달러에 팔렸다.

(Prizes) 3rd Place: A Kpop artist's **autographed** album 기출
(상품) 3위: K팝 아티스트의 **서명된** 앨범 (안내문)

0445 religion
[rilídʒən]

ⓝ 종교

Religion helps people maintain peace of mind and emotional balance.
종교는 사람들이 마음의 평화와 감정적 균형을 유지하도록 돕는다.

✚ religious ⓐ 종교의, 종교적인

0446 worship
[wə́:rʃip]

ⓝ 숭배; 예배   ⓥ 숭배하다; 예배를 보다

At the heart of every religion is the **worship** of a god.
모든 종교의 본질에는 신에 대한 **숭배**가 있다.

Every Sunday, the villagers gathered to **worship** in the church.
일요일마다 마을 사람들은 **예배를 보기** 위해 교회에 모였다.

0447 prayer
[prɛər]

ⓝ 기도; 기도문

I said a **prayer** for God's blessing on this lovely young family.
기출 나는 이 사랑스러운 젊은 가족에 신의 축복을 기원하는 **기도**를 했다.

✚ pray ⓥ 기도하다

0448 priest
[pri:st]

ⓝ 성직자, 사제, 신부

Priests are considered as a connecting link between humans and gods.
성직자는 인간과 신 사이의 연결고리로 여겨진다.

★ cf. nun 수녀 | monk 수도승

0449 preach
[pri:tʃ]

ⓝ 설교   ⓥ 설교하다

the priest's **preach** during mass 미사 중 신부님의 **설교**
Martin Luther King Jr. **preached** the importance of nonviolent action.
마틴 루터 킹 주니어는 비폭력 행동의 중요성을 **설교했다**.

✚ preacher ⓝ 설교자

0450 prophet
[práfit]

ⓝ 예언자

The Bible records many examples of **prophets**—such as Noah, Joseph, and Moses.
성경은 노아, 요셉, 모세 같은 많은 **예언자**의 사례가 기록되어 있다.

✚ prophecy ⓝ 예언

DAILY CHECK-UP

A 빈칸에 알맞은 우리말 또는 영어 단어를 써넣으시오.

문화·예술

역사 문화

1 _____ civilization

2 _____ (문화)유산, (문화적) 전통

3 _____ 도래, 출현

4 _____ revolutionary

5 _____ 민족의, 종족의

예술·스포츠

10 _____ (영화) 감독; 책임자, 이사

11 _____ composer

12 _____ (운동)선수

13 _____ celebrity

14 _____ 관중, 관(람)객

예술의 요소

15 _____ 숙달, 정통

16 _____ representation

17 _____ 갈채[환호](하다)

18 _____ 의상, 복장

19 _____ autograph

문화 전승·통합

6 _____ 소중히 하다

7 _____ immigrate

8 _____ assimilate

9 _____ 껴안다; 포용하다

종교 용어

20 _____ 종교

21 _____ worship

22 _____ 성직자, 사제, 신부

23 _____ 설교; 설교하다

24 _____ prophet

B 문장의 빈칸에 알맞은 말을 보기에서 골라 쓰시오.

prayer	architects	inherit	contemporary	instrument	integrate

1 We _____ cultural heritage from our ancestors.

2 Why Does Global Citizenship Matter in _____ Society?

3 The most expressive musical _____ is the human voice.

4 Donato Bramante's buildings influenced other _____ for centuries.

5 Local culture is able to _____ foreign cultural elements into its own.

6 I said a(n) _____ for God's blessing on this lovely young family.

교육 · 언어

교육 활동

0451 accomplish
[əkámpliʃ]

ⓥ 성취하다, 이루다, 완수하다

Playing video games often prevents students from **accomplishing** their goals. 〈기출〉
비디오 게임을 하는 것은 종종 학생들이 자신들의 목표를 **성취하는** 데 방해가 된다.

➕ accomplishment ⓝ 성취; 성과

0452 acquire
[əkwáiər]

ⓥ 습득하다; 획득하다

Practical knowledge is **acquired** through trial and error.
실용적인 지식은 시행착오를 통해 **습득된다**.

0453 enroll
[enróul]

ⓥ 입학하다, 등록하다; 입학[등록]시키다

He **enrolled** at the State School of Graphic Arts in Prague. 〈기출〉
그는 프라하에 있는 그래픽 아트 국립학교에 **입학했다**.

➕ enrollment ⓝ 입학, 등록

다의어

0454 attend
[əténd]

ⓥ 1 (학교에) 다니다   2 참석하다   3 주의를 기울이다(to)

1 Shelton **attended** Lincoln College in Chicago.
   Shelton은 시카고에 있는 링컨 대학에 **다녔다**.
2 **attend** the opening ceremony 〈기출〉 개회식에 **참석하다**
3 **attend** to negative information 〈기출〉
   부정적인 정보에 **주의를 기울이다**

➕ attendance ⓝ 출석; 참석

0455 lecture
[léktʃər]

ⓥ 강의하다   ⓝ 강의

The professor **lectured** on the ethical aspects of AI.
그 교수는 인공지능의 윤리적 측면에 관해 **강의했다**.

deliver a special **lecture** 특강(특별 강의)을 하다

0456 instruct
[instrʌ́kt]

ⓥ 1 교육하다, 가르치다   2 지시하다

Scientists are not formally **instructed** in "how to be a good scientist." 〈기출〉
과학자들이 '훌륭한 과학자가 되는 방법'에 대해 공식적으로 **교육받는** 것은 아니다.

be **instructed** to wear the ID card
신분증을 착용하도록 **지시 받다**

➕ instruction ⓝ 1 교육   2 (pl.) 지시, 사용 설명서

교육 제도

0457 elementary
[èləméntəri]

ⓐ 1 초등(학교)의   2 기본의, 초보의

Elementary education is the first stage in formal education.
초등 교육은 정규 교육의 첫 번째 단계이다.

the **elementary** principles of Euclidean distance 〔기출〕
유클리드 거리의 **기본** 원칙들

★ cf. secondary/higher education 중등(중고등학교)/고등(대학교 이상) 교육

〔다의어〕

0458 academic
[æ̀kədémik]

ⓐ 학업의; 학문의   ⓝ 학자, 대학교수

a. The instructor's role is helping learners' **academic** success. 〔기출〕
교육자의 역할은 학습자의 **학업적** 성공을 돕는 것이다.

n. be dismissed by **academics** **학자들**에 의해 무시되다

0459 intermediate
[ìntərmíːdiət]

ⓐ 중급의; 중간의

The class is designed for learners at the **intermediate** level.
〔기출〕 그 수업은 **중급** 수준의 학습자들을 위해 설계되었다.

intermediate levels of English **중간** 수준의 영어 (실력)

★ cf. beginning[beginner]/advanced level 초급/고급 수준

〔다의어〕

0460 principal
[prínsəpəl]

ⓝ 교장   ⓐ 주요한, 제1의

n. I am the **principal** of Techville High School. 〔기출〕
저는 Techville 고등학교 **교장**입니다.

a. Extensive reading is the **principal** key to expanding one's knowledge. 〔기출〕
다독은 지식을 확장하는 **주요한** 열쇠이다.

〔다의어〕

0461 faculty
[fǽkəlti]

ⓝ 1 교수진, 교직원   2 (대학의) 학부   3 능력, 재능

1 Our **faculty** helps students acquire a high level of knowledge and skills.
우리 **교수진**은 학생들이 높은 수준의 지식과 기술을 습득하도록 돕습니다.

2 the Science **Faculty** of Odessa University
Odessa 대학교 과학 **학부**

3 the **faculty** of speech 언어 **능력**

0462 semester
[siméstər]

ⓝ 학기

You should take the psychology class this **semester**. 〔기출〕
너는 이번 **학기**에 심리학 수업을 들어야 해.

0463 achievement
[ətʃíːvmənt]

ⓝ 1 업적 2 성취, 달성

He won the prize due to his **achievements** in geology. 〈기출〉
그는 지질학에서의 **업적으로** 그 상을 받았다.

make a remarkable **achievement** 놀랄 만한 **성취**를 이루다

0464 assignment
[əsáinmənt]

ⓝ 1 숙제, 과제 2 배정; 할당

I have an English essay **assignment** I need to finish. 〈기출〉
나는 끝내야 할 영어 에세이 **과제**가 있다.

the **assignment** of seats 좌석 **배정**

〈다의어〉

0465 credit
[krédit]

ⓝ 1 신용 2 학점 3 공로, 칭찬
ⓥ 1 공로를 인정하다 2 ~의 소유자로 생각하다

n. 2 How many **credits** will you need to graduate college?
대학을 졸업하는 데 몇 **학점**이 필요할 것인가?

v. 2 **credit** geniuses with creativity 〈기출〉
천재들을 창의성**의 소유자로 생각하다**

⊕ **credit** A with B A에게 B가 있다고 인정하다 / B의 소유자로 여기다

0466 scholarship
[skɑ́lərʃìp]

ⓝ 1 장학금 2 학문, 학식

After high school, Dave won a **scholarship** to Bennett College. 〈기출〉
고등학교 졸업 후 Dave는 **장학금**을 받고 Bennett 대학에 진학했다.

rely only upon theories and **scholarship** 〈기출〉
이론과 **학문**에만 의존하다

〈다의어〉

0467 degree
[digríː]

ⓝ 1 정도, 등급 2 학위 3 (온도·각도 등의) 도

1 without some **degree** of trust 〈기출〉 어느 **정도**의 신뢰 없이

2 He entered the Royal College of Art and earned his **degree** there. 〈기출〉
그는 왕립 예술 대학에 입학했고 그곳에서 **학위**를 받았다.

3 The symbol for **degrees** Celsius is °C.
섭씨**온도** 기호는 °C이다.

〈다의어〉

0468 graduate
ⓝ, ⓐ [grǽdʒuit]
ⓥ [grǽdʒuèit]

ⓝ 졸업자[생] **ⓐ** 대학원의 **ⓥ** 졸업하다

n. New college **graduates** are having a harder time finding jobs. 〈기출〉
신규 대학 **졸업자들**이 취업에 더 어려움을 겪고 있다.

a. a **graduate** student **대학원**생

v. **graduate** from medical school 〈기출〉 의과 대학을 **졸업하다**

0469 literary
[lítərèri]

ⓐ 문학의, 문예의

The **literary** critic Daniel Albright said, "Psychology is a garden, literature is a wilderness." 기출
문학 평론가 Daniel Albright는 "심리학은 정원이고, 문학은 황야다."라고 말했다.

0470 fictional
[fíkʃənəl]

ⓐ 1 소설의 2 허구의

In *The Lord of the Rings*, Frodo is a famous **fictional** character. 기출
'반지의 제왕'에서 Frodo는 유명한 **소설** 속 등장인물이다.

the likeness between the **fictional** and real world 기출
허구 세계와 현실 세계 사이의 유사함

＋ fiction ⓝ 1 소설 2 허구

0471 tragic
[trǽdʒik]

ⓐ 비극적인, 비극의 ↔ comic 희극의

Some of Shakespeare's plays feature **tragic** heroes.
셰익스피어의 희곡 일부는 **비극적** 영웅을 특징으로 한다.

＋ tragedy ⓝ 비극 (↔ comedy 희극)

0472 poetry
[póuitri]

ⓝ (장르) 시, 시가

One function of **poetry** is to represent the world with a fresh perception. 기출
시의 한 가지 기능은 세상을 새로운 인식으로 표현하는 것이다.

＋ poetic ⓐ 시의, 시적인 ｜ poem ⓝ (한 편의) 시 ｜ poet ⓝ 시인

0473 biography
[baiɑ́grəfi]

ⓝ 전기, 일대기

'The history of the world is but the **biography** of great men,' wrote Thomas Carlyle. 기출
'세계의 역사는 오직 위인들의 **전기**일 뿐이다'라고 Thomas Carlyle은 썼다.

★ cf. autobiography 자서전

0474 translation
[trænsléiʃən]

ⓝ 1 번역; 번역물 2 변환, 변형

It's like a piece of **translation**, from one medium into another. 기출
그것은 마치 한 매체에서 다른 매체로 바뀐 한 편의 **번역** 작품과도 같다.

the **translation** of science into medicine
과학의 의학으로의 **변환** (과학을 의학에 적용하는 것)

＋ translate ⓥ 1 번역하다 2 변환하다, 바꾸다

0475 linguistic
[liŋgwístik]

ⓐ 언어의, 언어학의

Nevertheless, children develop a rich system of **linguistic** knowledge. 기출
그럼에도, 아이들은 풍부한 **언어적** 지식 체계를 발달시킨다.

✚ linguistics ⓝ 언어학 | linguist ⓝ 언어학자

0476 verbal
[və́ːrbəl]

ⓐ 언어적인, 언어의, 구두의 ↔ nonverbal 비언어적인

In a culture, people share similar **verbal** and nonverbal habits. 기출
한 문화에서, 사람들은 비슷한 **언어적**, 비언어적 습관을 공유한다.

0477 bilingual
[bailíŋgwəl]

ⓐ 2개 언어 사용의 ⓝ 2개 언어 사용자

Language switching is natural for those who are **bilingual**. 기출
언어 전환은 **2개 언어를 사용하는** 사람들에게는 자연스럽다.

how **bilinguals** benefit from language diversity
어떻게 **2개 언어 사용자들**이 언어 다양성으로부터 이로움을 얻는가

★ cf. multilingual 다중 언어를 사용하는 (사람)

0478 fluency
[flúːənsi]

ⓝ 유창(성)

We have courses which help you achieve **fluency** in English.
저희는 여러분이 영어에 **유창성**을 달성하도록 돕는 강좌가 있습니다.

✚ fluent ⓐ 유창한

0479 dialect
[dáiəlèkt]

ⓝ 방언, 사투리

Some **dialects** have words completely different from those of the standard language.
어떤 **방언**은 표준어 단어와 완전히 다른 단어를 가지고 있다.

0480 saying
[séiiŋ]

ⓝ 격언, 속담, 전해오는 말

As the **saying** goes, "The best is the enemy of the good." 기출
격언에 이르듯, "최고야말로 훌륭함의 적이다."

★ cf. proverb 속담 | adage 격언, 금언

DAILY CHECK-UP

A 빈칸에 알맞은 우리말 또는 영어 단어를 써넣으시오.

교육·언어

교육 활동

1 _____ accomplish

2 _____ 습득하다; 획득하다

3 _____ enroll

4 _____ (학교에) 다니다; 참석하다

5 _____ 강의하다; 강의

교육 제도

6 _____ elementary

7 _____ 학업의; 학문의; 학자

8 _____ intermediate

9 _____ principal

10 _____ 학기

문학

15 _____ 소설의; 허구의

16 _____ 비극적인, 비극의

17 _____ poetry

18 _____ biography

19 _____ 번역; 변환

기타 용어

11 _____ achievement

12 _____ 신용; 학점; 공로

13 _____ scholarship

14 _____ 정도; 학위; 도

언어

20 _____ 언어의, 언어학의

21 _____ verbal

22 _____ 2개 언어 사용의[사용자]

23 _____ dialect

24 _____ 격언, 전해오는 말

B 문장의 빈칸에 알맞은 말을 보기에서 골라 쓰시오.

assignment	fluency	literary	instructed	faculty	graduates

1 I have an English essay _____ I need to finish.

2 New college _____ are having a harder time finding jobs.

3 We have courses which help you achieve _____ in English.

4 Scientists are not formally _____ in "how to be a good scientist."

5 Our _____ helps students acquire a high level of knowledge and skills.

6 The _____ critic Daniel Albright said, "Psychology is a garden, literature is a wilderness."

✍ carry, cut, cling, cope 구동사

carry on	**~을 계속 하다[가다]** After a great breakfast we **carried on** our journey to our next camp. 훌륭한 아침 식사 후에 우리는 우리의 다음번 캠프로의 여정을 **계속 했다**.
carry out	**~을 수행[이행]하다** A scientist **carried out** an experiment to track the movement of carbon atoms within cells. 한 과학자가 세포 내에서의 탄소 원자 이동을 추적하는 실험을 **수행했다**.
cut down	**1 ~을 줄이다, 삭감하다(on) 2 베다, 자르다** To save money, he decided to **cut down on** dining at restaurants. 돈을 절약하기 위해, 그는 음식점에서 식사하는 것을 **줄이기로** 결정했다. Owners of forests **cut down** trees for their own profit. ◀기출 산림지 소유자들은 자기 자신의 수익을 위해 나무를 **벤다**.
cut off	**~을 차단하다[단절되다]** With the autumn storms raging, the island **is cut off** from the rest of the world. 가을 폭풍우가 휘몰아칠 때, 그 섬은 세상의 나머지와 **단절된다**. The electricity was **cut off** due to the fire. 화재로 인해 전기가 **끊겼다**.
cling to	**~을 고수하다** People **cling to** place and nation as markers of their identity. ◀기출 사람들은 자기 정체성의 표시로 장소와 국가를 **고수한다**.
cope with	**~에 대처하다** Communities need to increase their flexibility to **cope with** unexpected change. ◀기출 지역사회는 예기치 못한 변화에 **대처하는** 유연성을 증가시킬 필요가 있다.

PLAN 5
사회

DAY 17 경제
DAY 18 통치
DAY 19 사법 · 군사 · 구호
DAY 20 사회 일반

경제
industrial 산업의, 공업의
sector (경제의) 부문, 분야

통치
territory 영토; 영역
congress 의회, 국회

사회

사법·군사·구호
justice 사법, 재판; 정의
conflict 분쟁; 상충하다

사회 일반
conform 순응하다, 따르다
circumstance 상황, 환경

DAY 17 경제

경제 구성

0481 industrial
[indʌ́striəl]

ⓐ 산업의, 공업의

England became the first **industrial** nation in the world. 기출
영국은 세계에서 첫 번째 **산업** 국가가 되었다.

➕ industry ⓝ 산업, 공업 | industrialization ⓝ 산업화

다의어

0482 commercial
[kəmə́:rʃəl]

ⓐ 상업의 ⓝ 상업 광고

a. Firms can also achieve **commercial** success through cost savings.
기업들은 비용 절감을 통해서도 **상업적** 성공을 거둘 수 있다.

n. necessity of meaningful word associations in **commercials** 기출
상업 광고에서 의미 있는 어휘 연관성의 필요성

➕ commerce ⓝ 상업, 무역 | commercialize ⓥ 상업화하다

0483 agricultural
[æ̀grikʌ́ltʃərəl]

ⓐ 농업의, 농경의

Rice production is one of the most important **agricultural** activities in the world.
쌀 생산은 세계에서 가장 중요한 **농업** 활동 중 하나이다.

➕ agriculture ⓝ 농업

다의어

0484 manufacture
[mæ̀njəfǽktʃər]

ⓝ 1 제조 2 (pl.) 제품 ⓥ 제조하다

n. 1 The **manufacture** of iron products was the earliest industry. 철기의 **제조**는 가장 초기의 산업이었다.

v. technological advancements in **manufactured** fibers
제조된 섬유에서의 기술적 진보

0485 construction
[kənstrʌ́kʃən]

ⓝ 1 건설, 건축(물) 2 구성, 구조

Marc Brunel is known for the **construction** of the Thames Tunnel. 기출 Marc Brunel은 템스 터널 **건축**으로 유명하다.

the **construction** of our concept of subjectivity 기출
우리의 주관성 개념의 **구성**

➕ construct ⓥ 1 건설하다 2 구성하다 ⓝ 1 건조물 2 구성체

0486 infrastructure
[ínfrəstrʌ̀ktʃər]

ⓝ 사회 기반 시설

Infrastructure must continue to function after an earthquake disaster. 기출
사회 기반 시설은 지진 재해 후에도 계속 기능해야 한다.

경제 요소

0487 sector
[séktər]

ⓝ (경제의) 부문, 분야

Kenya showed rapid growth in the agricultural **sector**. 〈기출〉
케냐는 농업 **부문**의 급속한 성장을 보여주었다.

0488 workforce
[wə́:rkfɔ:rs]

ⓝ 노동력, 노동 인구

The US science and engineering **workforce** is aging rapidly.
미국의 과학과 공학 **노동력**이 급속하게 노령화하고 있다.

다의어

0489 capital
[kǽpitl]

ⓝ 1 자본　2 수도
ⓐ 1 자본의　2 수도의　3 대문자의　4 사형의

n. 1 You can't have **capital** without savings. 〈기출〉
여러분은 저축하지 않고는 **자본**을 가질 수 없다.

a. 2 the ways countries choose their **capital** cities
나라들이 **수도**를 고르는 방법들

3 small / **capital** letter　소문자/**대문자**

4 **capital** punishment　**사형**

＋ capitalism ⓝ 자본주의

0490 investment
[invéstmənt]

ⓝ 투자

Younger investors tend to take more risks with their
investments. 〈기출〉
더 젊은 투자자들이 **투자**에서 더 위험을 감수하는 경향이 있다.

＋ invest ⓥ 투자하다 | investor ⓝ 투자자

0491 facility
[fəsíləti]

ⓝ (보통 pl.) 시설, 설비

We are continually improving our **facilities** to better serve
our guests. 〈기출〉
저희는 고객들에게 더 잘 서비스하기 위해 저희 **시설**을 계속해서 개선하고 있습니다.

0492 indicator
[índikèitər]

ⓝ 지표

Several economic **indicators** show the slowdown in global
growth.
여러 경제 **지표**가 세계 성장에서의 둔화를 보여준다.

＋ indicate ⓥ 가리키다; 나타내다

0493 import
ⓝ [ímpɔːrt]
ⓥ [impɔ́ːrt]

ⓝ 수입, (보통 *pl.*) 수입품　ⓥ 수입하다　↔ export 수출하다; 수출(품)

Georgia's main **imports** are oil and motor cars.
그루지야의 주요 **수입품**은 기름과 자동차이다.

The first traffic lights were **imported** from the United States. ◀기출
최초의 신호등은 미국에서 **수입되었다**.

0494 storage
[stɔ́ːridʒ]

ⓝ 보관, 저장; 저장소

The clerk went into the **storage** area to look for the clothes. ◀기출
직원이 그 옷들을 찾기 위해 **보관** 구역으로 갔다.

✚ store ⓥ 보관하다, 저장하다

0495 division
[divíʒən]

ⓝ 1 분할, 분배　2 나눗셈

The key to the creation of wealth is a **division** of labor. ◀기출
부 창출의 열쇠는 분업(노동의 **분할**)이다.

Division is used to split things into equal parts.
나눗셈은 대상을 동일한 부분으로 나눌 때 사용된다.

✚ divide ⓥ 분할하다; 나누다

0496 reduction
[ridʌ́kʃən]

ⓝ 감축, 축소, 삭감

Workforce **reduction** is painful for everyone involved.
노동력 **감축**은 관련된 모든 이에게 고통스럽다.

✚ reduce ⓥ 줄이다, 축소하다

다의어

0497 profit
[prɑ́fit]

ⓝ 이윤, 이익; 수익(금)　ⓥ 이익을 얻다[주다]

n. **Profit** is the most important word in business. ◀기출
이윤은 사업에서 가장 중요한 단어이다.

All **profits** from the festival will be donated to local charities. ◀기출
축제의 모든 **수익금**은 지역 자선 단체에 기부될 것입니다.

v. Many firms **profit** from online sales.
많은 기업들이 온라인 판매를 통해 **이익을 얻는다**.

0498 deficit
[défəsit]

ⓝ 적자; 부족(액), 결손

A trade **deficit** occurs when a country imports more goods and services than it exports.
무역 **적자**는 한 나라가 자국이 수출하는 것보다 더 많은 재화와 용역을 수입할 때 발생한다.

경제 활동

0499 generate
[dʒénərèit]

ⓥ 생산[생성]하다, 발생시키다; 창출하다

Dams can be used to **generate** electricity.
댐은 발전에(전기를 **생산하는** 데) 사용될 수 있다.

Ideas are constantly being **generated**, abandoned, and rediscovered. ◀기출
아이디어는 끊임없이 **생성되고**, 버려지고, 재발견되어지고 있다.

다의어

0500 operate
[ápərèit]

ⓥ 1 운영되다[하다] 2 작동하다 3 수술하다

1 How businesses **operate** impacts their ability to maintain customers. ◀기출
   기업이 **운영되는** 방식은 고객을 유지하는 능력에 영향을 준다.

3 **operate** on the brain 뇌를 **수술하다**

0501 cultivate
[kʌ́ltəvèit]

ⓥ 1 경작하다 2 함양하다, 기르다

Rice has been **cultivated** for over 7,000 years.
쌀은 7천 년 넘게 **경작되어왔다**.

cultivate the desirable and discourage the harmful ◀기출
바람직한 것은 **함양하고** 해로운 것은 억제하다

다의어

0502 release
[rilíːs]

ⓝ 1 출시, 개봉 2 분비, 방출 3 석방, 해방
ⓥ 1 출시[개봉]하다 2 분비[방출]하다 3 석방[해방]하다

n. 1 The company announced the **release** date of its new game.
그 회사는 새로운 게임의 **출시일**을 발표했다.

v. 2 **release** hormones ◀기출 호르몬을 **분비하다**
   3 a prisoner who was **released** **석방된** 죄수

0503 harvest
[háːrvist]

ⓝ 수확[추수], 수확물[량] ⓥ 수확하다, 추수하다 ⊜ reap

Unused crop **harvests** can be saved for future use. ◀기출
쓰지 않은 곡물 **수확물**은 미래의 사용을 위해 저장될 수 있다.

My father hired three young men to **harvest** the crop. ◀기출
아버지는 곡식을 **수확할** 청년 세 명을 고용했다.

0504 transaction
[trænsǽkʃən, trænz-]

ⓝ 거래

We are acquiring new customers and increasing **transactions**. ◀기출
우리는 새로운 고객을 확보하고 **거래**를 늘리고 있다.

➕ transact ⓥ 거래하다

0505 organization
[ɔ́ːrgənəzéiʃən]

ⓝ 조직, 기구

Key information must be shared throughout the **organization**. 기출
핵심 정보는 **조직** 전체에 걸쳐 공유되어야 한다.
World Trade **Organization** (= WTO) 세계 무역 **기구**

✚ organize ⓥ 조직하다, 체계화하다

0506 corporation
[kɔ̀ːrpəréiʃən]

ⓝ (큰 규모의) 기업, 법인

Financial **corporations** offer commercial banking services.
기출 금융사(금융 기업)는 상업용 은행 서비스를 제공한다.

✚ corporate ⓐ 기업의, 법인의

0507 employee
[implɔ́iː]

ⓝ 직원, 고용인

Firms need to retrain current **employees** for new positions. 기출
기업들은 새 직책을 위해 현 **직원들**을 재교육할 필요가 있다.

✚ employ ⓥ 1 고용하다 2 사용하다 | employer ⓝ 고용주

0508 coworker
[kóuwə̀ːrkər]

ⓝ (직장) 동료

It is essential to cooperate with **coworkers** while performing tasks.
과업을 수행하는 동안에 **동료들**과 협력하는 것이 필수적이다.

★ cf. colleague 동료

0509 executive
[igzékjətiv]

ⓝ 중역, 간부 ⓐ 1 중역의 2 실행의, 집행의

n. Most business **executives** like to start with the big picture. 기출
대부분의 기업 **중역들**은 큰 그림을 가지고 시작하는 것을 좋아한다.

a. 2 the **executive** power of the President
대통령의 **실행** 권한[**집행권**]

✚ execute ⓥ 1 실행하다 2 처형하다
execution ⓝ 1 실행 2 처형, 사형 집행

0510 management
[mǽnidʒmənt]

ⓝ 1 경영진 2 관리, 경영

Planning for cost reductions should be done jointly by labor and **management**. 기출
비용 감축을 계획하는 것은 노사(노동자 측과 **경영진** 측) 공동으로 이루어져야 한다.
the **management** of natural resources 천연자원 **관리**

✚ manage ⓥ 관리[경영]하다 | manager ⓝ 관리자, 경영자

DAILY CHECK-UP

A 빈칸에 알맞은 우리말 또는 영어 단어를 써넣으시오.

경제

경제 구성

1 _____ 산업의, 공업의

2 _____ 농업의, 농경의

3 _____ manufacture

4 _____ 건설, 건축(물); 구성

5 _____ infrastructure

경제 요소

6 _____ 노동력, 노동 인구

7 _____ capital

8 _____ 투자

9 _____ facility

10 _____ 지표

11 _____ 수입(하다); 수입품

12 _____ storage

13 _____ 감축, 축소, 삭감

14 _____ profit

15 _____ 적자; 부족(액), 결손

경제 활동

16 _____ 운영되다; 작동하다

17 _____ generate

18 _____ 출시(하다); 분비(하다)

19 _____ harvest

기업 구성

20 _____ 조직, 기구

21 _____ corporation

22 _____ 직원, 고용인

23 _____ executive

24 _____ 경영진; 관리, 경영

B 문장의 빈칸에 알맞은 말을 보기에서 골라 쓰시오.

cultivated	coworkers	commercial	division	sector	transactions

1 Rice has been _____ for over 7,000 years.

2 Kenya showed rapid growth in the agricultural _____.

3 The key to the creation of wealth is a _____ of labor.

4 We are acquiring new customers and increasing _____.

5 Firms can also achieve _____ success through cost savings.

6 It is essential to cooperate with _____ while performing tasks.

국가의 구성

0511 territory
[térətɔ̀:ri]

ⓝ 1 영토 2 영역

Without **territory**, a nation cannot be formed.
영토가 없으면 국가가 형성될 수 없다.

A part of an animal's **territory** is for eating. 〈기출〉
동물의 **영역** 일부는 먹기 위한 것이다.

0512 independence
[ìndipéndəns]

ⓝ 독립, 자립

He returned to America during the War for **Independence**. 〈기출〉
그는 **독립** 전쟁 동안 아메리카로 돌아왔다.

+ independent ⓐ 독립한; 독립심이 강한

0513 security
[sikjúəriti]

ⓝ 1 안보, 안전 2 보안 (검색)

Privacy can be limited for national **security** purposes. 〈기출〉
사적 자유는 국가 **안보** 목적으로 제한될 수 있다.

Passengers were met with endless **security** lines.
탑승객들은 끝이 없는 **보안 검색** 대기 줄을 만나게 되었다.

+ secure ⓐ 안전한 ⓥ 안전하게 하다

0514 federal
[fédərəl]

ⓐ 연방의, 연방제의

This is the report the **federal** government released in 2009. 〈기출〉
이것은 2009년에 **연방** 정부가 발표한 보고서입니다.

0515 united
[juːnáitid]

ⓐ 연합한, 결합한

Plastic packaging waste was less recycled in the **United** Kingdom. 〈기출〉
플라스틱 포장재 쓰레기가 영국(**연합**왕국)에서는 덜 재활용되었다.

+ unite ⓥ 연합하다, 결합하다

★ cf. 영국 정식 명칭: the United Kingdom of Great Britain and Northern Ireland
(그레이트브리튼 북아일랜드 연합왕국)

0516 colonial
[kəlóuniəl]

ⓐ 1 식민(지)의 2 군체의

After three centuries of **colonial** rule, independence came.
3세기 동안의 **식민** 통치 후에, 독립이 찾아왔다.

ant's **colonial** life styles 개미의 **군체** 생활 방식

+ colony ⓝ 1 식민지 2 (생물) 군체

국가 조직

0517 democracy
[dimάkrəsi]

n 민주주의; 민주 국가

The essence of **democracy** is majority rule.
민주주의의 본질은 다수결 원칙이다.

The report says in 2020 there were 98 **democracies** in the world. 그 보고서에 따르면 2020년에 전 세계에 98개 **민주 국가**가 있었다.

+ democratic ⓐ 민주적인, 민주주의의

★ cf. the Democratic Party 민주당

0518 republic
[ripʌ́blik]

n 공화국

The first **republic** in the world was in ancient Vaishali.
세계 최초의 **공화국**은 고대 바이샬리에 있었다.

★ cf. the Republican Party 공화당

0519 politician
[pὰlətíʃən]

n 정치가, 정치인

In many democratic societies, experts advise and **politicians** decide. 기출
많은 민주 사회에서, 전문가는 조언하고 **정치가**는 결정한다.

+ politics ⓝ 정치(학)

0520 administration
[ædmìnəstréiʃən]

n 행정(부), 관리, 경영

Tax data is crucial to running an effective public **administration**. 기출
세금 자료는 효과적인 공공 **행정**을 운영하는 데 매우 중요하다.

+ administer ⓥ 관리하다; 통치하다 | administrator ⓝ 관리자, 행정관

다의어

0521 official
[əfíʃəl]

n 관료, 관리, 공무원　**a** 공식적인, 공무의

n. The Vice President is a high-ranking government **official**.
부통령은 정부의 고위직 **관료**이다.

a. **official** definitions of sport 스포츠에 대한 **공식적인** 정의

+ officer ⓝ 장교, 경관

0522 institution
[ìnstətjú:ʃən]

n 1 제도　2 기관

Our **institutions** must be changed on the basis of our new awareness. 기출
우리의 **제도**는 우리의 새로운 인식에 기반하여 변화되어야 한다.

the main **institutions** of state — courts, police and so on 기출
법원, 경찰 등의 국가 주요 **기관**

0523 congress
[káŋgrəs]

ⓝ 의회, 국회

The first U.S. **Congress** began its service in 1789. `기출`
최초의 미 **의회**는 1789년에 활동을 시작했다.

+ congressman ⓝ 국회 의원

다의어

0524 representative
[rèprizéntətiv]

ⓝ 1 대표(자) 2 (R-) (미국) 하원 의원 ⓐ 대표하는

n. 1 Don't be afraid if you're selected as a **representative**.
   `기출` **대표**로 선정되더라도 두려워하지 말거라.
   2 the U.S. House of **Representatives** 미국 **하원**

a. **representative** samples `기출` **대표** 표본

+ represent ⓥ 1 대표하다 2 나타내다

0525 senator
[sénətər]

ⓝ (S-) (미국) 상원 의원

The President referred to U.S. **Senator** Hubert Humphrey. `기출`
대통령은 미 **상원 의원** Hubert Humphrey를 언급했다.

+ Senate ⓝ (미국·캐나다·프랑스 등의) 상원

★ cf. 미국 의회는 Senate(상원)과 the House of Representatives(하원)로
   구성된다.

0526 election
[ilékʃən]

ⓝ 선거; 선출

Politicians promise higher spending during an **election**. `기출`
정치가들은 **선거** 동안에는 더 높은 지출을 약속한다.

+ elect ⓥ 선거하다, 선출하다

0527 candidate
[kǽndidèit, -dit]

ⓝ 후보자, 지원자

This study looked at how reporters describe the **candidates**.
`기출` 이 연구는 기자들이 **후보자들**을 어떻게 설명하는지를 살펴보았다.

다의어

0528 poll
[poul]

ⓝ 1 여론 조사 2 투표
ⓥ 1 여론 조사하다 2 투표하다

n. 1 The **poll** suggests that the Republican candidate will
   win the election.
   그 **여론 조사**는 공화당 후보가 선거에서 이길 것이라는 것을 보여준다.

v. 2 **poll** for the Democratic candidate
   민주당 후보에게 **투표하다**

+ pollster ⓝ 여론 조사원

0529 suburban
[səbə́ːrbən]

ⓐ 교외의, 근교의

People began to move from the central cities to the new **suburban** areas. 기출
사람들이 도심에서 새로운 **교외** 지역으로 이동하기 시작했다.

✚ suburb ⓝ 교외, 근교

★ cf. urban 도시의, 도회지의

0530 rural
[rúərəl]

ⓐ 시골의, 전원의　↔ urban 도시의

Anne Bancroft grew up in **rural** Minnesota. 기출
Anne Bancroft는 미네소타주의 **시골**에서 성장했다.

다의어

0531 domestic
[douméstik]

ⓐ 1 국내의　2 가정의　3 (동물이) 사육되는

1　In a democracy, foreign policy is shaped by **domestic** issues.
민주 국가에서는 대외 정책이 **국내** 이슈에 의해 형성된다.

2　do **domestic** chores 집안일[가사]을 하다

3　**domestic** animals 기출 가축

0532 province
[právins]

ⓝ 1 지방, 지역　2 (행정 단위의) 주, 성, 도

The income gap between the capital city and **provinces** has been growing markedly.
수도와 **지방** 사이의 수입 격차가 뚜렷하게 커지고 있다.

Quebec is the biggest **province** in Canada.
퀘벡은 캐나다에서 가장 큰 **주**이다.

0533 district
[dístrikt]

ⓝ (행정·사법·선거·교육 등을 위해 나눈) 지구, 구역

Downtown is usually a commercial **district**, often called the central business district (CBD).
도심은 보통 상업 **지구**로, 흔히 중심 상업 **지구**(CBD)로 불린다.

0534 budget
[bʌ́dʒit]

ⓝ 예산

I heard that you are considering cutting the **budget** of the theater. 기출
저는 귀하가 그 극장의 **예산** 감축을 고려하고 있다고 들었습니다. (편지글)

set the national **budget** 국가 **예산**을 책정하다

✚ budgetary ⓐ 예산(안)의

0535 taxation
[tækséiʃən]

ⓝ 과세, 징세; 세제

The moral questions of **taxation** are at the heart of the creation of tax laws. 〈기출〉
과세에 관한 도덕적 질문이 세법 창안의 핵심에 있다.

➕ tax ⓥ 과세하다 ⓝ 세금, 조세

0536 privilege
[prívəlidʒ]

ⓝ 특권, 특전   ⓥ 특권[특전]을 주다

Society gives power and **privilege** to the professions. 〈기출〉
사회는 전문직에 권력과 **특권**을 부여한다.

privileged position of professionals 〈기출〉
전문가의 **특권을 부여받은** 지위

0537 enforcement
[infɔ́ːrsmənt]

ⓝ 집행, 시행

The police serve as the law **enforcement** agency.
경찰은 법 **집행** 기관의 역할을 한다.

➕ enforce ⓥ 집행[시행]하다

0538 regulate
[régjəlèit]

ⓥ 1 규제하다   2 조절하다

The state can involve the economy, **regulating** the private sector. 〈기출〉
국가가 경제에 개입하여 민간 부문을 **규제할** 수 있다.

In the form of forests, plants **regulate** the cycling of water. 〈기출〉 숲이라는 형태로, 식물은 물의 순환을 **조절한다**.

➕ regulation ⓝ 1 규제, 규정   2 조절

0539 abolish
[əbάliʃ/əbɔ́l-]

ⓥ (법률·제도 등을) 폐지하다, 철폐하다

Old laws are **abolished**, and new laws are passed.
오래된 법은 **폐지되고** 새로운 법이 통과된다.

➕ abolition ⓝ 폐지, 철폐

0540 banish
[bǽniʃ]

ⓥ 추방하다, 내쫓다

The lord has decided to **banish** the witch from the land.
군주는 그 마녀를 그 땅에서 **추방하기로** 결정했다.

➕ banishment ⓝ 추방

A 빈칸에 알맞은 우리말 또는 영어 단어를 써넣으시오.

통치

국가의 구성

1 _____
영토; 영역

2 _____
independence

3 _____
federal

4 _____
연합한, 결합한

5 _____
colonial

국가 조직

6 _____
민주주의; 민주 국가

7 _____
republic

8 _____
정치가, 정치인

9 _____
administration

10 _____
official

행정 구성

16 _____
suburban

17 _____
국내의; 가정의

18 _____
지방, 지역

19 _____
district

20 _____
예산

입법부·선거

11 _____
representative

12 _____
상원 의원

13 _____
선거

14 _____
candidate

15 _____
poll

기타 개념

21 _____
taxation

22 _____
특권[특전](을 주다)

23 _____
enforcement

24 _____
추방하다, 내쫓다

B 문장의 빈칸에 알맞은 말을 보기에서 골라 쓰시오.

abolished	rural	regulating	security	institutions	Congress

1 Anne Bancroft grew up in _____ Minnesota.

2 Old laws are _____, and new laws are passed.

3 The first U.S. _____ began its service in 1789.

4 Privacy can be limited for national _____ purposes.

5 The state can involve the economy, _____ the private sector.

6 Our _____ must be changed on the basis of our new awareness.

사법

0541 justice
[dʒʌ́stis]

ⓝ 1 사법, 재판 2 정의; 공정 ↔ injustice 불의, 부정

The **justice** system enforces laws and maintains order in society.
사법 제도는 법을 시행하고 사회의 질서를 유지한다.

the role of social **justice** 〈기출〉 사회적 **정의**의 역할

✚ just ⓐ 공정한 (↔ unjust 부당한)

0542 lawsuit
[lɔ́:su:t]

ⓝ (법률) 소송, 고소

You must pay off the debt in full to stop the **lawsuit**.
귀하는 그 **소송**을 중단시키려면 채무를 전액 상환해야 합니다.

file a **lawsuit** against the company
그 회사를 상대로 **소송**을 제기하다

0543 jury
[dʒúəri]

ⓝ 배심(원단)

In a **jury** trial, the **jury** exists to make determinations of facts.
배심 재판에서 **배심원단**은 사실 판단을 내리기 위해 존재한다.

✚ juror ⓝ 배심원

0544 violation
[vàiəléiʃən]

ⓝ 1 위반 2 침해

What punishments follow the **violation** of the law?
그 법의 **위반**에는 어떤 처벌이 따릅니까?

the **violation** of rights and interests 권리와 이해의 **침해**

✚ violate ⓥ 1 위반하다, 어기다 2 침해하다

0545 defendant
[diféndənt]

ⓝ 피고 ↔ plaintiff 원고

In the courtroom, the judge felt that the **defendant** could not be trusted. 〈기출〉
법정에서 판사는 **피고**를 신뢰할 수 없다고 느꼈다.

✚ defend ⓥ 방어하다; 변호하다

0546 penalty
[pénəlti]

ⓝ 형벌, 처벌; 벌금

A fine is a type of **penalty** for breaking the law.
벌금은 법을 어긴 것에 대한 **형벌**의 일종이다.

범죄 징계

0547 criminal
[krímənl]

ⓝ 범죄자, 범인　ⓐ 범죄의; 형사상의　↔ civil 민사상의

Criminals must be punished with the strictness of the law.
범죄자들은 법의 엄중함으로 처벌받아야 한다.

the administration of **criminal** justice 〈기출〉 **형사** 사법의 관리

＋ crime ⓝ 범죄

0548 witness
[wítnis]

ⓝ 목격자; 증인　ⓥ 목격하다

The judge asked the **witness** if he had seen the defendant.
판사는 **증인**에게 피고를 본 적이 있는지 물었다.

witness the crime scene 범죄 현장을 **목격하다**

0549 arrest
[ərést]

ⓝ 체포, 연행　ⓥ 체포[연행]하다

The police told him that he was under **arrest** for drunken driving.
경찰은 그에게 음주 운전으로 **체포**되었다고 말했다.

be **arrested** for breaking and entering
무단 침입으로 **체포되다**

0550 accuse
[əkjúːz]

ⓥ 1 고소하다, 고발하다　＝ charge　2 비난하다

Rules of evidence give the **accused** persons a fair opportunity. 〈기출〉
증거 규정은 **고소당한** 사람에게 공평한 기회를 준다.

accuse a website of spreading misinformation
잘못된 정보를 퍼뜨린다고 한 웹사이트를 **비난하다**

＋ accusation ⓝ 1 고소, 고발　2 비난

다의어

0551 sentence
[séntəns]

ⓥ (형을) 선고하다　ⓝ 1 형벌, 선고　2 문장

v. A federal judge **sentenced** him to 10 months in prison.
연방 판사가 그에게 10개월 징역형을 **선고했다**.

n. 2 distort the meaning of the **sentence**
그 **문장**의 의미를 왜곡하다

0552 imprison
[imprízən]

ⓥ 수감하다, 투옥하다

You may be fined or even **imprisoned** for breaking the law.
여러분은 그 법을 어긴 것에 대해 벌금을 물거나 심지어 **수감될** 수도 있다.

＋ imprisonment ⓝ 수감, 투옥

★ cf. prison 교도소, 감옥, 구치소

0553 invade
[invéid]

ⓥ 1 침입[침략]하다 2 침해하다

During World War II, the Nazis **invaded** France in 1940. 기출
제2차 세계대전 동안, 나치가 1940년에 프랑스를 **침공했다**.

invade others' right to refuse being recorded
다른 사람들의 녹취되는 것을 거부할 권리를 **침해하다**

➕ invasion ⓝ 1 침입, 침략 2 침해

0554 combat
ⓥ [kəmbǽt]
ⓝ [kάmbæt]

ⓥ 전투를 벌이다, 싸우다; 방지하다 ⓝ 전투 ≡battle

The two armies began to **combat** each other at dawn.
그 두 군대는 새벽녘에 서로 **전투를 벌이기** 시작했다.

combat crime/disease 범죄를 **방지하다**/질병을 **퇴치하다**

a victory in horn-to-horn **combat** 기출
(동물의) 뿔을 맞대고 싸우는 **전투**에서의 승리

0555 conquer
[kάŋkər]

ⓥ 1 정복하다 2 극복하다

Genghis Khan once **conquered** the territory of modern-day China.
칭기즈칸은 한때 현재의 중국 영토를 **정복했다**.

conquer a fear of failure 실패에 대한 두려움을 **극복하다**

➕ conquest ⓝ 정복 | conqueror ⓝ 정복자

0556 triumph
[trάiəmf]

ⓝ 승리 ≡victory; 대성공 ⓥ 승리를 거두다

The effort demonstrated the **triumph** of reason over ignorance. 기출
그 노력은 무지에 대한 이성의 **승리**를 증명해 보였다.

triumph in the battle 전투에서 **승리를 거두다**

➕ triumphant ⓐ 승리를 거둔, 의기양양한

0557 defeat
[difíːt]

ⓝ 패배 ⓥ 패배시키다, 물리치다

Kamala Harris admitted her **defeat** in the election.
Kamala Harris는 선거에서 자신의 **패배**를 인정했다.

critical insight that **defeats** our prejudices 기출
우리의 편견을 **물리치는** 비판적 통찰

0558 conflict
ⓝ [kάnflikt]
ⓥ [kənflíkt]

ⓝ 분쟁, 갈등, 충돌 ⓥ 상충하다

n. There were 36 armed **conflicts** between States in 1999.
1999년에 36건의 국가 간 무력 **충돌**이 있었다.

v. Flextime does not **conflict** with the staffing needs of the company.
유연 근무제는 회사의 인력 수요와 **상충하지** 않는다.

0559 poverty
[pάvərti]

ⓝ 빈곤, 가난

Education is the surest way to lift people from **poverty**.
교육은 사람들을 **빈곤**으로부터 구제하는 가장 확실한 방법이다.

0560 starvation
[stɑːrvéiʃən]

ⓝ 기아, 굶주림

Our charitable programs stop **starvation** by providing life-saving food.
저희의 자선 프로그램은 생명을 구하는 식량을 공급함으로써 **기아**를 막습니다.

➕ starve ⓥ 굶주리다, 굶어 죽다

★ cf. famine 기근, 식량 부족

다의어

0561 shelter
[ʃéltər]

ⓝ 1 대피소, 피난처; 보호소 2 거처, 집 ⓥ 보호하다

n. 1 Red Cross members are building **shelters** for the hurricane victims.
적십자 회원들이 허리케인 피해자들을 위한 **피난처**를 짓고 있다.

2 obtain food and **shelter** 〈기출〉 식량과 **거처**를 얻다

v. The charity **shelters** abandoned animals.
그 자선 단체는 유기 동물들을 **보호한다**.

0562 rescue
[réskjuː]

ⓥ 구하다, 구조[구출]하다 ⓝ 구조, 구출

After being in the water for 3 hours, she was finally **rescued**. 〈기출〉
물속에서 세 시간 동안 있다가 그녀는 결국 **구조되었다**.

Summer Job at Wildlife **Rescue** Center 〈기출〉
야생동물 **구조** 센터의 여름 일자리 (안내문)

다의어

0563 distribute
[distríbjuːt]

ⓥ 1 분배하다 2 유통시키다 3 분포시키다

1 These meals are then **distributed** to starving children.
이 식사는 그러면 굶주린 아이들에게 **분배될** 것입니다.

2 **distribute** goods and services 상품과 서비스를 **유통시키다**

3 be **distributed** over the whole surface
표면 전체에 **분포되어** 있다

➕ distribution ⓝ 1 분배 2 유통 3 분포

0564 overcome
[òuvərkʌ́m]
overcome-overcame-overcome

ⓥ 극복하다

Clara now seemed to have **overcome** her past tragedy. 〈기출〉
Clara는 이제 자신의 과거 비극을 **극복한** 듯 보였다.

0565 isolate
[áisəlèit]

Ⓥ 1 고립[격리]시키다 2 분리하다 = separate

Landlocked developing countries are **isolated** from global markets.
육지로 둘러싸인(바다가 없는) 개발도상국들은 세계 시장으로부터 **고립된다**.

be **isolated** and stored 〈기출〉 **분리되어** 보관되다

+ isolation ⓝ 1 고립, 격리 2 분리

0566 interfere
[ìntərfíər]

Ⓥ 1 간섭하다 2 방해하다, 훼방 놓다(with)

A nation should not **interfere** with other nations' affairs.
한 나라는 다른 나라들의 내정에 **간섭해서는** 안 된다.

Human beings should not **interfere** with nature's balance.
인간은 자연의 균형을 **방해하지** 말아야 한다.

+ interference ⓝ 간섭, 방해, 훼방

다의어

0567 encounter
[inkáuntər]

Ⓥ 마주치다; 직면하다, 부닥치다 ⓝ (우연한) 만남

v. The two armies **encountered** each other and a bloody battle followed.
두 군대가 서로 **마주쳤고** 혈투가 뒤따랐다.

n. have daily **encounters** with strangers
매일 낯선 이들과 **만나게** 되다

0568 mission
[míʃən]

ⓝ 임무, 사명

Part of our organization's **mission** is to preserve habitats for wildlife.
우리 조직의 **임무[사명]**의 일환은 야생 생물 서식지를 보호하는 것이다.

0569 agreement
[əgríːmənt]

ⓝ 1 협정, 협약 2 합의, 동의

States that cooperate with each other gain much — security **agreements**, for example. 〈기출〉
서로 협력하는 국가는 많은 것을 얻는데, 예컨대 안보 **협정**이다.

put pressure on two parties to come to an **agreement**
양측이 **합의**에 이르도록 압박을 가하다

+ agree Ⓥ 동의하다

0570 barrier
[bǽriər]

ⓝ 장벽, 장애(물)

The new WTO agreement will remove **barriers** to trade.
그 새로운 세계무역기구 협약은 무역에 대한 **장벽**을 제거할 것이다.

DAILY CHECK-UP

A 빈칸에 알맞은 우리말 또는 영어 단어를 써넣으시오.

사법·군사·구호

사법
1. _____ 사법, 재판; 정의
2. _____ lawsuit
3. _____ 배심(원단)
4. _____ defendant
5. _____ penalty

범죄 징계
6. _____ 범죄자; 범죄의
7. _____ 목격자; 증인; 목격하다
8. _____ 고소[고발]하다
9. _____ sentence
10. _____ 수감하다, 투옥하다

군사 행동
11. _____ 침입하다; 침해하다
12. _____ combat
13. _____ triumph
14. _____ 패배(시키다), 물리치다
15. _____ conflict

구제 활동
16. _____ 기아, 굶주림
17. _____ shelter
18. _____ 구조[구출](하다)
19. _____ overcome

기타 개념
20. _____ 고립시키다; 분리하다
21. _____ encounter
22. _____ 임무, 사명
23. _____ 협정, 협약; 합의
24. _____ barrier

B 문장의 빈칸에 알맞은 말을 보기에서 골라 쓰시오.

conquered	poverty	interfere	violation	arrest	distributed

1 What punishments follow the _____ of the law?

2 These meals are then _____ to starving children.

3 Education is the surest way to lift people from _____.

4 A nation should not _____ with other nations' affairs.

5 The police told him that he was under _____ for drunken driving.

6 Genghis Khan once _____ the territory of modern-day China.

사회적 행위

0571 conform
[kənfɔ́ːrm]

ⓥ 순응하다, 따르다(to)

We observe the regularity of behavior and decide that we ought to **conform**. 기출
우리는 행동의 규칙성을 관찰하고 **순응해야** 한다고 결정한다.

+ conformity ⓝ 순응

0572 elevate
[éləvèit]

ⓥ 1 격상시키다 2 들어올리다

Taiwan-US relations have been **elevated** to a global partnership.
대만과 미국의 관계는 국제적 협력 관계로 **격상되었다**.

The crane **elevated** the heavy equipment to the top floor.
크레인이 그 무거운 장비를 꼭대기 층으로 **들어올렸다**.

+ elevation ⓝ 1 격상; 승격 2 고도

0573 compel
[kəmpél]

ⓥ 강요하다, 강제하다 ⊜ force

Prior to 1947, many workers were **compelled** to work twelve hours a day.
1947년 전에는, 많은 근로자들이 하루 12시간을 일하도록 **강요당했다**.

+ compulsion ⓝ 강요, 강제

0574 restrict
[ristríkt]

ⓥ 제한하다, 한정하다

The policy **restricts** motor vehicle access to some areas of the city. 기출
그 정책은 도시 일부 지역으로의 차량 접근을 **제한한다**.

+ restriction ⓝ 제한, 한정 | restrictive ⓐ 제한하는, 한정하는

0575 deprive
[dipráiv]

ⓥ 빼앗다, 박탈하다

Nick, **deprived** of his freedom, was very miserable. 기출
Nick은 자유를 **빼앗겨** 매우 불행했다.

+ deprivation ⓝ 박탈

0576 eliminate
[ilímənèit]

ⓥ 제거하다, 없애다

Eliminating waste doesn't have to mean **eliminating** demand. 기출
폐기물을 **제거하는** 것이 수요를 **제거하는** 것을 의미할 필요는 없다.

+ elimination ⓝ 제거, 배제

사회적 상황 1

0577 circumstance
[sə́:rkəmstæns]

🄝 상황, 정황, 환경

Under different **circumstances**, the same individual may make different choices. 기출
다른 **상황**에서는 같은 사람이라도 다른 선택을 할 수 있을 것이다.

+ circumstantial ⓐ 상황상의, 정황적인

0578 obstacle
[ábstəkəl]

🄝 장애(물), 방해(물)

Several **obstacles** stand in the way of people working alone. 기출
여러 **장애물**이 사람들이 혼자 일하는 것에 방해가 된다.

an **obstacle** to economic growth 경제 성장의 **방해물**

0579 hardship
[háːrdʃip]

🄝 고난, 고초

Many Olympic champions have overcome **hardships** and obstacles. 기출
많은 올림픽 챔피언은 **고난**과 장애물을 극복했다.

0580 mobility
[moubíləti]

🄝 이동성, 가동성

A person's **mobility** is affected by age and health.
한 사람의 **이동성**은 나이와 건강에 의해 영향받는다.

+ mobile ⓐ 이동하는, 이동식의

0581 socialization
[sòuʃəlizéiʃən]

🄝 사회화

Socialization is the process of preparing a person to fit into society.
사회화는 한 사람을 사회에 적응하도록 준비시키는 과정이다.

+ socialize ⓥ 사회화하다; 어울리다

0582 reformation
[rèfərméiʃən]

🄝 개혁; 개선

The study shows the necessity of **reformation** in the tax system.
그 연구는 조세 제도 **개혁**의 필요성을 보여준다.

+ reform ⓥ 개혁하다 🄝 개혁
★ cf. the Reformation (16세기 유럽의) 종교 개혁

0583 **undermine**
[ʌ̀ndərmáin]

ⓥ 잠식하다, 약화시키다, 손상시키다

Would recordings of songs **undermine** the demand for live music? 기출
노래를 녹음한 음반이 실황 음악 수요를 **잠식할** 것인가?

다의어

0584 **separate**
ⓥ [sépərèit]
ⓐ [sépərit]

ⓥ 1 분리하다　2 헤어지다　ⓐ 따로따로의, 개별적인

v. 1 Musical 'meaning' cannot be **separated** from the act of presentation. 기출
음악적 '의미'는 연주 행위와 **분리될** 수 없다.

a. divide the world into **separate** regions 기출
세상을 **개별** 지역으로 나누다

다의어

0585 **transfer**
ⓥ [trænsfə́:r]
ⓝ [trǽnsfə:r]

ⓥ 1 옮기다　2 전하다　3 갈아타다
ⓝ 1 이동　2 전수　3 갈아타기

v. 2 Instructors take the responsibility for **transferring** knowledge. 기출
교육자는 지식을 **전하는** 책임을 맡는다.

3 **transfer** to the Green Line at Gallery Place
Gallery Place 역에서 녹색 노선으로 **갈아타다**

n. 2 the **transfer** of knowledge and skills 기출
지식과 기술의 **전수**

0586 **deserve**
[dizə́:rv]

ⓥ (~할) 가치[자격]가 있다, ~받을 만하다

Those who work hard will earn the rewards they **deserve**. 기출
열심히 일하는 사람들은 그들이 받을 **자격이 있는** 보상을 얻을 것이다.

0587 **confirm**
[kənfə́:rm]

ⓥ 확인하다, 확실히 하다

You will receive an email once your booking is **confirmed**.
예약이 **확인되면** 귀하는 이메일을 받게 될 것입니다. (안내문)

✚ confirmation ⓝ 확인, 확정

★ cf. confirmation bias 확증 편향

0588 **boost**
[bu:st]

ⓥ 신장시키다, 북돋다　ⓝ 신장; 증가

How can you can **boost** your immune system and protect your health?
여러분은 어떻게 여러분의 면역 체계를 **신장하고** 건강을 지킬 수 있을까요?

wait for the calorie **boost** 기출 칼로리 **증가**를 기다리다

0589 overall
[óuvərɔ̀ːl]

ⓐ 전반적인, 전체의 ⓐⅾ 전반적으로, 전체적으로

The dramatic power of the image is important to the **overall** quality of a film. 기출
이미지의 극적인 힘이 영화의 **전반적인** 질에 중요하다.

Overall, electric car sales are expected to be on the rise. 기출
전반적으로, 전기차 판매량이 증가할 것으로 기대된다.

0590 internal
[intə́ːrnl]

ⓐ 내적인; 내부의 ↔ external 외적인; 외부의

Competitors experience an **internal** conflict constantly. 기출
경쟁자들은 끊임없이 **내적** 갈등을 경험한다.

0591 chief
[tʃiːf]

ⓐ 최고의; 주요한 ⓝ 장, 우두머리

a. Our **chief** concern is truly to improve care for patients.
저희의 **최고** 관심사는 환자 돌봄을 진정으로 향상하는 것입니다.

n. She later became the **chief** of surgery at the clinic. 기출
그녀는 나중에 그 진료소에서 외과 **과장**이 되었다.

★ cf. CEO = chief executive officer 최고 경영자

0592 informal
[infɔ́ːrməl]

ⓐ 비공식적인, 비격식의 ↔ formal 공식적인, 격식을 차린

Our beliefs are influenced by our formal and **informal** learning experiences. 기출
우리의 믿음은 우리의 공식적, **비공식적** 학습 경험에 영향받는다.

0593 strategic
[strətíːdʒik]

ⓐ 전략적인

Some work on information seeking emphasizes "**strategic** self-ignorance." 기출
정보 탐색에 관한 일부 연구는 '**전략적** 자기 무시'를 강조한다.

+ strategy ⓝ 전략

0594 mainstream
[méinstrìːm]

ⓐ 주류의, 본류의 ⓝ 주류, 대세

Green products, in many cases, cost more than **mainstream** products. 기출
친환경 제품은 많은 경우 **주류** 제품보다 비용이 더 많이 든다.

Social media influencers have become part of the **mainstream**.
소셜 미디어 인플루언서들은 **주류**의 일부가 되었다.

0595 sphere
[sfiər]

ⓝ 1 구, 구체 2 영역, 범위

The planet Earth is a **sphere**. 행성 지구는 **구체**이다.

The world extends beyond the **sphere** of our daily encounters. 〈기출〉
세상은 우리의 일상적 만남의 **영역** 너머로 확장된다.

다의어

0596 feature
[fíːtʃər]

ⓝ 1 특징 2 이목구비 3 특집 ⓥ ~이 특징이다

n. 1 **features** that allow certain animals to achieve high speed 〈기출〉
특정 동물들이 높은 속도를 성취하도록 해주는 **특징** (주제)

2 The actor has sharp facial **features**.
그 배우는 날카로운 **이목구비**를 가지고 있다.

v. The museum **features** the work of children's book illustrators. 〈기출〉
그 박물관은 아동 도서 삽화가들의 작품**이 특징이다**.

0597 context
[kántekst]

ⓝ 1 맥락, 문맥 2 상황

The same expression shows sorrow or hunger, depending on the **context**.
같은 표현이라도 **맥락[문맥]**에 따라 슬픔 또는 배고픔을 나타낸다.

necessity of staying objective in various professional **contexts** 〈기출〉
다양한 직업적 **상황**에서 객관적으로 유지할 필요성 (주제)

0598 harsh
[hɑːrʃ]

ⓐ 1 가혹한, 모진 2 혹독한, 척박한

The reviewer was **harsh**, calling it "an awful performance." 〈기출〉
논평가는 **가혹했는데**, 그것을 '끔찍한 공연'이라고 일컬었다.

in even the **harshest** environments 〈기출〉
가장 **혹독한** 환경에서조차도

0599 random
[rǽndəm]

ⓐ 무작위적인, 임의의

The museum's paintings are not arranged in **random** order.
박물관의 그림들은 **무작위** 순으로 배치되지 않는다.

0600 flawless
[flɔ́ːlis]

ⓐ 흠이 없는, 무결점의

Garcia's trumpet playing was **flawless**. 〈기출〉
Garcia의 트럼펫 연주는 **흠이 없었다**.

➕ flaw ⓝ 결점, 흠

A 빈칸에 알맞은 우리말 또는 영어 단어를 써넣으시오.

사회 일반

사회적 행위

1 _____
격상시키다; 들어올리다
2 _____
compel
3 _____
제한하다, 한정하다
4 _____
deprive
5 _____
제거하다, 없애다

사회적 상황 1

6 _____
장애(물), 방해(물)
7 _____
고난, 고초
8 _____
mobility
9 _____
socialization
10 _____
개혁; 개선

기타 용어

16 _____
전반적인; 전반적으로
17 _____
내적인; 내부의
18 _____
chief
19 _____
비공식적인, 비격식의
20 _____
strategic

사회적 상황 2

11 _____
분리하다; 개별적인
12 _____
transfer
13 _____
(~할) 가치[자격]가 있다
14 _____
확인하다, 확실히 하다
15 _____
boost

기타 개념

21 _____
feature
22 _____
구체; 영역, 범위
23 _____
무작위적인, 임의의
24 _____
flawless

B 문장의 빈칸에 알맞은 말을 보기에서 골라 쓰시오.

harsh   context   undermine   conform   mainstream   circumstances

1 The reviewer was _____, calling it "an awful performance."

2 Would recordings of songs _____ the demand for live music?

3 Green products, in many cases, cost more than _____ products.

4 The same expression shows sorrow or hunger, depending on the _____.

5 We observe the regularity of behavior and decide that we ought to _____.

6 Under different _____, the same individual may make different choices.

✏ come 구동사

come about	생겨나다, 일어나다 ㊀ happen, take place
	Some animals' behaviors look so bizarre that we wonder how they **came about**.
	일부 동물들의 행동은 너무 이상해 보여서 우리는 그것들이 어떻게 **생겨났는지** 궁금하다.

come across	~을 우연히 발견하다[만나다]
	While surfing the Internet, she **came across** a review for the concert. `기출`
	인터넷을 검색하다가, 그녀는 그 콘서트에 대한 후기를 **우연히 발견했다.**

come along	따라오다[가다], 도착하다
	Often, an idea will fail by itself and we have to wait for another idea to **come along**. `기출`
	흔히, 하나의 아이디어는 그 자체로는 실패할 것이며, 우리는 다른 아이디어가 **따라올** 때까지 기다려야 한다.

come by	1 ~에 잠깐 들르다 2 ~을 획득하다, 얻다
	Would you **come by** my store on your way home?
	집에 가시는 길에 제 가게**에 잠깐 들르시겠어요?**
	17% of billionaires inherited their wealth, and 64% **came by** their wealth themselves.
	억만장자의 17%는 부를 상속받았고, 64%는 스스로 부**를 획득했다.**

come down with	(병에) 걸리다
	It's common to have headaches when you **come down with** the flu. `기출`
	독감**에 걸렸을** 때는 두통이 생기는 것이 일반적이다.

come up with	~을 생각해 내다, 제시[제안]하다
	This practice helps people to **come up with** clever solutions. `기출`
	이 연습은 사람들이 영리한 해결책**을 생각해 내도록** 돕는다.

PLAN 1
자연

DAY **21**   생명 · 환경
DAY **22**   자연 세계
DAY **23**   사물
DAY **24**   자연과학

생명·환경
originate 기원하다, 생기다
disruptive 파괴적인

자연 세계
orderly 질서 정연한, 정돈된
phase (달의) 상; 단계, 국면

자연

사물
multiply 증식하다; 증가시키다
identical 똑같은; 일란성의

자연과학
inquiry 탐구, 연구
testify 입증하다, 증명하다

생명 주기

0601 originate
[ərídʒənèit]

ⓥ 기원하다, 생기다

One popular theory is that life **originated** in the deep ocean.
하나의 인기 있는 이론은 생명이 깊은 해양에서 **기원했다**는 것이다.

+ origination ⓝ 기원, 시작

0602 emerge
[imə́:rdʒ]

ⓥ 출현하다, 나타나다

In the course of evolution, new species **emerge** and others go extinct.
진화 과정에서 새로운 종들이 **출현하고** 어떤 종들은 사멸한다.

+ emergence ⓝ 출현, 발생

0603 coexist
[kòuigzíst]

ⓥ 공존하다

Diverse species **coexist** while depending on each other. 기출
다양한 종이 서로에게 의존하는 가운데 **공존한다**.

+ coexistence ⓝ 공존

★ cf. exist 존재하다 | existence 존재

0604 migrate
[máigreit]

ⓥ 이동하다, 이주하다

Every year many birds **migrate** from place to place covering long distances.
해마다 많은 새가 먼 거리를 이동해[날아] 한 장소에서 다른 장소로 **이동한다**.

+ migration ⓝ 이동, 이주 | migratory ⓐ 이동[이주]하는

0605 thrive
[θraiv]

ⓥ 번성[번창, 번영]하다

How difficult it is for a species to survive and **thrive** long-term on this planet! 기출
하나의 종이 이 행성에서 장기간 생존하고 **번성하기가** 얼마나 어려운가!

+ thriving ⓐ 번성[번창, 번영]하는

0606 graze
[greiz]

ⓥ 1 풀을 뜯어 먹다 2 방목하다

Behaviors for finding food, such as **grazing** or hunting, largely depend on learning. 기출
풀 뜯기와 사냥 같은 먹이 찾기 행동은 대개 학습에 의존한다.

graze cows on the hillside 언덕에서 소를 **방목하다**

생존 · 번식

0607 biosphere
[báiəsfiər]

ⓝ 생물권

Humans are a part of Earth's **biosphere**, created within and by it. ·기출·
인간은 지구 **생물권**의 일부로 그 안에서 그것에 의해 창조되었다.

0608 inhabitant
[inhǽbətənt]

ⓝ 1 서식 동물　2 주민, 거주자

Red **inhabitants** of the sea like crabs, appear black to divers. ·기출·
게와 같은 바다의 붉은색 **서식 동물**들은 잠수부들에게 검게 보인다.

unique cultural aspects of island **inhabitants**
섬 **주민**들의 고유한 문화적 측면

＋ inhabit ⓥ 서식[거주]하다

0609 fertility
[fə:rtíləti]

ⓝ 1 비옥(도)　2 생식력

The total amount of food produced depends on the **fertility** of the soil.
생산되는 식량의 총 양은 토양의 **비옥도**에 좌우된다.

Proper nutrition can improve **fertility** in farm animals.
적절한 영양은 가축의 **생식력**을 향상시킬 수 있다.

❶ fertility rate 출산율

＋ fertile ⓐ 1 비옥한　2 생식 능력이 있는

0610 heredity
[hərédəti]

ⓝ 유전; 유전 형질

Mendel's theories of genetic **heredity** were correct but ignored for 35 years.
멘델의 유전적 **유전** 이론은 옳았지만 35년간 무시되었다.

＋ hereditary ⓐ 유전성의, 유전적인

0611 offspring
[ɔ́(:)fsprìŋ]

ⓝ 자식, 새끼; 자손

Parents play an important role in raising their **offspring**. ·기출·
부모는 **자녀**를 기르는 데 있어서 중요한 역할을 한다.

produce **offspring** 새끼를 낳다

0612 fossil
[fάsl]

ⓝ 화석

The **fossil** record provides evidence of evolution. ·기출·
화석 기록은 진화의 증거를 제공한다.

❶ fossil fuel 화석 연료

＋ fossilize ⓥ 화석화하다 | fossilization ⓝ 화석화

PLAN 1

0613 **ecological**
[ìkəláɗʒikal]

ⓐ 생태학의, 생태계의

Do not buy goods whose production violates **ecological** or ethical standards. ·기출·
생산이 **생태학적** 또는 윤리적 기준을 위반하는 물건을 사지 말라.

✛ ecology ⓝ 생태학, 생태 (환경) │ ecologist ⓝ 생태학자

0614 **disruptive**
[disrʌ́ptiv]

ⓐ 파괴적인, 붕괴[분열]시키는

Many human activities are **disruptive** to natural ecosystems.
많은 인간 활동이 자연 생태계에 **파괴적이다**.

✛ disrupt ⓥ 분열[붕괴]시키다; 방해하다 │ disruption ⓝ 붕괴; 분열

0615 **disposable**
[dispóuzəbl]

ⓐ 일회용의, 쓰고 버릴 수 있는

Avoid **disposable** items like paper cups and paper plates.
종이컵이나 종이 접시 같은 **일회용품**을 피하시오.

✛ dispose ⓥ 처리[처분]하다(of) │ disposal ⓝ 처리, 처분

0616 **discard**
[diskɑ́:rd]

ⓥ 폐기하다, 처분하다 ⊜ throw away

Globally, around 87% of **discarded** clothes ended up in landfills.
전 세계적으로 **폐기** 의류의 약 87%가 쓰레기 매립지에서 끝난다.

0617 **contaminate**
[kəntǽmənèit]

ⓥ 오염시키다

Plastic has **contaminated** our drinking water and harmed our wildlife.
플라스틱이 우리의 식수를 **오염시키고** 야생 생물에 해를 끼쳐왔다.

✛ contamination ⓝ 오염

0618 **degrade**
[digréid]

ⓥ 1 (질을) 떨어뜨리다 ⟷ upgrade 질[성능]을 높이다
   2 분해하다[되다]

Climate change is **degrading** overall ecological health.
기후 변화가 전반적인 생태계 건강의 **질을 떨어뜨리고** 있다.

Microorganisms help **degrade** pollutants in soil.
미생물은 토양의 오염물질을 **분해하는** 데 도움을 준다.

✛ degradation ⓝ 1 질 저하 2 분해

0619 steep
[sti:p]

ⓐ 1 가파른, 경사가 급한 2 급격한

Some sections of the mountain were so **steep** that I had to make zigzags. ◀기출
그 산의 일부 구간은 너무 **가팔라서** 나는 지그재그로 나아가야 했다.

a **steep** rise in demand 수요의 **급격한** 증가

0620 shallow
[ʃǽlou]

ⓐ 1 **얕은** 2 피상적인

The river was too **shallow** to take a boat up to the dam.
그 강은 보트를 타고 댐까지 올라가기에는 너무 **얕았다**.

knowledge too **shallow** to be recognized
인정받기에는 너무 **피상적인** 지식

0621 hollow
[hάlou]

ⓐ 1 **속이 빈** 2 공허한

The inside of the mountain is **hollow**, allowing for "open sky."
그 산의 안쪽은 **속이 비어서** '열린 하늘'을 볼 수 있다.

words that are **hollow** and meaningless
공허하고 의미 없는 말

★ cf. empty 빈; 공허한 | vacant 빈, 사람이 없는

0622 altitude
[ǽltətjù:d]

ⓝ 1 고도, 해발 ≡elevation 2 (*pl.*) 고지대

As the **altitude** increases, the air becomes less dense.
고도가 높아질수록 공기는 밀도가 낮아진다.

Some cacti grow in very high **altitudes**.
일부 선인장은 매우 높은 **고지대**에서 자란다.

0623 equator
[ikwéitər]

ⓝ 적도

Why would religions increase rapidly around the **equator**?
◀기출 왜 **적도** 주위에서 종교가 급속하게 늘어나겠는가?

✚ equatorial ⓐ 적도의, 적도 부근의

0624 latitude
[lǽtətjù:d]

ⓝ 위도

It is the **latitude** of a place that largely determines the climate. ◀기출
기후를 대개 결정하는 것은 한 지역의 **위도**이다.

★ cf. longitude 경도

0625 cosmos
[kάzməs]

Ⓝ 우주　🟰 the universe

Temperature can be measured similarly everywhere in the **cosmos**. 〈기출〉
온도는 **우주** 어디에서도 비슷하게 측정될 수 있다.

0626 vacuum
[vǽkjuəm]

Ⓝ 1 진공 (상태)　2 공백

Outer space is an almost perfect **vacuum**.
외계는 거의 완벽한 **진공 상태**이다.

face a leadership **vacuum** 지도력 **공백**에 처하다

0627 satellite
[sǽtəlàit]

Ⓝ 1 (행성의) 위성, 달　2 인공위성

There are sixteen known **satellites** of Jupiter.
목성의 알려진 **위성**이 16개 있다.

A GPS uses **satellite** technology to locate the object.
GPS(지구 위치 파악 시스템)는 **인공위성** 기술을 이용해 대상의 위치를 찾는다.

〈다의어〉

0628 rotation
[routéiʃən]

Ⓝ 1 (지구의) 자전　2 회전　3 윤작

1　The earth's **rotation** causes the tides — the twice daily rise and fall of sea level.
지구의 **자전**은 조수, 즉 매일 두 차례 해수면의 오르내림을 일으킨다.

2　Making an arrowhead from a rock requires a strong grip and constant **rotation**. 〈기출〉
돌로 화살촉을 만드는 데는 강한 움켜쥐기와 지속적인 **회전**이 필요하다.

3　crop **rotations** 농작물 **윤작**(돌려짓기)

0629 orbit
[ɔ́ːrbit]

Ⓝ 궤도　Ⓥ 궤도를 (그리며) 돌다

Satellites' **orbits** are at a height of about 750 km.
위성의 **궤도**는 약 750km 상공에 있다.

Galileo realized from the logic of the shadow that Venus **orbited** the sun. 〈기출〉
갈릴레오는 그림자의 논리로 금성이 태양 **궤도를 돈다**는 것을 깨달았다.

0630 eclipse
[iklíps]

Ⓝ 식(일식, 월식)

Stonehenge may even have been used to predict **eclipses**. 〈기출〉
스톤헨지는 심지어 **식**을 예측하는 데 사용되었을지도 모른다.

➕ (total) solar/lunar eclipse (개기) 일식/월식

DAILY CHECK-UP

A 빈칸에 알맞은 우리말 또는 영어 단어를 써넣으시오.

생명 · 환경

생명 주기

1 _____ originate
2 _____ 출현하다, 나타나다
3 _____ coexist
4 _____ 번성[번창, 번영]하다
5 _____ graze

생존 · 번식

6 _____ biosphere
7 _____ 서식 동물; 주민
8 _____ fertility
9 _____ offspring
10 _____ 화석

지리적 환경

16 _____ steep
17 _____ 얕은; 피상적인
18 _____ 속이 빈; 공허한
19 _____ 적도
20 _____ latitude

환경 이슈

11 _____ 생태학의, 생태계의
12 _____ disruptive
13 _____ 폐기하다, 처분하다
14 _____ 오염시키다
15 _____ degrade

우주

21 _____ cosmos
22 _____ 위성, 달; 인공위성
23 _____ 궤도를 (그리며) 돌다
24 _____ eclipse

B 문장의 빈칸에 알맞은 말을 보기에서 골라 쓰시오.

> vacuum   disposable   rotation   altitude   heredity   migrate

1 Outer space is an almost perfect _____.

2 Avoid _____ items like paper cups and paper plates.

3 As the _____ increases, the air becomes less dense.

4 Every year many birds _____ from place to place covering long distances.

5 Mendel's theories of genetic _____ were correct but ignored for 35 years.

6 The earth's _____ causes the tides—the twice daily rise and fall of sea level.

자연 세계

자연의 상태

0631 orderly
[ɔ́ːrdərli]

ⓐ 질서 정연한, 정돈된

The cosmos is an **orderly** system regulated by natural laws.
우주는 자연법칙에 의해 조절되는 **질서 정연한** 체계이다.

+ order ⓝ 1 순서 2 정돈 3 질서

0632 chaotic
[keiɑ́tik]

ⓐ 혼돈된, 무질서한 ⊜ disorderly

We live in a fundamentally **chaotic** and unpredictable universe.
우리는 근본적으로 **혼돈되고** 예측 불가능한 우주에 살고 있다.

+ chaos ⓝ 혼돈, 무질서

0633 abundant
[əbʌ́ndənt]

ⓐ 풍부한, 많은

Abundant wildlife lives across Kenya's diverse geography.
◂기출 **풍부한** 야생 생물이 케냐의 다양한 지리에 걸쳐 살고 있다.

+ abundance ⓝ 풍부

0634 scarce
[skɛərs]

ⓐ 부족한, 결핍한, 드문

Seabird survivorship is low only when food is extremely **scarce**.
바닷새의 생존율은 먹이가 극히 **부족할** 때만 낮다.

+ scarcity ⓝ 부족, 결핍 | scarcely ⓐⓓ 거의 ~않다

0635 dynamic
[dainǽmik]

ⓐ 1 역동적인, 동적인 2 (성격이) 활발한, 활동적인

Ecosystems make **dynamic** responses to changing conditions. ◂기출
생태계는 변화하는 환경에 **역동적인** 대응을 한다.

She is known as a **dynamic** and creative designer.
그녀는 **활발하고** 창의적인 디자이너로 알려져 있다.

+ dynamics ⓝ 역학, 동역학

0636 static
[stǽtik]

ⓐ 정적인 ⟷ dynamic, 고정된, 정지 상태의

Everything is always moving, nothing remains **static**.
만물은 늘 움직이고 있으며, 어느 것도 **정적인** 채 남아있지 않는다.

+ static electricity 정전기

자연의 움직임/변화

0637 suspend
[səspénd]

Ⓥ 1 <mark>매달(리)다, (공중에) 뜨다</mark> 2 중지하다

Sloths' curved claws help them **suspend** from branches for hours.
나무늘보의 굽은 발톱은 그것이 여러 시간 동안 가지에 **매달려 있도록** 돕는다.

The program must be **suspended** until safety is ensured 100 percent.
그 프로그램은 안전이 100% 보장될 때까지 **중지되어야** 한다.

➕ suspension ⓝ 1 매달(리)기 2 중지

0638 descend
[disénd]

Ⓥ 내려가다, 하강하다

Birds take advantage of the rising and **descending** air currents. 기출 새는 올라가고 **내려가는** 기류를 이용한다.

➕ descent ⓝ 하강

0639 ascend
[əsénd]

Ⓥ 올라가다, 상승하다

Warming air **ascends** because it gets less dense.
따뜻해지는 공기는 밀도가 낮아지므로 (위로) **올라간다**.

➕ ascent ⓝ 상승

다의어

0640 collapse
[kəlǽps]

Ⓥ 1 붕괴하다, 무너지다 2 (사람이) 쓰러지다 ⓝ 붕괴

v. 1 Many animal populations **collapsed** because of climate change. 많은 동물 개체군이 기후 변화로 인해 **붕괴했다**.

2 **collapse** from exhaustion 탈진으로 **쓰러지다**

n. A physicist cannot judge the causes of bee colony **collapse**. 기출 물리학자가 벌꿀 군체의 **붕괴** 원인을 판단할 수는 없다.

0641 adhere
[ædhíər]

Ⓥ 1 들러붙다, 점착하다(to) 2 고수하다(to)

Bacteria **adhere** to the host cell surface.
박테리아는 숙주 세포 표면에 **들러붙는다**.

We **adhere** to our intuition in spite of irresistible evidence. 기출
우리는 저항할 수 없는 증거에도 불구하고 직관을 **고수한다**.

➕ adherence ⓝ 1 점착 2 고수 | adhesive ⓐ 점착성의 ⓝ 접착제

0642 erode
[iróud]

Ⓥ 1 <mark>침식되다[하다]</mark> 2 좀먹다

The web of plant roots prevents the soil from **eroding**.
식물의 뿌리 망은 토양이 **침식되는** 것을 방지한다.

behaviors that **erode** our health 우리의 건강을 **좀먹는** 행동

➕ erosion ⓝ 침식

0643 swiftly
[swíftli]

ad 신속하게, 빨리

Organisms must adapt to environmental changes as **swiftly** as possible.
유기체는 환경 변화에 가능한 한 **신속하게** 적응해야 한다.

+ swift ⓐ 신속한, 빠른

0644 drastically
[dræstikəli]

ad 급격하게, 극단적으로

The toughness of food is **drastically** reduced by cooking. 기출
음식의 질김은 요리에 의해 **급격하게** 줄어든다.

+ drastic ⓐ 과감한, 극단적인; 급격한

0645 apparently
[əpǽrəntli]

ad 1 명백히 ⬌definitely 확실히, 분명히 **2 외견상, 보아하니**

Apparently a large volume of water is required to reveal the blue color. 기출
명백히 많은 양의 물이 파란색을 드러내는 데 필요하다.

an **apparently** reliable result 기출
외견상 신빙성 있는 결과

+ apparent ⓐ 1 명백한 2 외견상의

0646 infinitely
[ínfənitli]

ad 무한하게, 한없이

Did you know that plastic cannot be recycled **infinitely**?
플라스틱은 **무한하게** 재활용될 수 없다는 것을 알고 있었는가?

+ infinite ⓐ 무한한 (↔ finite 유한한)

0647 periodically
[pìəriádikəli]

ad 주기적으로; 정기적으로 ⬌regularly 규칙적으로

Many animals **periodically** migrate over long distances.
많은 동물이 **주기적으로** 장거리에 걸쳐 이동한다.

+ period ⓝ 기간, 주기 | periodic ⓐ 주기적인

0648 barely
[béərli]

ad 간신히, 가까스로, 겨우

Freshwater ecosystems **barely** make up one percent of the earth's surface.
담수 생태계는 **겨우** 지구 표면의 1%를 구성한다.

+ bare ⓐ 1 가까스로의 2 벌거벗은

0649 phase
[feiz]

ⓝ 1 (달의) 상 2 단계, 국면

All **phases** from new to full could be observed from earth. 〔기출〕
그믐달에서 보름달까지의 모든 **상**이 지구로부터 관찰될 수 있었다.

discover in the planning **phase** what will not work 〔기출〕
무엇이 제대로 돌아가지 않을지를 계획 **단계**에서 발견하다

0650 moisture
[mɔ́istʃər]

ⓝ 수분, 습기

Without enough **moisture**, our skin can get rough and crack.
충분한 **수분**이 없으면, 우리의 피부는 거칠어지고 갈라질 수 있다.

➕ moist ⓐ 습기 있는, 축축한

0651 particle
[pɑ́ːrtikl]

ⓝ 입자, 미립자

Think how hard physics would be if **particles** could think. 〔기출〕
입자가 생각할 수 있다면 물리학이 얼마나 어려울지 생각해보라.

➕ fine particles 미세 입자[먼지]

0652 acceleration
[æksèləréiʃən]

ⓝ 가속; 가속도

Reducing stress would help to stop the **acceleration** of aging.
스트레스를 줄이는 것은 노화의 **가속**을 막는 데 도움이 될 것이다.

➕ accelerate ⓥ 가속(화)하다

0653 accumulation
[əkjùːmjuléiʃən]

ⓝ 축적

Performing long-term physical activity leads to the
accumulation of fatigue.
장기적인 신체 활동을 수행하는 것은 피로의 **축적**으로 이어진다.

➕ accumulate ⓥ 축적하다[되다], 모으다

0654 succession
[səkséʃən]

ⓝ 1 연속 2 계승(권)

The reason for eclipses is the same as that of the **succession**
of night and day. 〔기출〕
월식[일식]이 일어나는 이유는 밤과 낮이 **연속**되는 이유와 같다.

succession to the throne 왕위 **계승**

➕ succeed ⓥ 1 성공하다 2 계승하다 | successive ⓐ 연속적인

0655 modify
[mάdəfài]

ⓥ 1 **수정[변경]하다** 2 수식하다

Many have tried to deny the results rather than **modify** the scientific model. 기출
많은 이가 그 과학 모델을 **수정하기**보다는 그 결과를 부정하려고 애써왔다.

Adverbs cannot **modify** nouns.
부사는 명사를 **수식할** 수 없다.

➕ modification ⓝ 수정, 변경

0656 propel
[prəpél]

ⓥ 나아가게 하다, 추진하다

Our ancestors developed the app that **propelled** our species forward. 기출
우리의 조상들은 우리 종들이 앞으로 **나아가게 한** 앱을 개발했다.

➕ propeller ⓝ 프로펠러, 추진기

0657 illuminate
[ilú:mənèit]

ⓥ (빛을) 비추다, 조명하다

A single light bulb was **illuminating** the middle of the room.
단 하나의 전구가 방 한가운데를 **비추고 있었다.**

➕ illumination ⓝ 조명

0658 immense
[iméns]

ⓐ 막대한, 광대한, 엄청난

The **immense** improvement in farming has banished starvation. 기출
농경에서의 **막대한** 발전이 기아를 추방했다.

0659 intense
[inténs]

ⓐ 강렬한, 극심한; 치열한   = fierce 맹렬한, 격심한

Eyes exposed to **intense** light are subject to distortion of images.
강렬한 빛에 노출된 눈은 이미지의 왜곡에 빠지기 쉽다.

intense competition   **치열한** 경쟁

➕ intensity ⓝ 강도, 세기; 강렬

0660 delicate
[délikət]

ⓐ 1 가냘픈, 연약한   2 섬세한

Innovation is a **delicate** flower, easily crushed underfoot. 기출
혁신은 **가냘픈** 꽃으로, 짓밟혀 쉽게 으스러진다.

delicate connections between humans and the environment
인간과 환경 사이의 **섬세한** 연결 구조

➕ delicacy ⓝ 1 가냘픔, 여림 2 섬세함

DAILY CHECK-UP

A 빈칸에 알맞은 우리말 또는 영어 단어를 써넣으시오.

자연 세계

자연의 상태

1 _____ 질서 정연한, 정돈된

2 _____ chaotic

3 _____ scarce

4 _____ 역동적인; 활발한

5 _____ static

자연의 움직임/변화

6 _____ 매달(리)다, (공중에) 뜨다

7 _____ descend

8 _____ 올라가다, 상승하다

9 _____ adhere

10 _____ 침식되다[하다]

자연 현상의 속성

16 _____ phase

17 _____ 수분, 습기

18 _____ particle

19 _____ 가속; 가속도

20 _____ succession

자연 현상의 양상

11 _____ swiftly

12 _____ drastically

13 _____ 명백히; 외견상

14 _____ periodically

15 _____ 간신히, 가까스로, 겨우

기타 개념

21 _____ propel

22 _____ (빛을) 비추다, 조명하다

23 _____ immense

24 _____ 가냘픈, 연약한; 섬세한

B 문장의 빈칸에 알맞은 말을 보기에서 골라 쓰시오.

accumulation	infinitely	intense	collapsed	abundant	modify

1 _____ wildlife lives across Kenya's diverse geography.

2 Did you know that plastic cannot be recycled _____?

3 Many animal populations _____ because of climate change.

4 Eyes exposed to _____ light are subject to distortion of images.

5 Performing long-term physical activity leads to the _____ of fatigue.

6 Many have tried to deny the results rather than _____ the scientific model.

사물

사물의 변화

0661 multiply
[mʌltəplài]

ⓥ 1 증식하다; 증가시키다   2 곱하다

Under ideal conditions, bacteria can **multiply** at alarming rates.
이상적인 조건에서, 박테리아는 놀라운 속도로 **증식할** 수 있다.

We **multiply** 3 by 5 to get 15.   3을 5에 **곱하면** 15가 된다.

➕ multiplication ⓝ 1 증식, 증가   2 곱셈

0662 shrink
[ʃriŋk]
shrink-shrank/
shrunk-shrunk

ⓥ 오그라들다, 줄어들다

Despite its appearance, your skin isn't **shrinking** after your bath. 〈기출〉
그것의 외형에도 불구하고, 피부는 목욕 후에도 **오그라들지** 않는다.

0663 flourish
[flə́:riʃ]

ⓥ 번성[번영]하다; (동식물이) 잘 자라다

There are some reasons why wild animals came to **flourish** in cities. 〈기출〉
야생동물이 도시에서 **번성하게** 된 몇 가지 이유가 있다.

0664 perish
[périʃ]

ⓥ 1 죽다   2 멸망하다, 소멸하다

Everything on earth will **perish** into dust in the end.
지구상의 모든 것은 결국 **죽어** 흙으로 돌아간다.

The ancient civilization **perished** due to a disease.
그 고대 문명은 어떤 한 질병으로 **멸망했다**.

➕ perishable ⓐ 상하기[썩기] 쉬운

0665 consist
[kənsíst]

ⓥ 1 구성되다(of)   2 (~에) 있다, 존재하다(in)

The team **consists** of at least one robot and one human. 〈기출〉
그 팀은 최소한 하나의 로봇과 한 명의 인간으로 **구성된다**.

The modern scientific method **consists** in testing theories.
〈기출〉 현대의 과학적 방법은 이론을 시험하는 것에 **있다**.

0666 vanish
[vǽniʃ]

ⓥ 사라지다

Even a giant star can **vanish** without any traces.
거대한 항성조차도 흔적도 없이 **사라질 수** 있다.

사물의 현상

0667 friction
[frík∫ən]

ⓝ 마찰

Brakes use **friction** to slow and eventually stop your car.
브레이크는 여러분의 차를 느리게 하여 결국 멈추게 하기 위해 **마찰**을 사용한다.

0668 collision
[kəlíʒən]

ⓝ 충돌

There are risks of **collision** with vehicles on the road where students walk. <기출>
학생들이 걸어 다니는 길에서 차량과의 **충돌** 위험이 있습니다.

a **collision** of interests   이해관계의 **충돌**

＋ collide ⓥ 충돌하다

0669 eruption
[irʌ́p∫ən]

ⓝ 폭발, 분화

Volcanic **eruptions** are purely nature-driven phenomena.
화산 **폭발**은 순전히 자연이 이끄는 현상이다.

＋ erupt ⓥ 분화[분출]하다

0670 convert
[kənvə́:rt]

ⓥ 전환[변환]하다, 개조하다

Plants **convert** carbon dioxide from the air and water to carbohydrates. <기출>
식물은 공기와 물에 있는 이산화탄소를 탄수화물로 **전환한다**.

＋ conversion ⓝ 전환, 변환, 개조

0671 constrict
[kənstríkt]

ⓥ 수축시키다, 압축하다

Cold temperatures can **constrict** blood vessels, which raises blood pressure.
차가운 온도는 혈관을 **수축시켜서**, 혈압을 상승시킬 수 있다.

＋ constriction ⓝ 수축, 압축

다의어

0672 trigger
[trígər]

ⓥ 촉발하다   ⓝ 1 계기, 유인   2 방아쇠

v. Human activities **trigger** change in marine ecosystems.
인간의 행동이 해양 생태계에 변화를 **촉발한다**.

n. 2 Pull the **trigger** and the bullet will be fired.
방아쇠를 당기면 총알이 발사될 것이다.

0673 relatively
[rélətivli]

ad 상대적으로, 비교적

Experts can perform complex tasks **relatively** easily. `기출`
전문가들은 복잡한 과제를 **상대적으로** 쉽게 수행할 수 있다.

be **relatively** consistent across listeners
청자들 사이에서 **비교적** 일관되다

+ relative ⓐ 상대적인 ⓝ 친척

0674 specifically
[spəsífikəli]

ad 1 구체적으로; 명확하게 2 특정하게, 특별히

Specifically speaking, you're low on Vitamin D.
구체적으로 말씀드리면, 당신은 비타민 D가 부족합니다.

an athlete who wears **specifically** designed running shoes
특별히 제작된 러닝화를 신은 운동선수

+ specific ⓐ 1 구체적인, 명확한 2 특정한

0675 systematically
[sìstəmǽtikli]

ad 체계적으로, 조직적으로

Professionals must be able to think **systematically**. `기출`
전문가는 **체계적으로** 생각할 수 있어야 한다.

+ systematic ⓐ 체계적인, 조직적인

0676 respectively
[rispéktivli]

ad 각각, 제각기, 각자

"Horror" and "Fantasy" accounted for 39% and 35%
respectively. `기출`
'공포물'과 '판타지물'이 **각각** 39%와 35%의 비율을 차지했다.

+ respective ⓐ 각각의, 각자의

0677 inherently
[inhíərəntli]

ad 본질적으로, 본래; 타고나서

This **inherently** logical approach requires a high degree of
predictive ability. `기출`
이 **본질적으로** 논리적인 접근법은 높은 수준의 예측 능력을 필요로 한다.

+ inherent ⓐ 본래의, 타고난

0678 subsequently
[sʌ́bsikwəntli]

ad 그 후에, 나중에 ↔ previously 이전에

Generating creative ideas is useless if they **subsequently**
die a silent death. `기출`
창의적 아이디어를 창출하는 것은 **그 후에** 그 아이디어들이 조용한 죽음을 맞이한
다면 쓸모가 없다.

+ subsequent ⓐ 추후의, 나중의

0679 identical

[aidéntikəl]

ⓐ 똑같은, 동일한; 일란성의

Pamela and Maggie were **identical** twins and looked **identical**.
Pamela와 Maggie는 **일란성** 쌍둥이였고 **똑같아** 보였다.

다의어

0680 uniform

[júːnəfɔ̀ːrm]

ⓐ 획일적인; 균등한   ⓝ 제복, 교복

a. Children all develop a **uniform** system of linguistic knowledge. 기출
아이들은 모두 **획일적인** 언어적 지식 체계를 발달시킨다.

n. school **uniform**   교복

+ uniformity ⓝ 획일성, 균등성

0681 alternate

ⓐ [ɔ́ːltərnit]
ⓥ [ɔ́ːltərnèit]

ⓐ 번갈아 일어나는, 교대의   ⓥ 번갈아 하다

What produces the **alternate** succession of day and night?
무엇이 밤과 낮이 연속해서 **번갈아 일어나게** 하는가?

alternate between laughter and tears
웃다가 울다가 **번갈아 하다**

0682 progressive

[prəgrésiv]

ⓐ 1 점진적인   2 진보적인

Dad is making a **progressive** recovery from the surgery.
아빠는 수술로부터 **점진적인** 회복을 하고 계신다.

politicians who are **progressive** and open-minded
진보적이고 개방적인 정치인들

+ progress ⓝ 1 전진   2 진보 ⓥ 1 전진하다   2 진보하다

0683 abrupt

[əbrʌ́pt]

ⓐ 1 갑작스러운, 느닷없는   2 퉁명스러운

The **abrupt** eruption of Pavlof Volcano sent ash 70,000 feet into the air.
Pavlof 화산의 **갑작스러운** 폭발로 화산재가 공중 7만 피트까지 솟아올랐다.

Her **abrupt** manner made me uncomfortable.
그녀의 **퉁명스러운** 태도는 나를 불편하게 했다.

0684 turbulent

[tə́ːrbjələnt]

ⓐ 1 사나운, 거친   2 격동의

Strong winds can create **turbulent** waves, making it difficult to sail.
강한 바람은 **사나운** 파도를 일으켜, 항해를 어렵게 만들 수 있다.

a **turbulent** period of political, religious and cultural change
정치적, 종교적, 문화적 변화의 **격동기**

+ turbulence ⓝ 1 격동, 격변   2 난기류

0685 spatial
[spéiʃəl]

ⓐ 공간적인, 공간의

The **spatial** arrangement of places is designed to manipulate our emotions. 〈기출〉
장소의 **공간적** 배열은 우리의 감정을 조작하도록 설계된다.

+ space ⓝ 공간

0686 planetary
[plǽnətèri]

ⓐ 행성의

Galileo tried to find ways to record **planetary** movements.
〈기출〉 갈릴레오는 **행성의** 움직임을 기록할 방법을 찾으려고 노력했다.

+ planet ⓝ 행성

0687 barren
[bǽrən]

ⓐ 황량한, 불모의, 척박한

Although seemingly **barren**, deserts are home to various animals.
겉보기에 **황량하**지만, 사막은 다양한 동물의 보금자리이다.

0688 compact
[kəmpǽkt]

ⓐ 1 밀집한, 빽빽한   2 소형의

In cities with **compact** design, buildings can share walls.
밀집 설계를 한 도시에서는 건물들이 벽을 공유할 수 있다.

a **compact** electric car   **소형** 전기차

0689 massive
[mǽsiv]

ⓐ 1 거대한, 육중한   2 대규모의, 대량의

The chapel has a **massive** neo-Gothic tower. 〈기출〉
그 예배당에는 **거대한** 네오고딕 양식의 탑이 있다.

The economic growth fueled a **massive** migration.
경제 성장이 **대규모** 이주를 부채질했다.

+ mass ⓝ 1 덩어리 2 대량 3 질량

0690 microscopic
[màikrəskápik]

ⓐ 극미한, 현미경으로만 볼 수 있는

Viruses are **microscopic** organisms that can infect hosts.
바이러스는 숙주를 감염시킬 수 있는 미생물(**극미한** 유기체)이다.

+ microscope ⓝ 현미경

★ cf. telescope 망원경

DAILY CHECK-UP

A 빈칸에 알맞은 우리말 또는 영어 단어를 써넣으시오.

사물

사물의 변화

1 _____ multiply

2 _____ 오그라들다, 줄어들다

3 _____ flourish

4 _____ perish

5 _____ 사라지다

사물의 현상

6 _____ 마찰

7 _____ collision

8 _____ 폭발, 분화

9 _____ constrict

10 _____ 촉발하다; 계기; 방아쇠

현상의 속성

16 _____ identical

17 _____ alternate

18 _____ 점진적인; 진보적인

19 _____ 갑작스러운, 느닷없는

20 _____ turbulent

현상의 양상

11 _____ 구체적으로; 특정하게

12 _____ systematically

13 _____ 각각, 제각기, 각자

14 _____ inherently

15 _____ subsequently

공간과 규모

21 _____ 공간적인, 공간의

22 _____ barren

23 _____ 밀집한; 소형의

24 _____ microscopic

B 문장의 빈칸에 알맞은 말을 보기에서 골라 쓰시오.

massive	uniform	convert	relatively	planetary	consists

1 The chapel has a _____ neo-Gothic tower.

2 Experts can perform complex tasks _____ easily.

3 The team _____ of at least one robot and one human.

4 Galileo tried to find ways to record _____ movements.

5 Children all develop a _____ system of linguistic knowledge.

6 Plants _____ carbon dioxide from the air and water to carbohydrates.

자연과학

탐구의 틀

0691 **inquiry**
[inkwáiəri]

🄝 1 탐구, 연구 2 문의, 질문

The scientific method is an ideal of intellectual **inquiry**. 기출
과학적 방법은 지적 **탐구**의 전형이다.

the **inquiry** on the schedule of buses
버스 시간표에 관한 **문의**

➕ inquire ⓥ 1 조사하다 2 문의하다

0692 **breakthrough**
[bréikθrù:]

🄝 획기적 발전[발견], 돌파구, 약진

Gripping was a **breakthrough** in human evolution. 기출
손으로 움켜쥐는 인간 진화에서 **획기적 발전**이었다.

★ cf. break through ~을 돌파하다

0693 **hypothesis**
[haipάθəsis]

🄝 가설, 가정

Any **hypothesis** has the potential to be proven wrong. 기출
어떤 **가설**도 틀린 것으로 증명될 잠재적 가능성이 있다.

➕ hypothetical ⓐ 가설의 | hypothesize ⓥ 가설을 세우다

0694 **framework**
[fréimwə̀:rk]

🄝 (이론적) 체계, 틀, 뼈대

Creativity requires that you think outside the predefined **framework**.
창의력은 여러분이 미리 규정된 **체계**를 벗어나 생각할 것을 요구한다.

➕ frame 🄝 틀, 뼈대

0695 **mechanism**
[mékənìzəm]

🄝 1 (기계) 장치 2 구조, 메커니즘, 기제

breaking **mechanism** in a car 자동차의 제동 **장치**
Animals have evolved a complex set of **mechanisms** for avoiding danger. 기출
동물은 위험을 피하는 일단의 복잡한 **구조**[메커니즘]를 진화시켰다.

an effective defense **mechanism** 효과적인 방어 **기제**

0696 **paradigm**
[pǽrədàim]

🄝 1 인식 체계, 패러다임 2 전형, 예

functional aspects of a **paradigm** in scientific research 기출
과학적 연구에 있어서 **패러다임**[인식 체계]의 기능적인 측면 (주제)

a **paradigm** of democracy 민주주의의 **전형**

탐구의 양상

0697 theoretical
[θìːərétikəl]

ⓐ 이론적인, 이론의

A variety of **theoretical** perspectives provide insight into immigration. 기출
다양한 **이론적** 관점이 이민에 관한 통찰력을 제공한다.

+ theory ⓝ 이론

0698 conceptual
[kənséptʃuəl]

ⓐ 개념적인, 개념의

A **conceptual** idea can be the starting point for a project.
하나의 **개념적** 아이디어가 한 프로젝트의 출발점이 될 수 있다.

+ concept(ion) ⓝ 개념, 구상 | conceptualize ⓥ 개념화하다

0699 tangible
[tǽndʒəbəl]

ⓐ 1 유형의, 유형적인 ↔ intangible 무형의   2 명백한

Archaeologists tend to focus on **tangible** (or material) aspects of culture. 기출
고고학자들은 문화의 **유형적**(또는 물질적) 측면에 중점을 두는 경향이 있다.

find **tangible** evidence of his guilt
그의 유죄를 입증하는 **명백한** 증거를 발견하다

0700 qualitative
[kwάlətèitiv]

ⓐ 질적인

There may be also some gains or **qualitative** changes with age. 기출
나이가 들면서 어떤 이점 또는 **질적** 변화가 있을 수도 있다.

+ quality ⓝ 질, 품질

0701 quantitative
[kwάntətèitiv]

ⓐ 양적인

It isn't "**quantitative** changes in behavior" that help children to learn better. 기출
아이들이 더 잘 배우게 돕는 것은 '행동상의 **양적** 변화'가 아니다.

+ quantity ⓝ 양, 분량

0702 erroneous
[iróuniəs]

ⓐ 잘못된, 틀린

The most **erroneous** stories are those we think we know best. 기출
가장 **잘못된** 이야기는 우리가 제일 잘 안다고 생각하는 것이다.

+ error ⓝ 잘못, 실수, 오류

0703 testify
[téstəfài]

ⓥ 1 입증하다, 증명하다 2 증언하다

How could you design an experiment to **testify** your hypothesis?
여러분은 여러분의 가설을 **입증하기** 위해 어떻게 실험을 설계할 수 있는가?

The witness **testified** against the defendant.
그 증인은 피고에 불리하게 **증언했다**.

0704 disprove
[disprú:v]

ⓥ 그릇됨을 증명하다, 틀렸음을 입증하다

As a community, scientists seek to **disprove** their beliefs. 〈기출〉
한 집단으로서, 과학자들은 자신의 믿음의 **그릇됨을 증명하기**를 추구한다.

0705 formulate
[fɔ́:rmjəlèit]

ⓥ 1 공식화하다 2 (세심히) 만들어 내다

Galileo Galilei **formulated** explanations of the heavens. 〈기출〉
갈릴레오 갈릴레이는 하늘에 대한 설명을 **공식화했다**.

formulate a sales strategy 판매 전략을 **세우다**

➕ formulation ⓝ 공식화

〈다의어〉

0706 establish
[istǽbliʃ]

ⓥ 1 세우다, 수립하다 2 설립하다 3 확립하다

1 He rejected an existing theory and **established** a new hypothesis.
  그는 기존의 이론을 거부하고 새로운 가설을 **세웠다**.

2 **establish** a scholarship foundation 장학재단을 **설립하다**

3 **establish** a framework of cooperation 협력 체계를 **확립하다**

➕ establishment ⓝ 설립, 수립, 확립

〈다의어〉

0707 document
ⓥ [dɑ̀kjəmént]
ⓝ [dɑ́kjəmənt]

ⓥ (상세히) 기록하다 ⓝ 문서, 서류

v. The astronomer **documented** what he observed.
그 천문학자는 자신이 관측한 것을 **상세히 기록했다**.

n. digital **document** 전자 **문서**

★ cf. documentary 다큐멘터리, 기록 영화

0708 collaborate
[kəlǽbərèit]

ⓥ 공동 연구하다, 협업하다

Scientists from different fields often **collaborate** for a full understanding.
여러 다른 분야의 과학자들이 완전한 이해를 위해 흔히 **공동 연구한다**.

➕ collaboration ⓝ 공동 연구, 협업 | collaborative ⓐ 협업의, 공동의

0709 molecule
[máləkjùːl]

① 분자

During the day, a **molecule** called adenosine builds up in your brain. 기출
낮 동안에 아데노신이라고 불리는 **분자**가 여러분의 뇌에 쌓인다.

+ molecular ⓐ 분자의
★ cf. atom 원자 | element 원소

0710 compound
ⓝ [kámpound]
ⓥ [kəmpáund]

① 화합물, 혼합물 ♥ 합성하다, 혼합하다

Plants manufacture chemical **compounds** for survival. 기출
식물은 생존을 위해 화학 **화합물**을 제조한다.

compound various ingredients 다양한 성분을 **합성하다**

0711 gravity
[grǽvəti]

① 1 중력 2 심각성, 중대함

Without the atmosphere, Earth's **gravity** cannot hold hydrogen. 기출
대기가 없으면, 지구의 **중력**은 (너무 가벼운) 수소를 붙잡아 둘 수 없다.

recognize the **gravity** of the situation
상황의 **심각성**을 인식하다

★ cf. gravitation 인력 (작용), 중력

0712 variable
[véəriəbəl]

① 변수 ↔constant 상수 **ⓐ 변화무쌍한, 변하기 쉬운**

In experiments, **variables** are manipulated by researchers.
실험에서는 **변수**가 연구자들에 의해 조작된다.

Plants experience **variable** nutrient availability. 기출
식물은 **변화무쌍한** 영양소 이용 가능성을 경험한다.

0713 fusion
[fjúːʒən]

① 1 융합, 융해 2 혼합, 퓨전

Humans have used nuclear **fusion** to produce energy for several decades.
인간은 수십 년간 에너지를 생산하기 위해 핵**융합**을 사용해왔다.

the popularity of **fusion** food 퓨전 음식의 인기

+ fuse ⓥ 융합[혼합]하다
★ cf. fission 분열

0714 equation
[i(ː)kwéiʒən]

① 방정식

Einstein revolutionized physics with his famous **equation**, E=mc².
아인슈타인은 자신의 유명한 **방정식** E=mc²로 물리학에 혁명을 일으켰다.

0715 rectangle
[réktæ̀ŋɡəl]

ⓝ 직사각형

Humans seem to prefer **rectangles** to squares.
인간은 정사각형보다는 **직사각형**을 선호하는 듯하다.

+ rectangular ⓐ 직사각형의
★ cf. triangle 삼각형 | angle 각, 각도 | square 정사각형

0716 dimension
[diménʃən]

ⓝ 1 치수, 크기 2 차원; 관점

measure each **dimension** of the room
방의 각 **치수**(가로, 세로, 높이)를 재다

Cyberspace does not offer a totally new **dimension** to human life. 기출
사이버공간이 인간의 삶에 완전히 새로운 **차원**을 제공하는 것은 아니다.

+ dimensional ⓐ 치수의; 차원의

0717 probability
[prɑ̀bəbíləti]

ⓝ 확률; 가망성, 있음 직함

What is the **probability** that terrorists will attack the United States again? 기출
테러분자들이 미국을 다시 공격할 **확률**은 얼마인가?

+ probable ⓐ 있음 직한; 개연적인

0718 subtraction
[səbtrǽkʃən]

ⓝ 뺄셈; 빼기, 공제

In light of Piaget's theory, **subtraction** is harder than addition.
피아제 이론의 견지에서 보면, **뺄셈**은 덧셈보다 더 어렵다.

+ subtract ⓥ 뺄셈하다, 빼다, 공제하다
★ cf. addition 덧셈 | multiplication 곱셈 | division 나눗셈

0719 proportion
[prəpɔ́ːrʃən]

ⓝ 1 비율, 비 2 비례

In 2021, Italy recorded the highest **proportion** of dementia patients. 기출
2021년도에 이탈리아는 가장 높은 치매 환자 **비율**을 기록했다.

pay tax in **proportion** to the rise in emissions 기출
배출 증가에 **비례**하여 세금을 내다

✚ in proportion to ~에 비례하여
+ proportional ⓐ 비례하는

0720 statistics
[stətístiks]

ⓝ 통계, 통계학

Find useful **statistics** for making the right career choice. 기출
올바른 진로 선택을 하기 위해 유용한 **통계**를 찾아보라.

+ statistical ⓐ 통계(학)의 | statistician ⓝ 통계학자

A 빈칸에 알맞은 우리말 또는 영어 단어를 써넣으시오.

자연과학

탐구의 틀

1 _____ 탐구, 연구; 문의
2 _____ (이론적) 체계, 틀
3 _____ mechanism
4 _____ paradigm

탐구의 양상

5 _____ conceptual
6 _____ 유형의; 명백한
7 _____ 질적인
8 _____ quantitative
9 _____ erroneous

연구·실험 활동

10 _____ testify
11 _____ 그릇됨을 증명하다
12 _____ 공식화하다
13 _____ (상세히) 기록하다; 문서
14 _____ collaborate

기초 과학 개념

15 _____ molecule
16 _____ 화합물; 합성하다
17 _____ 중력; 심각성, 중대함
18 _____ 변수; 변하기 쉬운
19 _____ fusion

수학/통계 개념

20 _____ rectangle
21 _____ 치수, 크기; 차원
22 _____ probability
23 _____ subtraction
24 _____ 비율, 비; 비례

B 문장의 빈칸에 알맞은 말을 보기에서 골라 쓰시오.

statistics   established   breakthrough   equation   theoretical   hypothesis

1 Gripping was a(n) _____ in human evolution.

2 Any _____ has the potential to be proven wrong.

3 Find useful _____ for making the right career choice.

4 He rejected an existing theory and _____ a new hypothesis.

5 Einstein revolutionized physics with his famous _____, $E=mc^2$.

6 A variety of _____ perspectives provide insight into immigration.

✏️ die, do, drop 구동사

die of [from]	(병으로[사고로]) 죽다 More than 16 million people will **die of** cancer by the year 2040. 2040년까지 1천6백만 명이 넘는 사람들이 암으로 **죽을** 것이다. Each year, about 1 million people, **die from** lead poisoning. 해마다 1백만 명에 달하는 사람들이 납 중독으로 **죽는다**.
die out	사멸하다, 멸종되다 Scientists are still unsure how dinosaurs **died out**. 과학자들은 공룡이 어떻게 **사멸했는지** 여전히 확신하지 못한다.
do away with	~을 제거하다[없애다] = get rid of Our brain wants to **do away with** irregularity and seek harmony. 기출 우리의 뇌는 불규칙성을 **제거하고** 조화를 추구하고자 한다.
do without	~ 없이 지내다[견디다] Can you **do without** your cellphone and credit card for a whole day? 여러분은 하루 종일 휴대 전화와 신용카드 **없이 지낼** 수 있는가?
drop in [by]	~에 잠깐 들르다 I'll **drop by** your office later to pick up the documents you prepared. 준비하신 서류를 가지러 제가 나중에 당신의 사무실에 **잠깐 들르겠습니다**.
drop out of	(학교)를 그만두다, 중퇴하다 She **dropped out of** high school to pursue a full-time acting career. 기출 그녀는 전업 연기 경력을 추구하기 위해 고등학교를 **그만두었다**.

PLAN 2
인간

DAY 25 인생 · 목표
DAY 26 심경 · 심리
DAY 27 인성 · 태도
DAY 28 식품 · 건강

인생·목표
infant 유아, 갓난아기
yearn 소망하다; 동경하다

심경·심리
furious 격노한; 맹렬한
affection 애정

인간

인성·태도
genuine 진실한, 진심 어린
prudent 신중한, 세심한

식품·건강
dietary 음식의; 식이 (요법)의
medication 약물; 약물 치료

생애

0721 infant
[ínfənt]

🔵 유아, 영아, 갓난아기

Could an **infant** recall having seen something an hour, a day, a week ago? `기출`
유아가 한 시간, 하루, 일주일 전에 뭔가를 본 것을 기억할 수 있을까?

➕ infancy ⑩ 1 유아기 2 (발달의) 초창기

⭐ cf. childhood 유년기, 아동기, 어린 시절

0722 toddler
[tάdləːr]

🔵 (걸음마 나이의) 아이

I noticed the young mother with her **toddler** and infant. `기출`
나는 **걸음마 나이의 아이**와 갓난아기를 데리고 있는 젊은 엄마를 보았다.

0723 adolescent
[ӕdəlésənt]

🔵 청소년 🔵 청소년의

In general, most **adolescents** prefer to be outside rather than sitting indoors. `기출`
일반적으로, 대부분 **청소년**은 실내에 앉아 있는 것보다 바깥에 있는 것을 선호한다.

➕ adolescence ⑩ 청소년기

⭐ cf. adulthood 성인기

0724 pregnant
[prégnənt]

🔵 임신한

It is said that **pregnant** women should avoid raw fish.
임신한 여성은 날생선(생선회)을 피해야 한다고 한다.

➕ pregnancy ⑩ 임신

다의어

0725 mature
[mətʃúəːr]

🔵 1 성숙한 ↔immature 미숙한 2 익은, 숙성한
🔵 성숙하다

a. 1 When he was young, he was clever and **mature**. `기출`
　　그는 어렸을 때, 영리하고 **성숙했다**.

v. **mature** into adulthood 성인기로 **성숙하다**

➕ maturity ⑩ 성숙, 완숙

0726 feminine
[fémənin]

🔵 여성의; 여자 같은 ↔masculine 남성의; 남자같은

In German, *bridge* is a **feminine** noun; in Spanish, it is a masculine noun. `기출`
독일어에서 'bridge(다리)'는 **여성** 명사이고, 스페인어는 남성 명사이다.

생활

0727 reside
[rizáid]

ⓥ 살다, 거주하다(in)

More than half of the world's population currently **reside** in urban areas. 기출
현재 세계 인구의 절반 이상이 도시 지역에 **살고 있다.**

✚ resident ⓝ 1 주민, 거주자 2 전문의 수련생 | residence ⓝ 주거, 주택

0728 dwell
[dwel]

dwell-dwelled/
dwelt-dwelled/
dwelt

ⓥ 살다, 거주하다(in)

People have **dwelled** in caves, and some still live in caves today.
사람들은 동굴에 **거주해왔으며,** 일부는 오늘날에도 여전히 동굴에 산다.

✚ dweller ⓝ 거주민

0729 occupy
[ɑ́kjəpài]

ⓥ 1 점유[차지]하다, 거주하다 2 점령하다

Professionals tend to **occupy** more expensive housing. 기출
전문직 종사자들이 더 비싼 주택을 **점유하는** 경향이 있다.

occupy the enemy's territory 적의 영토를 **점령하다**

✚ occupant ⓝ 점유자, 입주자

다의어

0730 foster
[fɔ́(:)stər]

ⓥ 1 (수양 아이를) 기르다 2 조성[촉진]하다 ⓐ 기르는, 수양의

v. 1 Being given the opportunity to **foster** a child is a God-given gift.
수양 아이를 기르도록 기회를 부여받는 것은 하느님이 주시는 선물이다.

　 2 **foster** deeper and more meaningful learning 기출
더 심층적이고 더 의미 있는 학습을 **조성하다**

a. **foster** parents 양[수양]부모

0731 commute
[kəmjú:t]

ⓥ 통근하다 ⓝ 통근

Millions of people **commute** by subway every day.
매일 수백만 명의 사람들이 지하철로 **통근한다.**

make ready for the morning **commute** 아침 **통근**을 준비하다

0732 adjust
[ədʒʌ́st]

ⓥ 1 적응하다(to) 2 조정[조절]하다

First-year students have to **adjust** to the new environment.
신입생들은 새로운 환경에 **적응해야** 한다.

Humans can easily hold objects by **adjusting** their fingers to their shape. 기출
인간은 사물의 모양에 맞춰 손가락을 **조정함**으로써 쉽게 그것을 쥘 수 있다.

✚ adjustment ⓝ 1 적응 2 조정, 조절

0733 marital
[mǽrətl]

ⓐ 결혼(생활)의, 혼인의

The paper begins by discussing the role of children in **marital** satisfaction.
그 논문은 **결혼생활의** 만족에서 자녀의 역할을 논의하는 것으로 시작한다.

marital status (각종 서류에서) **혼인** 여부

★ cf. marriage 결혼 (생활)

0734 maternal
[mətə́:rnl]

ⓐ 어머니의, 모성의 ↔ paternal 아버지의, 부성의

Maternal love is unconditional, which is a bond that is difficult to break.
모성애는 무조건적이며, 깨기 어려운 유대이다.

maternal leave 출산 휴직

★ cf. parental 부모의

0735 bride
[braid]

ⓝ 신부 ↔ bridegroom 신랑

Traditionally the **bride** wears a white dress and has a veil covering her face.
전통적으로 **신부**는 흰색 드레스를 입고 얼굴을 가리는 베일을 쓴다.

+ bridal ⓐ 신부의; 혼례의

★ cf. the bride and (the) (bride)groom 신랑 신부
   fiancée 약혼녀 ↔ fiancé 약혼자[남]

0736 spouse
[spaus/spauz]

ⓝ 배우자

Marriage is a call to **spouses** to serve each other.
결혼은 두 **배우자**가 서로를 섬기라는 요구이다.

★ cf. widow 미망인 ↔ widower 홀아비

0737 descendant
[diséndənt]

ⓝ 자손, 후손, 후예 ↔ ancestor 조상

Our **descendants** may head off to other star systems. 〈기출〉
우리의 **후손들**은 다른 항성계로 향할지도 모른다.

+ descend ⓥ 내려가다, 내려오다

0738 heir
[ɛər]

ⓝ 상속인; 계승자, 후계자 ↔ heiress 상속녀

The owner's **heir** inherited the farm after the death of the owner.
소유주의 **상속인**이 소유주의 사망 후에 그 농장을 상속받았다.

The young prince was considered the **heir** to the throne.
그 젊은 왕자는 왕위 **계승자**로 여겨졌다.

0739 glimpse
[glimps]

ⓥ 얼핏 보다, 흘끗 보다　ⓝ 언뜻[흘끗] 봄, 일별

I first **glimpsed** the image on a postcard.
나는 처음으로 그 이미지를 엽서에서 **얼핏 보았다**.

catch a **glimpse** of the box
그 상자를 한번 **흘끗 보다**

다의어

0740 burst
[bə:rst]
burst-burst-burst

ⓥ 1 (감정을) 터트리다, 갑자기 ～하다　2 터지다, 폭발하다
ⓝ 파열, 폭발; 돌발

v. 1 Everyone **burst** out laughing thinking that it was a joke. 〈기출〉
　모든 이가 그것이 농담이라고 생각하며 웃음을 **터트렸다**.

2 A bomb **burst** in the middle of the base.
　폭탄 한 발이 기지 한가운데에서 **터졌다**.

n. a **burst** of anger 분노의 **폭발**

0741 inhale
[inhéil]

ⓥ 숨을 들이쉬다[들이마시다]　↔exhale 숨을 내쉬다

As we **inhale**, we take in all the gases present in the air around us.
숨을 들이쉴 때, 우리는 우리 주위의 공기 속에 존재하는 모든 기체를 들이 마신다.

0742 choke
[tʃouk]

ⓥ 1 목이 메다　2 숨이 막히다; 질식시키다

Choking through his tears, Neil told me what had happened. 〈기출〉
눈물로 **목이 멘** 채, Neil은 내게 어떤 일이 있었는지 말했다.

choke on smoke　연기로 **숨이 막히다**

0743 stumble
[stʌ́mbl]

ⓥ 1 비틀거리다　2 우연히 발견하다[마주치다](on, upon)

The elderly woman **stumbled** as if she was going to fall.
그 할머니는 마치 넘어질 듯 **비틀거렸다**.

A hiker **stumbled** upon five abandoned puppies.
한 등산객이 다섯 마리의 버려진 강아지를 **우연히 발견했다**.

0744 tremble
[trémbəl]

ⓥ (몸을) 떨다, 떨리다

He **trembled** uncontrollably and could hardly move. 〈기출〉
그는 걷잡을 수 없이 **몸을 떨었고** 거의 움직일 수 없었다.

0745 yearn
[jəːrn]

ⓥ 소망[갈망]하다; 동경하다

Cheryl **yearned** to share her gift with more than just her family. 기출
Cheryl은 자신의 재능을 단지 가족만이 아닌 그 이상과 공유하기를 **소망했다.**

0746 devote
[divóut]

ⓥ 1 (노력, 시간 등을) 할애하다, 바치다　2 전념시키다

Leaders encourage people to **devote** more time to collaboration. 기출
지도자들은 사람들이 협업에 더 많은 시간을 **할애하도록** 장려한다.

He took an interest in running and **devoted** himself to it. 기출
그는 달리기에 흥미를 갖게 되었고 그것에 **전념했다.**

➕ devote oneself to / be devoted to　~에 전념하다

0747 endeavor
[endévər]

ⓥ 노력하다, 애쓰다　ⓝ 노력, 시도, 진력

We **endeavor** to attract new talent to the company.
우리는 회사에 새로운 인재를 끌어모으려고 **노력하고** 있습니다.

Personal **endeavor**, not ability, earns success. 기출
능력이 아니라 개인적 **노력**이 성공을 얻게 한다.

0748 pursuit
[pərsúːt]

ⓝ 1 추구　2 추적, 추격

Creative **pursuits** require unconscious flexible thinking.
창의적 **추구**는 무의식적인 유연한 사고를 요한다.

a predator's **pursuit** of prey　포식자의 먹잇감 동물 **추적**

➕ pursue ⓥ 1 추구하다　2 추적하다

0749 aspiration
[æspəréiʃən]

ⓝ 열망, 포부

For some, owning home is a reality, for others it remains an **aspiration**. 기출
어떤 이들에게 집을 소유하는 것은 현실이고, 다른 이들에게 그것은 **열망**으로 남아 있다.

➕ aspire ⓥ 열망하다, 포부를 가지다

0750 destiny
[déstəni]

ⓝ 운명, 숙명

Humans are the active shapers of their own **destiny**. 기출
인간은 자기 자신의 **운명**을 능동적으로 만들어나가는 자이다.

➕ destine ⓥ 운명 짓다

★ cf. be destined to do ~할 운명이다

DAILY CHECK-UP

A 빈칸에 알맞은 우리말 또는 영어 단어를 써넣으시오.

인생·목표

생애

1 _____
유아, 영아, 갓난아기

2 _____
toddler

3 _____
청소년; 청소년의

4 _____
mature

5 _____
여성의; 여자 같은

생활

6 _____
reside

7 _____
점유[거주]하다; 점령하다

8 _____
foster

9 _____
적응하다; 조정[조절]하다

10 _____
commute

신체 동작

16 _____
glimpse

17 _____
inhale

18 _____
목이 메다; 숨이 막히다

19 _____
stumble

20 _____
(몸을) 떨다, 떨리다

결혼·가족

11 _____
결혼(생활)의, 혼인의

12 _____
maternal

13 _____
bride

14 _____
배우자

15 _____
heir

목적 추구

21 _____
yearn

22 _____
추구; 추적, 추격

23 _____
aspiration

24 _____
운명, 숙명

B 문장의 빈칸에 알맞은 말을 보기에서 골라 쓰시오.

descendants	devote	pregnant	burst	dwelled	endeavor

1 Personal _____, not ability, earns success.

2 Our _____ may head off to other star systems.

3 It is said that _____ women should avoid raw fish.

4 Everyone _____ out laughing thinking that it was a joke.

5 Leaders encourage people to _____ more time to collaboration.

6 People have _____ in caves, and some still live in caves today.

DAY 26 심경 · 심리

심경 묘사

0751 furious
[fjúəriəs]

ⓐ 1 격노한, 격분한 2 맹렬한, 열띤

The CEO was **furious** about the past month's losses.
그 최고경영자는 지난달의 손실에 대해 **격노했다.**

a **furious** storm **맹렬한** 폭풍

+ fury ⓝ 격노, 격분

0752 jealous
[dʒéləs]

ⓐ 질투하는, 시기하는

Do not hate one another, and do not be **jealous** of one another.
서로를 미워하지 말고, 서로를 **질투하지** 말라.

+ jealousy ⓝ 질투, 시기

0753 revengeful
[rivéndʒfəl]

ⓐ 복수심에 불타는

I was so offended that I felt **revengeful** for his insults.
나는 너무 기분이 상해서 그의 모욕에 대해 **복수심에 불타는** 것을 느꼈다.

+ revenge ⓝ 복수; 보복 ⓥ 복수하다; 보복하다

0754 ashamed
[əʃéimd]

ⓐ 부끄러운, 창피한, 수치스러운

He hadn't won the contest and felt **ashamed**.
그는 그 경연대회를 우승하지 못했고 **부끄러움을** 느꼈다.

+ shame ⓝ 부끄러움, 수치심

0755 confused
[kənfjúːzd]

ⓐ 당황한, 어리둥절한; 혼란스러운

As he had never encountered this before, he was **confused**. ◀기출
그는 전에 이런 것에 맞닥뜨린 적이 없었기에 **당황했다.**

+ confuse ⓥ 당황케 하다, 혼란시키다 | confusion ⓝ 당황, 혼란

0756 contented
[kənténtid]

ⓐ 만족한 ↔discontented 불만스러운

How easy it was to amuse this **contented** baby! ◀기출
이 **만족하는** 아기를 즐겁게 해주기가 얼마나 쉽겠는가!

+ content ⓐ 만족하는 ⓝ 내용; 콘텐츠 | contentment ⓝ 만족(감)

심경 유발

0757 thrill
[θril]

ⓥ 정말 신나게 하다, 전율케 하다 ⓝ 전율, 스릴

He congratulated her wholeheartedly and she was **thrilled**. 〈기출〉
그는 진심으로 그녀를 축하했고 그녀는 **정말 신이 났다**.

feel a **thrill** of triumph 승리의 **전율**을 느끼다

➕ thrilled ⓐ 신이 난, 감격한; 오싹한

0758 irritate
[írətèit]

ⓥ 1 짜증 나게 하다 2 자극하다, 염증을 일으키다

She was starting to get hot and feel **irritated**. 〈기출〉
그녀는 더워지고 **짜증이 나는** 것을 느끼기 시작했다.

Bug bites can **irritate** the skin, causing itching sensations.
벌레에 물리면 피부를 **자극하여** 가려운 느낌을 초래할 수 있다.

➕ irritated ⓐ 짜증 난; 자극 받은 | irritation ⓝ 1 짜증, 노여움 2 염증

0759 frustrate
[frʌstreit]

ⓥ 좌절감을 주다; 좌절시키다

Tell them how you get **frustrated** and bored with this job. 〈기출〉
그들에게 여러분이 이 일에 얼마나 **좌절하게** 되고 지루하게 되는지를 말하라.

➕ frustrated ⓐ 좌절한, 실망한 | frustration ⓝ 좌절, 차질

0760 horrify
[hɔ́:rəfài]

ⓥ 무서워하게 하다, 소름 끼치게 하다 ⊜ terrify

Victor becomes **horrified** at the monster he has created. 〈기출〉
Victor는 자신이 창조한 그 괴물을 보고 **공포에 질린다**. (소설 Frankenstein)

➕ horrified ⓐ 공포[겁]에 질린 | horror ⓝ 공포

0761 astonish
[əstániʃ]

ⓥ 깜짝 놀라게 하다, 경악케 하다

It worked perfectly and the client was **astonished**. 〈기출〉
일이 완벽하게 이루어졌고 고객은 **깜짝 놀랐다**.

➕ astonished ⓐ 깜짝 놀란 | astonishment ⓝ 놀람, 경악

0762 startle
[stá:rtl]

ⓥ 깜짝 놀라게 하다

Mr. Green was **startled** by the sudden appearance in the doorway of a tall young man. 〈기출〉
Green 씨는 한 키 큰 청년이 갑작스럽게 문간에 나타나자 **깜짝 놀랐다**.

0763 exclaim
[ikskléim]

ⓥ 탄성을 지르다; 소리치다, 외치다

Helen **exclaimed**, "Yes, I'd love to! Please thank Anna for me." ◁기출▷
Helen은 "그래요, 정말 그러고 싶어요! 저 대신 Anna에게 고맙다고 전해주세요." 라고 **탄성을 질렀다.**

➕ exclamation ⓝ 1 탄성, 외침 2 (문법) 감탄사

0764 suppress
[səprés]

ⓥ 1 (감정 등을) 참다[억누르다] 2 진압하다

For social reasons, people learn to **suppress** their negative emotions. ◁기출▷
사회적인 이유로, 사람들은 자신의 부정적인 감정을 **억누르도록** 배운다.

suppress a protest 시위를 **진압하다**

➕ suppression ⓝ 억제; 억압, 진압

0765 grieve
[gri:v]

ⓥ 몹시 슬퍼하다; 몹시 슬프게 하다

Nicholas Carr **grieved** his lost ability to stay on one path. ◁기출▷
Nicholas Carr는 한 길에 머무르는(집중하는) 자신의 능력을 상실한 것을 **몹시 슬퍼했다.**

➕ grief ⓝ 큰 슬픔, 비탄

0766 panic
[pǽnik]
panic-panicked-panicked

ⓥ 당황하다, 허둥대다 ⓝ 당황; (돌연한) 공포

"Don't **panic**. You can finish your script next week." ◁기출▷
"**당황하지** 마. 너는 다음 주에 너의 대본을 마칠 수 있어."

Panic spread through her body. ◁기출▷
공포가 그녀의 몸 전체에 퍼졌다.

0767 applaud
[əplɔ́:d]

ⓥ 박수갈채를 보내다

The audience **applauded** and cameras flashed.
관객들은 **박수갈채를 보냈고** 카메라들은 플래시를 터뜨렸다.

➕ applause ⓝ 박수갈채; 칭찬

0768 despise
[dispáiz]

ⓥ 경멸하다, 멸시하다

I **despise** dishonest people, especially those who are so skilled at lying.
나는 부정직한 사람들, 특히 거짓말하는 것에 아주 능숙한 사람들을 **경멸한다.**

0769 tense
[tens]

ⓐ 1 긴장한 2 긴장된, 긴박한

At first I began to feel **tense** every time I needed to drive.
처음에 나는 매번 운전해야 할 때마다 **긴장을** 느끼기 시작했다.

The **tense** atmosphere turned into warmth. 〈기출〉
그 **긴장된** 분위기가 온화함으로 바뀌었다.

➕ tension ⓝ 1 긴장(감) 2 장력

0770 passionate
[pǽʃənit]

ⓐ 열정적인, 열렬한

These **passionate** bird-watchers travel annually to go birding. 〈기출〉
이 **열정적인** 조류관찰자들은 새를 보러 해마다 여행을 간다.

➕ passion ⓝ 열정 │ passionately ⓐⓓ 열정적으로

0771 reluctant
[rilʌ́ktənt]

ⓐ 꺼리는, 마음 내키지 않는 ↔ willing 기꺼이 하는

Unfortunately, leaders are often **reluctant** to tell the truth. 〈기출〉
안타깝게도 지도자들은 종종 진실을 말하는 것을 **꺼린다.**

➕ reluctance ⓝ 꺼림, 마지못해 함

0772 resentful
[rizéntfəl]

ⓐ 분개한, 분통해 하는

Many people were **resentful** towards the Russian use of the bomb.
많은 사람이 러시아가 그 폭탄을 사용한 것에 **분개했다.**

➕ resent ⓥ 분개하다 │ resentment ⓝ 분개

0773 enthusiastic
[enθùːziǽstik]

ⓐ 열성적인, 열광적인

The **enthusiastic** fans were celebrating the victory of their team.
열성 팬들이 자기 팀의 승리를 축하하고 있었다.

➕ enthusiasm ⓝ 열광; 열정, 열의

0774 desperate
[déspərit]

ⓐ 1 필사적인, 절박한 2 절망적인

I was **desperate** and tried lots of things.
나는 **필사적이었고** 많은 것들을 시도했다.

Running out of money, they were in a **desperate** situation.
돈이 떨어지고 있는 가운데, 그들은 **절망적인** 상황에 놓였다.

➕ desperation ⓝ 1 필사적임 2 절망

0775 **affection**
[əfékʃən]

ⓝ 애정

No one could take his place in the hearts and **affections** of people. 〈기출〉
그 누구도 사람들의 마음과 **애정** 속에서 그의 자리를 대신할 수 없었다.

  ✚ affectionate ⓐ 애정 어린

0776 **hatred**
[héitrid]

ⓝ 증오, 원한

You need to overcome the **hatred** directed toward you.
여러분은 여러분을 향한 **증오**를 극복할 필요가 있다.

  ✚ hate ⓥ 증오하다, 미워하다

0777 **outrage**
[áutrèidʒ]

ⓝ 격분, 격노 ⓥ 격분시키다

The new policy fueled the **outrage** of many citizens.
그 새로운 정책은 많은 시민의 **격분**을 부채질했다.

Smoking in restaurants **outrages** people. 〈기출〉
음식점에서 흡연하는 것은 사람들을 **격분시킨다**.

  ✚ outrageous ⓐ 난폭한; 극악한

0778 **empathy**
[émpəθi]

ⓝ 공감, 감정 이입

Apes acquired large brains and seem capable of feeling **empathy**. 〈기출〉
유인원은 커다란 뇌를 얻어 **공감**을 느끼는 능력이 있어 보인다.

  ✚ empathic ⓐ 공감하는, 감정 이입의 | empathize ⓥ 공감하다

0779 **solitude**
[sɑ́litjùːd]

ⓝ 1 혼자 있음; 독거 2 고독

In many cases, **solitude** leads to creativity.
많은 경우 **혼자 있을** 때 창의성이 발현된다.

enjoy **solitude** in nature 자연 속에서 **고독**을 즐기다

  ✚ solitary ⓐ 혼자의; 고독한

0780 **compassion**
[kəmpǽʃən]

ⓝ 연민, 동정심

Unlike empathy, **compassion** does not require as much situational understanding.
공감과 달리, **연민**은 그다지 많은 상황적 이해가 필요치 않다.

  ✚ compassionate ⓐ 연민 어린, 동정하는

DAILY CHECK-UP

A 빈칸에 알맞은 우리말 또는 영어 단어를 써넣으시오.

심경·심리

심경 묘사
1 _____ 격노한, 격분한; 맹렬한
2 _____ revengeful
3 _____ 부끄러운, 창피한
4 _____ confused
5 _____ contented

심경 유발
6 _____ thrill
7 _____ 짜증 나게 하다; 자극하다
8 _____ frustrate
9 _____ 무서워하게 [소름 끼치게] 하다
10 _____ astonish

심리 상태
16 _____ 긴장한; 긴장된, 긴박한
17 _____ passionate
18 _____ 분개한, 분통해 하는
19 _____ enthusiastic

심경 표출
11 _____ exclaim
12 _____ 몹시 슬퍼하다
13 _____ panic
14 _____ applaud
15 _____ 경멸하다, 멸시하다

정서 상태
20 _____ affection
21 _____ 증오, 원한
22 _____ outrage
23 _____ 혼자 있음; 고독
24 _____ empathy

B 문장의 빈칸에 알맞은 말을 보기에서 골라 쓰시오.

suppress   reluctant   jealous   desperate   compassion   startled

1 Running out of money, they were in a _____ situation.

2 Unfortunately, leaders are often _____ to tell the truth.

3 For social reasons, people learn to _____ their negative emotions.

4 Do not hate one another, and do not be _____ of one another.

5 Unlike empathy, _____ does not require as much situational understanding.

6 Mr. Green was _____ by the sudden appearance in the doorway of a tall young man.

인성 · 태도

성격 특성

0781 genuine
[dʒénjuin]

ⓐ 1 진실한, 진심 어린 2 진짜의

His once intentional actions will become more **genuine**. 기출
한때는 의도적이었던 그의 행동이 더 **진실하게** 될 것이다.

a **genuine** pearl necklace **진짜** 진주 목걸이

다의어

0782 rigid
[rídʒid]

ⓐ 1 엄격한 2 완고한 3 단단한, 굳은

1 The Duke had a **rigid** and cold personality. 기출
그 공작은 **엄격하고** 냉정한 성격을 지녔다.

2 crack our **rigid** perspective on space and time 기출
공간과 시간에 관한 우리의 **완고한** 견해에 균열을 일으키다

3 have a **rigid**, horizontal lid 기출
단단한 수평 뚜껑을 가지다

0783 naive
[nɑːíːv]

ⓐ 순진한, 천진난만한

Like **naive** car buyers, most people see only animals' varied exteriors. 기출
순진한 자동차 구매자처럼, 대부분의 사람들은 오직 동물들의 다양한 외형만 본다.

0784 pessimistic
[pèsəmístik]

ⓐ 비관적인, 염세적인 ⟷ optimistic 낙천[낙관]적인

Kaanan regretted his **pessimistic** approach towards life. 기출
Kaanan은 자신의 인생에 대한 **비관적** 접근 방식을 후회했다.

➕ pessimism ⓝ 비관론, 염세주의 | pessimist ⓝ 비관론[염세주의]자

0785 cowardly
[káuərdli]

ⓐ 소심한, 겁많은; 비겁한

Even a **cowardly** man can become brave in certain situations.
소심한 사람조차도 어떤 상황에서는 용감해질 수 있다.

➕ coward ⓝ 겁쟁이 | cowardice ⓝ 비겁, 소심 (⟷ bravery)

0786 stubborn
[stʌ́bərn]

ⓐ 고집 센, 완고한

The king was **stubborn** and did not allow for arguments.
왕은 **고집이 세서** 논쟁을 허용하지 않았다.

➕ stubbornly ⓐⓓ 완고하게 | stubbornness ⓝ 완고(함)

부정적 성향 · 행동

0787 confront
[kənfrʌ́nt]

ⓥ 1 맞서다, 대항하다   2 직면[마주]하다

The natives decided to **confront** the invaders.
원주민들은 침입자들과 **맞서기로** 결정했다.

Farmers often **confront** complex phenomena that would be hard to manage. 〈기출〉
농부들은 흔히 다루기 어려울 복잡한 현상과 **직면한다.**

✚ confrontation ⓝ 1 대결, 대치   2 직면

0788 provoke
[prəvóuk]

ⓥ 1 도발하다; 화나게 하다   2 일으키다

She **provoked** the politician by calling him "a stupid old man."
그녀는 그 정치인을 '어리석은 노인네'라고 부르며 그를 **도발했다.**

provoke violence with fake news 거짓 뉴스로 폭력을 **일으키다**

✚ provocation ⓝ 도발, 자극

0789 discriminate
[diskrímənèit]

ⓥ 1 차별하다   2 식별[구별]하다

The law still **discriminates** against women in the country regarding inheritances.
그 나라의 법은 상속과 관련하여 여전히 여성을 **차별한다.**

European robins were able to **discriminate** between the songs of neighbors and strangers. 〈기출〉
유럽 울새는 이웃 새의 노래와 낯선 새의 노래를 **구별할 수 있었다.**

✚ discrimination ⓝ 1 차별   2 구별, 식별

0790 depreciate
[diprí:ʃièit]

ⓥ 깎아내리다, 가치 절하하다

Good leaders never **depreciate** their team members' abilities.
훌륭한 팀장은 결코 자기 팀 구성원들의 능력을 **깎아내리지** 않는다.

0791 scorn
[skɔ:rn]

ⓥ 경멸[멸시]하다   ⓝ 경멸, 멸시   ⊟ contempt 경멸

Both the players and fans **scorned** the greedy team owner.
〈기출〉 선수들과 팬 모두 그 탐욕스러운 구단주를 **경멸했다.**

became a **scorn** of the world 세상의 **경멸** 대상이 되다

0792 humiliate
[hju:mílièit]

ⓥ 굴욕(감)을 주다, 창피를 주다

In fact, the whole thing was meant to **humiliate** him.
사실, 그 모든 것이 그에게 **굴욕감을 주려고** 의도된 것이었다.

✚ humiliation ⓝ 굴욕, 수치

0793 eminent
[émənənt]

ⓐ 저명한; 탁월한, 걸출한

Ernö Dohnányi was an **eminent** Hungarian composer. 〈기출〉
에르뇌 도흐나니는 **저명한** 헝가리 작곡가였다.

+ eminence ⓝ 저명, 명성; 탁월

0794 competent
[kάmpətənt]

ⓐ 유능한; 능숙한 ↔incompetent 무능한

Help our children develop into creatively **competent** human beings. 〈기출〉
우리의 아이들이 창의적으로 **유능한** 인간으로 성장하도록 도우라.

+ competence ⓝ 능력. 역량

〈다의어〉

0795 alert
[ələ́:rt]

ⓐ 1 기민한 2 경계하는 ⓝ 경보, 경계
ⓥ 경고하다; 경계시키다

a. 1 Caffeine can make your neurons fire more and keep you **alert**.
카페인은 뉴런(신경 세포)이 더 발동하게 하여 여러분을 **기민하게[초롱초롱하게]** 유지할 수 있다.

n. issue a flood **alert** 홍수 **경보**를 발령하다

v. The system **alerts** people to an earthquake.
그 시스템은 사람들에게 지진을 **경고해 준다.**

+ alertness ⓝ 기민함; 경계심

0796 inventive
[invéntiv]

ⓐ 독창적인, 발명의 재능이 있는

Many **inventive** magicians gained fame by refining old tricks. 〈기출〉
많은 **독창적인** 마술사들은 옛 마술을 가다듬어서 명성을 얻었다.

+ invent ⓥ 발명하다 | invention ⓝ 발명(품)

0797 awkward
[ɔ́:kwərd]

ⓐ 1 서투른 2 어색한; 불편한

If we feel **awkward** when we are alone, we don't blush. 〈기출〉
우리가 혼자 있을 때 **서투르다고** 느껴도 우리는 얼굴을 붉히지 않는다.

There was an **awkward** silence between them.
그들 사이에 **어색한** 침묵이 흘렀다.

0798 short-sighted
[ʃɔ́:rtsàitid]

ⓐ 근시안적인

He was **short-sighted** and couldn't foresee any different outcomes. 〈기출〉
그는 **근시안적이었고** 어떤 다른 결과도 예견할 수 없었다.

0799 cautious
[kɔ́:ʃəs]

ⓐ 주의 깊은, 조심하는, 신중한

Scientists! Be **Cautious** When Talking to the Media 〈기출〉
과학자들이여! 미디어와 이야기할 때는 **신중하시라** (제목)

➕ caution ⓝ 주의, 조심

0800 prudent
[prú:dənt]

ⓐ 신중한, 세심한

He is a **prudent** investor who carefully considers risks before making decisions.
그는 결정을 내리기 전에 위험 요소를 주의 깊게 고려하는 **신중한** 투자자이다.

➕ prudence ⓝ 신중, 세심

다의어

0801 moderate
ⓐ [mɑ́dərət]
ⓥ [mɑ́dərèit]

ⓐ 1 온건한   2 알맞은, 적당한   3 보통의
ⓥ 완화하다; 누그러뜨리다

a. 1 He was **moderate** and never agreed with violence.
그는 **온건했으며** 절대 폭력에 동의하지 않았다.

2 **moderate** amounts of stress 〈기출〉 **적당한** 양의 스트레스

3 maintain **moderate** to high levels of productivity 〈기출〉
보통에서 높은 수준의 생산성을 유지하다

v. Try to **moderate** your anger when you're upset.
화가 났을 때 분노를 **누그러뜨리려고** 노력해봐.

➕ moderation ⓝ 1 온건, 중용   2 적당

0802 hospitable
[hɑ́:spitəbl]

ⓐ 1 환대하는, 호의로 맞이하는   2 (환경 등이) 쾌적한

Chinese markets have become less **hospitable** to European companies. 중국 시장은 유럽 기업들을 덜 **환대하게** 되었다.

a **hospitable** climate **쾌적한** 기후

0803 impartial
[impɑ́:rʃəl]

ⓐ 공정한, 공평한, 편파적이지 않은   ↔ partial 편파적인, 불공평한

A judge puts partial arguments to the **impartial** rules of law.
〈기출〉 판사는 편파적인 주장을 법의 **공정한** 원칙에 맡긴다.

➕ impartiality ⓝ 공평무사, 공명정대

0804 skeptical
[sképtikəl]

ⓐ 회의적인, 의심 많은

People were once **skeptical** about airplanes as a form of transportation.
사람들은 한때 교통수단으로서의 항공기에 대해 **회의적이었다.**

➕ skepticism ⓝ 회의(론) | skeptic ⓝ 회의론자

0805 self-esteem
[sèlf istíːm]

ⓝ 자존감, 자부심

Engaging in Internet searches increased people's cognitive **self-esteem**. 기출
인터넷 검색을 하는 것이 사람들의 인지적 **자존감**을 높였다.

★ cf. esteem 존중, 존경

0806 conscience
[kάnʃəns]

ⓝ 양심

Conscience is the compass which guides people in the right direction.
양심은 사람들을 올바른 방향으로 안내하는 나침반이다.

have a guilty **conscience** **양심**의 가책을 느끼다

✚ conscientious ⓐ 양심적인, 성실한

0807 courtesy
[kɔ́ːrtəsi]

ⓝ 예의 바름, 공손

Without **courtesy** you can never hope to be a gentleman.
예의 바르지 않으면 여러분은 절대 신사이길 바랄 수 없다.

✚ courteous ⓐ 예의 바른, 정중한

0808 humility
[hjuːmíləti]

ⓝ 겸손, 겸양

Humility is much more appealing than overconfidence.
겸손은 과도한 자신감보다 훨씬 더 호소력이 있다.

0809 decency
[díːsnsi]

ⓝ 품위, 체면, 단정함

Decency is admired even by the worst political rivals.
품위는 최악의 정치 경쟁자들에 의해서조차 칭송된다.

✚ decent ⓐ 단정한, 품위 있는

0810 impulse
[ímpʌls]

ⓝ 충동

How difficult it is to give up the **impulse** to reach for the phone! 기출
전화기에 손을 뻗으려는 **충동**을 단념하기가 얼마나 어려운가!

✚ impulsive ⓐ 충동적인

DAILY CHECK-UP

A 빈칸에 알맞은 우리말 또는 영어 단어를 써넣으시오.

인성·태도

성격 특성

1 _____
genuine

2 _____
naive

3 _____
비관적인, 염세적인

4 _____
cowardly

5 _____
고집 센, 완고한

부정적 성향·행동

6 _____
confront

7 _____
도발하다; 화나게 하다

8 _____
depreciate

9 _____
경멸[멸시](하다)

10 _____
humiliate

태도

16 _____
moderate

17 _____
신중한, 세심한

18 _____
impartial

19 _____
환대하는, 호의로 맞이하는

20 _____
회의적인, 의심 많은

지적 특성

11 _____
기민한;
경계(하는); 경고하다

12 _____
eminent

13 _____
독창적인;
발명의 재능이 있는

14 _____
서투른; 어색한; 불편한

15 _____
short-sighted

기타 개념

21 _____
양심

22 _____
courtesy

23 _____
겸손, 겸양

24 _____
decency

B 문장의 빈칸에 알맞은 말을 보기에서 골라 쓰시오.

cautious   rigid   impulse   self-esteem   discriminates   competent

1 The Duke had a _____ and cold personality.

2 Scientists! Be _____ When Talking to the Media

3 Help our children develop into creatively _____ human beings.

4 Engaging in Internet searches increased people's cognitive _____.

5 How difficult it is to give up the _____ to reach for the phone!

6 The law still _____ against women in the country regarding inheritances.

식품 · 건강

음식 관련 개념

0811 dietary
[dáiətèri]

ⓐ 1 음식의, 식사의   2 식이 (요법)의

Some **dietary** habits are passed on from parent to child.
일부 **음식[식사]** 습관은 부모에게서 자녀로 전수된다.

Vegetables are a good source of **dietary** fiber.
채소는 **식이** 섬유의 좋은 원천이다.

✛ diet ⓝ 식사, 음식; 식이 요법

다의어

0812 staple
[stéipl]

ⓐ 주요한   ⓝ 주요 식품; 주요 산물

a. Farmers typically relied on one or two **staple** crops. 〈기출〉
농부들은 보통 한 두 개의 **주요** 작물에 의존했다.

n. Rice is a **staple** of many Asians.
쌀은 많은 아시아인에게 **주식(주요 식품)**이다.

0813 edible
[édəbl]

ⓐ 식용의, 먹을 수 있는

English lacks words to refer to **edible** mushrooms. 〈기출〉
영어는 **식용** 버섯을 일컫는 말이 부족하다.

✛ edibility ⓝ 식용에 적합함

0814 nourish
[nə́:riʃ]

ⓥ 1 영양분을 공급하다   2 (감정·생각 등을) 키우다

Food **nourishes** our bodies by providing nutrients.
음식은 영양소를 제공하여 우리 몸에 **영양분을 공급한다.**

He **nourished** an ambition to become a Michelin-starred chef.
그는 미쉐린 스타 셰프가 되겠다는 야망을 **키웠다.**

✛ nourishment ⓝ 영양물

0815 refrigerate
[rifrídʒərèit]

ⓥ 냉장[냉동]하다

Refrigerate cut watermelons to preserve freshness.
신선함을 보존하도록 자른 수박을 **냉장하시오.**

✛ refrigerator ⓝ 냉장고 | refrigeration ⓝ 냉장, 냉동

0816 dehydrate
[di:háidreit]

ⓥ 건조시키다, 탈수하다   ↔ hydrate 수화시키다

Dehydrated banana chips are a healthy, delicious snack that's perfect for any occasion.
건조된 바나나 칩은 어떠한 행사에도 완벽한 건강에 좋은 맛있는 간식이다.

✛ dehydration ⓝ 탈수, 건조

식품 관련 용어

0817 seasoning
[síːzəniŋ]

ⓝ 조미(료), 양념

Asking for salt is considered an offense to the chef's **seasoning** skills.
소금을 요청하는 것은 요리사의 **조미** 솜씨에 대한 모욕으로 여겨진다.

0818 refreshment
[rifréʃmənt]

ⓝ (pl.) 다과, 가벼운 음식

Refreshments will be served after the meeting.
모임 후에 **다과**가 제공될 것입니다.

✛ refresh ⓥ 상쾌하게 하다

0819 portion
[pɔ́ːrʃən]

ⓝ 1 (음식의) 양, 1인분   2 부분, 일부

Paying attention to your food **portions** can help reduce overeating.
여러분 음식의 **양**에 주의를 기울이면 과식을 줄이는 데 도움이 된다.

considerable **portions** of the rest of nature ◀기출
자연의 나머지 부분의 상당 **부분**

다의어

0820 leftover
[lèftóuvər]

ⓝ 1 남은 음식   2 (과거의) 잔재   ⓐ 남은, 나머지의

n. 1 We keep **leftovers** in the refrigerator, which slows down chemical changes.
우리는 **남은 음식**을 냉장고에 보관하는데, 그러면 화학 변화를 늦춘다.

2 leftovers of colonialism 식민주의의 **잔재**

a. throw out the **leftover** chicken **남은** 치킨을 버리다

0821 supplement
ⓝ [sʌ́pləmənt]
ⓥ [sʌ́pləmènt]

ⓝ 보충(제), 추가(물)   ⓥ 보충하다, 추가하다

Pregnant women need folic acid **supplements** every day to prevent anemia.
임신한 여성은 빈혈을 방지하기 위해 매일 엽산 **보충제**가 필요하다.

supplement one's income ◀기출 자신의 수입을 **보충하다**

✛ supplementary[tal] ⓐ 보충의, 추가의

0822 expiration
[èkspəréiʃən]

ⓝ 만료, 만기

"Look at the **expiration** date! We shouldn't buy this." ◀기출
"유효 기간(**만료** 날짜)을 보세요! 우리는 이걸 사면 안 돼요."

✛ expire ⓥ 만료[만기]가 되다

PLAN 2

0823 flu
[flu:]

ⓝ 독감 ⊜ influenza

Everyone older than 6 months should get a **flu** shot every year. 나이가 6개월이 넘으면 누구나 해마다 **독감** 주사를 맞아야 한다.

0824 depression
[dipréʃən]

ⓝ 1 우울(증) 2 불경기, 불황

Piccolo was battling his illness and fighting the daily depths of **depression**. 〈기출〉
Piccolo는 병마와 싸우면서도 매일 깊은 **우울증**과도 싸우고 있었다.

the Great **Depression** in the 1930s 〈기출〉 1930년대 대**공황**

➕ depress ⓥ 1 우울하게 하다 2 부진하게 하다

0825 obesity
[oubíːsəti]

ⓝ 비만

Natural ecosystems may harbor tomorrow's drugs against cancer or **obesity**. 〈기출〉
자연 생태계는 암이나 **비만**을 막을 내일의 약을 품고 있을지도 모른다.

➕ obese ⓐ 비만의

★ cf. overweight ⓝ 과체중 ⓐ 과체중의

0826 insomnia
[insάmniə]

ⓝ 불면증

Interestingly, some **insomnia** patients sleep very well in front of the TV.
흥미롭게도 어떤 **불면증** 환자들은 TV 앞에서는 아주 잘 잔다.

★ cf. asthma 천식 | dementia 치매 | amnesia 기억 상실증 | pneumonia 폐렴

0827 diabetes
[dàiəbíːtiz]

ⓝ 당뇨병

Diabetes is the most expensive chronic condition in the United States.
당뇨병은 미국에서 가장 비용이 많이 드는 만성 질환이다.

★ -s로 끝나지만 단수 취급한다.

0828 disability
[dìsəbíləti]

ⓝ (신체적·정신적) 장애

Despite having only one arm, Sudek didn't let his **disability** get in the way. 〈기출〉
팔이 오직 하나뿐임에도, Sudek은 자신의 **장애**가 방해가 되도록 놔두지 않았다.

➕ disable ⓥ 장애를 입히다 | disabled ⓐ 장애를 가진

0829 symptom
[símptəm]

ⓝ 증상

These methods do nothing more than treat superficial **symptoms**. ◀기출
이 방법들은 기껏해야 표면상의 **증상**만을 치료할 뿐이다.

✚ symptomatic ⓐ 증상의, 징후에 관한

0830 diagnosis
[dàiəgnóusis]

ⓝ 진단

We need an accurate **diagnosis** before starting treatment. ◀기출
우리는 치료를 시작하기 전에 정확한 **진단**이 필요하다.

✚ diagnose ⓥ 진단하다 | diagnostic ⓐ 진단의

0831 prescription
[priskrípʃən]

ⓝ 1 처방(전) 2 규정; 법규

In medicine, "**Prescription** without diagnosis equals malpractice."
의학에서 "진단 없는 **처방**은 의료 과실과 같다."

social **prescriptions** for cycling
자전거를 탈 때의 사회적 **규정**

✚ prescribe ⓥ 1 처방하다 2 규정하다

0832 injection
[indʒékʃən]

ⓝ 1 주사 2 주입

The **injection** of insulin is needed for the treatment of diabetes.
인슐린 **주사**는 당뇨병 치료에 필요하다.

the **injection** of fuel into the tank 탱크에 연료 **주입**

✚ inject ⓥ 1 주사하다 2 주입하다

0833 medication
[mèdəkéiʃən]

ⓝ 약물; 약물 치료

I have been on **medication** to lower cholesterol since I had a stroke.
나는 뇌졸중을 겪은 후로 콜레스테롤을 낮추려고 **약물 치료**를 해왔다.

✚ medicate ⓥ 약으로 치료하다 | medical ⓐ 의학[의술]의
medicine ⓝ 의학, 의술

0834 dosage
[dóusidʒ]

ⓝ (1회) 복용[투약]량

Dosage can be affected by your age, weight, and other health conditions.
복용량은 여러분의 나이, 체중, 그리고 다른 건강 상태에 의해 영향받을 수 있다.

✚ dose ⓝ (약의) 1회분(량)

0835 clinical
[klínikəl]

ⓐ 임상의

Clinical research involves the systematic investigation of health.
임상 연구는 건강에 관한 체계적인 조사를 수반한다.

➕ clinic ⓝ 진료소, 병원 | clinician ⓝ 임상 의학자

다의어

0836 acute
[əkjúːt]

ⓐ 1 급성의 ↔chronic 만성의 2 격심한 3 예리한

1 Both chronic disease and **acute** disease can be fatal.
만성 질환과 **급성** 질환 둘 다 치명적일 수 있다.

2 **acute** pain in the stomach 복부에 **격심한** 통증

3 rely on an **acute** ability to detect motion
움직임을 감지하는 **예리한** 능력에 의존하다

다의어

0837 terminal
[tə́ːrmənəl]

ⓐ 말기의; 불치의 ⓝ 터미널, 종점

a. Strong medications are necessary to treat a **terminal** cancer.
강력한 약물이 **말기** 암을 치료하는 데 필요하다.

n. I hurried to the bus **terminal** to return home for Christmas. 기출
나는 크리스마스를 보내려고 집으로 돌아가기 위해 서둘러 버스 **터미널**로 갔다.

0838 antibody
[ǽntibὰdi]

ⓝ 항체

The immune system generates a large number of **antibodies**.
면역 체계는 많은 수의 **항체**를 만들어낸다.

★ cf. antigen 항원

0839 paralysis
[pərǽləsis]

ⓝ 마비

A severe infection can also cause temporary **paralysis**.
심한 감염은 또한 일시적 **마비**를 초래할 수도 있다.

➕ paralyze ⓥ 마비시키다

0840 remedy
[rémədi]

ⓝ 1 요법, 치료 ＝treatment, cure 2 해결[개선]책

Honey is a common home **remedy** for coughing.
꿀은 기침에 널리 쓰이는 가정 **요법**이다.

The mayor needs to find a **remedy** for the traffic congestion.
시장은 교통 혼잡에 대한 **해결책**을 찾아야 한다.

➕ remedial ⓐ 치료(상)의

DAILY CHECK-UP

A 빈칸에 알맞은 우리말 또는 영어 단어를 써넣으시오.

식품·건강

음식 관련 개념

1 _____ dietary

2 _____ 주요한; 주요 식품[산물]

3 _____ edible

4 _____ 냉장[냉동]하다

5 _____ dehydrate

식품 관련 용어

6 _____ seasoning

7 _____ refreshment

8 _____ (음식의) 양, 1인분; 부분

9 _____ 남은 음식; 남은

10 _____ expiration

의료 과정

16 _____ 진단

17 _____ 처방(전); 규정

18 _____ injection

19 _____ medication

20 _____ (1회) 복용[투약]량

건강 이상

11 _____ 독감

12 _____ obesity

13 _____ 불면증

14 _____ diabetes

15 _____ (신체적·정신적) 장애

기타 개념

21 _____ 임상의

22 _____ acute

23 _____ 항체

24 _____ 마비

B 문장의 빈칸에 알맞은 말을 보기에서 골라 쓰시오.

remedy	depression	supplements	symptoms	nourishes	terminal

1 Food _____ our bodies by providing nutrients.

2 Honey is a common home _____ for coughing.

3 Strong medications are necessary to treat a _____ cancer.

4 These methods do nothing more than treat superficial _____.

5 Pregnant women need folic acid _____ every day to prevent anemia.

6 Piccolo was battling his illness and fighting the daily depths of _____.

PLAN 2

✎ fall, get 구동사

fall back on

1 ~에 기대다 2 ~로 물러나다

When I feel bad or upset, I can **fall back on** my friends.
기분이 좋지 않거나 당혹스러울 때 나는 내 친구들**에게 기댈** 수 있다.

If we go too quickly, we are apt to **fall back on** our old ways in a crisis.
우리가 너무 빨리 나아가면, 우리는 위기 때 우리의 옛 방식**으로 물러나기** 쉽다.

fall short of

~에 미치지 못하다

Excuses are the convenient stories we tell when we **fall short of** others' expectations.
변명은 우리가 다른 이들의 기대**에 미치지 못할** 때 우리가 말하는 편리한 이야기이다.

get along with

~와 잘 지내다

It is as important to **get along with** your colleagues as it is to excel at your work.
업무에서 탁월한 것만큼 동료들**과 잘 지내는** 것도 중요하다.

get around

1 (성공적으로) 해결하다 2 (교묘히) 피해가다, 회피하다

You can **get around** the problem by deleting some files.
여러분은 일부 파일을 삭제함으로써 그 문제를 **성공적으로 해결할** 수 있다.

Nowadays no one can **get around** the topic of sustainability.
오늘날에는 그 누구도 지속 가능성이라는 화제를 **피해갈** 수 없다.

get in the way of

~의 방해가 되다

Fear can **get in the way of** many types of adaptive action.
◀기출 두려움은 많은 유형의 적응 행동**에 방해가 된다.**

get through

1 ~을 견뎌내다 2 끝내다, 마치다

Since we have volunteers like you, we can **get through** hardships.
귀하와 같은 자원봉사자들이 있기에, 우리는 고난을 **견뎌낼** 수 있습니다.

We finally **got through** the final project.
우리는 드디어 마지막 프로젝트를 **끝냈다.**

PLAN 3
사고

DAY 29 생각
DAY 30 판단
DAY 31 인지
DAY 32 지성

생각
intrinsic 본질적인, 내재적인
presumption 추정, 가정

판단
ridiculous 터무니없는
interplay 상호 작용(하다)

사고

인지
adequate 충분한; 적당한
enlighten 계몽하다, 교화하다

지성
notable 주목할 만한; 저명한
confidence 확신; 자신

생각의 바탕

0841 underlying
[ʌ́ndərlàiiŋ]

ⓐ 기초가 되는, 근본적인

The **underlying** principles of design always remain the same. 〈기출〉
디자인의 **기초가 되는** 원칙은 항상 동일하게 남아 있다.

➕ underlie ⓥ ~의 기초가 되다

0842 grounded
[gráundid]

ⓐ 기초를 둔, 근거가 있는

The earliest leadership studies were **grounded** in the "great man." 〈기출〉
가장 초기의 리더십 연구는 '위인'에 **기초를 두었다.**

➕ ground ⓥ ~의 기초를 두다 ⓝ 1 지면, 땅 2 기초, 근거

0843 intrinsic
[intrínsik]

ⓐ 본질적인, 고유한, 내재적인 ⟷ extrinsic 외적인, 비본질적인

We should consider the **intrinsic** value of philosophical reflection.
우리는 철학적 성찰의 **본질적** 가치를 고려해야 한다.

다의어

0844 argument
[ɑ́ːrgjəmənt]

ⓝ 1 논거 2 주장 3 언쟁

1 The author has a strong **argument** for claiming that climate crisis is real.
저자는 기후 위기가 진짜라고 주장하는 것에 대한 강력한 **논거**를 가지고 있다.

2 warn against making an **argument** without enough evidence 〈기출〉
충분한 증거 없이 **주장**을 펴는 것에 대해 경고하다

➕ argue ⓥ 1 논(쟁)하다 2 주장하다

0845 premise
[prémis]

ⓝ 전제

If the **premise** is false, then the conclusion is also false.
전제가 틀리면, 그럼 결론 또한 틀리다.

0846 proposition
[prɑ̀pəzíʃən]

ⓝ 1 제안, 제의 2 명제, 진술

make a business **proposition** 사업 **제안**을 하다
Only a **proposition** with a fixed meaning can be evaluated in terms of truth or falsity. 〈기출〉
정해진 의미를 가진 **명제**만이 참 거짓의 견지에서 평가될 수 있다.

★ cf. preposition (문법) 전치사

생각의 유도

0847 remind
[rimáind]

ⓥ 상기시키다, 생각나게 하다

"I had forgotten it, but you've **reminded** me of its power." ‹기출›
"저는 그것을 잊었는데, 당신이 제게 그것의 힘을 **상기시켜** 주었어요."

＋ reminder ⓝ 1 생각하게 하는 것[메모] 2 독촉장

0848 evoke
[ivóuk]

ⓥ 떠올리게 하다, 환기시키다

The old swing in the backyard **evokes** memories of my childhood.
뒤뜰에 있는 오래된 그네는 내 유년기의 기억을 **떠올리게 한다**.

＋ evocation ⓝ 떠올리게 함, 환기

0849 induce
[indjúːs]

ⓥ 유도하다, 유발하다

A change in thinking can be **induced** by a change in behavior.
생각의 변화는 행동의 변화에 의해 **유도될** 수 있다.

Stress may **induce** headaches and insomnia.
스트레스는 두통과 불면증을 **유발할** 수 있다.

＋ induction ⓝ 1 유도, 유발 2 귀납법

다의어

0850 prompt
[prɑmpt]

ⓥ 촉발[유발]하다 ⓐ 신속한, 즉각적인

v. The decisions in turn **prompted** opposition to the policy.
그 결정은 결과적으로 그 정책에 대한 반대를 **촉발했다**.

a. appreciate a **prompt** reply **신속한** 답변에 감사하다

0851 facilitate
[fəsílətèit]

ⓥ 촉진하다; 용이하게 하다

This will **facilitate** clear communication between coworkers. ‹기출›
이것은 동료 직원 사이의 명확한 의사소통을 **촉진할** 것이다.

＋ facilitation ⓝ 촉진; 용이하게 함

0852 activate
[ǽktəvèit]

ⓥ 활성화하다, 작동시키다

Collaborative writing **activates** students' critical thinking.
협력 작문은 학생들의 비판적 사고력을 **활성화한다**.

＋ activation ⓝ 활성화

0853 inevitably
[inévitəbli]

ⓐⓓ 필연적으로, 불가피하게

Rising incomes **inevitably** lead to increases in motorization. 기출
수입 증가는 **필연적으로** 자동차화(자동차 사용) 증가로 이어진다.

＋ inevitable ⓐ 필연적인 | inevitability ⓝ 필연성

0854 literally
[lítərəli]

ⓐⓓ 글자 뜻 그대로, 말 그대로

Our speech sounds can form a **literally** unlimited number of words. 기출
우리의 발성음은 **글자 뜻 그대로** 제한 없는 수의 단어를 형성한다.

＋ literal ⓐ 글자 그대로의, 어구에 충실한

0855 explicitly
[iksplísitli]

ⓐⓓ 명백하게, 명쾌하게

These messages are designed **explicitly** to influence our behavior. 기출
이 메시지는 **명백하게** 우리의 행동에 영향을 미치도록 설계되었다.

＋ explicit ⓐ 명백한, 명쾌한

0856 accordingly
[əkɔ́ːrdiŋli]

ⓐⓓ 1 따라서 2 그에 따라

Accordingly, manufacturers have set up market-research departments. 기출
따라서, 제조업체들은 시장 연구 부서를 설립했다.

She was impressed by his effort and gave him presents **accordingly**.
그녀는 그의 노력에 감동했고 **그에 따라** 그에게 선물을 주었다.

★ cf. according to ~에 따르면, ~에 의하면

0857 undoubtedly
[ʌ̀ndáutidli]

ⓐⓓ 의심할 여지 없이, 틀림없이 ＝ unquestionably

The ability to classify is **undoubtedly** a useful feature of life and research. 기출
분류하는 능력은 **의심할 여지 없이** 삶과 연구의 유용한 특징이다.

0858 unmistakably
[ʌ̀nmistéikəbli]

ⓐⓓ 틀림없이, 명백하게

We would today **unmistakably** recognize it as science. 기출
우리는 오늘날에는 그것을 **틀림없이** 과학으로 인식할 것이다.

0859 **envision**
[invíʒən]

🅥 마음속에 그리다, 상상하다

The audience never even **envisions** what we're describing.
기출 청중은 우리가 무엇을 묘사하는지를 **마음속에 그리지조차** 못한다.

0860 **visualize**
[víʒuəlàiz]

🅥 1 마음속에 그리다 2 시각화하다

Visualize the future you desire and keep going.
여러분이 소망하는 미래를 **마음속에 그려보고** 계속 정진하라.

the ability to **visualize** the unseen 기출
보이지 않는 것을 **시각화할** 수 있는 능력

➕ visualization ⓝ 1 마음에 그림 2 시각화

0861 **embed**
[imbéd]

🅥 깊이 새기다; 끼워 넣다

It will take some time for you to **embed** the information in your mind.
여러분이 정보를 마음속에 **깊이 새기는** 데 얼마간의 시간이 걸릴 것이다.

Individual experiences are **embedded** in social contexts. 기출
개인적 경험은 사회적 환경에 **끼워 넣어져[내포되어]** 있다.

0862 **weave**
[wiːv]
weave-wove-woven

🅥 1 짜다, 뜨다 2 엮어 넣다[맞추다]

weave baskets from straw 짚으로 바구니를 **짜다**
We constantly **weave** new ideas into reality. 기출
우리는 끊임없이 새로운 아이디어를 현실에 **엮어 넣는다**.

0863 **comprise**
[kəmpráiz]

🅥 구성하다; 이루어지다

Arguments are **comprised** of exchanges between two people. 기출
논쟁은 두 사람 사이의 (의견) 교환으로 **구성된다**.

Our brain **comprises** billions of neurons.
우리의 뇌는 수십억 개의 신경 세포로 **이루어져 있다**.

0864 **incorporate**
[inkɔ́ːrpərèit]

🅥 통합[합체]하다; (일부로) 포함하다

effects of **incorporating** painting into math education 기출
그림 그리기를 수학 교육에 **통합하는** 것의 효과

incorporate workouts in everyday life
운동을 일상생활에 **포함시키다**

➕ incorporation ⓝ 포함, 합체

0865 supposition
[sÀpəzíʃən]

ⓝ 가정, 가설, 추정

The **supposition** is that individuals are not good investors.
가정은 개인들이 훌륭한 투자자가 아니라는 것이다.

➕ suppose ⓥ 가정하다; 추측하다

0866 presumption
[prizʌ́mpʃən]

ⓝ 추정, 가정

In the end, that **presumption** turned out to be right.
결국, 그 **추정**은 옳은 것으로 밝혀졌다.

➕ presume ⓥ 추정[가정]하다

0867 likelihood
[láiklihùd]

ⓝ 가능성, 있음 직함

An expectation is an idea about the **likelihood** of getting what one wants. 〈기출〉
기대란 원하는 것을 얻을 **가능성**에 관한 생각이다.

➕ likely ⓐ ~일[할] 것 같은, 있음 직한

〈다의어〉

0868 estimate
ⓥ [éstimèit]
ⓝ [éstimət]

ⓥ 1 추정하다, 어림잡다   2 (비용) 견적하다
ⓝ 추정치, 견적

v. 1 The number in 2050 is **estimated**. 〈기출〉
2050년의 숫자는 **추정된** 것이다. (도표 설명)

2 **estimate** the cost of a project
프로젝트의 비용을 **견적하다**

n. the **estimates** of sales made by the sales manager
영업부장이 예상한 판매액 **추정치**

〈다의어〉

0869 project
ⓥ [prədʒékt]
ⓝ [prádʒekt]

ⓥ 1 추정하다   2 투사[투영]하다   ⓝ 계획, 프로젝트

v. 1 Europe is **projected** to rank second in 2040. 〈기출〉
유럽은 2040년에 2위에 위치할 것으로 **추정된다**. (도표 설명)

2 The device **projects** beams of visible light.
그 기기는 가시광선 빛을 **투사한다**.

n. set up a **project** schedule   **프로젝트** 일정을 세우다

➕ projection ⓝ 1 추정 2 투사 | projector ⓝ 프로젝터, 영사기

0870 speculate
[spékjəlèit]

ⓥ 1 추측하다   2 투기하다

It was **speculated** that the two countries would come to an agreement.
두 나라가 합의에 이를 것이라고 **추측되었다**.

speculate on property   부동산에 **투기하다**

A 빈칸에 알맞은 우리말 또는 영어 단어를 써넣으시오.

생각

생각의 바탕

1 _____ underlying
2 _____ grounded
3 _____ 논거; 주장; 언쟁
4 _____ 전제
5 _____ proposition

생각의 유도

6 _____ 상기시키다, 생각나게 하다
7 _____ evoke
8 _____ 유도하다, 유발하다
9 _____ 촉발하다; 신속한, 즉각적인
10 _____ activate

생각의 생성

16 _____ envision
17 _____ 마음속에 그리다; 시각화하다
18 _____ embed
19 _____ 엮어 넣다[맞추다]; 짜다
20 _____ comprise

생각의 양상

11 _____ 필연적으로
12 _____ literally
13 _____ accordingly
14 _____ 의심할 여지 없이, 틀림없이
15 _____ unmistakably

가정·가능성

21 _____ 가정, 가설, 추정
22 _____ presumption
23 _____ estimate
24 _____ 추측하다; 투기하다

B 문장의 빈칸에 알맞은 말을 보기에서 골라 쓰시오.

incorporating	projected	explicitly	intrinsic	facilitate	likelihood

1 Europe is _____ to rank second in 2040.

2 effects of _____ painting into math education

3 This will _____ clear communication between coworkers.

4 We should consider the _____ value of philosophical reflection.

5 These messages are designed _____ to influence our behavior.

6 An expectation is an idea about the _____ of getting what one wants.

속성 판단

0871 ridiculous
[ridíkjələs]

ⓐ 터무니없는, 말도 안 되는, 웃기는

It is **ridiculous** that he spent so much money building a sound system.
그가 음향 시스템을 구축하는 데 그렇게 많은 돈을 쓰다니 **터무니없다**.

➕ ridicule ⓝ 비웃음, 조롱 ⓥ 비웃다, 조롱하다

0872 peculiar
[pikjú:ljər]

ⓐ 특유의, 특이한, 독특한

Life has a **peculiar** way of reflecting our actions back to us.
삶은 우리의 행동을 우리에게 다시 반사하는 **특유의** 방식을 가지고 있다.

다의어

0873 prime
[praim]

ⓐ 첫째의; 주된, 주요한 ⓝ 전성기

a. In strict Darwinism, the **prime** mover is environmental threat. 기출
엄격한 다윈주의에서, **첫째[주요]** 원동력은 환경적 위협이다.

n. in the **prime** of life 인생의 **전성기**에

★ cf. prime minister (내각의) 수상

0874 integral
[íntigrəl]

ⓐ 필수 불가결한, 없어서는 안 될

Music is an **integral** part of what makes us happy and healthy. 기출
음악은 우리를 행복하고 건강하게 하는 것의 **필수 불가결한** 일부이다.

다의어

0875 parallel
[pǽrəlèl]

ⓐ 1 유사한 2 평행하는
ⓥ 1 유사[필적]하다 2 평행시키다

a. 1 The two fairy tales are **parallel** in a number of ways.
그 두 동화는 여러 면에서 **유사하다**.

2 The railroad is **parallel** to the road. 기출
기찻길이 도로와 **평행하다**.

v. 1 His skills **parallel** those of the champion.
그의 기술은 챔피언의 기술에 **필적한다**.

0876 compatible
[kəmpǽtəbəl]

ⓐ 1 양립할 수 있는, 모순되지 않는 2 호환되는

The new information is **compatible** with what we already know. 기출
그 새로운 정보는 우리가 이미 아는 것과 **양립 가능하다**.

be **compatible** with Windows 11 윈도우 11과 **호환되다**

➕ compatibility ⓝ 1 양립 가능성 2 호환성

판단의 물리적 기준

0877 multitude
[mʌltitjùːd]

ⓝ 다수, 수가 많음

Today, people create images with a **multitude** of mediums, including photography. 기출
오늘날 사람들은 사진을 포함하여 **다수**의 매체를 가지고 이미지를 만들어낸다.

0878 fragment
[frǽgmənt]

ⓝ 조각, 파편, 단편   ⓥ 조각나다[내다]

The Earth formed from rocky and metallic **fragments**. 기출
지구는 암석과 금속 **조각**으로 형성되었다.

The supercontinent Pangea **fragmented**. 기출
초대륙 판게아가 **조각났다**.

0879 segment
[ségmənt]

ⓝ 부분, 단편, 조각   ⓥ 분할하다

The jewelry industry is a relatively small **segment** of the larger economy.
장신구 산업은 더 큰 경제의 상대적으로 작은 **부분**이다.

be **segmented** into three groups 세 집단으로 **분할되다**

➕ segmentation ⓝ 분할

0880 extent
[ikstént]

ⓝ 정도, 범위; 규모

The source of the information is to some **extent** reliable.
그 정보의 출처는 어느 **정도** 신뢰할 만하다.

Ecosystems differ in composition and **extent**. 기출
생태계들은 구성과 **범위**에서 다르다.

➕ to some extent 어느 정도는

0881 duration
[djuəréiʃən]

ⓝ 지속, 지속 기간

The **duration** of pleasure is normally only very temporary.
즐거움의 **지속 기간**은 보통 매우 일시적일 뿐이다.

➕ durable ⓐ 내구성이 있는, 오래가는

0882 magnitude
[mǽgnətjùːd]

ⓝ 1 규모, 크기   2 진도(지진의 강도)

Cyberspace involves imaginary events of a **magnitude** not seen before. 기출
사이버 공간은 전에 본 적이 없는 **규모**의 가상 사건들을 수반한다.

an earthquake of **magnitude** 6.0 on the Richter Scale
리히터 지진계로 **진도** 6.0의 지진

0883 alter
[ɔ́:ltər]

ⓥ 고치다, 바꾸다, 변경하다

Altering behavior requires an understanding of how to persuade people to act.
행동을 **고치는** 것은 사람들을 실행하도록 설득하는 방법의 이해를 필요로 한다.

＋ alteration ⓝ 변경, 개조

0884 utilize
[jú:təlàiz]

ⓥ 활용하다, 이용하다

Artists who **utilized** computers were regarded as computer artists. 기출
컴퓨터를 **활용하는** 예술가들은 컴퓨터 예술가들로 여겨졌다.

＋ utilization ⓝ 활용, 이용

0885 minimize
[mínəmàiz]

ⓥ 최소화하다 (↔) maximize 최대화하다

Businesses must **minimize** the negative impact on the environment. 기출
경제활동은 환경에 대한 부정적 영향을 **최소화해야** 한다.

＋ minimum ⓝ 최소한도 ⓐ 최소의 (↔ maximum 최대(의))

0886 elaborate
ⓥ [ilǽbərèit]
ⓐ [ilǽbərit]

ⓥ 다듬다, 정교하게 만들다 **ⓐ 정교한, 공들인**

He **elaborated** his theories of language and communication.
기출 그는 자신의 언어 및 의사소통 이론을 **다듬었다.**

As computer code grows more **elaborate**, security suffers.
기출 컴퓨터 코드가 더 **정교해지면서**, 보안이 타격을 받는다.

＋ elaboration ⓝ 다듬기, 공들임

0887 allocate
[ǽləkèit]

ⓥ 할당하다, 배분하다

There are not enough funds **allocated** to fight the disease.
그 질병을 퇴치하는 데 **할당된** 자금이 충분하지 않다.

＋ allocation ⓝ 할당, 배당

0888 substitute
[sʌ́bstitjù:t]

ⓥ 대체하다, 대용하다 **ⓝ 대체물; 대신하는 사람**

v. We can **substitute** renewable energy for fossil fuels.
우리는 화석연료 대신 재생 에너지로 **대체할** 수 있다.

n. the written word as a **substitute** for knowledge 기출
지식의 **대체물**로서의 글

➕ substitute *A* for *B* A로 B를 대체하다, B 대신 A를 쓰다

0889 straightforward
[strèitfɔ́:rwərd]

ⓐ 1 간단한, 간단명료한 2 솔직한

The increase in sales is a **straightforward** indicator of success.
판매량 증가는 성공의 **간단명료한** 지표이다.

She's very **straightforward**, but not rude.
그녀는 아주 **솔직하지만**, 무례하진 않다.

0890 outright
[áutrait]

ⓐ 명백한, 노골적인 ⓐ𝖽 대놓고, 노골적으로

This type of classification frequently results in **outright** discrimination. ◀기출
이런 유형의 분류는 빈번히 **명백한** 차별을 낳는다.

turn down the offer **outright** 제안을 **대놓고** 거절하다

0891 subtle
[sʌ́tl]

ⓐ 미묘한, 포착하기 어려운

Experts have the ability to recognize and remember **subtle** differences. ◀기출
전문가들은 **미묘한** 차이를 인식하고 기억하는 능력을 지녔다.

0892 vague
[veig]

ⓐ 1 애매한, 막연한 2 희미한, 흐릿한

The speaker's explanation was so **vague** that I couldn't grasp the main point.
강연자의 설명이 너무 **애매해서** 나는 요점을 파악할 수 없었다.

She has only a **vague** memory of her childhood.
그녀는 자신의 어린 시절에 대해 **희미한** 기억만 가지고 있다.

➕ vagueness ⓝ 애매함, 막연함

0893 blurry
[blə́:ri]

ⓐ 1 불명료한 2 흐릿한

The meaning of the phrase is **blurry** and not easy to understand.
그 어구의 의미가 **명료하지 않아서** 이해하기 쉽지 않다.

What makes your vision **blurry** actually protects your eyes.
◀기출 시야를 **흐릿하게** 만드는 것이 실제로는 당신의 눈을 보호한다.

➕ blur ⓥ 흐릿하게 하다 ⓝ 희미한[흐릿한] 것

0894 obscure
[əbskjúər]

ⓐ 불명료한, 모호한 ⓥ 모호하게 하다

When the rules are **obscure**, the players can't enjoy the game. 규칙이 **불명료하면**, 참가자들은 게임을 즐길 수 없다.

Do not **obscure** the point. 요점을 **모호하게 하지** 마시오.

PLAN 3

0895 interplay
[íntərplei]

ⓥ 상호 작용하다　ⓝ 상호 작용

Internal and external factors **interplay** to determine strategies.
내적, 외적 요인이 전략을 정하는 데 **상호 작용한다**.

the **interplay** of two related cognitive processes
두 관련된 인지 과정의 **상호 작용**

0896 overlap
[òuvərlǽp]

ⓥ (부분적으로) 겹치다; 중복되다　ⓝ (부분적) 겹침, 중복

Cognitive process often **overlaps** with the emotional responses. ·기출·
인지 과정은 흔히 정서 반응과 **부분적으로 겹친다**.

frequent **overlap** of human and wildlife areas
인간 지역과 야생 생물 지역의 빈번한 **겹침**

0897 entangle
[intǽŋgl]

ⓥ 얽히게 하다

Two separate issues are **entangled** in this affair.
별개의 두 가지 이슈가 이 문제에 **얽혀 있다**.

0898 accord
[əkɔ́ːrd]

ⓥ 일치하다[시키다]　ⓝ 일치, 조화　↔ discord 불일치(하다)

Our analysis **accorded** exactly with the original findings.
우리의 분석은 원래의 발견과 정확히 **일치했다**.

be in **accord** with traditional values
전통적 가치관과 **일치**하다

＋ accordance ⓝ 일치, 조화

0899 coincide
[kòuinsáid]

ⓥ 일치하다; 동시에 일어나다

I expect future opportunities where our schedules might **coincide**. ·기출·
저는 우리의 일정이 **일치**할 미래의 기회를 기대합니다. (편지글)

＋ coincidence ⓝ (우연의) 일치, 부합

0900 correspond
[kɔ̀ːrəspánd]

ⓥ 1 부합하다, 일치하다　2 소식을 주고받다

Responding to our request, they took **corresponding** measures. ·기출·
우리의 요청에 응하여, 그들은 **부합하는** 조처를 했다.

Today, we **correspond** with each other via emails.
요즘 우리는 이메일을 통해 서로 **연락[소식]을 주고받는다**.

＋ correspondence ⓝ 1 일치, 부합　2 서신
　　correspondent ⓝ 통신원, 특파원

DAILY CHECK-UP

A 빈칸에 알맞은 우리말 또는 영어 단어를 써넣으시오.

판단

속성 판단

1 _____
ridiculous

2 _____
특유의, 특이한, 독특한

3 _____
prime

4 _____
유사한; 유사[필적]하다

5 _____
compatible

판단의 물리적 기준

6 _____
다수, 수가 많음

7 _____
segment

8 _____
extent

9 _____
지속, 지속 기간

10 _____
magnitude

선명도 판단

16 _____
straightforward

17 _____
outright

18 _____
미묘한, 포착하기 어려운

19 _____
blurry

20 _____
불명료한; 모호하게 하다

판단에 따른 조치

11 _____
활용하다, 이용하다

12 _____
최소화하다

13 _____
elaborate

14 _____
할당하다, 배분하다

15 _____
substitute

관련·일치 판단

21 _____
겹치다; 겹침, 중복

22 _____
entangle

23 _____
일치하다[시키다]; 조화

24 _____
coincide

B 문장의 빈칸에 알맞은 말을 보기에서 골라 쓰시오.

corresponding   integral   vague   interplay   altering   fragments

1 The Earth formed from rocky and metallic _____.

2 Responding to our request, they took _____ measures.

3 Internal and external factors _____ to determine strategies.

4 Music is a(n) _____ part of what makes us happy and healthy.

5 The speaker's explanation was so _____ that I couldn't grasp the main point.

6 _____ behavior requires an understanding of how to persuade people to act.

속성의 인지

0901 adequate
[ǽdikwət]

ⓐ 충분한; 적당한, 적절한 ↔ inadequate 불충분한, 부적절한

Released pets suffer from weather and a lack of **adequate** food. 〈기출〉
풀려난 동물은 날씨나 **충분한** 먹이의 부족으로 고통받는다.

fail to find **adequate** resources in time 〈기출〉
제때 **충분한** 자원을 찾는 데 실패하다

+ adequacy ⓝ 충분; 적당

0902 substantial
[səbstǽnʃəl]

ⓐ 1 상당한 ⸻ considerable 2 실제적인

Sugarcane is a crop of **substantial** economic importance. 〈기출〉
사탕수수는 **상당한** 경제적 중요성을 가진 농작물이다.

0903 concise
[kənsáis]

ⓐ 간결한, 간명한

The item title is a clear and **concise** description of what is being sold. 〈기출〉
물품 제목은 무엇이 판매되고 있는가에 대한 명확하고 **간결한** 기술이다.

0904 lengthy
[léŋkθi]

ⓐ 장황한, 너무 긴

Diagrams do not need **lengthy** explanations and enhance understanding.
도식은 **장황한** 설명이 필요치 않으면서도 이해를 증진한다.

+ length ⓝ 길이

★ cf. height 높이, 신장 | width 너비 | depth 깊이

다의어

0905 approximate
ⓐ [əprάksəmət]
ⓥ [əprάksəmèit]

ⓐ 근접한; 대략의 ⓥ 가까워지다

a. **Approximate** perfection is better than perfect perfection.
〈기출〉 **근접한** 완벽이 완벽한 완벽보다 더 낫다.

v. to **approximate** the painter's style
그 화가의 스타일에 **가까워지다**

0906 sophisticated
[səfístəkèitid]

ⓐ 1 정교한, 복잡한 2 세련된

Plants also use **sophisticated** information-processing capacities. 〈기출〉
식물도 **정교한** 정보 처리 능력을 사용한다.

a calm and **sophisticated** manner 차분하고 **세련된** 태도

+ sophistication ⓝ 정교함, 복잡함; 세련

가치 인지 기준

0907 efficiency
[ifíʃənsi]

ⓝ 효율(성), 능률

the ways of increasing the **efficiency** of managing natural resources 기출
천연자원 관리의 **효율성**을 높이는 방법들 (주제)

+ efficient ⓐ 효율적인, 능률적인

0908 severity
[səvérəti]

ⓝ 심각성; 가혹

Severity of Overtourism: Much Worse than Imagined 기출
과잉 관광의 **심각성**: 상상하는 것보다 훨씬 더 나쁘다 (제목)

+ severe ⓐ 심각한; 가혹한

0909 stability
[stəbíləti]

ⓝ 안정, 안전성

Without **stability**, a system could not work properly as expected.
안정성이 없으면, 시스템은 기대대로 적절하게 작동할 수 없다.

+ stable ⓐ 안정된 | stabilize ⓥ 안정시키다 | stabilization ⓝ 안정(화)

0910 validity
[vəlídəti]

ⓝ 1 타당성 2 유효성

It's sensible to question the **validity** of any data that you may receive. 기출
여러분이 받을 수 있는 어떤 데이터든 **타당성**을 묻는 것이 현명하다.

the **validity** of an ID card 신분증의 **유효성**

+ valid ⓐ 1 타당한 2 유효한 | validate ⓥ 입증하다; 유효하게 하다

0911 utility
[juːtíləti]

ⓝ 1 유용(성), 효용 2 공공 설비, 공익사업

Economics assumes that actors engage in **utility** maximization. 기출
경제학은 행위자들이 **효용** 극대화에 참여한다고 가정한다.

utilities such as electricity, water, and gas
전기, 수도, 가스와 같은 **공공 설비**

0912 practicality
[præktikǽləti]

ⓝ 실용성, 실현 가능성

The **practicality** of a theory depends on its applicability. 기출
이론의 **실용성**은 그것의 적용[응용] 가능성에 달려 있다.

+ practical ⓐ 실용적인; 실제적인

0913 encode
[enkóud]

ⓥ 부호화[암호화]하다; 입력하다

need to **encode** the data
데이터를 **부호화할** 필요가 있다

We do not **encode** music in our brains note by note. ◂기출▸
우리가 음악을 우리의 뇌에 하나씩 하나씩 음표로 **입력하는** 것은 아니다.

0914 tackle
[tǽkl]

ⓥ 1 (문제 등을) 다루다 ≡address 2 저지하다, 맞서다

The importance of **tackling** climate change has never been clearer. ◂기출▸
기후 변화를 **다루는** 것의 중요성은 그 어느 때보다도 명확해졌다.

tackle the attempt to gain control
통제력을 가지려는 시도를 **저지하다**

0915 discern
[disə́:rn]

ⓥ 분별하다, 식별하다

We can **discern** if a claim is ethical by attending to the use of the words. ◂기출▸
우리는 말의 사용에 주의를 기울임으로써 어떤 주장이 윤리적인가를 **분별할** 수 있다.

0916 derive
[diráiv]

ⓥ 1 도출하다, 끌어내다 2 생겨나다, ~에서 비롯되다

Taboos have been **derived** from extensive natural knowledge. ◂기출▸
금기 사항은 자연에 관한 광범위한 지식에서 **도출되었다.**

Every living thing **derives** from another living thing.
모든 생명체는 다른 생명체에서 **생겨난다.**

0917 embody
[imbάdi]

ⓥ (사상·감정 등을) 구체화하다, 구현하다

National parks **embody** our heritage, both natural and cultural.
국립 공원은 우리의 유산을 자연적으로, 문화적으로 **구현한다.**

0918 undergo
[ʌ̀ndərgóu]

undergo-underwent-
undergone

ⓥ 1 겪다, 경험하다 2 (수술 등을) 받다

From the moment of birth we **undergo** radical changes.
출생하는 순간부터 우리는 급격한 변화를 **겪는다.**

undergo heart surgery 심장 수술을 **받다**

0919 consolidate
[kənsάlədèit]

ⓥ 1 통합하다 2 공고히 하다, 강화하다

The two companies decided to **consolidate** their resources to improve efficiency.
그 두 회사는 효율성을 향상시키기 위해서 자원을 **통합하기로** 결정했다.

Sleep helps **consolidate** memories after learning.
수면은 학습 후 기억을 **공고히 하는** 데 도움이 된다.

✚ consolidation ⓝ 1 통합 2 강화

0920 enlighten
[inláitn]

ⓥ 계몽하다, 교화하다

Enlightening people is helping people to find the purpose of life.
사람들을 **계몽하는** 것은 사람들이 삶의 목적을 찾도록 돕는 것이다.

✚ enlightenment ⓝ 계몽, 교화

★ cf. the Age of Enlightenment (18세기 유럽의) 계몽주의 시대

0921 nurture
[nə́:rtʃər]

ⓥ 1 육성[양성]하다 2 양육하다, 보살피다

We will need to **nurture** qualities such as curiosity, imagination, and empathy. •기출
우리는 호기심, 상상력, 그리고 공감 같은 품성을 **육성할** 필요가 있을 것이다.

Most parent birds **nurture** their offspring.
대부분 부모 새는 자기 새끼를 **양육한다.**

0922 empower
[impáuər]

ⓥ 능력[권한, 자격]을 주다

Science has **empowered** humans to explore the vast universe. •기출
과학은 인간에게 광대한 우주를 탐험할 **능력을 주었다.**

✚ empowerment ⓝ 권한 (부여)

0923 entitle
[intáitl]

ⓥ 1 권리[자격]을 주다 2 제목을 붙이다

Only a few are **entitled** to be decision makers.
오직 소수만이 의사 결정자일 **자격이 주어진다.**

a report **entitled** *Yearning for Balance*
〈균형에 대한 갈망〉이라는 **제목의[이 붙은]** 보고서

✚ entitlement ⓝ 자격, 권리

0924 endow
[indáu]

ⓥ 1 (능력, 자질 등을) 부여하다 2 (기금을) 기부하다

Humans are **endowed** with a unique ability for cognition.
인간은 인지라는 고유한 능력을 **부여받았다.**

endow a library with funds 도서관에 자금을 **기부하다**

✚ endowment ⓝ 1 (타고난) 자질 2 기부

기타 인지 개념

0925 attain
[ətéin]

ⓥ 획득하다, 달성[성취]하다

Performers compete to **attain** recognition for their performances. `기출`
공연자들은 자기 공연에 대한 인정을 **획득하고자[얻고자]** 경쟁한다.

attain a high level of fluency 높은 수준의 유창성을 **달성하다**

➕ attainment ⓝ 달성, 도달

0926 retain
[ritéin]

ⓥ 보유하다, 유지하다

We always **retain** one of our human abilities: to find new friends. `기출`
우리는 항상 우리 인간 능력 중 하나, 즉 새로운 친구를 찾는 능력을 **보유한다**.

➕ retention ⓝ 보유, 유지

0927 exert
[igzə́:rt]

ⓥ 1 기울이다, 발휘하다 2 가하다

As a businessperson, you must **exert** all efforts to know the market.
사업가로서 여러분은 시장을 알기 위해 모든 노력을 **기울여야** 한다.

exert influences on each other `기출` 서로에게 영향력을 **가하다**

➕ exertion ⓝ 발휘; 행사

0928 dedicate
[dédikèit]

ⓥ 바치다, 헌신하다, 전념하다

She **dedicated** her life to protecting and expanding women's rights. `기출`
그녀는 자신의 삶을 여성 권리를 보호하고 확대하는 데 **바쳤다**.

dedicate oneself to work on the mind-brain problem `기출`
뇌와 정신 문제에 관한 연구에 **전념하다**

➕ dedicate oneself to ~에 전념하다

➕ dedication ⓝ 헌신; 전념

0929 unveil
[ənvéil]

ⓥ 밝히다, 베일을 벗기다

Picasso said, "Art is a lie that allows us to **unveil** the truth."
피카소는 "예술은 우리가 진실을 **밝히도록** 해주는 거짓말이다."라고 말했다.

0930 distract
[distrǽkt]

ⓥ (주의를) 산만하게 하다

Young children are easily **distracted** by too much sensory information.
어린아이들은 너무 많은 감각 정보에 의해 쉽게 **주의가 산만해진다**.

➕ distraction ⓝ 주의 산만 (요소)

A 빈칸에 알맞은 우리말 또는 영어 단어를 써넣으시오.

인지

속성의 인지

1 ＿＿＿＿＿＿＿
substantial

2 ＿＿＿＿＿＿＿
간결한, 간명한

3 ＿＿＿＿＿＿＿
lengthy

4 ＿＿＿＿＿＿＿
근접한; 가까워지다

5 ＿＿＿＿＿＿＿
sophisticated

가치 인지 기준

6 ＿＿＿＿＿＿＿
효율(성), 능률

7 ＿＿＿＿＿＿＿
severity

8 ＿＿＿＿＿＿＿
안정, 안정성

9 ＿＿＿＿＿＿＿
유용(성), 효용; 공공 설비

10 ＿＿＿＿＿＿＿
practicality

인지 강화

16 ＿＿＿＿＿＿＿
통합하다; 공고히 하다

17 ＿＿＿＿＿＿＿
enlighten

18 ＿＿＿＿＿＿＿
nurture

19 ＿＿＿＿＿＿＿
능력[권한, 자격]을 주다

인지 행동

11 ＿＿＿＿＿＿＿
encode

12 ＿＿＿＿＿＿＿
tackle

13 ＿＿＿＿＿＿＿
분별하다, 식별하다

14 ＿＿＿＿＿＿＿
derive

15 ＿＿＿＿＿＿＿
구체화하다, 구현하다

기타 인지 개념

20 ＿＿＿＿＿＿＿
attain

21 ＿＿＿＿＿＿＿
보유하다, 유지하다

22 ＿＿＿＿＿＿＿
exert

23 ＿＿＿＿＿＿＿
dedicate

24 ＿＿＿＿＿＿＿
밝히다

B 문장의 빈칸에 알맞은 말을 보기에서 골라 쓰시오.

validity	endowed	distracted	undergo	adequate	entitled

1 Only a few are ＿＿＿＿＿＿ to be decision makers.

2 Humans are ＿＿＿＿＿＿ with a unique ability for cognition.

3 From the moment of birth we ＿＿＿＿＿＿ radical changes.

4 Released pets suffer from weather and a lack of ＿＿＿＿＿＿ food.

5 It's sensible to question the ＿＿＿＿＿＿ of any data that you may receive.

6 Young children are easily ＿＿＿＿＿＿ by too much sensory information.

우수성

0931 notable
[nóutəbəl]

ⓐ 1 주목할 만한, 두드러진   2 저명한, 유명한

The campaign failed to make any **notable** improvement.
그 캠페인은 어떤 **주목할 만한** 개선을 이루어내지 못했다.

The actress had main roles in many **notable** films. `기출`
그 여배우는 많은 **유명한** 영화에서 주연을 맡았다.

➕ note ⓥ 1 주목하다 2 기록해두다 ⓝ 메모; 기록

0932 prominent
[prɑ́mənənt]

ⓐ 1 현저한, 두드러진   2 저명한, 걸출한

Mental rehearsal is a **prominent** technique in sports training. `기출`
정신적 예행 연습은 스포츠 훈련에서 **두드러진** 기법이다.

F. Yates was a **prominent** UK statistician. `기출`
F. Yates는 **저명한** 영국 통계학자였다.

➕ prominence ⓝ 두드러짐; 걸출

0933 unrivaled
[ənráivəld]

ⓐ 독보적인, 경쟁자가 없는

His knowledge about seafood is **unrivaled** in the world.
그의 해산물에 관한 지식은 세상에서 **독보적이다**.

➕ rival ⓝ 경쟁자 ⓥ 필적하다 | rivalry ⓝ 경쟁 (의식)

0934 exceptional
[iksépʃənəl]

ⓐ 특별히 뛰어난; 예외적인

We have on hand at present some potatoes of **exceptional** quality. `기출`
저희는 현재 **특별히 뛰어난** 품질의 감자를 좀 보유하고 있습니다. (광고)

0935 distinctive
[distíŋktiv]

ⓐ 구별되는; 독특한

With his **distinctive** skills, he will strengthen our team.
자신의 **차별화된** 기술을 가지고 그는 우리 팀을 강화할 것이다.

symbolize a **distinctive** life-style `기출`
독특한 생활방식을 상징하다

0936 authoritative
[əθɔ́:ritèitiv]

ⓐ 1 권위가 있는   2 권위[위압]적인

A quiet, **authoritative**, and measured tone has great impact.
`기출` 조용하고 **권위가 있으며** 침착한 어조는 커다란 영향력을 미친다.

the pros and cons of **authoritative** leadership style
권위적인 리더십 스타일의 장단점[찬반론]

비교 우위 표현하기

0937 outperform
[àutpərfɔ́ːrm]

Ⓥ ~보다 (기량이) 뛰어나다, 능가하다

Even very simple algorithms can **outperform** expert judgement. 기출
아주 단순한 알고리즘조차 전문가 판단**보다 뛰어날** 수 있다.

0938 outweigh
[àutwéi]

Ⓥ ~보다 중요하다; ~보다 더 크다

We provide help if the rewards to us **outweigh** the costs.
기출 우리는 우리에게 주어지는 보상이 대가**보다 중요하면** 도움을 제공한다.
The gains **outweigh** the losses. 얻는 것이 잃는 것**보다 더 크다.**

0939 surpass
[sərpǽs]

Ⓥ 능가하다, 뛰어넘다, ~보다 낫다

When the supply **surpasses** the demand, the price usually decreases.
공급이 수요를 **능가할** 때, 가격은 보통 하락한다.

0940 overtake
[òuvərtéik]
overtake-overtook-overtaken

Ⓥ 1 추월하다, 따라잡다 2 덮치다

Online ads **overtook** television advertisements for the first time.
온라인 광고가 처음으로 텔레비전 광고를 **추월했다.**
Sleepiness **overtook** me for a short while. 기출
졸음이 잠시 동안 나를 **덮쳤다.**

0941 override
[òuvərráid]
override-overrode-overridden

Ⓥ 우선하다, ~보다 더 중요하다

The safety of people **overrides** all other considerations.
사람들의 안전이 다른 모든 고려사항을 **우선한다.**

0942 precede
[prisíːd]

Ⓥ 1 우선하다 2 앞서다, 선행하다

Human rights **precede** human-made law.
인권은 인간이 만든 법보다 **우선한다.**
Progress is always **preceded** by change.
진보가 일어나기 전에 항상 변화가 **선행한다.**

+ precedent ⓐ 선행하는 ⓝ 선례, 전례 | precedence ⓝ 선행; 우위

비(非)지성

0943 nonsense
[nάnsens]

ⓝ 터무니없는 소리[생각], 무의미한 말 ↔ common sense 상식

It is **nonsense** to claim that one should respect all beliefs.
모든 믿음을 존중해야 한다고 주장하는 것은 **터무니없는 소리**이다.

0944 illusion
[ilúːʒən]

ⓝ 환상, 착각, 환영

Otherwise, you're sacrificing your potential for the **illusion** of professionalism. 기출
그렇지 않다면, 여러분은 전문성이라는 **환상**을 위해 여러분의 잠재력을 희생하고 있다.

➕ optical illusion 착시

➕ illusory ⓐ 착각하기 쉬운, 환상에 불과한

0945 superstition
[sùːpərstíʃən]

ⓝ 미신

Science has triumphed over ignorance and **superstition**.
과학은 무지와 **미신**에 승리를 거두었다.

➕ superstitious ⓐ 미신에 사로잡힌, 미신적인

0946 supernatural
[sùːpərnǽtʃərəl]

ⓐ 초자연적인

A superstition is a **supernatural** belief that is not supported by facts.
미신은 사실에 의해 뒷받침되지 않는 **초자연적** 믿음이다.

0947 mythical
[míθikəl]

ⓐ 1 신화적인, 신화의 2 가공의

There was widespread preference for **mythical** explanations over scientific ones. 기출
과학적 설명보다 **신화적** 설명에 대한 광범위한 선호가 있었다.

mythical creatures in the film 영화 속 **가공의** 피조물

➕ myth ⓝ 1 신화 2 꾸며낸 이야기 | mythology ⓝ 신화(집)

0948 mysterious
[mistíəriəs]

ⓐ 불가사의한; 신비한

The **mysterious** extinction of prehistoric marine reptiles finally explained.
선사시대 해양 파충류의 **불가사의한** 멸종이 마침내 설명되었다.

➕ mystery ⓝ 불가사의, 신비, 수수께끼

0949 acknowledge
[æknάlidʒ]

Ⓥ 인정[시인]하다; 승인하다

We **acknowledge** that we made some mistakes.
우리는 우리가 몇몇 실수를 했다는 것을 **인정합니다**.

acknowledge the need for the democratization of data ◀기출
데이터 민주화의 필요성을 **인정하다**

➕ acknowledgment ⓝ 1 인정 2 승인 3 (–s) 감사의 말

0950 negotiate
[nigóuʃièit]

Ⓥ 협상[협의]하다, 교섭하다

Moving expenses and starting date can be **negotiated**. ◀기출
이사 비용과 시작 날짜는 **협상할** 수 있습니다.

다의어

0951 coordinate
ⓥ [kouɔ́ːrdənèit]
ⓐ [kouɔ́ːrdənet]

Ⓥ 1 조정하다 2 조직화하다 ⓐ 동등한

v. 1 We can **coordinate** our activities with your ideas and wishes.
우리는 우리의 활동을 귀하의 생각과 소망에 따라 **조정할** 수 있습니다.

2 **coordinate** efforts to ensure food, nutrition security
식량, 영양 안전을 보장하기 위한 노력을 **조직화하다**

a. exercise **coordinate** authority in decision-making
의사결정에서 **동등한** 권한을 행사하다

➕ coordination ⓝ 1 조정 2 조직화

다의어

0952 compromise
[kάmprəmàiz]

ⓝ 타협, 절충 Ⓥ 1 타협하다 2 해치다, 손상하다

n. **Compromise** requires some give and take from both sides.
타협은 양측의 얼마간 주고받기가 필요하다.

v. 1 refuse to **compromise** on quality
품질에 대해서 **타협하기**를 거부하다

2 **compromise** one's reputation ~의 명성을 **해치다**

0953 compensation
[kὰmpənséiʃən]

ⓝ 보상, 배상

Fair **compensation** must be made to the victim.
피해자에게 공정한 **보상**이 이루어져야 한다.

➕ compensate ⓥ 보상[배상]하다

0954 procedure
[prəsíːdʒər]

ⓝ 절차, 순서

An undoubted merit of the **procedure** of negotiation is its flexibility.
그 협상 **절차**의 의심할 여지가 없는 장점은 그것의 융통성이다.

0955 confidence
[kάnfidəns]

ⓝ 확신; 자신

His **confidence** was, however, quickly changed to nervousness. 〈기출〉
하지만 그의 **확신**은 빠르게 초조함으로 바뀌게 되었다.

＋ confident ⓐ 확신하는; 자신감 있는

0956 assurance
[əʃúərəns]

ⓝ 1 확신 2 보증, 보장

Nothing great in life comes with complete **assurance** of success.
인생에서 대단한 그 어떤 것도 성공에 대한 완벽한 **확신**으로 오는 것은 없다.

the **assurance** that it is true 그것이 진실이라는 **보증**

＋ assure ⓥ 1 확신시키다 2 보증[보장]하다

0957 uncertainty
[ʌnsə́:rtnti]

ⓝ 불확실성 ↔ certainty 확실성

Each choice involves **uncertainty** about which path will get you there. 〈기출〉
각각의 선택은 어떤 길이 여러분을 그곳에 닿게 할지에 관한 **불확실성**을 수반한다.

＋ uncertain ⓐ 불확실한

0958 assert
[əsə́:rt]

ⓥ 단언하다, (강력히) 주장하다

Experts **assert** that climate change is more than an environmental issue.
전문가들은 기후 변화가 환경 문제 이상의 것이라고 **단언한다**.

＋ assertion ⓝ 단언, 주장 ｜ assertive ⓐ 단정적인, 확신에 찬

0959 affirm
[əfə́:rm]

ⓥ 확언하다, 단언하다

The report **affirmed** that the birth rate is on the increase.
그 보고서는 출생률이 증가하고 있다고 **확언했다**.

＋ affirmation ⓝ 확언, 단언

0960 ascertain
[æ̀sərtéin]

ⓥ 확인하다, 규명하다

This method is employed to **ascertain** the reliability of data.
이 방법은 데이터의 신빙성을 **확인하기** 위해 이용된다.

＋ ascertainment ⓝ 확인, 규명

DAILY CHECK-UP

A 빈칸에 알맞은 우리말 또는 영어 단어를 써넣으시오.

지성

우수성

1 _____ notable

2 _____ 독보적인, 경쟁자가 없는

3 _____ exceptional

4 _____ 구별되는; 독특한

5 _____ authoritative

비교 우위 표현하기

6 _____ ~보다 (기량이) 뛰어나다, 능가하다

7 _____ outweigh

8 _____ 추월하다, 따라잡다; 덮치다

9 _____ override

10 _____ 우선하다; 앞서다, 선행하다

비(非)지성

11 _____ 터무니없는 소리, 무의미한 말

12 _____ 환상, 착각, 환영

13 _____ supernatural

14 _____ 신화적인; 가공의

15 _____ mysterious

문제 해결

16 _____ 협상하다, 교섭하다

17 _____ coordinate

18 _____ compensation

19 _____ 절차, 순서

확실성

20 _____ 확신; 자신

21 _____ assurance

22 _____ 불확실성

23 _____ affirm

24 _____ 확인하다, 규명하다

B 문장의 빈칸에 알맞은 말을 보기에서 골라 쓰시오.

assert	surpasses	superstition	prominent	compromise	acknowledge

1 We _____ that we made some mistakes.

2 Science has triumphed over ignorance and _____.

3 _____ requires some give and take from both sides.

4 Mental rehearsal is a _____ technique in sports training.

5 When the supply _____ the demand, the price usually decreases.

6 Experts _____ that climate change is more than an environmental issue.

✎ give, go 구동사

give away	~을 거저 주다; 나누어 주다 She frequently **gave away** her food and possessions to those in need. 그녀는 자주 어려운 사람들에게 자신의 음식과 소유물을 **거저 주었다.**
give off	~을 뿜어내다[발하다] Plants absorb carbon dioxide and **give off** oxygen as they make food. 식물은 자양분을 만들 때 이산화탄소를 흡수하고 산소를 **뿜어낸다.**
give rise to	~을 일으키다 ⊜ cause, originate Every tree now grows on its own, **giving rise to** great differences in productivity. 〈기출〉 모든 나무는 이제 스스로 성장하는데, 생산성에서 커다란 차이를 **일으킨다.** ★ cf. give birth to ~를 낳다
give way to	1 ~에 굽히다 2 자리를 내주다, ~로 대체되다 The management **gave way to** the demands of the union. 경영진은 조합의 요구에 **굽혔다.** Change is permanent, as old technologies **give way to** new ones. 옛 기술이 새로운 기술로 **대체되면서** 변화는 영구적이다.
go over	~을 점검하다[조사하다] You should **go over** your paper one more time before you submit it. 여러분은 논문을 제출하기 전에 한 번 더 그것을 **점검해야** 한다.
go through	1 ~을 겪다 2 ~을 검토하다 Many signals **go through** changes that make them more elaborate. 〈기출〉 많은 신호는 그것을 더 정교하게 만드는 변화를 **겪는다.** The committee **went through** the proposal and approved the plan. 위원회가 그 제안서를 **검토하고** 그 계획을 승인했다.

PLAN 4
문화

DAY 33 생활

DAY 34 여가 · 예술

DAY 35 문학 · 언어 · 언론

DAY 36 교육 · 종교 · 문화

생활
- **strive** 분투하다, 애쓰다
- **vibrant** 활기 넘치는

여가·예술
- **exotic** 이국적인; 외래의
- **depict** 묘사하다, 그리다

문화

문학·언어·언론
- **cite** 인용하다
- **journalism** 언론(계)

교육·종교·문화
- **curriculum** 교육[교과] 과정
- **prevail** 성행하다, 만연하다

생활 속 활동

0961 strive
[straiv]
strive-strove/strived-
striven/strived

Ⓥ 분투하다, 애쓰다

Our time still **strives** to overcome the limitations of the industrial age. 〈기출〉
우리 시대는 여전히 산업 시대의 제약을 극복하고자 **분투하고 있다.**

➕ strife ⓝ 투쟁, 갈등

0962 fulfill
[fulfíl]

Ⓥ 1 실현[성취]하다 2 이행하다, 완수하다

We always have the power to **fulfill** our wishes. 〈기출〉
우리는 항상 우리의 소망을 **실현할** 힘을 가지고 있다.

fulfill the responsibilities of the manager
관리자 책임을 **이행[완수]하다**

➕ fulfillment ⓝ 1 실현, 성취 2 이행, 완수
fulfilled ⓐ 만족하는, 성취감을 느끼는

0963 consent
[kənsént]

Ⓥ 동의[승낙]하다 ⓝ 동의, 승낙 ↔ dissent 반대(하다)

You can express your **consent** or refusal in an adequate manner.
여러분은 적당한 방식으로 **동의** 또는 거절을 표현할 수 있다.

need the **consent** of parents or guardians
부모나 보호자의 **동의**가 필요하다

<다의어>

0964 grant
[grænt]

Ⓥ 1 주다, 수여하다 2 승인하다 ⓝ (특정 목적의) 보조금

v. 1 We would be so grateful if you **granted** permission. 〈기출〉
우리는 귀하가 허가해 **주신다면** 정말 감사할 것입니다.

n. earn a **grant** for a project
프로젝트를 위한 (연구) **보조금**을 받다

0965 prolong
[proulɔ́ːŋ]

Ⓥ 연장하다, 늘이다

Repair has the potential to **prolong** the existence of objects.
〈기출〉 수리는 물건의 존재를 **연장할** 가능성을 가진다.

0966 postpone
[poustpóun]

Ⓥ 연기하다, 미루다

I was wondering why my presentation was **postponed**. 〈기출〉
저는 저의 발표가 왜 **연기되었는지** 궁금했어요.

➕ postponement ⓝ 연기, 미루기

생활 속 상황

0967 routine
[ru:tíːn]

ⓐ 일상적인, 판에 박힌　ⓝ 일상, 판에 박힌 일

You'd better set aside your **routine** activities for a while. 기출
한동안 **일상적인** 활동을 제쳐두는 것이 좋겠습니다.

His morning **routine** included enjoying an egg and sipping tea. 기출
그의 아침 **일상**에는 달걀 한 개를 즐기고 차를 마시는 것이 포함되었다.

0968 urgent
[ə́ːrdʒənt]

ⓐ 긴급한, 다급한

In the case of climate change, present needs are more **urgent** than future concerns. 기출
기후 변화의 경우, 현재의 필요가 미래에 대한 염려보다 더 **긴급하다**.

　＋　urgency ⓝ 긴급

0969 demanding
[dimǽndiŋ]

ⓐ 1 힘든, 고된　＝ challenging　2 (사람이) 요구가 많은

Hunting big game was highly dangerous and physically **demanding**. 기출
커다란 사냥감을 사냥하는 것은 매우 위험하고 육체적으로 **힘들었다**.

Our new boss is **demanding** but supportive.
우리의 새로운 상사는 **요구가 많지만** 지원을 아끼지 않는다.

　＋　demand ⓝ 요구; 수요　ⓥ 요구하다

0970 optimal
[ɑ́ptəməl]

ⓐ 최선의, 최적의

The **optimal** decision would be not to risk getting injured. 기출
최선의 결정은 부상을 입는 위험을 무릅쓰지 않는 것일 것이다.

　＋　optimum ⓝ 최적 조건

0971 intensive
[inténsiv]

ⓐ 1 집중적인, 철저한　2 (농업 방식이) 집약적인

Enhancing skills can be done through **intensive** training.
기술을 향상하는 것은 **집중적인** 훈련을 통해 이루어질 수 있다.

intensive agriculture **집약** 농업

0972 hazardous
[hǽzərdəs]

ⓐ 위험한

Younger people tend to make **hazardous** decisions. 기출
더 젊은 사람들이 **위험한** 결정을 내리는 경향이 있다.

　＋　hazard ⓝ 위험 (요소)

0973 **recipient**
[risípiənt]

ⓝ 받는 사람, 수령[수취]인

All business letters should include the address of the **recipient**.
모든 업무 서신은 **받는 사람**의 주소를 포함해야 한다.

+ receive ⓥ 받다 | reception ⓥ 1 수취, 수령 2 환영(회)

0974 **pedestrian**
[pədéstriən]

ⓝ 보행자 ⓐ 보행(자)의

Seeing a lot of **pedestrians** can be an indication of good city quality. ·기출·
많은 **보행자**를 보는 것은 좋은 도시 질의 지표가 될 수 있다.

pedestrian zone 보행자 전용 구역

0975 **respondent**
[rispándənt]

ⓝ (설문) 응답자

Half the **respondents** selected reading as one of their hobbies. ·기출·
응답자의 절반이 자신의 취미 중 하나로 독서를 골랐다.

+ respond ⓥ 응답하다; 반응하다 | response ⓝ 응답; 반응

0976 **practitioner**
[præktíʃənər]

ⓝ 전문직 종사자(개업의, 개업 변호사 등)

Health **practitioners** are already using AI-powered diagnostic tools.
보건 **전문직 종사자들**은 이미 AI 동력 진단 도구를 사용하고 있다.

0977 **counterpart**
[káuntərpɑ̀:rt]

ⓝ 상응하는 사람[것], 상대

Dutch teens are reported to be happier than their UK **counterparts**.
네덜란드 십 대가 영국의 **상대(십 대)**보다 더 행복하다고 보고되고 있다.

0978 **acquaintance**
[əkwéintəns]

ⓝ 1 지인, 아는 사람 2 지식, 익히 앎

An **acquaintance** invited me to a barbecue recently.
한 **지인**이 최근에 나를 바비큐 파티에 초대했다.

a profound **acquaintance** with the Irish tradition
아일랜드 전통에 대한 심오한 **지식**

+ acquaint ⓥ 익히 알게[정통하게] 하다

★ cf. acquaint oneself with ~에 정통하다

0979 vibrant
[váibrənt]

ⓐ 1 **활기 넘치는** ⊜lively 2 (색채가) 선명한, 강렬한

The flea market is one of the most **vibrant** places to visit in the city.
그 벼룩시장은 그 도시에서 방문하기에 가장 **활기 넘치는** 곳 중 하나다.

Her son's room is decorated with **vibrant** colors of yellow and green.
그녀 아들의 방은 노랑과 초록의 **선명한** 색으로 장식되어 있다.

0980 monotonous
[mənátənəs]

ⓐ 단조로운, 지루한

Parks provide a nice break from the **monotonous** city landscape.
공원은 **단조로운** 도시 풍경으로부터 잠시 멋진 휴식을 제공한다.

He was tired of repetitive and **monotonous** work.
그는 반복적이고 **단조로운** 일에 싫증이 났다.

➕ monotony ⓝ 단조로움

0981 spectacular
[spektǽkjələr]

ⓐ 장관을 이루는, 눈부신

Enjoy the **spectacular** night view of this big modern city.
이 현대적인 대도시의 **장관을 이루는** 야경을 즐기세요.

➕ spectacle ⓝ 장관, 구경거리

0982 magnificent
[mægnífəsənt]

ⓐ 장엄한, 웅장한

The resort is located in the **magnificent** Mt Pilot National Park.
그 휴양지는 **장엄한** Pilot 산 국립 공원에 위치하고 있다.

➕ magnificence ⓝ 장엄, 웅장

0983 festive
[féstiv]

ⓐ 축제 분위기의, 축제의, 즐거운

The street was **festive** and full of beautiful energy.
거리는 **축제 분위기**였고 아름다운 에너지로 가득했다.

➕ festival ⓝ 축제

0984 deserted
[dizə́:rtid]

ⓐ 황량한, 사람이 살지 않는

Only a few deer were spotted in the **deserted** land.
사슴 몇 마리만이 그 **황량한** 땅에서 발견되었다.

deserted island 무인도

➕ desert ⓝ 사막 ⓥ 버리고 떠나다

0985 prohibit
[prouhíbit]

ⓥ 금지하다

Anti-tobacco laws strictly **prohibit** smoking in public places.
금연법은 공공장소에서의 흡연을 엄격히 **금지한다**.

The zoo **prohibits** visitors from feeding the animals.
그 동물원은 방문객들이 동물에게 먹이를 주는 것을 **금지한다**.

+ prohibition ⓝ 금지

0986 forbid
[fərbíd]
forbid-forbade-forbidden

ⓥ 금(지)하다, 허락하지 않다

The old grammar rule **forbids** the splitting of infinitives. 기출
옛날 문법 규칙은 부정사의 분리를 **금한다**.

Photography is **forbidden** in the museum.
사진 촬영이 박물관 내에서 **금지된다**.

+ forbidden ⓐ 금지된

0987 hinder
[híndər]

ⓥ 방해하다, 저해하다

As death **hinders** the evolution of human intelligence, writing was invented. 기출
죽음이 인간 지능의 진화를 **방해하므로**, 글이 발명되었다.

+ hindrance ⓝ 방해, 장애

0988 inhibit
[inhíbit]

ⓥ 방해하다, 억제하다

Numerous biases **inhibit** or override reflective thought. 기출
수많은 편견이 성찰적 사고를 **방해하거나** 그것에 우선한다.

+ inhibition ⓝ 금지, 억제

0989 confine
[kənfáin]

ⓥ 1 한정[제한]하다 2 가두다, 구금하다

We tend to **confine** ourselves to a particular culture. 기출
우리는 우리 자신을 특정 문화에 **한정하는** 경향이 있다.

The abandoned dogs were **confined** in a fenced area.
유기견들이 울타리가 쳐진 구역에 **가두어져** 있었다.

+ confinement ⓝ 1 제한, 한정 2 감금, 구금

0990 restrain
[ristréin]

ⓥ 1 제지하다, 제한하다 2 억누르다

Easily downloading digital creations **restrains** people's creativity. 기출
디지털 창작물을 쉽게 내려받는 것은 사람들의 창의력을 **제한한다**.

I managed to **restrain** my anger. 나는 간신히 분노를 **억눌렀다**.

+ restraint ⓝ 제한, 제지, 억제

DAILY CHECK-UP

A 빈칸에 알맞은 우리말 또는 영어 단어를 써넣으시오.

생활

생활 속 활동

1 _____ 분투하다, 애쓰다

2 _____ fulfill

3 _____ 동의(하다), 승낙(하다)

4 _____ grant

5 _____ 연장하다, 늘이다

생활 속 상황

6 _____ routine

7 _____ demanding

8 _____ 최선의, 최적의

9 _____ 집중적인, 철저한; 집약적인

10 _____ hazardous

생활 속 풍경

16 _____ vibrant

17 _____ spectacular

18 _____ 축제 분위기의, 즐거운

19 _____ 황량한, 사람이 살지 않는

생활 속 호칭

11 _____ 받는 사람, 수령인

12 _____ pedestrian

13 _____ 전문직 종사자

14 _____ counterpart

15 _____ acquaintance

금지·방해·제한

20 _____ forbid

21 _____ 방해하다, 저해하다

22 _____ inhibit

23 _____ confine

24 _____ 제지하다, 제한하다; 억누르다

B 문장의 빈칸에 알맞은 말을 보기에서 골라 쓰시오.

prohibit	monotonous	postponed	magnificent	urgent	respondents

1 I was wondering why my presentation was _____ .

2 Anti-tobacco laws strictly _____ smoking in public places.

3 Half the _____ selected reading as one of their hobbies.

4 The resort is located in the _____ Mt Pilot National Park.

5 Parks provide a nice break from the _____ city landscape.

6 In the case of climate change, present needs are more _____ than future concerns.

여가 · 예술

여행 경험 1

0991 voyage
[vɔ́iidʒ]

ⓝ 항해 ⓥ 항해하다

The honeymoon package includes the ocean **voyage**.
신혼여행 패키지 상품에는 해양 **항해**가 포함됩니다. (광고)

0992 entertainment
[èntərtéinmənt]

ⓝ 오락, 즐거움; 연예

The traditional dance performance is intended as **entertainment** for tourists.
그 전통 무용 공연은 관광객을 위한 **오락**으로 의도된다.

+ entertain ⓥ 즐겁게 하다 | entertainer ⓝ 연예인

0993 accommodation
[əkɑ̀mədéiʃən]

ⓝ 1 (pl.) **숙박 시설** 2 조정, 타협

Good quality **accommodations** are associated with tourism growth. •기출
고품격 **숙박 시설**은 관광산업 성장과 연관된다.

reach an **accommodation** **조정**에 이르다

+ accommodate ⓥ 1 숙박시키다 2 (분쟁을) 조정하다

0994 exotic
[igzátik]

ⓐ 이국적인; 외래의

When traveling to Africa, I saw many **exotic** animals on a safari.
아프리카로 여행 갔을 때, 나는 사파리에서 많은 **이국적인** 동물을 봤다.

the impacts of **exotic** species on the ecosystem
외래종이 생태계에 미치는 영향들

다의어

0995 novel
[nɑ́vəl]

ⓐ **새로운, 참신한** ⓝ 소설

a. The trip to the Pyramids by camel was a **novel** experience.
낙타를 타고 간 피라미드 관광은 **새로운** 경험이었다.

n. a **novel**, play or short story **소설**, 희곡 또는 단편 소설

+ novelty ⓝ 새로움, 참신함

0996 authentic
[ɔ:θéntik]

ⓐ 진정한, 진짜의 ⊟genuine

Missing out on local **authentic** food can make a trip feel incomplete.
현지 **정통** 음식을 놓치는 것은 여행을 불완전하게 느끼게 할 수 있다.

an **authentic** Rembrandt painting **진짜** 렘브란트 그림(진품)

+ authenticity ⓝ 확실성, 진정성, 진짜임

여행 경험 2

0997 artifact
[ɑ́:rtəfæ̀kt]

ⓝ 1 유물 2 인공물, 공예품 ⓔ artefact

The museum houses many **artifacts** from the Mochica Culture.
그 박물관은 Mochica 문화의 많은 **유물**을 소장하고 있다.

Babies begin to learn the use of all kinds of **artifacts**. 〈기출〉
아기들은 온갖 종류의 **인공물** 사용을 배우기 시작한다.

0998 monument
[mɑ́njəmənt]

ⓝ 1 유적(지), (역사적) 기념물 2 기념비

Many historical **monuments** are popular tourist attractions.
많은 사적지(역사적 **유적지**)는 인기 있는 관광 명소이다.

Stonehenge is a **monument** to the discovery of regularity.
〈기출〉 스톤헨지는 규칙성 발견의 **기념비**이다.

0999 scenery
[sí:nəri]

ⓝ 풍경, 경치

The **scenery** around them was breathtaking, making everyone speechless. 〈기출〉
그들 주변의 **풍경**은 숨이 멎을 듯했고, 모든 이가 말을 잃게 했다.

➕ scene ⓝ 장면, (사건 등의) 현장 ┃ scenic ⓐ 경치의, 경치 좋은

1000 superb
[supə́:rb]

ⓐ 빼어난, 멋진, 최고의

The room was exceptionally clean and the balcony view was **superb**.
객실은 특히나 깨끗했고 발코니에서의 전망은 **빼어났다**.

1001 marvelous
[mɑ́:rvələs]

ⓐ 경이로운, 놀라운

The palace is a **marvelous** mix of two architectural styles.
그 궁전은 두 건축 양식의 **경이로운** 조합물이다.

1002 invaluable
[invǽljuəbəl]

ⓐ 매우 귀중한, 값을 매길 수 없는 ⓔ priceless 값을 매길 수 없는

Let's preserve our **invaluable** heritage for future generations.
미래 세대를 위해 **매우 귀중한** 우리의 유산을 보존합시다.

➕ valuable ⓐ 귀중한 (↔ valueless 무가치한)

1003 conductor
[kəndʌ́ktər]

ⓝ 1 **지휘자** 2 (전)도체

Brico made up her mind to study music and become a **conductor**. 〈기출〉
Brico는 음악을 공부해서 **지휘자**가 되기로 결심했다.

Copper is a good **conductor** of electricity.
구리는 전기의 좋은 **전도체**이다.

★ cf. composer 작곡가 | semiconductor 반도체

1004 sculptor
[skʌ́lptər]

ⓝ 조각가

Auguste Rodin is regarded as one of the greatest **sculptors**.
오귀스트 로댕은 가장 위대한 **조각가** 중 한 명으로 여겨진다.

✛ sculpt ⓥ 조각하다 | sculpture ⓝ 조각; 조각품

1005 craftsman
[krǽftsmən]

ⓝ 공예가, 장인

The gift shop carries pottery made by local **craftsmen**.
그 선물 가게에는 지역 **공예가들**이 만든 도기류가 있다.

✛ craft ⓝ 공예 ⓥ 정교하게 만들다

★ cf. handicraft 수공예(품)

1006 curator
[kjuəréitər]

ⓝ 큐레이터, 박물관[미술관] 관리자

At that point, the **curator** decided to postpone the exhibition.
그 시점에서 **큐레이터**는 전시회를 연기하기로 결정했다.

1007 opponent
[əpóunənt]

ⓝ 상대, 적수; 반대자

We always face the toughest **opponent** in the finals.
우리는 항상 최종전[결승전]에서 가장 강인한 **상대 선수[팀]**를 만난다.

1008 figure
[fígjər]

ⓝ 1 **(유명) 인사, 인물** 2 숫자; 수치 3 모양
ⓥ 생각하다

n. 1 Will Rogers was a famous American public **figure**. 〈기출〉
Will Rogers는 미국의 유명한 대중적 **인사**였다.

2 record the same **figures** 같은 **숫자**를 기록하다

3 **figures** like cubes and spheres 정육면체와 구와 같은 **모양**

v. I **figured** he would be busy. 나는 그가 바쁠 거라고 **생각했다**.

➕ figure out ~을 파악[이해]하다

1009 depict
[dipíkt]

ⓥ 묘사하다, 그리다

The selfie **depicts** the drama of our own daily performance.
기출 셀피(셀프 카메라)는 우리 자신의 일상적인 행위의 드라마를 **묘사한다.**

+ depiction ⓝ 묘사, 서술

1010 portray
[pɔːrtréi]

ⓥ (인물·풍경을) 그리다, 묘사하다

His work often **portrays** ordinary people in natural scenery.
그의 작품은 흔히 자연 풍경 속의 보통 사람들을 **그린다.**

+ portrayal ⓝ 묘사; 초상(화) | portrait ⓝ 초상화, 인물 사진

1011 capture
[kǽptʃər]

ⓥ 1 포착하다 2 붙잡다; 포획하다

Create a webtoon that **captures** your vision of a cleaner environment. 기출
더 깨끗한 환경에 대한 여러분의 비전을 **포착하는** 웹툰을 그리세요. (안내문)

Free oxygen in the atmosphere **captures** hydrogen. 기출
대기 중의 유리 산소가 수소를 **붙잡는다.**

다의어

1012 erect
[irékt]

ⓥ 건립하다, 세우다 ⓐ 직립의, 똑바로 선

v. The Eiffel Tower, **erected** in 1889, is now the symbol of Paris.
에펠탑은 1889년에 **건립되었는데,** 이제는 파리의 상징이다.

a. Only humans have an **erect** posture.
오직 인간만이 **직립** 자세를 가졌다.

+ erection ⓝ 건립

1013 adorn
[ədɔ́ːrn]

ⓥ 꾸미다, 장식하다 ⊜ decorate

The architect **adorned** the building with Neo-Gothic décor.
건축가는 그 건물을 신 고딕식 장식으로 **꾸몄다.**

+ adornment ⓝ 장식(물)

1014 renovate
[rénəvèit]

ⓥ 보수[수리]하다, 새롭게 하다

We need to develop a plan to **renovate** the old facilities or construct new ones.
우리는 오래된 시설을 **보수하거나** 새로운 시설을 지을 계획을 개발할 필요가 있다.

+ renovation ⓝ 보수, 개조

1015 vivid
[vívid]

ⓐ 1 생생한 2 선명한

This painting is a **vivid** depiction of a journey of self-discovery.
이 그림은 자기 발견의 여정에 대한 **생생한** 묘사이다.

Putting the glasses on, he saw a **vivid** red color for the first time ever. 〈기출〉
그 안경을 쓰고, 그는 난생처음 **선명한** 빨간색을 보았다.

다의어

1016 abstract
[æbstrǽkt]

ⓐ 1 추상적인 2 추상[파]의 ⓝ 추상; 추상화

a. 1 self-reflective, **abstract** thought 〈기출〉
   자아 성찰적이고 **추상적인** 사고

2 Hilma Af Klint created the first **abstract** paintings in the Western world.
   Hilma Af Klint는 서구에서 최초로 **추상화**를 창작했다.

1017 aesthetic
[esθétik]

ⓐ 미(학)적인; 심미적인

In Kant's view, geometrical shapes cannot induce an **aesthetic** experience. 〈기출〉
칸트의 견해로는 기하학적 모양은 **미학적** 경험을 유발할 수 없다.

＋ aesthetics ⓝ 미학

1018 statue
[stǽtʃuː]

ⓝ 상, 조각상

The massive neo-Gothic tower is adorned with **statues** of saints. 〈기출〉
그 거대한 신 고딕식 탑은 성인 **상들**로 장식되어 있다.

➕ the Statue of Liberty 자유의 여신상

1019 masterpiece
[mǽstərpìːs]

ⓝ 걸작, 명작

In the gallery, I couldn't find van Gogh's **masterpiece** anywhere. 〈기출〉
그 미술관에서 나는 반고흐의 **걸작**을 그 어디에서도 찾을 수 없었다.

＋ maestro ⓝ 대가, 거장 (= master)

다의어

1020 commission
[kəmíʃən]

ⓝ 1 의뢰; 위임 2 (의뢰) 수수료 ⓥ 의뢰하다

n. 1 Picasso received a **commission** to create a mural for the Spanish Pavilion.
   피카소는 스페인 파빌리온의 벽화를 그려달라는 **의뢰**를 받았다.

2 a **commission** on every sale 판매당 **수수료**

v. **commission** a painter to create a portrait
   화가에게 초상화를 그리도록 **의뢰하다**

DAILY CHECK-UP

A 빈칸에 알맞은 우리말 또는 영어 단어를 써넣으시오.

여가·예술

여행 경험 1

1 _____
   항해; 항해하다
2 _____
   entertainment
3 _____
   이국적인; 외래의
4 _____
   novel
5 _____
   진정한, 진짜의

여행 경험 2

6 _____
   monument
7 _____
   scenery
8 _____
   빼어난, 멋진, 최고의
9 _____
   marvelous
10 _____
   매우 귀중한,
   값을 매길 수 없는

예술 행위

15 _____
   depict
16 _____
   portray
17 _____
   건립하다; 직립의
18 _____
   꾸미다, 장식하다
19 _____
   renovate

예술가 등

11 _____
   지휘자; (전)도체
12 _____
   craftsman
13 _____
   박물관[미술관] 관리자
14 _____
   opponent

기타 개념

20 _____
   생생한; 선명한
21 _____
   추상적인;
   추상[파]의; 추상(화)
22 _____
   상, 조각상

23 _____
   masterpiece
24 _____
   commission

B 문장의 빈칸에 알맞은 말을 보기에서 골라 쓰시오.

artifacts   aesthetic   captures   figure   accommodations   sculptors

1 Will Rogers was a famous American public _____.

2 Good quality _____ are associated with tourism growth.

3 Auguste Rodin is regarded as one of the greatest _____.

4 The museum houses many _____ from the Mochica Culture.

5 Create a webtoon that _____ your vision of a cleaner environment.

6 In Kant's view, geometrical shapes cannot induce a(n) _____ experience.

문학 · 문예 활동

1021 cite
[sait]

ⓥ 인용하다, (이유·예를) 들다

He was one of the most **cited** psychologists of the 21st century. 기출 그는 21세기에 가장 많이 **인용된** 심리학자 중 한 명이었다.

✚ citation ⓝ 인용, 인용구[문]

1022 quote
[kwout]

ⓥ 인용하다, 일부를 발췌해서 쓰다　ⓝ 인용구[문]

The New York Review of Books **quotes** authors as they talk about their work. 기출
'The New York Review of Books'는 작가들이 자신의 작품에 대해 이야기할 때 그들(작가들)의 말을 **인용한다**.

famous **quotes** about friendship 우정에 관한 유명한 **인용구**

✚ quotation ⓝ 인용구[문]

★ cf. quotation marks 인용 부호, 따옴표

1023 revise
[riváiz]

ⓥ 1 개정하다, 교정하다　2 변경하다

We need to **revise** dictionaries to include new words.
우리는 새로운 단어들을 포함하도록 사전을 **개정할** 필요가 있다.

revise the schedule to meet the deadline
마감시한을 맞추기 위해 계획을 **변경하다**

✚ revision ⓝ 개정(판), 교정(본)

1024 polish
[póuliʃ]

ⓥ 1 윤을 내다, 닦다　2 **다듬다**

polish a leather bag 가죽 가방에 **윤을 내다**
He stayed in the office past midnight **polishing** his presentation. 기출
그는 발표물을 **다듬으면서** 자정 넘어까지 사무실에 머물렀다.

1025 summarize
[sʌ́məràiz]

ⓥ 요약하다

The professor asks her students to **summarize** what they read. 그 교수님은 자기 학생들에게 읽는 것을 **요약하라고** 요구한다.

✚ summary ⓝ 요약, 개요

1026 recite
[risáit]

ⓥ 낭송[암송]하다

We **recite** poems and talk about what they mean. 기출
우리는 시를 **낭송하고** 그것의 의미에 관해 이야기합니다.

✚ recital ⓝ 1 낭송　2 독주회

문학 용어

1027 narrative
[nǽrətiv]

🄝 이야기　🄐 이야기의

The **narrative** unfolds around an ancient painting.
그 **이야기**는 한 고대 회화를 중심으로 펼쳐진다.

the effects of **narrative** structures on readers' imaginations
〈기출〉 **이야기의** 구조가 독자의 상상력에 미치는 영향 (주제)

〈다의어〉

1028 account
[əkáunt]

🄝 1 **이야기; 설명**　2 계좌　3 계정
🅥 1 **설명하다**(for)　2 차지하다(for)

n. 1 The **account** is based on historical events.
그 **이야기**는 역사적 사건들을 토대로 한다.

2 "Mr. Shaw, your **account** was closed." 〈기출〉
"Shaw 고객님, 고객님의 **계좌**가 폐쇄되었습니다."

v. 2 Renewable energy **accounts** for 20% of electricity use.
재생 에너지가 전기 사용량의 20%를 **차지한다**.

1029 illustration
[ìləstréiʃən]

🄝 1 삽화　2 실례, 예증

Children's story books have many **illustrations**.
어린이 이야기책에는 많은 **삽화**가 있다.

for an **illustration** 하나의 **실례**로서

➕ illustrate ⓥ 실례로 설명하다; 삽화를 넣다

〈다의어〉

1030 character
[kǽriktər]

🄝 1 성격; 특징　2 **등장인물**　3 문자

1 Given different experiences, humans would have
different **characters**. 〈기출〉
서로 다른 경험을 고려하면, 인간은 다른 **성격**을 가질 것이다.

2 The reader feels close to certain **characters**. 〈기출〉
독자는 특정 **등장인물들**에 가깝게 느낀다.

3 use **characters** and numbers for your password
암호를 위해 **문자**와 숫자를 사용하다

1031 playwright
[pléirait]

🄝 극작가, 각본가

Very few **playwrights** are as renowned as Shakespeare.
셰익스피어만큼 유명한 **극작가**는 거의 없다.

1032 metaphor
[métəfɔ̀ːr]

🄝 은유, 비유

Lawyers sometimes describe ownership using *a bundle of
sticks* **metaphor**. 〈기출〉
변호사들은 때로 '한 다발의 막대'라는 **은유**를 사용해 소유권을 묘사한다.

PLAN 4

1033 consonant
[kánsənənt]

ⓝ 자음 ⟷ vowel 모음

Consonants and vowels are combined to make letters.
자음과 모음이 결합하여 글자를 이룬다.

1034 adjective
[ǽdʒiktiv]

ⓝ 형용사

The **adjective** *real* means "actually existing, not imaginary."
형용사 'real'은 '실제로 존재하며 상상이 아닌'이라는 의미이다.

★ cf. adverb 부사

1035 phrase
[freiz]

ⓝ (어)구, 관용구

Individual **phrases** are less important than the development of the story.
개별적인 **어구**는 이야기의 전개보다 덜 중요하다.

★ cf. sentence 문장 ┃ clause 절

1036 paragraph
[pǽrəgræf]

ⓝ 문단, 단락

The second **paragraph** provides an example to support this claim.
두 번째 **문단**은 이 주장을 뒷받침할 예를 제시한다.

The essay consists of an introduction and three body **paragraphs**.
그 글은 도입부와 세 개의 본문 **단락**으로 구성되어 있다.

★ cf. passage 구절, 지문, 문단

1037 pronunciation
[prənʌnsiéiʃən]

ⓝ 발음

Your **pronunciation** is clear enough for others to understand you.
당신의 **발음**은 다른 이들이 당신의 말을 이해할 만큼 명확합니다.

✚ pronounce ⓥ 발음하다

1038 proficiency
[prəfíʃənsi]

ⓝ 능숙(도), 숙달

TOEFL is a test for students to find out about their **proficiency** in English.
토플은 학생을 대상으로 그들의 영어 **능숙도**를 알아내는 시험이다.

✚ proficient ⓐ 능숙한, 숙달된

기타 용어

1039 prose
[prouz]

ⓝ 산문 ↔ verse 운문, 시

Both short stories and novels are fictitious **prose**.
단편 소설과 소설 둘 다 허구적 **산문**이다.

1040 lyric
[lírik]

ⓝ 1 서정시 ↔ epic 서사시 **2 (pl.) (노래의) 가사**

Keats is one of the most famous **lyric** poets of English literature.
키이츠는 영국 문학의 가장 유명한 **서정** 시인 중 한 명이다.

Lyrics of Songs: Key Controller of Our Emotions ◀기출
노래 **가사**: 우리 감정의 핵심 통제 요소 (제목)

1041 rhyme
[raim]

ⓝ 각운, 운 ⓥ 운을 맞추다

Poems use **rhymes**, which are words that sound similar at the end.
시는 **각운**을 사용하는데, 끝이 비슷한 소리가 나는 단어들이다.

Rhyming makes reading more fun.
운을 맞추는 것은 읽기를 더 재미있게 한다.

1042 idiom
[ídiəm]

ⓝ 관용 표현, 숙어

Because their meanings are metaphorical, some **idioms** are not easy to capture.
어떤 **관용 표현**은 의미가 은유적이라서 파악하기 쉽지 않다.

➕ idiomatic ⓐ 관용구의

1043 satire
[sǽtaiər]

ⓝ 풍자

Caricature is often used in social and political **satire**.
캐리커처(풍자만화)는 흔히 사회적, 정치적 **풍자**에 사용된다.

➕ satirical ⓐ 풍자적인

1044 publication
[pÀbləkéiʃən]

ⓝ 1 출판[출간]; 출판물 2 발표

Congratulations on the **publication** of your new book.
신간 **출판**을 축하드립니다.

the **publication** of the new discovery 새로운 발견의 **발표**

➕ publish ⓥ 1 출판하다 2 발표하다

1045 journalism
[dʒə́:rnəlìzəm]

ⓝ 언론(계), 저널리즘

Web-based **Journalism**: Lasting Longer and Contextually Wider. ·기출·
웹 기반 **언론**: 더 오래 지속되고 맥락적으로 더 넓다 (제목)

✚ journal ⓝ 신문, 잡지, 학술지 | journalist ⓝ 언론인, 저널리스트

다의어

1046 article
[ɑ́:rtikl]

ⓝ 1 **기사** 2 물품 3 조항

1 Yesterday, I happened to read an **article** about your club. ·기출·
어제 저는 우연히 귀 클럽에 관한 **기사**를 읽었습니다. (편지글)

2 Can I return purchased **articles** in the store?
가게에서 구매한 **물품**을 반납할 수 있나요?

3 **Article** 10 of the contract 계약서 제10**조**

★ cf. column 칼럼 (기사)

다의어

1047 editorial
[èdətɔ́:riəl]

ⓝ 사설, 논설 ⓐ 편집의

n. The newspaper published an **editorial** on education reform.
그 신문은 교육 개혁에 대한 **사설**을 실었다.

a. **editorial** process after submission 제출 후 **편집** 과정

✚ editor ⓝ 편집자 | edit ⓥ 편집하다, 수정하다

1048 questionnaire
[kwèstʃənέər]

ⓝ 설문지

The newspaper assessed public opinions using **questionnaires**.
그 신문은 **설문지**를 사용하여 여론을 평가했다.

1049 coverage
[kʌ́vəridʒ]

ⓝ 1 **보도, 취재** 2 보상 (범위)

The Olympics attracts enormous media **coverage**.
올림픽 경기는 엄청난 미디어 **보도**[**취재**]를 유인한다.

offer full **coverage** for medical expenses
의료비에 대해 전면 **보장**을 제공하다

1050 broadcast
[brɔ́:dkæst]
broadcast-broadcast(ed)-
broadcast(ed)

ⓝ 방송 ⓥ 방송하다

She made her last live **broadcast** in 2016 and died the following year. ·기출·
그녀는 2016년에 자신의 마지막 생**방송**을 했고 이듬해에 사망했다.

He later worked for other major sports **broadcasting** stations. ·기출·
그는 나중에 다른 주요 스포츠 **방송국**들에서 일했다.

★ cf. broadcaster 방송사[인] | broadcasting station 방송국

A 빈칸에 알맞은 우리말 또는 영어 단어를 써넣으시오.

문학·언어·언론

문학·문예 활동

1 _____ 인용하다; (이유·예를) 들다

2 _____ quote

3 _____ 개정하다, 교정하다

4 _____ polish

5 _____ 낭송[암송]하다

문학 용어

6 _____ 이야기; 이야기의

7 _____ 삽화; 실례, 예증

8 _____ character

9 _____ 극작가, 각본가

10 _____ 은유, 비유

언어 구성

11 _____ 자음

12 _____ adjective

13 _____ (어)구, 관용구

14 _____ 문단, 단락

15 _____ proficiency

기타 용어

16 _____ 산문

17 _____ lyric

18 _____ 관용 표현, 숙어

19 _____ satire

미디어

20 _____ 언론(계)

21 _____ article

22 _____ 사설, 논설; 편집의

23 _____ questionnaire

24 _____ 방송; 방송하다

B 문장의 빈칸에 알맞은 말을 보기에서 골라 쓰시오.

coverage	publication	pronunciation	summarize	account	rhymes

1 The _____ is based on historical events.

2 The Olympics attracts enormous media _____.

3 Congratulations on the _____ of your new book.

4 Your _____ is clear enough for others to understand you.

5 The professor asks her students to _____ what they read.

6 Poems use _____, which are words that sound similar at the end.

PLAN 4

DAY 36 교육 · 종교 · 문화

1051 curriculum
[kəríkjələm]

ⓝ 교육[교과] 과정 (*pl.* curricula, curriculums)

We need to develop a more *musical* music **curriculum** for school pupils. 〈기출〉
우리는 학교 학생들을 위한 더 '음악적인' 음악 **교육 과정**을 개발할 필요가 있다.

1052 session
[séʃən]

ⓝ 1 <mark>수업 시간; 학기</mark> 2 (의회) 회기

The students are given a 10-minute break after each **session**. 〈기출〉
학생들에게 매 **수업 시간** 후 10분의 휴식이 주어진다.

the second **session** of the Congress 의회의 두 번째 **회기**

1053 tuition
[tjuːíʃən]

ⓝ 1 수업, 교습 2 수업료, 등록금 〓 tuition fee

Tuition Fee: $20 a day (Tax is not included.) 〈기출〉
수업(료): 일일 20달러(세금은 포함되지 않습니다.) (안내문)

➕ tutor ⓝ 가정교사, 지도 교수

1054 undergraduate
[ʌ̀ndərɡrǽdʒuət]

ⓝ 대학생, 학부생 ⓐ 학사의, 대학생의

Three engineering **undergraduates** participated in the study. 〈기출〉
세 명의 공과 **대학생들**이 그 연구에 참여했다.

He received his **undergraduate** degree in 1931 and PhD in 1940. 〈기출〉
그는 1931년에 **학사** 학위, 1940년에 박사 학위를 받았다.

➕ graduate ⓝⓐ 졸업생(의), 대학원생; 대학원의 ⓥ 졸업하다

1055 dormitory
[dɔ́ːrmətɔ̀ːri]

ⓝ 기숙사

I share a room with a roommate in a **dormitory**.
나는 **기숙사**에서 한 명의 룸메이트와 방을 함께 쓴다.

1056 institute
[ínstətjùːt]

ⓝ 1 (주로 이공계의) 대학 2 연구소
ⓥ 도입하다; 설립하다

n. 1 He became a professor at the Massachusetts **Institute** of Technology in 1945. 〈기출〉
그는 1945년에 매사추세츠 공과 **대학**(MIT) 교수가 되었다.

2 work at the Pasteur **Institute** 파스퇴르 **연구소**에서 근무하다

v. **institute** a new education policy
새로운 교육 정책을 **도입하다**

종교 관련 개념

1057 faithful
[féiθfəl]

ⓐ 1 (the ~) (독실한) 신자들   2 충실한

On this holy day, the **faithful** are expected to attend Mass, as on Sundays.
이 신성한 날에는 **독실한 신자들**이 일요일처럼 미사에 참석할 것이 예상된다.

Dogs are **faithful** companions to humans.
개는 인간의 **충실한** 동반자이다.

+ faith ⓝ 1 신앙(심)   2 신념, 확신

1058 divine
[diváin]

ⓐ 신의, 신성의   ⹀ sacred

They believed the world was created and ruled by **divine** power. 기출
그들은 세상이 **신의** 권능으로 창조되고 지배된다고 믿었다.

+ divinity ⓝ 신성; 신학

1059 immortal
[imɔ́:rtl]

ⓐ 1 신의   2 불멸의, 불후의   ↔ mortal 인간의; 죽을 운명의

Almost all religions believe in **immortal** beings, or gods.
거의 모든 종교는 **신적인** 존재, 즉 신을 믿는다.

immortal masterpieces of classical music
고전 음악 **불후의** 명작

+ immortality ⓝ 불멸, 불사, 불후

1060 minister
[mínistər]

ⓝ 1 목사, 성직자   2 (내각) 장관   ⹀ Secretary

The **minister** preached about the power of prayer.
목사는 기도의 힘에 관해 설교했다.

the **Minister** of National Defense 국방부 **장관**

+ ministry ⓝ (행정부의) -부, -성

★ cf. minister는 개신교 목사, priest는 가톨릭의 신부를 주로 나타낸다.

1061 sermon
[sə́:rmən]

ⓝ 설교

Saint Paul delivered a **sermon** to the Athenians.
성 바울은 아테네인들에게 **설교**했다.

1062 ritual
[rítʃuəl]

ⓝ 의식, 제식   ⓐ 의식의, 제식의

Engaging in religious **rituals** fosters a sense of belonging.
종교 **의식**에 참여하는 것은 소속감을 조성한다.

be created for **ritual** purposes 기출 **제식** 목적으로 창조되다

PLAN 4

1063 prevail
[privéil]

ⓥ 1 성행하다, 만연하다 2 승리하다

Social poverty is evident when individualism **prevails** over community values.
사회적 빈곤은 개인주의가 공동체 가치관보다 **성행할** 때 분명하다.

Truth will eventually **prevail**. 진실이 결국 **승리할** 것이다.

+ prevalent ⓐ 성행[유행]하는 | prevalence ⓝ 성행, 유행

1064 diminish
[dimíniʃ]

ⓥ 줄(이)다, 작아지다

Economic growth **diminishes** a country's risk of famine. ◀기출
경제 성장은 한 나라의 기근 위험을 **줄인다**.

Objects **diminish** as they move away in a painting.
그림에서 사물은 멀어질수록 **작아진다**.

1065 proceed
[prousí:d]

ⓥ 진행하다, 나아가다

Cultural change **proceeds** much faster than evolutionary change does.
문화적 변화는 진화적 변화가 그런 것보다 훨씬 더 빠르게 **진행한다**.

★ cf. proceeds 수익금, 수입

1066 pioneer
[pàiəníər]

ⓥ 개척하다, 선도하다 **ⓝ** 개척자, 선구자

Ruth Bader Ginsburg **pioneered** the field of women's rights law.
Ruth Bader Ginsburg는 여성 권리 법안 분야를 **개척했다**.

AI: A **Pioneer** of Breakthroughs in Human History ◀기출
인공지능: 인간 역사의 획기적 발전의 **선구자** (제목)

1067 withstand
[wiðstǽnd]

withstand-withstood-withstood

ⓥ 견뎌내다, 버티다

Their traditional food culture **withstands** forces of modernization.
그들의 전통 음식 문화는 현대화의 힘을 **견뎌낸다**.

1068 characterize
[kǽriktəràiz]

ⓥ 특징이 되다; 특징짓다

Many of the world's cities are **characterized** by unsustainable mobility systems. ◀기출
세계의 많은 도시는 지속 불가능한 이동 체계가 **특징이다**.

+ characteristic ⓝ 특징, 특색 | characterization ⓝ 특징 부여

1069 collective
[kəléktiv]

ⓐ 1 집단의   ↔ individual 개인의   2 집합의

Collective Intelligence: A Tool for Breakthroughs ◀기출
집단 지성: 획기적 발전을 위한 도구 (제목)

The **collective** noun "police" is always used with a plural verb. **집합** 명사 'police'는 항상 복수형 동사와 쓰인다.

1070 prosperous
[práspərəs]

ⓐ 번영한; 번창하는

The Romans were the most **prosperous** ancient culture.
로마인들은 가장 **번영한** 고대 문화였다.

➕ prosper ⓥ 번영[번창]하다 | prosperity ⓝ 번영, 번창

1071 dominant
[dámənənt]

ⓐ 1 <mark>지배적인, 우세한</mark>   2 우성의

A subculture is different from the **dominant** culture.
하위문화는 **지배적인** 문화와 다르다.

a **dominant** gene/character **우성** 유전자/형질

➕ dominate ⓥ 지배하다; 우세하다 | dominance ⓝ 지배; 우월

다의어

1072 convention
[kənvénʃən]

ⓝ 1 <mark>관례, 관습</mark>   2 (대표자) 회의, 총회   3 협약

1 Overly rigid **conventions**, no matter how well-intentioned, threaten innovation. ◀기출
과도하게 엄격한 **관례**는 아무리 좋은 의도라도 혁신을 위협한다.

2 international **convention** center 국제 **회의**장

3 sign a **convention** on human rights 인권에 관한 **협약**에 서명하다

➕ conventional ⓐ 1 관례적인 2 회의의

1073 transition
[trænzíʃən]

ⓝ 이행, 변천   ⓥ 전환하다, 이행하다

The **transition** from hunting and gathering to farming began around 10,000 BCE.
사냥과 채집에서 농경으로의 **이행**은 기원전 1만 년경에 시작되었다.

transition from a soldier to a civilian
군인에서 민간인으로 **전환하다**

➕ transitional ⓐ 과도기의

1074 inclusion
[inklú:ʒən]

ⓝ 포용, 포함   ↔ exclusion 배제, 제외

HR plays a very significant role in **inclusion** and diversity.
인사부는 **포용**과 다양성에서 매우 중요한 역할을 한다.

➕ include ⓥ 포함하다 | inclusive ⓐ 포함한; 포괄적인

1075 variation
[vɛ̀əriéiʃən]

ⓝ 1 차이, 편차   2 변이; 변화, 변동

There are cultural **variations** in emotion regulation.
감정 조절에는 문화적 **차이**가 있다.

The evolutionary process works on the genetic **variation**.
진화 과정은 유전적 **변이**로 작동한다.

1076 deviance
[díːviəns]

ⓝ 일탈, 탈선   ⊜ deviation

Social **deviance** is behavior that violates social norms and expectations.
사회적 **일탈**은 사회적 규범과 기대를 어기는 행위이다.

+ deviate ⓥ 일탈하다; 벗어나다
deviant ⓐ (정상에서) 벗어난   ⓝ 비정상적인 사람

1077 incidence
[ínsədəns]

ⓝ 발생(률), 발병(률)

Doctors have reported a high **incidence** of racial discrimination. ◀기출
의사들은 높은 인종 차별 **발생률**을 보고해왔다.

+ incident ⓝ 사건

1078 component
[kəmpóunənt]

ⓝ 1 구성 요소   2 부품

Language is the main **component** of culture.
언어는 문화의 주요 **구성 요소**이다.

I need to remove the battery before replacing some **components**.
나는 일부 **부품**을 교체하기 전에 배터리를 제거해야 한다.

1079 precaution
[prikɔ́ːʃən]

ⓝ 1 조심, 경계   2 예방 조치

I take every **precaution** not to appear gender-biased. ◀기출
나는 성별에 대한 편견이 있는 것처럼 보이지 않으려고 매우 **조심**한다.

take a **precaution** against infection
감염을 막기 위한 **예방 조치**를 취하다

1080 adversity
[ædvə́ːrsəti]

ⓝ 역경, 불운

Most respondents report they derived benefits from their **adversity**. ◀기출
대부분 응답자는 자신의 **역경**으로부터 이로움을 얻었다고 답변한다.

+ adverse ⓐ 불운한; 역의

DAILY CHECK-UP

A 빈칸에 알맞은 우리말 또는 영어 단어를 써넣으시오.

교육·종교·문화

교육 관련 개념

1 _____ curriculum

2 _____ tuition

3 _____ 대학생, 학부생; 학사의

4 _____ 기숙사

5 _____ institute

종교 관련 개념

6 _____ (독실한) 신자들; 충실한

7 _____ immortal

8 _____ 목사, 성직자; 장관

9 _____ sermon

10 _____ 의식(의), 제식(의)

문화 현상 2

16 _____ 집단의; 집합의

17 _____ dominant

18 _____ 관례; 회의; 협약

19 _____ transition

20 _____ 포용, 포함

문화 현상 1

11 _____ diminish

12 _____ 진행하다, 나아가다

13 _____ pioneer

14 _____ withstand

15 _____ 특징이 되다; 특징짓다

기타 개념

21 _____ variation

22 _____ 일탈, 탈선

23 _____ 발생(률), 발병(률)

24 _____ precaution

B 문장의 빈칸에 알맞은 말을 보기에서 골라 쓰시오.

component	adversity	divine	prosperous	session	prevails

1 Language is the main _____ of culture.

2 The Romans were the most _____ ancient culture.

3 The students are given a 10-minute break after each _____ .

4 They believed the world was created and ruled by _____ power.

5 Most respondents report they derived benefits from their _____ .

6 Social poverty is evident when individualism _____ over community values.

✎ hold, keep 구동사

hold back	~을 제지[저지]하다 I **was held back** by an old man shouting at me to "go back." 나는 내게 "돌아가시오."라고 소리치는 한 노인에 의해 **제지당했다**.
hold on to	1 ~을 고수하다 = cling[stick] to 2 ~에 매달리다 When we establish some self-confidence in something, it feels good and we **hold on to** it. 기출 우리가 뭔가에 얼마만큼의 자신감을 확립했을 때, 그것은 기분이 좋고 우리는 그것을 **고수한다**. She **was holding on to** the rope while taking a selfie. 그녀는 셀피를 찍는 동안 밧줄에 **매달려** 있었다. ★ cf. hold on 전화를 끊지 않고 기다리다
hold out	1 ~을 버티다 2 (가능성을) 드러내다[보이다] These new materials can **hold out** against harsh environmental conditions. 이 새로운 자재는 혹독한 환경 조건에 맞서 **버틸** 수 있다. Some AI-based tools **hold out** the promise of supporting causal reasoning. 일부 AI 기반 도구는 인과적 추론을 뒷받침할 전망을 **드러낸다**.
hold up	1 견디다 2 ~을 지연시키다 This metal **holds up** well against salt and water. 이 금속은 소금과 물에 저항하여 잘 **견딘다**. The bad weather **held up** the departure of the ship. 궂은 날씨가 그 선박의 출발을 **지연시켰다**.
keep away from	~을 피하다[멀리하다] Try to **keep away from** the edge of the road when walking to reduce exposure. 걸을 때는 노출을 줄이기 위해 도로 가장자리**를 피하도록** 노력하라.
keep up with	~와 보조를 맞추다, ~에 뒤지지 않다 Extensive reading is the key to **keeping up with** developments in a discipline. 기출 다독은 한 학문 분야에서의 발전**과 보조를 맞추는** 열쇠이다.

PLAN 5
사회

DAY 37   경제 일반
DAY 38   개인 경제
DAY 39   입법 · 행정
DAY 40   사법 · 국제 사회

경제 일반
yield 산출(량); 산출하다
monetary 금전(상)의; 통화의

개인 경제
livelihood 생계, 살림
deposit 입금하다; 예금(하다)

사회

입법·행정
constitution 헌법; 구성
regime 정권, 정부

사법·국제 사회
attorney 변호사, (법률) 대리인
diplomacy 외교(술)

농업 관련

1081 fertilizer
[fə́:rtəlàizər]

ⓝ 비료

Yellow leaves are a sign of poor nutrition and the need for **fertilizer**. [기출]
노란 잎은 영양 부족과 **비료**의 필요성에 대한 신호이다.

➕ fertilize ⓥ 비옥하게 하다

1082 pesticide
[péstəsàid]

ⓝ 농약, 살충제

Pesticides play an important role in managing pests.
농약[살충제]은 해충을 관리하는 데 있어서 중요한 역할을 한다.

〔다의어〕

1083 yield
[ji:ld]

ⓝ 산출(량), 수확(량) ⓥ 1 산출[생산]하다 2 양보하다

n. Those farmers have developed reputations for producing high **yields**. [기출]
그 농부들은 많은 **수확**을 낸다는 명성을 쌓아왔다.

v. 1 **yield** more crops from the same land [기출]
같은 땅에서 더 많은 작물을 **산출하다**

2 Please **yield** to emergency vehicles.
응급 차량에 **양보해** 주십시오.

1084 livestock
[láivstɑk]

ⓝ 가축(류)

Cows, pigs, and chickens are all examples of **livestock**.
소, 돼지, 닭은 모두 **가축**의 예이다.

〔다의어〕

1085 produce
ⓝ [prádju:s]
ⓥ [prədjú:s]

ⓝ 농산물 ⓥ 생산하다, 산출하다

n. You can enjoy fresh **produce** straight from our garden to your table.
여러분은 곧바로 저희 밭에서 여러분의 식탁에 오르는 신선한 **농산물**을 즐기실 수 있습니다.

v. **produce** goods and services
재화(상품)와 용역(서비스)을 **생산하다**

1086 domestication
[dəmèstikéiʃən]

ⓝ 가축화, 사육

The **domestication** of the dog began in Siberia, around 35,000 years ago.
개의 **가축화**는 시베리아에서 시작했는데, 약 3만5천 년 전이었다.

➕ domesticate ⓥ 1 길들이다, 사육하다 2 재배하다

상업 관련

1087 merchant
[mə́:rtʃənt]

ⓝ 상인, 무역상

The **merchant** imported Eastern spices for commercial purposes.
그 **상인**은 상업적 목적으로 동양의 향신료를 수입했다.

1088 vendor
[véndər]

ⓝ 노점상, 행상(인)

Numerous food **vendors** were selling local dishes on the street.
수많은 음식 **노점상**이 거리에서 지역 음식을 팔고 있었다.

1089 retailer
[rí:teilər]

ⓝ 소매상(인) ↔ wholesaler 도매상(인)

Internet **retailers** lead buyers to products through speedy searches. 기출
인터넷 **소매상들**이 빠른 검색을 통해 구매자들을 상품들로 이끈다.

➕ retail ⓝ 소매 ⓐ 소매의 ⓥ 소매하다 (↔ wholesale 도매(의); 도매하다)

1090 bargain
[bɑ́:rgən]

ⓝ 1 저렴한 물건, 특가품 2 협상, 흥정

The teddy bear in the window was a **bargain** at five pounds.
기출 진열창에 테디베어는 5파운드로 **저렴한 물건**이었다.

a **bargain** between the two parties
양측 간의 **협상**

1091 commodity
[kəmɑ́dəti]

ⓝ 상품, 물자; 일용품

In the United States, many landscapes are seen as **commodities**. 기출
미국에서, 많은 경치가 **상품**으로 여겨진다.

➕ commodify ⓥ 상품화하다

1092 luxury
[lʌ́kʃəri]

ⓝ 1 사치품, 명품 2 사치, 호사

In general, **luxury** goods are appealing to high-income groups.
일반적으로 **사치품[명품]**은 고소득층에 매력적이다.

In the ancient world **luxury** was condemned.
고대 세계에서 **사치**는 경멸받았다.

➕ luxurious ⓐ 사치[호화]스러운

1093 enterprise
[éntərpràiz]

ⓝ 1 기업(체) 2 (모험적인) 사업

Large **enterprises** tend to operate in many countries around the world.
큰 **기업체**들은 전 세계적으로 많은 나라에서 경영하는 경향이 있다.

establish a joint **enterprise** 공동 **사업**을 설립하다

✚ entrepreneur ⓝ 기업가

1094 asset
[ǽset]

ⓝ 자산, 재산

People and their talents are the most valuable **asset** in an organization.
사람과 그들의 재능은 한 조직에서 가장 중요한 **자산**이다.

1095 revenue
[révənjù:]

ⓝ 수익, 소득; 세입

Bundle pricing can help a company stimulate sales and increase **revenues**. 〈기출〉
묶음 제품 가격 전략은 회사가 판매량을 늘려 **수익**을 증가시키는 데 도움이 될 수 있다.

➕ tax revenue 세수(세금 수입)

1096 expenditure
[ikspénditʃər]

ⓝ 지출; 경비, 비용

The profit results from the difference between income and **expenditure**.
수익은 수입과 **지출** 사이의 차이에서 생겨난다.

✚ expend ⓥ 지출하다, 쓰다

1097 currency
[kə́:rənsi]

ⓝ 1 화폐, 통화 2 통용

Anna May Wong became the first Asian American to appear on U.S. **currency**. 〈기출〉
Anna May Wong은 미국 **화폐**에 등장하는 최초의 아시아계 미국인이 되었다.

Open-office plans have gained **currency**. 〈기출〉
개방형 사무실 설계가 널리 **통용**되었다.

➕ gain currency 통용되다, 보편화되다

1098 accounting
[əkáuntiŋ]

ⓝ 회계(학)

For companies, **accounting** shows exactly how money is being handled.
기업에 있어, **회계**는 돈이 어떻게 관리되는지를 정확히 보여 준다.

✚ accountant ⓝ 회계사

1099 **license**
[láisəns]

ⓝ 면허(증) ⓥ 면허를 주다

You need a business **license** to run an online business.
온라인 사업을 운영하려면 사업 **면허**가 필요하다.

A vehicle must be **licensed** to be on the road.
차량이 도로에 나오려면 반드시 **면허를 받아야** 한다.

다의어

1100 **patent**
[pǽtnt]

ⓝ 특허(권) ⓥ 특허를 얻다 ⓐ 특허의

n. A company with more **patents** has more value and competitive advantage.
더 많은 **특허**를 보유한 기업이 더 많은 가치와 경쟁적 이점을 가진다.

v. **Patented** technology is considered property.
특허받은 기술은 재산으로 여겨진다.

a. file a **patent** application **특허** 신청을 하다

1101 **royalty**
[rɔ́iəlti]

ⓝ 1 특허권[저작권] 사용료 2 왕족, 왕가

If you use a patented invention, you must pay a **royalty** to the patent owner.
특허받은 발명품을 사용하려면, 특허 소유자에게 **특허권 사용료**를 지불해야 한다.

Queen Elizabeth II was from English **royalty**.
엘리자베스 2세 여왕은 영국 **왕족** 출신이었다.

+ royal ⓐ 왕족의, 왕가의

1102 **guarantee**
[gæ̀rəntíː]

ⓝ 보증; 보증서 ⓥ 보증하다

We give a 2-year **guarantee** as a protection against faulty goods.
저희는 결함 제품에 대한 보호로써 2년 **보증**을 드립니다.

where a supply was **guaranteed** ◀기출 공급이 **보증된** 곳

1103 **warranty**
[wɔ́(ː)rənti]

ⓝ (품질) 보증서, 보증

A **warranty** means that a manufacturer will replace or repair an item.
보증서는 제조자가 물건을 교체 또는 수리해 줄 것임을 의미한다.

1104 **insurance**
[inʃúərəns]

ⓝ 보험

You would like to purchase property **insurance** on your house.
여러분은 여러분의 주택에 대해 재산 **보험**에 가입하고 싶을 것이다.

+ insure ⓥ 보험에 가입하다[들다]

1105 monetary
[mánətèri]

ⓐ 1 금전(상)의 2 통화[화폐]의

The benefits of immigration may include **monetary** gains and greater freedom. `기출`
이민의 이점에는 **금전적** 이득과 더 큰 자유가 포함될 수 있을 것이다.

Monetary policy affects interest rates.
통화 정책은 금리에 영향을 준다.

1106 bankrupt
[bǽŋkrʌpt]

ⓐ 파산한

Many firms went **bankrupt** due to rising interest rates.
많은 회사가 치솟는 금리로 인해 **파산했다**.

+ bankruptcy ⓝ 파산, 도산

1107 sponsor
[spánsər]

ⓝ 후원사[자] ⓥ 후원[협찬]하다

Sponsors enable athletes to focus on their training and performance.
후원사는 운동선수들에게 훈련과 경기력에 집중할 수 있게 해준다.

be **sponsored** by a sportswear company
스포츠 의류 회사의 **협찬을 받다**

1108 monopoly
[mənápəli]

ⓝ 독점, 전매

Intellectual **monopoly** hinders innovation and economic progress. 지식 **독점**은 혁신과 경제적 진보를 방해한다.

+ monopolize ⓥ 독점하다, 전매하다

다의어

1109 launch
[lɔːntʃ]

ⓥ 1 <mark>출시하다</mark> 2 착수하다 3 발사하다 ⓝ 1 <mark>출시</mark> 2 발사

v. 1 We are planning to redesign our brand identity and **launch** a new logo.
우리는 우리의 브랜드 정체성을 재디자인하여 새로운 로고를 **출시할** 계획입니다.

3 **launch** missiles to destroy enemy facilities
적 시설을 파괴하기 위해 미사일을 **발사하다**

1110 specialize
[spéʃəlàiz]

ⓥ 1 전문으로 하다 2 특화하다

The company **specializes** in the manufacturing of personal care products.
그 회사는 개인 관리(미용/위생) 용품 제조를 **전문으로 한다**.

mature into a **specialized** cell `기출` **특화된** 세포로 성숙하다

+ specialization ⓝ 전문화, 특수화

A 빈칸에 알맞은 우리말 또는 영어 단어를 써넣으시오.

경제 일반

농업 관련

1 _____ fertilizer

2 _____ pesticide

3 _____ 가축(류)

4 _____ 농산물; 산출하다

5 _____ domestication

상업 관련

6 _____ vendor

7 _____ 소매상(인)

8 _____ bargain

9 _____ commodity

10 _____ 사치품, 명품; 사치

기업 활동 요소

16 _____ 특허(권); 특허를 얻다

17 _____ license

18 _____ royalty

19 _____ (품질) 보증서, 보증

20 _____ 보험

기업 경영

11 _____ enterprise

12 _____ 수익, 소득; 세입

13 _____ expenditure

14 _____ 화폐, 통화; 통용

15 _____ accounting

기타 개념

21 _____ monetary

22 _____ sponsor

23 _____ 독점, 전매

24 _____ 전문으로 하다; 특화하다

B 문장의 빈칸에 알맞은 말을 보기에서 골라 쓰시오.

launch	bankrupt	merchant	guarantee	asset	yields

1 Many firms went _____ due to rising interest rates.

2 The _____ imported Eastern spices for commercial purposes.

3 We give a 2-year _____ as a protection against faulty goods.

4 Those farmers have developed reputations for producing high _____.

5 We are planning to redesign our brand identity and _____ a new logo.

6 People and their talents are the most valuable _____ in an organization.

개인 경제

1111 livelihood
[láivlihùd]

ⓝ 생계, 살림 ⊜ living

As an employee, you depend upon your job for your **livelihood**.
근로자로서, 여러분은 **생계**를 위해 여러분의 직업에 의존한다.

1112 occupation
[àkjəpéiʃən]

ⓝ 1 **직업** 2 점령, 점거

Occupation can affect a person's wealth-building potential.
직업은 한 사람의 부 증식 잠재력에 영향을 미칠 수 있다.

The region was under military **occupation**.
그 지역은 군사 **점령** 하에 있었다.

➕ occupational ⓐ 직업(상)의

다의어

1113 resume
ⓝ [rèzuméi]
ⓥ [rizú:m]

ⓝ 이력서(= résumé) ⓥ 재개하다

n. Applicants for this position should send their **resume** to us. 기출
이 일자리의 지원자는 우리에게 **이력서**를 보내야 합니다.

v. **resume** the debate 토론을 **재개하다**

1114 qualification
[kwàləfəkéiʃən]

ⓝ 자격, 자격증

You must meet the minimum **qualifications** for the job.
귀하는 그 일자리의 최소 **자격**을 충족해야 합니다.

➕ qualify ⓥ 자격을 주다[얻다]

다의어

1115 department
[dipá:rtmənt]

ⓝ 1 **부, 부서** 2 (국가) 성, 부 3 (대학교) 학부, 학과

1 Please connect me with the marketing **department**. 기출
마케팅**부**에 연결해 주시기 부탁드립니다. (전화 통화)

2 **Department** of Defense 국방**[성]부**

➕ department store 백화점

1116 recruitment
[rikrú:tmənt]

ⓝ 채용, 모집

The HR department is responsible for **recruitment** in an organization.
인사부[과]가 조직에서 **채용**에 대한 책임을 맡는다.

➕ recruit ⓥ 채용[모집]하다 ⓝ 신입 사원

직장 생활

1117 subordinate
[səbɔ́:rdənit]

ⓝ 부하직원, 하급자   ⓐ 아래의, 하급의

Your performance is rated by your coworkers and even by your **subordinates**. 〈기출〉
여러분의 업무 성과는 동료 직원, 나아가 **부하직원들**에 의해 평가받는다.

Silver is **subordinate** to gold.
은은 금보다 **아래**다.

1118 incentive
[inséntiv]

ⓝ 1 장려(금)   2 유인, 동기

The financial **incentive** stimulates enthusiasm toward work.
금전적인 **장려금**은 일에 대한 열의를 자극한다.

The polluter thus has an **incentive** to reduce emissions. 〈기출〉
따라서 공해 유발자는 (탄소) 배출량을 줄이려는 **동기**를 갖게 된다.

1119 termination
[tə̀:rmənéiʃən]

ⓝ 종료, 종결

In some cases, the **termination** of an employment contract is prohibited.
일부 경우에, 고용 계약의 **종료**가 금지된다.

╋ terminate ⓥ 끝내다, 종결시키다

1120 layoff
[léiɔ̀(ː)f]

ⓝ (일시) 해고 (기간)

A **layoff** is the worst experience a person can have professionally.
해고는 한 사람이 직업적으로 겪을 수 있는 최악의 경험이다.

★ cf. lay off 해고하다

1121 retirement
[ritáiərmənt]

ⓝ 퇴직, 은퇴

After his **retirement** in 1914, he occasionally wrote for medical journals. 〈기출〉
1914년 **퇴직** 후에, 그는 때때로 의학지에 기고했다.

╋ retire ⓥ 퇴직[은퇴]하다

1122 pension
[pénʃən]

ⓝ 연금

His **pension** allowed him to make art without worrying about an income. 〈기출〉
그의 **연금**은 그가 수입 걱정 없이 예술 작업을 할 수 있게 했다.

1123 inspect
[inspékt]

Ⓥ 점검하다, 검사하다

After the storm was over, he **inspected** the damage to his garden. 기출
폭풍이 멎은 후에, 그는 자기 정원의 피해를 **점검했다**.

inspect the product quality 제품 품질을 **검사하다**

➕ inspection ⓝ 검사, 점검

1124 unload
[ʌnlóud]

Ⓥ (짐을) 내리다[부리다] ↔ load 짐을 싣다

My job is to **unload** products from trucks and store them at the warehouse.
내 업무는 제품을 트럭에서 **내려** 창고에 보관하는 것이다.

1125 supervise
[súːpərvàiz]

Ⓥ 감독하다, 관리하다

The manager **supervises** the administrative staff.
그 관리자는 행정 직원들을 **감독한다**.

➕ supervision ⓝ 감독, 관리 ｜ supervisor ⓝ 감독관, 관리자

1126 attach
[ətǽtʃ]

Ⓥ 1 첨부하다 2 붙이다, 달다 ↔ detach 떼어내다

Please **attach** the files to the email you are sending.
보내려는 이메일에 그 파일들을 **첨부해** 주세요.

pictures with words **attached** 기출
(설명을 위한) 말이 **달린** 사진들

➕ attachment ⓝ 1 첨부 2 부착 3 애착

1127 delete
[dilíːt]

Ⓥ 삭제하다, 지우다

Delete unnecessary data from your report.
여러분의 보고서에서 불필요한 데이터를 **삭제하시오**.

➕ deletion ⓝ 삭제

★ cf. erase 지우다

1128 compile
[kəmpáil]

Ⓥ 편집하다, 편찬하다

I will **compile** my presentation, using PowerPoint.
나는 파워포인트를 사용하여 내 발표 자료를 **편집할** 것이다.

➕ compilation ⓝ 편집, 편찬; 모음집

1129 lease
[li:s]

ⓥ 임대하다, 빌리다 ⓝ 임대차 계약

People can **lease** cars rather than purchase them. 〈기출〉
사람들은 차를 구매하지 않고 **임대할** 수 있다.

a tenant with a **lease** **임대차 계약**을 맺은 세입자

★ cf. tenant 세입자

1130 deposit
[dipázit]

ⓥ 1 입금하다, 예금하다 2 퇴적시키다
ⓝ 1 예금 2 퇴적[매장]물

v. 1 "5,000 dollars has been **deposited**? I'll check it out." 〈기출〉
"5천 달러가 **입금되었다고요**? 확인해 보겠습니다."(은행원)

n. 2 Fossil fuels are ancient carbon **deposits**.
화석 연료는 고대의 탄소 **퇴적물**이다.

1131 withdraw
[wiðdrɔ́:]

withdraw-withdrew-
withdrawn

ⓥ 1 인출하다 2 철회하다; 물러나다 3 움츠리다

1 He headed to the bank to **withdraw** some cash. 〈기출〉
그는 현금을 좀 **인출하려고** 은행으로 향했다.

2 **withdraw** a business offer 사업 제안을 **철회하다**

3 a turtle that **withdraws** into its shell
껍질로 **움츠려** 들어가는 거북

1132 expense
[ikspéns]

ⓝ 1 비용, 지출 2 손실, 희생

In the long term, the **expense** should not exceed the income.
장기적으로는, **비용**이 수입을 초과해서는 안 된다.

at the **expense** of the environment 〈기출〉 환경을 **희생**하면서

➕ at the expense of ~을 희생하면서

1133 thrift
[θrift]

ⓝ 검약, 절약

A consumer culture isn't a saving culture, isn't a **thrift** culture.
〈기출〉 소비자 문화는 저축 문화도 아니고, **검약** 문화도 아니다.

➕ thrifty ⓐ 검소한, 절약하는

1134 mortgage
[mɔ́:rgidʒ]

ⓝ 담보 (대출), 저당

A **mortgage** is a loan often used to purchase a home.
담보 대출은 흔히 집을 구매하기 위해 사용되는 대부이다.

1135 diligent
[dílədʒənt]

ⓐ 근면한, 성실한

We know Mr. Turner to be **diligent**, as well as faithful in his duties. 〈기출〉
우리는 Turner씨가 **근면하며**, 나아가 자신의 직무에 충실하다는 것을 압니다.
(추천서)

➕ diligence ⓝ 근면, 성실

1136 punctual
[pʌ́ŋktʃuəl]

ⓐ 시간을 엄수하는

Every employee must be **punctual** and every delivery must be **punctual**.
모든 직원은 **시간을 엄수해야** 하고 모든 배송도 **시간을 엄수해야** 한다.

➕ punctuality ⓝ 시간 엄수

〈다의어〉

1137 manual
[mǽnjuəl]

ⓐ 육체를 쓰는; 손으로 하는   ⓝ 설명서, 소책자

a. Unskilled **manual** labor is not appreciated.
비숙련 **육체노동**은 높이 평가되지 않는다.

n. Please read this **manual** carefully before drone operation.
드론 운행 전에 이 **설명서**를 주의 깊게 읽어주시기를 부탁드립니다.

〈다의어〉

1138 personnel
[pə̀:rsənél]

ⓝ 인력, 전 직원; 인사과   ⓐ 인사의; 직원의

n. First of all, investments should be made in equipment and **personnel**. 〈기출〉
무엇보다도 장비와 **인력**에 투자가 이루어져야 한다.

a. The **personnel** department handles employee recruitment.
인사부는 직원 채용을 담당한다.

1139 conference
[kɑ́nfərəns]

ⓝ 회의, 회담

Our CEO called a **conference** to discuss the new project.
우리의 최고경영자는 그 새로운 프로젝트를 논의하기 위해 **회의**를 소집했다.

1140 agenda
[ədʒéndə]

ⓝ 안건, 의제

Be sure that everyone in the meeting has a copy of the **agenda**. 〈기출〉
회의에 있는 모든 사람이 **안건** 사본을 갖도록 확실히 하라.

DAILY CHECK-UP

학습 Check	본문 학습	MP3 듣기	Daily Check-up	누적 테스트 Days 37-38

A 빈칸에 알맞은 우리말 또는 영어 단어를 써넣으시오.

개인 경제

취업

1 _____ livelihood

2 _____ 이력서; 재개하다

3 _____ qualification

4 _____ 채용, 모집

5 _____ department

직장 생활

6 _____ subordinate

7 _____ 종료, 종결

8 _____ layoff

9 _____ 퇴직, 은퇴

10 _____ 연금

개인 경제

16 _____ 임대하다; 임대차 계약

17 _____ withdraw

18 _____ deposit

19 _____ 검약, 절약

20 _____ mortgage

업무

11 _____ 점검하다, 검사하다

12 _____ unload

13 _____ 첨부하다; 붙이다

14 _____ delete

15 _____ 편집하다, 편찬하다

기타 개념

21 _____ manual

22 _____ 시간을 엄수하는

23 _____ personnel

24 _____ 안건, 의제

B 문장의 빈칸에 알맞은 말을 보기에서 골라 쓰시오.

supervises	expense	conference	diligent	incentive	occupation

1 The manager _____ the administrative staff.

2 Our CEO called a(n) _____ to discuss the new project.

3 _____ can affect a person's wealth-building potential.

4 In the long term, the _____ should not exceed the income.

5 The financial _____ stimulates enthusiasm toward work.

6 We know Mr. Turner to be _____, as well as faithful in his duties.

입법

1141 constitution
[kὰnstətjúːʃən]

ⓝ 1 (종종 C−) 헌법 2 구성, 조직

The **Constitution** has the highest legal power.
헌법은 최고의 법적 권한을 가진다.

the fundamental **constitution** of the English government
영국 정부의 기본 **구성[조직]**

➕ constitute ⓥ 구성하다 | constitutional ⓐ 헌법의, 입헌의

1142 parliament
[páːrləmənt]

ⓝ (영국 등의) 의회, 국회 ⩵ congress

In 1689, the English **parliament** passed the "English Bill of Rights".
1689년에 영국 **의회**는 '영국 권리 장전'을 통과시켰다.

1143 council
[káunsəl]

ⓝ 1 (지방 자치 단체의) 의회 2 회의; 협의회

Suppose you try to convince your city **council** of the need to hire security personnel. ◀기출
여러분이 시**의회**에 보안 인력을 고용할 필요성을 납득시키려고 한다고 가정해보라.

student **council** 학생회

1144 legislate
[lédʒislèit]

ⓥ 입법하다, 법률을 제정하다

If **legislated**, a new tax of 15% will be introduced.
입법된다면 15%의 새로운 세금이 도입될 것이다.

➕ legislation ⓝ 입법, 법률 제정 | legislator ⓝ 입법자, 국회 의원

1145 enact
[enǽkt]

ⓥ 1 (법을) 제정하다 2 상연[연기]하다

A full process will be followed to **enact** the bill into law.
그 법안을 법으로 **제정하기** 위한 완전한 과정이 뒤따를 것이다.

Our club **enacted** a famous scene from *Shakespeare*.
우리 동아리는 '셰익스피어'의 한 유명한 장면을 **상연했다**.

➕ enactment ⓝ (법률의) 제정, 법규, 조례

1146 amend
[əménd]

ⓥ 수정하다, 개정하다

The first step to **amend** the Constitution is that Congress proposes an amendment.
헌법을 **수정하는** 첫 단계는 의회가 수정안을 제안하는 것이다.

➕ amendment ⓝ (법안의) 수정(안), 개정(안)

정부 구성

1147 govern
[ɡʌ́vərn]

ⓥ **1** 통치하다, 다스리다   **2** 지배하다, 좌우하다

The Constitution states that the government **governs** the nation. 헌법은 정부가 국가를 **통치한다**고 진술한다.

the causal relations that **govern** the physical world 〈기출〉
물리적 세계를 **지배하는** 인과 관계

➕ governance ⓝ 통치, 지배, 통제 | governor ⓝ (미국) 주지사

★ cf. mayor 시장

1148 nominate
[nɑ́mənèit]

ⓥ (후보자로) 지명[추천]하다

She was **nominated** as Secretary of Health and Welfare.
그녀는 보건복지부 장관 **후보로 지명되었다.**

➕ nomination ⓝ 지명, 추천 | nominee ⓝ 지명[추천]된 사람, 후보

1149 appoint
[əpɔ́int]

ⓥ **1** 임명하다, 지명하다   **2** (시간·장소 등을) 정하다

Robert Mueller, a Vietnam veteran, was **appointed** as the head of the FBI.
베트남 전쟁 퇴역 군인인 Robert Mueller가 FBI 국장으로 **임명되었다.**

➕ appointment ⓝ **1** 임명, 지명   **2** (만날) 약속, (진료) 예약

다의어

1150 agency
[éidʒənsi]

ⓝ **1** (정부) 기관, -부   **2** 대행사   **3** 행동력

1 He will retire as the head of the Central Intelligence **Agency** (CIA). 그는 중앙정보부(CIA)장직에서 은퇴할 것이다.

2 advertising **agency** 광고사

3 Fashion can strengthen **agency** in various ways, opening up space for action. 〈기출〉
패션은 행동을 위한 공간을 열어주며 여러 방식으로 **행동력**을 강화할 수 있다.

➕ agent ⓝ **1** 대리인   **2** 직원, 요원   **3** 행위자

1151 bureau
[bjúərou]

ⓝ (관청의) 청, 국, 부

2024 was relatively hot, wet and stormy, the weather **bureau** says.
2024년은 상대적으로 덥고, 축축하고, 폭풍이 많았다고 기상**청[국]**은 말한다.

➕ bureaucrat ⓝ 관료 | bureaucratic ⓐ 관료적인

1152 committee
[kəmíti]

ⓝ **1** 위원회   **2** (집합적) 위원

The winners will be decided by the selection **committee**.
수상자는 선정 **위원회**가 결정할 것입니다.

The **committee** was divided in its opinion regarding this issue. **위원들**은 이 사안과 관련하여 의견이 갈렸다.

1153 statesman
[stéitsmən]

ⓝ (경험 많고 존경받는) 정치가, 정치인 ⊜ politician

Lincoln was a **statesman**, and one of our greatest.
링컨은 **정치가**였고, 우리의 최고 (정치가) 중 한 명이었다.

1154 presidency
[prézidənsi]

ⓝ 대통령직, 대통령 임기

George Washington's **presidency** ended after two terms.
조지 워싱턴의 **대통령직**은 두 번의 임기 후 끝났다.

➕ presidential ⓐ 대통령의

1155 deputy
[dépjəti]

ⓝ 대리(인); 차관, 부– ⓐ 대리의, 부의

He was appointed **deputy** to the finance department.
그는 재무부의 **부책임자**로 임명되었다.

She worked as **deputy** foreign minister from 1988 to 1992.
그녀는 1988년부터 1992년까지 외교부 **차관**으로 근무했다.

1156 monarch
[mɑ́nərk]

ⓝ 군주

Many countries are republics, while some are ruled by a **monarch**. ·기출

많은 나라들이 공화국인 반면, 일부는 **군주**가 통치한다.

➕ monarchy ⓝ 군주국, 군주제

1157 dictator
[díkteitər]

ⓝ 독재자

One of the worst **dictators** was the Roman emperor Nero.
가장 최악의 **독재자** 중 한 명은 로마제국 황제 네로였다.

➕ dictate ⓥ 1 명령[지시]하다 2 받아쓰게 하다
dictation ⓝ 1 명령, 지시 2 받아쓰기, 구술

1158 spokesperson
[spóukspə̀:rsn]

ⓝ 대변인

This was said by the **spokesperson** of the White House.
이것은 백악관 **대변인**이 한 말이었다.

1159 regime
[reiʒíːm]

ⓝ 정권, 정부

The new **regime** announced that general elections would be held within a year.
새로운 **정권**은 총선거가 1년 이내에 진행될 것이라고 발표했다.

1160 empire
[émpaiər]

ⓝ 제국

European **empires** competed with each other for control of African territories.
유럽 **제국들**은 아프리카 영토의 지배권을 위해 서로 경쟁했다.

➕ emperor ⓝ 황제

1161 loyalty
[lɔ́iəlti]

ⓝ 충성(심), 충의, 충실

An anthem is a song of **loyalty**, often to a country. 〈기출〉
찬가는 흔히 나라에 대한 **충성**의 노래이다.

➕ loyal ⓐ 충성스러운, 충직한

1162 autonomy
[ɔːtánəmi]

ⓝ 1 자치(권) 2 자율(성)

Without **autonomy**, a country cannot make decisions and act independently.
자치권이 없으면, 나라는 독립적으로 의사를 결정하고 행동할 수 없다.

the **autonomy** of individual decision-making 〈기출〉
개인의 의사 결정의 **자율성**

➕ autonomous ⓐ 1 자치권이 있는 2 자율적인

1163 unity
[júːnəti]

ⓝ 단결, 통합, 화합

The future or strength of a country depends on the **unity** of its people.
한 나라의 미래 또는 힘은 그 나라 국민의 **단결**에 달려 있다.

1164 declaration
[dèkləréiʃən]

ⓝ 1 선언(문), 공표 2 (세관·세무서) 신고(서)

The **Declaration** of Independence was adopted on July 4, 1776. (미국) 독립**선언문**은 1776년 7월 4일에 채택되었다.

fill out the customs **declaration** form
세관 **신고서**를 작성하다

➕ declare ⓥ 1 선언[공표]하다 2 (세관·세무서에서) 신고하다

1165 ban
[bæn]

🅝 금지(령)   🅥 금(지)하다

Many environmentalists believe there should be a **ban** on plastic bags.
많은 환경 운동가들은 비닐봉지가 **금지**되어야 한다고 믿는다.

Performance-enhancing drugs are strictly **banned** in sports.
경기력 향상 약물은 스포츠에서 엄격히 **금지된다.**

1166 imperialism
[impíəriəlìzm]

🅝 제국주의

The **imperialism** of European powers was closely tied to capitalism.
유럽 열강의 **제국주의**는 자본주의와 긴밀하게 연관되어 있었다.

➕ imperial ⓐ 제국의; 황제의

1167 conservative
[kənsə́:rvətiv]

🅝 보수주의자   ⓐ 보수적인   ↔ progressive 진보주의자; 진보적인

American **conservatives** usually support a strong defense.
미국 **보수주의자들**은 일반적으로 강력한 국방을 지지한다.

a **conservative** view on education
교육에 대한 **보수적** 견해

1168 proclaim
[proukléim]

🅥 선포하다, 선언하다   ＝ declare

In 1916, the president **proclaimed** an observance of Flag Day.
1916년에 대통령은 국기 제정 기념일 준수를 **선포했다.**

➕ proclamation ⓝ 선언(서), 선포
★ cf. Flag Day 미국 국기 제정 기념일 (1777년 6월 14일)

1169 implement
[ímpləmènt]

🅥 시행하다, 이행하다

The administration will **implement** a new policy within 30 days.
행정부는 30일 이내에 새 정책을 **시행할** 것이다.

➕ implementation ⓝ 이행, 수행

1170 resign
[rizáin]

🅥 사임[사직]하다, 물러나다

In August 1974, Richard Nixon **resigned** the U.S. presidency.
1974년 8월, 리차드 닉슨은 미국 대통령직에서 **사임했다.**

➕ resignation ⓝ 사임, 사직

A 빈칸에 알맞은 우리말 또는 영어 단어를 써넣으시오.

입법·행정

입법

1 _____ parliament
2 _____ council
3 _____ 입법하다, 법률을 제정하다
4 _____ enact
5 _____ 수정하다, 개정하다

정부 구성

6 _____ govern
7 _____ (후보자로) 지명[추천]하다
8 _____ 임명하다; 정하다
9 _____ agency
10 _____ (관청의) 청, 국, 부

통치 기반

16 _____ regime
17 _____ 제국
18 _____ 충성(심), 충의, 충실
19 _____ declaration

통치 체계

11 _____ statesman
12 _____ 대통령직, 대통령 임기
13 _____ deputy
14 _____ 군주
15 _____ dictator

기타 개념

20 _____ 금지(령); 금(지)하다
21 _____ imperialism
22 _____ conservative
23 _____ 선포하다, 선언하다
24 _____ 사임[사직]하다, 물러나다

B 문장의 빈칸에 알맞은 말을 보기에서 골라 쓰시오.

spokesperson	implement	unity	Constitution	autonomy	committee

1 The _____ has the highest legal power.

2 This was said by the _____ of the White House.

3 The winners will be decided by the selection _____.

4 The administration will _____ a new policy within 30 days.

5 The future or strength of a country depends on the _____ of its people.

6 Without _____, a country cannot make decisions and act independently.

사법 · 국제 사회

범죄

1171 theft
[θeft]

ⓝ 절도(죄), 도둑질; 도용

There are a few simple ways to prevent vehicle **theft**.
차량 **절도**를 방지할 몇 가지 간단한 방법이 있다.

"It must be identity **theft**!" 기출 "그건 신분 **도용**이 틀림없어요!"

➕ thief ⓝ 도둑, 절도범

1172 robbery
[rάbəri]

ⓝ 강도 (사건), 약탈

An armed bank **robbery** was reported, and three men were wanted by the police.
무장 은행 **강도 사건**이 신고되었고, 세 명의 남자가 경찰에 수배되었다.

➕ rob ⓥ 빼앗다, 강탈하다 | robber ⓝ 강도, 약탈자

★ cf. burglary 주거 침입(죄), 밤도둑질

1173 harassment
[hərǽsmənt]

ⓝ 1 괴롭힘 2 희롱

Workplace **harassment** occurs when unwelcome conduct is directed at an employee.
직장 내 **괴롭힘**은 달갑지 않은 행위가 한 직원에게 향할 때 발생한다.

sexual **harassment** 성희롱

➕ harass ⓥ 괴롭히다, 희롱하다

1174 fraud
[frɔːd]

ⓝ 사기, 협잡; 사기꾼

You must know what measures to take if potential **fraud** is detected.
사기 가능성이 탐지되면 어떤 조치를 취해야 하는지 알아두어야 한다.

1175 riot
[rάiət]

ⓝ 폭동, 소요 ⓥ 폭동을 일으키다

A **riot** broke out when police shot a 15-year-old black boy.
경찰이 15세의 흑인 아이에게 총을 쐈을 때 **폭동**이 일어났다.

The fans **rioted**, and the game was abandoned.
팬들이 **폭동을 일으켜** 경기가 중단되었다.

1176 corruption
[kərʌ́pʃən]

ⓝ 부패, 타락

An official was dismissed from the government and arrested for **corruption** and other crimes.
한 관리가 **부패**와 다른 범죄로 정부에서 해고되고 체포되었다.

➕ corrupt ⓐ 부패한, 타락한 ⓥ 타락시키다, (뇌물로) 매수하다

사법

1177 attorney
[əté:rni]

ⓝ 변호사, (법률) 대리인

In a trial, the defense **attorney**'s goal is to protect their client. 기출
재판에서 피고 측 **변호인**의 목표는 자신의 의뢰인을 보호하는 것이다.

1178 detective
[ditéktiv]

ⓝ 1 수사관, 형사   2 탐정

A group of **detectives** are chasing the murderer.
일단의 **수사관**들이 살인자를 추적하고 있다.

Become a **detective** and solve mysteries! 기출
탐정이 되어 미스터리를 풀어보세요! (안내문)

1179 innocence
[ínəsns]

ⓝ 1 무죄, 결백   2 천진난만, 순진

It is a court's (jury's) duty to assume **innocence** until proven guilty.
유죄로 입증될 때까지 **무죄[결백]**를 가정하는 것이 법정(배심원단)의 의무이다.

There's a childlike **innocence** about him.
그에게는 어린아이 같은 **순진함**이 있다.

➕ innocent ⓐ 1 무죄의, 결백한   2 순진무구한

다의어

1180 suspect
ⓥ [səspékt]
ⓝ [sʌ́spekt]

ⓥ 의심하다   ⓝ 용의자

v. We **suspect** perfectly fair competition is not possible. 기출
우리는 완벽하게 공정한 경쟁은 가능하지 않다고 **의심한다**.

n. humane treatment of **suspects** 기출
용의자에 대한 인도적 처우

1181 summon
[sʌ́mən]

ⓥ 소환[호출]하다, 출두를 명하다

The accused will be **summoned** to a court hearing.
피고는 법정 청문회에 **소환될[출두 명령을 받을]** 것이다.

다의어

1182 convict
ⓥ [kənvíkt]
ⓝ [kánvikt]

ⓥ 유죄를 선고[판결]하다   ⓝ 죄인, 죄수

v. The suspect was **convicted** and sentenced to life imprisonment.
그 용의자는 **유죄 판결**을 받았고 종신형을 선고받았다.

n. A person becomes a **convict** after being found guilty of a crime.
사람은 범죄로 유죄 판결을 받고 난 후 **죄수**가 된다.

★ cf. ex-convict 전과자

PLAN 5

1183 diplomacy
[diplóuməsi]

ⓝ 외교(술)

Good **diplomacy** can prevent war and promote peace.
좋은 **외교**는 전쟁을 방지하고 평화를 촉진할 수 있다.

+ diplomat ⓝ 외교관 | diplomatic ⓐ 외교(상)의

1184 embassy
[émbəsi]

ⓝ 대사관

If you have any problems abroad, ask for help from your country's **embassy**.
외국에서 문제가 생기면, 자국 **대사관**의 도움을 요청하시오.

★ cf. consulate 영사관

1185 ambassador
[æmbǽsədər]

ⓝ 대사; 사절

The former deputy foreign minister was appointed **ambassador** to Spain.
전 외교부 차관이 스페인 **대사**로 임명되었다.

The U.S. **ambassador** to South Korea 주한 미국 **대사**

1186 alliance
[əláiəns]

ⓝ 동맹(국), 제휴, 연합

The two countries formed temporary military **alliances**. 기출
그 두 나라는 일시적 군사 **동맹**을 맺었다.

+ ally ⓥ 동맹[제휴]하다 ⓝ 동맹[연합]국

1187 intervention
[ìntərvénʃən]

ⓝ 1 간섭, 개입 2 중재

No countries will tolerate any **interventions** in their internal affairs.
어느 나라도 내정에 대한 어떠한 **간섭**도 용인하지 않을 것이다.

third-party states' **intervention** in ongoing interstate conflicts
진행 중인 국가 간 분쟁에 대한 제3국의 **중재**

+ intervene ⓥ 1 간섭[개입]하다 2 중재하다

1188 treaty
[trí:ti]

ⓝ 협정, 조약

The two sides never agreed to a peace **treaty**.
양측은 결코 평화 **협정**에 동의하지 않았다.

1189 frontier
[frʌntíər]

ⓝ 국경 (지방), 변경 (지대) ⓔborder 국경 (지방)

The Romans concentrated military force at the **frontier**.
로마인들은 **국경**에 군사력을 집중시켰다.

1190 outbreak
[áutbrèik]

ⓝ (전쟁·유행병 등의) 발발, 발생, 창궐

The **outbreak** of the war caused prices for various commodities to rise sharply on global markets.
그 전쟁의 **발발**은 세계 시장에서 다양한 상품의 가격이 급등하는 원인이 되었다.

the **outbreak** of a worldwide viral infection
전 세계적인 바이러스 감염의 **창궐**

★ cf. break out 발발하다, 창궐하다

1191 oppression
[əpréʃən]

ⓝ 억압, 탄압

Millions of people fled the **oppression** of the occupying forces.
수백만 명의 사람들이 점령군의 **억압**으로부터 도망쳤다.

➕ oppress ⓥ 억압[탄압]하다

1192 betray
[bitréi]

ⓥ 1 배신[배반]하다   2 (신뢰·기대를) 저버리다

A traitor is a person who **betrays** one's own country.
역적이란 조국을 **배신한** 사람이다.

Visual Systems Never **Betray** Our Trust!
시각 체계는 절대 우리의 믿음을 **저버리지** 않는다! (제목)

➕ betrayal ⓝ 배신, 배반

1193 expel
[ikspél]

ⓥ 1 추방하다   2 퇴학시키다

An estimated 400 Russian diplomats were **expelled** from Europe.
400명으로 추정되는 러시아 외교관들이 유럽에서 **추방되었다**.

be **expelled** from school for bad behavior
나쁜 행동으로 학교에서 **퇴학당하다**

1194 surrender
[səréndər]

ⓥ 1 항복[굴복]하다   2 포기하다   ⓝ 항복, 굴복

v. 1 In 1209, the kingdom **surrendered** to Genghis Khan.
1209년에 그 왕국은 칭기즈칸에게 **항복했다**.

2 **surrender** all hopes and dreams
모든 희망과 꿈을 **포기하다**

n. How did the white flag become a symbol of **surrender**?
어떻게 백기가 **항복**의 상징이 되었는가?

1195 urbanization
[ə̀:rbənizéiʃən]

ⓝ 도시화

Urbanization is characterized by the movement of people from rural areas to urban areas.
도시화는 사람들의 농촌 지역에서 도시 지역으로의 이동으로 특징지어진다.

✛ urban ⓐ 도시의, 도회지의 | urbanize ⓥ 도시화하다
urbanite ⓝ 도시인

1196 metropolis
[mitrápəlis]

ⓝ 대도시, 주요 도시

Imagine if an unfortunate rhino found itself in the middle of a **metropolis**. 기출
불운한 코뿔소 한 마리가 **대도시** 한복판에 있는 자신을 발견한다고 상상해 보라.

✛ metropolitan ⓐ 대도시의

★ cf. cosmopolis 국제도시

1197 skyscraper
[skáiskrèipər]

ⓝ 초고층 건물, 마천루

Skyscrapers are striking examples of architectural mastery.
초고층 건물들은 건축학적 완숙의 두드러진 예들이다.

1198 landmark
[lǽndmà:rk]

ⓝ 1 주요 지형지물 2 획기적 업적[사건]

The 81-story skyscraper is a famous **landmark** in Beijing.
그 81층짜리 마천루는 베이징의 유명한 **주요 지형지물**이다.

This 1971 work still remains a **landmark** in the field. 기출
이 1971년 저작은 그 분야에서 여전히 **획기적인 업적**으로 남아 있다.

1199 transit
[trǽnzit / -sit]

ⓝ (대중)교통, 운송

City dwellers have the option of taking **transit** to work, shops, and school. 기출
도시 거주자는 직장, 상점, 학교에 가기 위해 **대중교통**을 택하는 선택권을 가지고 있다.

1200 congestion
[kəndʒéstʃən]

ⓝ 혼잡, 밀집

It is ineffective to try to reduce urban traffic **congestion** by expanding roads.
도로 확장으로 도시 교통 **혼잡**을 줄이려고 하는 것은 효과적이지 않다.

✛ congest ⓥ 혼잡하게 하다

DAILY CHECK-UP

A 빈칸에 알맞은 우리말 또는 영어 단어를 써넣으시오.

사법·국제 사회

범죄

1 _____ 절도(죄), 도둑질; 도용

2 _____ harassment

3 _____ 사기, 협잡; 사기꾼

4 _____ riot

5 _____ 부패, 타락

사법

6 _____ attorney

7 _____ 수사관, 형사; 탐정

8 _____ innocence

9 _____ summon

10 _____ 유죄를 선고하다; 죄인

국내외 갈등

15 _____ frontier

16 _____ 발발, 발생, 창궐

17 _____ betray

18 _____ 추방하다; 퇴학시키다

19 _____ surrender

국제 관계

11 _____ embassy

12 _____ ambassador

13 _____ 동맹(국), 제휴, 연합

14 _____ treaty

도시

20 _____ 도시화

21 _____ metropolis

22 _____ skyscraper

23 _____ 주요 지형지물; 획기적 업적[사건]

24 _____ transit

B 문장의 빈칸에 알맞은 말을 보기에서 골라 쓰시오.

interventions	diplomacy	oppression	suspect	congestion	robbery

1 Good _____ can prevent war and promote peace.

2 We _____ perfectly fair competition is not possible.

3 Millions of people fled the _____ of the occupying forces.

4 No countries will tolerate any _____ in their internal affairs.

5 An armed bank _____ was reported, and three men were wanted by the police.

6 It is ineffective to try to reduce urban traffic _____ by expanding roads.

📝 lay, look 구동사

lay off	~을 해고하다 Retraining employees greatly reduces their fear of **being laid off**. 〈기출〉 직원들을 재훈련시키는 것은 **해고되는** 것에 대한 그들의 두려움을 크게 줄여준다.
lay out	1 ~을 배치하다[설계하다] 2 펼쳐 놓다 This helps you determine how to **lay out** the room to maximize your space. 이것은 여러분이 공간을 최대화하도록 방**을 배치하는** 방법을 정하는 데 도움을 준다. **Lay out** all the tools you need on the desk. 필요한 모든 도구를 책상 위에 **펼쳐 놓으시오**.
look after	~를 돌보다 ＝ take care of I'll gladly **look after** your puppies while you're on your trip. 〈기출〉 여행하시는 동안 제가 기꺼이 당신의 강아지들을 **돌볼게요**.
look down on	~을 깔보다[경시하다] ↔ look up to ~을 우러러보다[존경하다] A true leader should not **look down on** the people he or she is working with. 진정한 지도자는 자신이 함께 일하는 사람들을 **깔보아서는** 안 된다.
look into	~을 주의 깊게 살피다[조사하다] We need to **look into** the hardships faced by the local inhabitants. 우리는 지역 거주민들이 직면한 고난을 **주의 깊게 살펴볼** 필요가 있다.
look upon *A* as *B*	A를 B로 여기다 ＝ think of[regard] *A* as *B* The tribe **looked upon** eclipses **as** times when the Sun or Moon was injured. 그 부족은 식을 해나 달이 다쳤을 때로 **여겼다**. ★ cf. look up ~을 찾아보다

PLAN 1
자연

DAY 41   생명 · 환경
DAY 42   사물

생명·환경

metabolism 신진[물질]대사
deplete 고갈[소모]시키다

사물

dissolve 용해되다[시키다]
nucleus 핵; 핵심

자연

생명 · 환경

생명 활동

1201 metabolism
[mətǽbəlìzəm]

ⓝ 신진[물질]대사

Sleep decreases **metabolism** when there are no more pressing activities. 기출
수면은 더 이상 긴급한 활동이 없을 때 **신진대사**를 감소시킨다.

+ metabolic ⓐ 신진[물질]대사의
  metabolize ⓥ 신진[물질] 대사하다

1202 photosynthesis
[fòutəsínθəsis]

ⓝ 광합성

Plants use **photosynthesis** to get the energy they need to grow. 식물은 자라는 데 필요한 에너지를 얻기 위해 **광합성**을 사용한다.

+ photosynthesize ⓥ 광합성하다

1203 germination
[dʒə̀ːrmənéiʃən]

ⓝ 발아, 싹틔우기

In agriculture, **germination** is the starting point for crop production. 농업에서 **발아**는 작물 생산의 시작점이다.

+ germinate ⓥ 발아하다, 싹트다

1204 pollination
[pɑ̀lənéiʃən]

ⓝ 수분, 가루받이

Without **pollination** by insects, 75% of food plants would not yield any fruits.
곤충에 의한 **수분** 없이는 식용 식물의 75%는 어떠한 열매도 맺지 못할 것이다.

+ pollinate ⓥ 수분[가루받이]하다
  pollinator ⓝ 꽃가루 매개자(곤충, 동물)

★ cf. pollen 꽃가루, 화분

1205 transpiration
[trænspəréiʃən]

ⓝ 증산, 발산

As the temperature increases, **transpiration**, the evaporation of water from plants, increases.
기온이 상승함에 따라 **증산**, 즉 식물로부터의 물의 증발이 늘어난다.

+ transpire ⓥ 증산[발산]하다

★ cf. perspire 발한하다, 땀을 흘리다

1206 hibernation
[hàibərnéiʃən]

ⓝ 동면, 겨울잠

Hibernation during the winter is the prolonged state of inactivity. 기출
겨울철의 **동면**은 장기간의 비활동 상태이다.

+ hibernate ⓥ 동면하다

생물 활동

1207 roam
[roum]

ⓥ 돌아다니다, 배회하다

Animals must have the freedom to **roam** their natural habitats.
동물들은 자신의 자연 서식지를 **돌아다닐** 자유를 가져야 한다.

1208 disperse
[dispə́:rs]

ⓥ 분산하다, 흩어지다, 퍼지다

Seeds **disperse** to increase the reproductive success of the plant.
씨앗은 식물의 번식 성공을 높이기 위해 **분산한다.**

The pigeons **dispersed** quickly as we approached.
우리가 다가가자 비둘기들이 빠르게 **흩어졌다.**

➕ dispersal ⓝ 해산, 분산, 전파

1209 penetrate
[pénətrèit]

ⓥ 1 스며들다, 침투하다 2 관통하다, 꿰뚫다

Healthy soils result in more water **penetrating** into the soil.
건강한 토양은 더 많은 물이 토양으로 **스며드는** 결과를 낳는다.

penetrate the wall and emerge on the other side
벽을 **관통하고** 반대쪽에서 나타나다

➕ penetration ⓝ 1 침투 2 관통

1210 mutate
[mjú:teit]

ⓥ 돌연변이를 일으키다

Genes **mutate** and can take two or more alternative forms.
유전자는 **돌연변이를 일으켜서** 둘 또는 그 이상의 대체 형을 취할 수 있다.

➕ mutation ⓝ 돌연변이 | mutant ⓝ 돌연변이체 ⓐ 돌연변이의

1211 wither
[wíðər]

ⓥ 시들다, 말라[시들어] 죽다

If not given proper care, potted plants begin to **wither**.
적절한 보살핌이 주어지지 않으면, 화분의 식물은 **시들기** 시작한다.

1212 decompose
[dì:kəmpóuz]

ⓥ 분해하다; 부패하다

Bacteria begin to **decompose** a body immediately after death.
죽은 직후에 박테리아가 사체를 **분해하기** 시작한다.

➕ decomposition ⓝ 분해 | decomposer ⓝ 분해자(박테리아·균류 등)

1213 **devastate**
[dévəstèit]

ⓥ 황폐시키다, 완전히 파괴하다

The oil drilling has **devastated** the Niger Delta's ecosystem.
그 석유 시추는 나이저강 삼각주 생태계를 **황폐시켰다.**

✚ devastation ⓝ 황폐화, 초토화

1214 **deplete**
[diplíːt]

ⓥ 고갈[소모]시키다 ⹀exhaust

Alien species thrive and **deplete** resources around them. <기출>
외래종이 번성하여 그것 주변의 자원을 **고갈시킨다.**

✚ depletion ⓝ 고갈, 소모

다의어

1215 **extract**
ⓥ [ikstrǽkt]
ⓝ [ékstrækt]

ⓥ 1 추출하다, 뽑아내다 2 발췌하다
ⓝ 1 추출물, 원액 2 발췌

v. 1 Crude oil and natural gas are **extracted** from the
ground. <기출>
원유와 천연가스는 땅에서 **추출된다.**

 2 **extract** key points from the book
책에서 핵심 내용을 **발췌하다**

n. 1 the raw, unprocessed **extract** of ginseng
원료 그대로의 가공하지 않은 인삼 **원액[추출물]**

1216 **exploitation**
[èksplɔitéiʃən]

ⓝ 1 이용; 개발 2 착취

The "cowboy" economy is bent on production, **exploitation**
of resources, and pollution. <기출>
'카우보이' 경제는 생산, 자원 **이용[개발]**, 그리고 오염으로 기울어져 있다.

the illegal **exploitation** of child labor 불법적 미성년 노동 **착취**

✚ exploit ⓥ 1 이용[개발]하다 2 착취하다

1217 **toxicity**
[tɑksísəti]

ⓝ (유)독성

Lab-made chemicals can be used to cut the **toxicity** of
polluted water.
실험실에서 만들어진 화학물질이 오염된 물의 **유독성**을 줄이는 데 사용될 수 있다.

✚ toxic ⓐ 유독한

1218 **debris**
[dəbríː]

ⓝ 잔해, 파편, 부스러기

Plastic **debris** floating on the ocean surface is a major
environmental problem.
해양 표면을 떠다니는 플라스틱 **파편**은 주요 환경 문제이다.

debris from the collapsed houses 무너진 집들의 **잔해**

기후 · 지리

1219 temperate
[témpərit]

ⓐ 1 **온대의, 온화한** 2 삼가는, 절제하는

The total energy demand is much higher in hot climates than in **temperate** climates.
총 에너지 수요는 **온대** 기후에서보다 더운 기후에서 훨씬 더 많다.

Be more **temperate** in your language, please.
말을 좀 더 **삼가세요**.

★ cf. polar 극지의, 북극[남극]의

1220 subtropical
[sʌ̀btrápikəl]

ⓐ 아열대의

Homo sapiens came from a **subtropical** African climate, via the Near East. 기출
'호모 사피엔스'는 근동지역을 거쳐 **아열대** 아프리카 기후에서 왔다.

★ cf. tropical 열대의

1221 aquatic
[əkwǽtik]

ⓐ 수생의, 물속의

Plankton is the natural food for **aquatic** organisms.
플랑크톤은 **수생** 유기체에 자연적인 먹이이다.

★ cf. aquarium 수족관

1222 maritime
[mǽrətàim]

ⓐ 바다의 ⊜marine, 해상의; 해운의

These environmental guidelines are designed to protect **maritime** ecosystems.
이 환경 지침은 **바다** 생태계를 보호하기 위해 설계되었다.

maritime transportation company **해상** 운송 회사(해운사)

1223 terrestrial
[təréstriəl]

ⓐ 육생의; 지상의; 지구(상)의

It was the great apes that became so clever, rather than other **terrestrial** mammals. 기출
그토록 영리해진 것은 다른 **육상** 포유류가 아니라 바로 유인원이었다.

★ cf. extraterrestrial 지구 밖의, 외계의

1224 subterranean
[sʌ̀btəréiniən]

ⓐ 지하의, 지중의

30 new species of animals have been found in **subterranean** caves. 기출
새로운 동물 30종이 **지하** 동굴에서 발견되었다.

★ cf. Mediterranean 지중해의

1225 burial
[bériəl]

ⓝ 1 **매장(지)** 2 장례식 ⸗funeral 장례식

The evidence of social inequality was found in ancient **burials.** 기출
사회적 불평등의 증거가 고대 **매장지**에서 발견되었다.

The **burial** of Henry VIII took place on 16 February 1547.
헨리 8세의 **장례식**은 1574년 2월 16일에 거행되었다.

➕ bury ⓥ 묻다, 매장하다

1226 sediment
[sédəmənt]

ⓝ 침전(물), 퇴적물

Fossils are most commonly found in rocks that are formed from **sediments.**
화석은 **침전물**에서 형성된 암석에서 가장 흔히 발견된다.

1227 terrain
[təréin]

ⓝ 지대, 지형

In Nepal, a significant number of people live in mountainous **terrain.**
네팔에서는 상당수의 사람들이 산악 **지대[지형]**에 산다.

1228 desolate
[désəlit]

ⓐ 1 **황량한, 황폐한** 2 외로운, 쓸쓸한

What draws travelers to the world's most **desolate** polar regions?
무엇이 여행자들을 세계에서 가장 **황량한** 북극 지역으로 끌어들일까?

She was **desolate** when her best friend moved away.
그녀는 가장 친한 친구가 이사를 가자 **외로웠다.**

1229 proximate
[práksəmət]

ⓐ 근접한, 가장 가까운 ⸗nearest

Artificial lighting has a negative impact on **proximate** wild animals.
인공 불빛은 **근접한** 야생동물에 부정적인 영향을 준다.

➕ proximity ⓝ 근접

다의어

1230 stationary
[stéiʃənèri]

ⓐ 1 정지한, 움직이지 않는 2 정주한 3 고정된

1 The lion remained **stationary**, waiting for its prey to come closer.
사자는 먹이가 더 가까이 오기를 기다리며 **움직이지 않은 채** 있었다.

2 At this time of year, the sea is full of migratory and **stationary** birds.
연중 이맘때는, 그 바다에 철(이동하는)새와 텃(**정주하는**)새가 가득하다.

3 ride **stationary** exercise bikes 기출 **고정된** 운동용 자전거를 타다

★ cf. Stationery 문방구

DAILY CHECK-UP

A 빈칸에 알맞은 우리말 또는 영어 단어를 써넣으시오.

생명·환경

생명 활동

1 _____ 신진[물질]대사

2 germination

3 _____ 수분, 가루받이

4 transpiration

5 _____ 동면, 겨울잠

생물 활동

6 _____ 돌아다니다, 배회하다

7 _____ 분산하다, 흩어지다, 퍼지다

8 penetrate

9 _____ 돌연변이를 일으키다

10 wither

기후·지리

16 _____ temperate

17 _____ 아열대의

18 _____ 수생의, 물속의

19 maritime

20 subterranean

환경 이슈

11 _____ 고갈[소모]시키다

12 devastate

13 extract

14 _____ toxicity

15 _____ 잔해, 파편, 부스러기

기타 개념

21 _____ sediment

22 _____ desolate

23 _____ 근접한, 가장 가까운

24 _____ stationary

B 문장의 빈칸에 알맞은 말을 보기에서 골라 쓰시오.

terrestrial	decompose	burials	photosynthesis	exploitation	terrain

1 Bacteria begin to _____ a body immediately after death.

2 Plants use _____ to get the energy they need to grow.

3 The evidence of social inequality was found in ancient _____.

4 In Nepal, a significant number of people live in mountainous _____.

5 It was the great apes that became so clever, rather than other _____ mammals.

6 The "cowboy" economy is bent on production, _____ of resources, and pollution.

사물의 변화

1231 dissolve
[dizálv]

ⓥ 1 **용해되다[시키다]** 2 (의회·단체를) 해산하다

A solid like sugar or salt **dissolves** in a liquid.
설탕이나 소금 같은 고체는 액체 속에서 **용해된다**.

dissolve the board of directors 이사회를 **해산하다**

➕ dissolution ⓝ 1 용해 2 해산

★ cf. Solution 용액

다의어

1232 contract
ⓥ [kəntrǽkt]
ⓝ [kántrækt]

ⓥ 1 **수축하다[시키다]** ↔ expand 팽창하다[시키다]
2 계약하다 3 (병에) 걸리다 ⓝ 계약(서)

v. 1 Muscles are **contracted** or relaxed just to stand up and walk. 기출 근육은 그저 일어서거나 걷기 위해서도 **수축되거나** 이완된다.
3 **contract** a serious infection 심각한 감염병에 **걸리다**

n. Reputation is devalued when **contracts** are violated. 기출
명성은 **계약**이 위반될 때 실추된다.

➕ contraction ⓝ 1 수축 (↔ expansion 팽창) 2 (병에) 걸림

1233 refract
[rifrǽkt]

ⓥ 굴절하다[시키다]

Passing from one medium to another, light **refracts**.
한 매체를 지나 다른 매체로 들어갈 때, 빛은 **굴절한다**.

➕ refraction ⓝ 굴절 (작용)

1234 rot
[rat]

ⓥ 부패하다, 썩다 ＝decay ⓝ 썩음, 부패

An apple that falls from a tree begins to **rot** on the ground.
나무에서 떨어진 사과는 땅에서 **부패하기** 시작한다.

The old house shows signs of wood **rot**.
그 오래된 집은 목재 **부패**의 징후가 보인다.

➕ rotten ⓐ 부패한, 썩은

1235 submerge
[səbmə́:rdʒ]

ⓥ 물속에 잠그다[가라앉히다]; 잠수하다

She tested out the water before she finally **submerged** her feet.
그녀는 마침내 발을 **물속에 담그기** 전에 그 물을 시험해 보았다.

1236 purify
[pjúərəfài]

ⓥ 정화하다, 깨끗이 하다

Tourists should make sure that they drink **purified** water.
여행객들은 반드시 **정화된** 물을 마시도록 해야 한다.

➕ purification ⓝ 정화

사물의 속성

1237 optic(al)
[áptik(əl)]

ⓐ 1 눈의, 시각의   2 광학(상)의

Double vision is an **optical** problem.
복시(겹쳐 보임)는 **눈[시각]** 문제이다.

A company proposed a national fiber-**optic** communications cable system.
한 기업이 전국적인 **광섬유** 통신 케이블 시스템을 제안했다.

★ cf. optician 안경사

1238 acoustic
[əkúːstik]

ⓐ 1 음향의   2 청각의

In many bird species, collective decisions often rely on **acoustic** signals.
많은 조류종에서, 집단적인 결정은 흔히 **음향** 신호에 의존한다.

acoustic measurement of the ear 귀의 **청각** 측정

1239 thermal
[θə́ːrməl]

ⓐ 열의, 온도의

The **thermal** protection system protects space shuttles from 1,650 °C heat.
열 보호 시스템은 우주왕복선을 1650℃ 의 열기로부터 보호한다.

★ cf. thermometer 온도계, 체온계

1240 temporal
[témpərəl]

ⓐ 시간의 ↔ spatial 공간의

Predictions must be developed at appropriate spatial and **temporal** scales. 〈기출〉
예측이란 적절한 공간적, **시간적** 규모로 이루어져야 한다.

1241 perpetual
[pərpétʃuəl]

ⓐ 영속적인, 영구의, 끊임없는 ≒ continuous

No partnership can be sure of **perpetual** existence.
어떤 동업자 관계도 **영속적인** 존재를 보장하지 않는다.

1242 transparent
[trænspɛ́ərənt]]

ⓐ 투명한 ↔ opaque 불투명한

Glass is **transparent**, allowing light to pass through it.
유리는 **투명하여** 빛이 통과하게 한다.

+ transparency ⓝ 투명(성), 투명도

1243 insert
[insə́:rt]

ⓥ 끼워 넣다, 삽입하다

Insert a battery into the battery box and press the power button. 〔기출〕
건전지를 건전지 칸에 **끼워 넣고** 전원 버튼을 누르시오. (사용설명서)

✛ insertion ⓝ 끼워 넣기, 삽입

1244 magnify
[mǽgnəfài]

ⓥ 확대하다

Activity Pack ($8) Includes Activity Trail Map, **Magnifying** Glass and more! 〔기출〕 활동 묶음 가격(8달러)에는 활동 오솔길 지도, **확대경** 외 더 많은 것이 포함됩니다! (안내문)

This app allows the elderly to **magnify** text for easier reading.
이 앱은 노인들이 더 쉽게 읽을 수 있도록 글자를 **확대**할 수 있게 해준다.

➕ magnifying glass 확대경, 돋보기

1245 condense
[kəndéns]

ⓥ 응결되다[하다]; 농축하다

Water that evaporates into the atmosphere **condenses** in clouds to form rain.
대기 중으로 증발하는 물은 구름에서 **응결하여** 비를 만든다.

✛ condensation ⓝ 응결, 농축

1246 compress
[kəmprés]

ⓥ 압축하다, 압착하다

The oxygen tank carried by scuba divers contains **compressed** oxygen.
스쿠버다이버가 가지고 다니는 산소 탱크는 **압축(된)** 산소를 담고 있다.

✛ compression ⓝ 압축, 압착

1247 combust
[kəmbʌ́st]

ⓥ 연소시키다

Electric cars don't have to **combust** fossil fuels.
전기차는 화석 연료를 **연소시킬** 필요가 없다.

✛ combustion ⓝ 연소
★ cf. internal combustion engine (자동차) 내연기관

1248 duplicate
ⓥ [djú:pləkèit]
ⓐ [djú:pləkət]

ⓥ 복제[복사]하다 ⹀clone ⓐ 복제[사본]의

Dolly the sheep was the first **duplicated** mammal, cloned in 1996.
Dolly라는 이름의 양이 최초로 **복제된** 포유류였는데, 1996년에 복제되었다.

a **duplicate** key **복사한** 여벌의 열쇠

✛ duplication ⓝ 복제, 복사
★ cf. replicate 복제하다

1249 sequence
[síːkwəns]

ⓝ 1 연쇄, 연속　2 순서, 차례

A protein is a **sequence** of amino acids arranged in a specific order.
단백질은 특정 순서로 배열된 **일련(연속**으로 이어진)의 아미노산이다.

arrange objects in **sequence** 물건들을 **순서**대로 배열하다

1250 nucleus
[njúːkliəs]

ⓝ 핵(*pl.* nuclei); 핵심

The Earth formed from debris that was swept up by an initial **nucleus**. 기출
지구는 초기 **핵**에 의해 휩쓸려온 잔해로부터 형성되었다.

＋ nuclear ⓐ 핵의

1251 electron
[iléktrɑn]

ⓝ 전자

Electrons are subatomic particles that orbit the nucleus of an atom.
전자는 원자핵 주위를 궤도를 그리며 도는 아원자 미립자이다.

＋ electronic ⓐ 전자의 ｜ electronics ⓝ 전자 공학; 전자 기술; 전자 제품

★ cf. photon 광자, 광양자 ｜ neutron 중성자

1252 thrust
[θrʌst]

ⓝ 1 추력, 밀기　2 찌르기　ⓥ 1 밀다　2 찌르다

n. 1 **Thrust** is the force which moves an aircraft through the air.
추력은 공기를 헤치고 항공기가 나아가게 하는 힘이다.

v. 2 rely on close-in attacks with **thrusting** spears 기출
찌르는 창을 이용하여 근접 공격에 의존하다 (원시인의 사냥법)

★ cf. lift 양력(공중에 뜨게 하는 힘) ｜ drag 항력(공기 저항)
　　buoyancy 부력(물에 뜨는 힘)

1253 diameter
[daiǽmitər]

ⓝ 지름, 직경

The **diameter** of the car wheel is 45 centimeters.
그 자동차 바퀴의 **지름**은 45cm이다.

1254 fraction
[frǽkʃən]

ⓝ 1 (수학) 분수　2 파편, 단편; 아주 조금

Unlike natural numbers, **fractions** simply don't register as real to our minds. 기출
자연수와 달리, **분수**는 우리 마음에 전혀 진짜라는 인상을 주지 않는다.

within a **fraction** of a second 순식간에(1초의 **아주 조금** 만에)

＋ fractional ⓐ 1 분수의　2 단편의

1255 innate
[inéit]

ⓐ 타고난, 선천적인 ⊜inborn

We carry with us an **innate** drive to form and join groups and remain in those groups. ◁기출
우리는 무리를 이루어 합류하며, 그 무리에 남아있고자 하는 **타고난** 욕구를 지니고 있다.

1256 empirical
[empírikəl]

ⓐ 경험적인, 경험주의의

In the **empirical** sciences, unconceptualized experiences can hardly ever play a role as evidence. ◁기출
경험주의 과학에서, 개념화되지 않은 경험은 증거 역할을 거의 하지 못한다.

1257 tentative
[téntətiv]

ⓐ 확정적이지 않은, 임시의, 시험적인

Scientific ideas are **tentative**, meaning they are not absolute truth.
과학적 아이디어는 **확정적이지 않은**데, 그것들이 절대적인 진리가 아니라는 의미이다.

1258 synthesis
[sínθəsis]

ⓝ 1 합성 2 통합, 종합

Part of the genetic information is devoted to the **synthesis** of proteins.
유전자 정보의 일부는 단백질 **합성**에만 할애된다.

a new **synthesis** of Western science and Eastern philosophy
서구 과학과 동양 철학의 새로운 **통합**

➕ synthesize ⓥ 1 합성하다 2 통합[종합]하다
　 synthetic ⓐ 1 합성의 2 통합[종합]의

1259 symmetry
[símətri]

ⓝ (좌우) 대칭 ↔asymmetry 비대칭

We can find **symmetry** in nature—a butterfly's wings, for example.
우리는 자연에서 **대칭**을 발견할 수 있는데, 예컨대 나비의 날개이다.

➕ symmetrical ⓐ 대칭의

1260 convergence
[kənvə́:rdʒəns]

ⓝ 수렴, 한 점에의 집중

Would such algorithms cause a **convergence** of tastes? ◁기출
그런 알고리즘이 취향의 **수렴**을 초래할 것인가?

➕ converge ⓥ 수렴하다, 한 점에 모이다

DAILY CHECK-UP

A 빈칸에 알맞은 우리말 또는 영어 단어를 써넣으시오.

사물

사물의 변화

1 _____ dissolve

2 _____ 굴절하다[시키다]

3 _____ 부패하다, 썩다; 썩음

4 _____ submerge

5 _____ 정화하다, 깨끗이 하다

사물의 속성

6 _____ 눈의; 광학(상)의

7 _____ acoustic

8 _____ 열의, 온도의

9 _____ perpetual

10 _____ 투명한

과학·수학 개념

16 _____ 핵; 핵심

17 _____ electron

18 _____ thrust

19 _____ 지름, 직경

20 _____ fraction

사물 조작

11 _____ 확대하다

12 _____ condense

13 _____ 압축하다, 압착하다

14 _____ combust

15 _____ duplicate

기타 개념

21 _____ 타고난, 선천적인

22 _____ tentative

23 _____ 합성; 통합, 종합

24 _____ convergence

B 문장의 빈칸에 알맞은 말을 보기에서 골라 쓰시오.

empirical   symmetry   insert   sequence   contracted   temporal

1 Muscles are _____ or relaxed just to stand up and walk.

2 We can find _____ in nature—a butterfly's wings, for example.

3 _____ a battery into the battery box and press the power button.

4 A protein is a(n) _____ of amino acids arranged in a specific order.

5 Predictions must be developed at appropriate spatial and _____ scales.

6 In the _____ sciences, unconceptualized experiences can hardly ever play a role as evidence.

✏️ leave, let, make, miss 구동사

leave out	**〜을 제외하다[누락하다]** Should a salesperson **leave out** facts about a product's poor safety record? ◀기출 판매원이 제품의 좋지 않은 안전 기록에 관한 사실**을 제외해야** 할까?
let down	**〜의 기대를 저버리다, 〜을 실망시키다** **Letting** yourself **down** happens when you try not to **let** others **down**. 여러분 자신**을 실망시키는** 것은 여러분이 다른 이들**의 기대를 저버리지** 않으려고 노력할 때 발생한다.
make out	**1 〜을 이해하다 2 〜을 작성하다** Masks make it a little difficult for me to **make out** what people are saying. 마스크 때문에 나는 사람들이 말하는 것**을 이해하기가** 다소 어렵다. Have you **made out** your grocery list for the next week? 다음 주를 위한 식료품 목록**을 작성했나요?**
make up for	**〜을 만회[벌충]하다** There are several methods which animals adopt to **make up for** lack of sleep. 동물들이 수면 부족**을 만회하기** 위해 채택하는 여러 방법이 있다.
make up with	**〜와 화해하다** The best way to **make up with** your partner after a fight is by saying "I'm sorry." 싸운 뒤에 배우자**와 화해하는** 최고의 방법은 "미안해요."라고 말하는 것에 의해서이다.
miss out on	**〜을 놓치다** Last summer she **missed out on** the Olympics with a fracture in her right foot. 지난여름 그녀는 오른발 골절로 올림픽 경기**를 놓쳤다.**

PLAN 2
인간

DAY 43 인생 · 심경 · 인성

DAY 44 식품 · 건강

인생·심경·인성

juvenile 아동(의); 청소년(의)

altruistic 이타적인

식품·건강

fermentation 발효 (작용)

resilience 회복력

인간

인생 · 심경 · 인성

생애 · 혈연

1261 juvenile
[dʒúːvənəl / -nàil]

ⓐ 아동의; 청소년의 ⓝ 아동; 청소년

He was a teacher and author of **juvenile** literature.
그는 교사이자 **아동** 문학 저자였다.

Juveniles mature into adults. 기출
아동[청소년]이 성인으로 성숙한다.

1262 senile
[síːnail]

ⓐ 나이 든, 노쇠한

As a loving couple, they grew **senile** together.
사랑스러운 부부로서, 그들은 함께 **나이 들어**갔다.

➕ senility ⓝ 고령, 노쇠

1263 ancestral
[ænséstrəl]

ⓐ 선조의, 조상의

Knowledge of traditional medicine is part of **ancestral** heritage. 기출
전통 의학 지식은 **선조의** 유산 중 일부이다.

➕ ancestor ⓝ 선조, 조상

1264 puberty
[pjúːbərti]

ⓝ 사춘기

Hormonal changes in **puberty** include increased testosterone in boys and estrogen in girls.
사춘기의 호르몬 변화에는 남자아이의 테스토스테론 증가와 여자아이의 에스트로겐 증가가 포함된다.

1265 sibling
[síbliŋ]

ⓝ 형제자매

12% of Americans surveyed were only children, meaning they had no **siblings**.
조사된 미국인의 12%가 외동이었는데, 즉 **형제자매**가 없다는 의미이다.

1266 kinship
[kínʃip]

ⓝ 친족 관계, 친척임

Kinship ties continue to be important today. 기출
친족 관계 유대감은 오늘날에도 계속해서 중요하다.

➕ kin ⓝ 친족, 일가

★ cf. relative 친척

심경 유발

1267 perplex
[pərpléks]

ⓥ 당혹[난처]하게 하다

The most **perplexing** problem is to persuade them to discover the blind spot. ◀기출
가장 **당혹스러운** 문제는 그들이 맹점을 발견하도록 설득하는 것이다.

➕ perplexity ⓝ 당혹, 난처

다의어

1268 puzzle
[pʌzl]

ⓥ 당혹[곤혹]하게 하다　ⓝ 퍼즐, 수수께끼

v. "Wait a minute! That's not my name!" he said, **puzzled**. ◀기출
"잠깐만요! 그건 제 이름이 아니에요!"라고 그가 **당혹해하며** 말했다.

n. crossword **puzzle** for kids
어린이를 위한 가로세로 낱말 **퍼즐**

➕ puzzlement ⓝ 당혹

1269 bewilder
[biwíldər]

ⓥ 어리둥절하게 하다, 당황하게 하다

The three men were **bewildered** by the differing amounts on their individual checks.
그 세 명의 남자는 각자의 계산서의 액수가 다른 것에 **어리둥절했다.**

1270 appall
[əpɔ́:l]

ⓥ 섬뜩[오싹]하게 하다

Everyone at the finals was **appalled** at the significant levels of crowd disorder.
결승전에 갔던 모든 이가 상당한 수위의 군중 무질서에 **섬뜩해 했다.**

1271 overwhelm
[òuvərhwélm]

ⓥ 1 압도하다　2 (위에서) 덮치다

We are **overwhelmed** by a vast amount of information. ◀기출
우리는 방대한 정보의 양에 **압도당한다.**

Strong winds and large waves **overwhelmed** the vessel.
강한 바람과 커다란 파도가 그 선박을 **덮쳤다.**

1272 reassure
[rì:əʃúər]

ⓥ 안심[안도]시키다　🟰 comfort, console

It is **reassuring** knowing that your bank keeps alert to protect you.
은행이 여러분을 보호하기 위해 계속 경계한다는 것을 아는 것은 **안심이 된다.**

➕ reassurance ⓝ 안심, 안도

1273 lament
[ləmént]

Ⓥ 슬퍼하다, 비탄하다　Ⓝ 비탄, 한탄

Many people **lament** the loss of natural habitats.
많은 사람이 자연 서식지 상실을 **슬퍼한다.**

the grief and **lament** of the bomb victims
폭격 피해자들의 슬픔과 **비탄**

1274 apprehend
[æprihénd]

Ⓥ 1 염려[우려]하다　2 이해하다　🟰 comprehend 이해하다

We all **apprehend** an uncertain future.
우리는 모두 불확실한 미래를 **염려한다.**

the vaguely **apprehended** presence of human creativity ◀기출
막연하게 **이해되는** 인간 창의력의 존재

➕ apprehensive ⓐ 염려[우려]하는
　apprehension ⓝ 염려, 우려

1275 intrigue
[intríːg]

Ⓥ 흥미를 느끼게 하다, 호기심을 자극하다

Intrigued by this discovery, Tommy rushed inside to find Grandpa Joe. ◀기출
이 발견에 **흥미를 느껴,** Tommy는 Joe 할아버지를 찾으러 안으로 달려 들어갔다.

1276 haunt
[hɔːnt]

Ⓥ 1 (생각에) 사로잡히게 하다　2 유령이 출몰하다

The thief was **haunted** by guilt for days.
그 도둑은 여러 날 죄책감에 **사로잡혀** 있었다.

a **haunted** house　유령의 집

1277 obsess
[əbsés]

Ⓥ 강박감을 갖게 하다; 사로잡히게 하다

Our current world seems to be **obsessed** with innate talent. ◀기출
우리의 현 세상은 타고난 재능에 대한 **강박감을 갖는** 듯하다.

➕ obsessive ⓐ 강박관념의 ｜ obsession ⓝ 강박관념, 망상

1278 arouse
[əráuz]

Ⓥ 1 분기[각성]시키다　2 불러일으키다

His hard tackle **aroused** the fans and changed the game.
그의 과격한 태클이 팬들을 **분기시켰고** 경기를 변화시켰다.

arouse a lot of controversy　많은 논쟁을 **불러일으키다**

➕ arousal ⓝ 분기, 각성

1279 altruistic
[æltruːístik]

ⓐ 이타적인 ↔ selfish 이기적인

Feelings of guilt include preferences for more cooperative and **altruistic** outcomes. 기출
죄의식은 더 협력적이고 **이타적인** 결과에 대한 선호를 포함한다.

➕ altruism ⓝ 이타주의, 이타심

1280 virtuous
[vɜ́ːrtʃuəs]

ⓐ 덕망 있는, 고결한

Just pretending to behave in an appropriate way does not make a person more **virtuous**. 기출
그저 적절한 방식으로 행동하는 척하는 것은 한 사람을 더 **덕망 있게** 만들지는 않는다.

➕ virtue ⓝ 1 선 2 미덕 3 장점

1281 cordial
[kɔ́ːrdʒəl]

ⓐ 진심 어린, 마음에서 우러난

Please accept our **cordial** invitation to join the James Smithson Society.
부디 James Smithson 학회에 참여해 달라는 저희의 **진심 어린** 초대를 수락해 주시기 바랍니다.

➕ cordiality ⓝ 진심; 온정 | cordially ⓐⓓ 진심으로, 공손하게

1282 arrogant
[ǽrəgənt]

ⓐ 교만한, 오만한, 건방진

The athlete's **arrogant** behavior provoked his opponents.
그 선수의 **교만한** 행동은 그의 상대 선수들을 자극했다.

➕ arrogance ⓝ 교만, 거만, 오만

1283 extravagant
[ikstrǽvəgənt]

ⓐ 낭비벽이 있는; 사치스러운, 화려한

Queen Charlotte was known for her **extravagant** wigs and gowns.
Charlotte 여왕은 그녀의 **사치스러운** 가발과 가운으로 유명했다.

➕ extravagance ⓝ 사치, (돈의) 낭비

1284 eccentric
[ikséntrik]

ⓐ 괴팍한, 괴짜인 ⓝ 괴짜

Einstein was an **eccentric** genius with a strong German accent.
아인슈타인은 강한 독일 억양을 쓰는 **괴팍한** 천재였다.

The young artist was seen as an **eccentric** by his peers.
그 젊은 예술가는 동료들에게 **괴짜**로 여겨졌다.

➕ eccentricity ⓝ 별난 행동, 기이함

1285 predisposition
[prìdispəzíʃən]

ⓝ 성향, 기질 ⊜ disposition

It's likely that we are born with a **predisposition** to cooperate with others. `기출`
우리는 아마 서로 협력하는 **성향**을 지니고 태어났을 것이다.

1286 integrity
[intégrəti]

ⓝ 1 진실성 2 청렴, 고결

Giving honest information may be particularly relevant to **integrity**. `기출`
정직한 정보를 주는 것은 **진실성**과 특별히 관련되어 있을 수 있다.

Leadership traits include drive, intelligence, self-confidence, and **integrity**. `기출`
리더십 특성에는 추진력, 지능, 자신감과 **청렴**이 포함된다.

1287 gratification
[græ̀təfikéiʃən]

ⓝ 만족(감); 욕구 충족

A consumer culture is too fixated on buying the next toy to delay **gratification**. `기출`
소비자 문화는 다음 장난감을 사는 데 너무 집착해 있어서 **만족**을 미루지 못한다.

+ gratify ⓥ 만족[충족]시키다

1288 civility
[sivíləti]

ⓝ 정중함, 공손

They lack **civility**, intellect, assets, innovation, and ethics. `기출`
그들은 **정중함**, 지성, 자산, 혁신과 윤리가 부족하다.

+ civil ⓐ 1 정중한 2 시민의

1289 endurance
[indjúərəns]

ⓝ 1 인내(력), 끈기 ⊜ patience **2 지구력**

Achieving a goal requires **endurance** and sacrifices beyond limitations.
목표를 성취하는 것은 한계를 넘어서는 **인내**와 희생을 필요로 한다.

endurance and speed for a marathon
마라톤을 위한 **지구력**과 속도

+ endure ⓥ 인내하다, 참다

1290 vanity
[vǽnəti]

ⓝ 1 허영(심), 자만 2 허무, 덧없음

Her **vanity** made her buy the expensive pearl necklace.
자신의 **허영**으로 인해 그녀는 그 비싼 진주 목걸이를 샀다.

the **vanity** of pursuing wealth and fame
부와 명예를 추구하는 것의 **덧없음**

+ vain ⓐ 1 허영심이 강한 2 헛된

A 빈칸에 알맞은 우리말 또는 영어 단어를 써넣으시오.

인생 · 심경 · 인성

생애 · 혈연

1 _____ juvenile

2 _____ 나이 든, 노쇠한

3 _____ ancestral

4 _____ 사춘기

5 _____ kinship

심경 유발

6 _____ perplex

7 _____ puzzle

8 _____ bewilder

9 _____ 섬뜩[오싹]하게 하다

10 _____ 안심[안도]시키다

인성

16 _____ virtuous

17 _____ cordial

18 _____ 교만한, 오만한

19 _____ extravagant

20 _____ 괴팍한, 괴짜인; 괴짜

심리 상태

11 _____ 슬퍼하다, 비탄하다; 비탄

12 _____ apprehend

13 _____ 흥미를 느끼게 하다

14 _____ haunt

15 _____ 분기시키다; 불러일으키다

기타 개념

21 _____ 성향, 기질

22 _____ integrity

23 _____ 만족(감); 욕구 충족

24 _____ civility

B 문장의 빈칸에 알맞은 말을 보기에서 골라 쓰시오.

obsessed	vanity	endurance	siblings	overwhelmed	altruistic

1 We are _____ by a vast amount of information.

2 Her _____ made her buy the expensive pearl necklace.

3 Our current world seems to be _____ with innate talent.

4 Achieving a goal requires _____ and sacrifices beyond limitations.

5 12% of Americans surveyed were only children, meaning they had no _____.

6 Feelings of guilt include preferences for more cooperative and _____ outcomes.

요리 · 식품

1291 cuisine
[kwizíːn]

ⓝ 요리; 요리법

A large part of why we travel is to experience authentic **cuisines**.
우리가 여행하는 이유 중 커다란 부분은 현지 **요리**를 경험하는 것이다.

★ cf. culinary 요리의

1292 delicacy
[délikəsi]

ⓝ 1 섬세함, 정교함   2 (pl.) 진미, 별미

The artist painted the old fisherman's wrinkles with **delicacy**.
그 화가는 노어부의 주름을 **섬세**하게 그렸다.

One of the reasons people travel is to enjoy authentic **delicacies**.
사람들이 여행하는 이유 중 하나는 현지의 **진미[별미]**를 즐기는 것이다.

➕ delicate ⓐ 1 섬세한, 우아한   2 연약한   3 맛이 좋은

1293 gourmet
[gúərmei]

ⓝ 미식가, 식도락가

Probably those who are food critics have to be **gourmets**.
아마도 음식 비평가들은 **미식가**여야 할 것이다.

1294 additive
[ǽdətiv]

ⓝ (식품) 첨가제, 첨가물

The food industry uses **additives** to make food more attractive.
식품 산업은 식품을 더 매력적으로 보이게 하려고 **첨가제**를 사용한다.

➕ add ⓥ 추가[첨가]하다 | addition ⓝ 1 추가, 첨가   2 덧셈

1295 preservative
[prizə́ːrvətiv]

ⓝ 방부제

Processed food can contain too many **preservatives**.
가공식품에는 너무 많은 **방부제**가 들어 있을 수 있다.

➕ preserve ⓥ 보존하다; 저장하다

1296 fermentation
[fə̀ːrmentéiʃən]

ⓝ 발효 (작용)

Yogurt is a **fermentation** product of milk, which is easily digested.
요구르트는 우유 **발효** 제품으로, 쉽게 소화된다.

➕ ferment ⓥ 발효시키다

발병

1297 pathogen
[pǽθədʒən]

ⓝ 병원균, 병원체

Pathogen density is much higher in the tropics than in cold climates. 기출
병원균 밀도는 추운 기후에서보다 열대 지방에서 훨씬 더 높다.

★ cf. pathology 병리학

1298 contagion
[kəntéidʒən]

ⓝ (접촉) 전염[감염]; 전염병

The recent global **contagion** started spreading in December 2019.
최근의 세계적 **전염**은 2019년 12월에 퍼지기 시작했다.

╋ contagious ⓐ (접촉) 전염성의

1299 impairment
[impɛ́ərmənt]

ⓝ 손상; 장애

Alexander Luria studied a patient with a memory **impairment**. 기출
Alexander Luria는 기억 **손상[장애]**을 입은 한 환자를 연구했다.

╋ impair ⓥ 손상시키다, 해치다

1300 ailment
[éilmənt]

ⓝ (가볍거나 만성적인) 병; 불쾌

The subjects were all healthy females without any **ailments**.
실험 대상자들은 모두 어떤 **병**도 없는 건강한 여성이었다.

1301 epidemic
[èpədémik]

ⓝ 유행병, 전염병   ⓐ 유행성의, 전염성의

Malaria was an **epidemic** that killed many people in ancient times.
말라리아는 고대에 많은 사람의 목숨을 앗아간 **유행병**이었다.

The young and old generations are the most affected by an **epidemic** disease.
젊은 세대와 노년 세대가 **유행**병의 영향을 가장 받는다.

★ cf. endemic 풍토병 | pandemic 세계적 유행병

1302 occurrence
[əkə́:rəns]

ⓝ 발생, 일어남

The **occurrence** of the pandemic pushed many people into extreme poverty.
그 세계적 유행병의 **발생**은 많은 사람을 극심한 빈곤으로 내몰았다.

╋ occur ⓥ 발생하다, 일어나다

1303 transfusion
[trænsfjúːʒən]

ⓝ 수혈

Blood **transfusion** is used during surgery or after an injury.
수혈은 외과수술 동안 또는 부상 후에 사용된다.

✛ transfuse ⓥ 수혈하다

다의어

1304 transplant
ⓝ [trǽnsplænt]
ⓥ [trænsplǽnt]

ⓝ 이식 (수술) ⓥ 1 이식하다 2 (식물을) 옮겨 심다

n. Can AI determine which patients awaiting **transplants** should receive organs? ◀기출
인공 지능은 **이식 수술**을 기다리는 환자 중 누가 장기를 받아야 하는지를 결정할 수 있을까?

v. 1 A new **transplanted** kidney may start working immediately.
이식된 새 신장이 즉시 작동을 시작할 수도 있다.

1305 antibiotic
[æntibaiάtik]

ⓝ 항생제, 항생 물질 ⓐ 항생의, 항생 물질의

Antibiotic resistance of bacteria results from the abuse of **antibiotics**.
박테리아의 **항생물질** 저항력은 **항생제** 남용에서 비롯된다.

1306 anesthetic
[ænəsθétik]

ⓝ 마취제 ⓐ 마취의

Chloroform was once used as an **anesthetic** during surgery, but now we have safer alternatives.
클로로포름이 한때 수술 중에 **마취제**로 쓰였으나 이제 더 안전한 대안들이 있다.

✛ anesthesia ⓝ 마취(법)

1307 resilience
[rizíljəns]

ⓝ 회복력; 탄성

A moderate amount of stress builds **resilience** in the face of future stress. ◀기출
적정량의 스트레스는 미래의 스트레스에 직면할 때 **회복력**을 쌓아준다.

✛ resilient ⓐ 1 회복력이 있는 2 탄력 있는

1308 rehabilitation
[rìːhəbìlətéiʃən]

ⓝ 재활 (치료)

This technology can help the **rehabilitation** of patients with visual impairments.
이 기술은 시각 손상[장애] 환자들의 **재활**을 도울 수 있다.

✛ rehabilitate ⓥ 재활 치료를 하다

1309 cosmetic
[kɑzmétik]

ⓐ 성형의; 미용의, 화장(품)의

Cosmetic surgery can improve self-esteem as well as appearance.
성형 수술은 외모뿐만 아니라 자존감도 향상할 수 있다.

✛ cosmetics ⓝ 화장품

1310 medicinal
[mədísənəl]

ⓐ 약용의, 의약의

These herbs are **medicinal** plants known to have antiviral properties.
이 약초는 항바이러스 효능이 있다고 알려진 **약용** 식물이다.

1311 sanitary
[sǽnətèri]

ⓐ (공중) 위생의, 보건의

Public **sanitary** conveniences are provided in proper places.
공공 **위생** 편의시설(공중화장실)이 적절한 곳에 제공된다.

✛ sanitation ⓝ (공중) 위생; 위생 시설[관리]

1312 fragile
[frǽdʒəl/-dʒail]

ⓐ 1 **허약한** 2 연약한, 깨지기 쉬운 ⹀delicate

The strong man became **fragile** after the stressful event.
그 튼튼한 남자는 스트레스가 많은 사건 후에 **허약해졌다**.

A **fragile** sculpture with the sign "Please touch with your eyes." ‹기출›
"눈으로 만지세요."라는 표지판이 있는 **연약한[깨지기 쉬운]** 조각품

✛ fragility ⓝ 허약; 부서지기 쉬움

1313 traumatic
[trɔːmǽtik]

ⓐ 정신적 충격이 큰; 정신적 외상의

Constant exposure to upsetting news can be **traumatic**. ‹기출›
속상한 뉴스에 계속적인 노출은 **정신적 충격**일 수 있다.

✛ trauma ⓝ 정신적 외상, 트라우마

1314 respiratory
[réspərətɔ̀ːri]

ⓐ 호흡의, 호흡기의

The common cold is a **respiratory** infection caused by a virus.
일반 감기는 바이러스에 의한 **호흡기** 감염이다.

✛ respire ⓥ 호흡하다 | respiration ⓝ 호흡

1315 hygiene
[háidʒiːn]

ⓝ 위생; 위생학

Wearing masks is a good way to maintain personal **hygiene**.
마스크를 착용하는 것은 개인**위생**을 유지하는 좋은 방법이다.

1316 physiology
[fìziάlədʒi]

ⓝ 1 생리학 2 생리 기능

Human **physiology** deals with how the human body functions.
인간 **생리학**은 인체가 어떻게 기능하는가를 다룬다.

transform the **physiology** of fear into the biology of courage 기출
두려움의 **생리 기능**을 용기의 생물 기능으로 바꾸다

+ physiological ⓐ 생리(학상)의

1317 enzyme
[énzaim]

ⓝ 효소

Enzymes are proteins that help with chemical reactions in the body.
효소는 체내의 화학 반응을 돕는 단백질이다.

★ cf. gland 분비샘

1318 neurology
[njuərάlədʒi]

ⓝ 신경학

Neurology has developed from internal medicine and psychiatry.
신경학은 내과와 정신 의학에서 발전되었다.

★ cf. psychiatry 정신병학, 정신 의학

1319 anatomy
[ənǽtəmi]

ⓝ 1 해부학 2 해부학적 구조

Anatomy is a required course for medical students.
해부학은 의과대생들에게 필수 과정이다.

The **anatomy** of a human hand is very complex and quite unique.
인간 손의 **해부학적 구조**는 매우 복잡하고 상당히 고유하다.

+ anatomical ⓐ 해부(학상)의

1320 abortion
[əbɔ́ːrʃən]

ⓝ 낙태, 임신 중절 (수술)

The right to an **abortion** has quickly become a politicized controversy.
낙태권은 빠르게 정치화된 논쟁이 되었다.

+ abort ⓥ 낙태[유산]하다

DAILY CHECK-UP

A 빈칸에 알맞은 우리말 또는 영어 단어를 써넣으시오.

식품·건강

요리·식품
1 _____ 요리; 요리법
2 _____ delicacy
3 _____ gourmet
4 _____ (식품) 첨가제, 첨가물
5 _____ fermentation

발병
6 _____ pathogen
7 _____ (접촉) 전염[감염]
8 _____ ailment
9 _____ epidemic
10 _____ 발생, 일어남

기타 의료·보건
15 _____ 성형의; 미용의
16 _____ medicinal
17 _____ 허약한; 연약한
18 _____ traumatic
19 _____ 호흡의, 호흡기의

의료 절차
11 _____ transplant
12 _____ 항생제; 항생 물질(의)
13 _____ anesthetic
14 _____ 재활 (치료)

기타 개념
20 _____ hygiene
21 _____ 생리학; 생리 기능
22 _____ 효소
23 _____ neurology
24 _____ abortion

B 문장의 빈칸에 알맞은 말을 보기에서 골라 쓰시오.

resilience	sanitary	anatomy	transfusion	preservatives	impairment

1 Processed food can contain too many _____.

2 Blood _____ is used during surgery or after an injury.

3 Alexander Luria studied a patient with a memory _____.

4 Public _____ conveniences are provided in proper places.

5 The _____ of a human hand is very complex and quite unique.

6 A moderate amount of stress builds _____ in the face of future stress.

✍ put, run 구동사

put aside	**～을 따로 떼어 놓다[저축하다]** The wise leader will **put aside** some resources for future growth. 현명한 지도자는 미래의 성장을 위해 일부 자원**을 따로 떼어 놓을** 것이다.
put on	**1 ～을 상연하다 2 ～을 몸에 걸치다** Milkshake Monkey can't wait to **put on** a spectacular new musical for you all. Milkshake Monkey는 여러분 모두에게 멋진 신작 뮤지컬**을 상연하는** 것을 애타게 기다립니다. Don't forget to **put on** warm clothes before you go hiking. 🔹기출 하이킹 가기 전에 따뜻한 옷**을 몸에 걸치는** 것을 잊지 마라.
put out	**1 (불을) 끄다 2 ～을 생산[발행]하다** The problem is that I already **put out** the campfire. 🔹기출 문제는 내가 이미 캠프파이어**를 껐다는** 것입니다. From April, the newspaper **put out** two issues a day: a noon and an evening edition. 4월부터 그 신문사는 하루에 두 부**를 발행했는데**, 정오 판과 저녁 판이다.
run for	**～에 입후보하다** Victoria Woodhull was the first woman to **run for** the U.S. presidency in 1872. 빅토리아 우드홀은 1872년에 미국 대통령직**에 입후보한** 최초의 여성이었다.
run into [across]	**～와 (우연히) 마주치다[만나다]** You may **run into** unexpected obstacles on the way to your destination. 여러분은 목적지로 가는 도중에 예기치 못한 장애물들**과 마주칠** 수도 있다. Yesterday I **ran across** a stranger three times! 나는 어제 한 낯선 이**와 우연히** 세 번이나 **마주쳤어**!
run out of	**1 다 되다[떨어지다] 2 ～을 다 써버리다** Time and money **ran out** and we had to return home. 시간이 **다 되고** 돈도 **떨어져서** 우리는 집으로 돌아와야 했다. We've **run out of** ingredients to make the dish. 🔹기출 우리는 그 요리를 만들 재료**를 다 써버렸어요**.

PLAN 3
사고

DAY **45**   생각 · 판단
DAY **46**   인지 · 지성

생각·판단

contemplate 심사숙고하다
misconception 오해, 그릇된 생각

인지·지성

articulate 명확히 표현하다
rationale 이론적 근거[설명]

사고

생각의 종류

1321 meditate
[médətèit]

ⓥ 명상하다, 묵상하다

Your gardens are good places to **meditate** and relax.
여러분의 정원은 **명상하고** 긴장을 풀기에 좋은 장소이다.

➕ meditation ⓝ 명상, 묵상

다의어

1322 deliberate
ⓥ [dilíbərèit]
ⓐ [dilíbərit]

ⓥ 숙고하다　ⓐ 의도[고의]적인

v. People appear to **deliberate** and choose from a range of behavioral options. ◀기출
사람들은 **숙고하여** 여러 행동상의 선택지 중에서 고르는 듯 보인다.

a. make a **deliberate** change in behavior
행동에 **의도적인** 변화를 만들어내다

➕ deliberation ⓝ 숙고, 숙려

1323 contemplate
[kántəmplèit]

ⓥ 심사숙고하다　⊜ ponder, **생각하다**

I **contemplated** for hours on whether I was going to post this.
나는 이것을 게시해야 할지를 여러 시간 **심사숙고했다.**

➕ contemplation ⓝ 숙고, 사색, 명상

1324 retrospect
[rétrəspèkt]

ⓝ 회고, 회상　ⓥ 회고[회상]하다

In **retrospect**, my adolescence was a time of profound transformation.
회고해 보면, 내 청소년기는 지대한 변화의 시기였다.

➕ retrospective ⓐ 회고하는, 회고의

★ cf. introspect 내성하다, 성찰하다

1325 deduction
[didʌ́kʃən]

ⓝ 1 연역(법), 추론　2 공제, 빼기

The modern scientific method proceeds according to the logic of **deduction**. ◀기출
현대의 과학적 방법은 **연역**의 논리에 따라 나아간다.

➕ deduce ⓥ 연역하다, 추론하다

1326 analogy
[ənǽlədʒi]

ⓝ 1 유추　2 비유, 유사

Analogies require inferences from one domain to another.
유추는 한 영역에서 다른 영역으로의 추론을 필요로 한다.

As an **analogy**, consider two island cities connected by a bridge. ◀기출 하나의 **비유로**, 하나의 다리로 연결된 두 섬 도시를 생각해보라.

생각의 특성

1327 ambiguous
[æmbíɡjuəs]

ⓐ 모호한 ⊜obscure, 애매한, 분명하지 않은

Meanings of words are **ambiguous**, as words are only signs given to concepts. 〈기출〉
단어의 의미는 **모호한데**, 단어가 단지 개념에 부여된 기호이기 때문이다.

➕ ambiguity ⓝ 모호함, 애매성

1328 implicit
[implísit]

ⓐ 암묵[암시]적인, 은연중의 ↔explicit 명시적인, 뚜렷한

Completion of the questionnaire was considered as **implicit** consent to participate.
설문지 작성 완료는 참가하겠다는 **암묵적** 동의로 여겨졌다.

1329 arbitrary
[ɑ́ːrbitrèri]

ⓐ 임의적인, 멋대로의

Privacy incorporates the need to protect the family from **arbitrary** interference. 〈기출〉
사생활은 **임의적인** 간섭으로부터 가족을 보호할 필요성을 포함한다.

1330 exquisite
[ikskwízit]

ⓐ 정교한, 섬세한; 매우 아름다운

Logic is an **exquisite** branch of mathematics.
논리학은 수학의 **정교한** 한 분야이다.

1331 ingenious
[indʒíːnjəs]

ⓐ 기발한, 독창적인

Conservationists have come up with an **ingenious** way to help an endangered species. 〈기출〉
보호론자들은 멸종 위기에 처한 종을 돕는 **기발한** 방안을 생각해냈다.

➕ ingenuity ⓝ 기발한 재주, 독창성

1332 unanimous
[juːnǽnəməs]

ⓐ 만장일치의, 이의 없는

Opposing views make it difficult to reach a **unanimous** decision.
반대 견해가 **만장일치의** 결정에 이르는 것을 어렵게 만든다.

➕ unanimity ⓝ 만장일치

1333 contend
[kənténd]

ⓥ 1 <mark>주장하다</mark> 2 경쟁하다, 다투다

Rousseau **contended** that man is good only when in "the state of nature."
루소는 인간이 오직 '자연 상태'에서만 선하다고 **주장했다**.

contend with opponents for a prize
상을 타기 위해 상대 선수들과 **경쟁하다**

다의어

1334 manifest
[mǽnəfèst]

ⓥ 표명하다, 명백히 하다 ⓐ 분명한, 명백한

v. We **manifest** our perspective through our behaviors.
우리는 행동을 통해 우리의 견해를 **표명한다**.

a. the **manifest** outcomes of research ◀기출 연구의 **분명한** 결과

➕ manifestation ⓝ 표명, 명시

1335 refute
[rifjúːt]

ⓥ 반박하다, 논박하다

The official **refuted** reports that refugees were starving.
그 관리는 난민들이 굶주리고 있다는 보도를 **반박했다**.

➕ refutation ⓝ 반박, 논박

1336 verification
[vèrəfikéiʃən]

ⓝ (진실임을) 입증, 확인

Verification is common in science and has social value. ◀기출
입증은 과학에서 일반적이며 사회적 가치를 지닌다.

➕ verify ⓥ (진실임을) 증명하다, 입증하다

1337 clarification
[klǽrəfikéiʃən]

ⓝ 명료화; 해명

Because of the risk of misinterpretations, repeated **clarifications** are needed.
잘못된 해석의 위험으로 인해 반복적인 **명료화**가 필요하다.

➕ clarify ⓥ 명확[분명]하게 하다 | clarity ⓝ 명료(함), 명백

1338 differentiation
[dìfərènʃiéiʃən]

ⓝ 1 차별화, 차등화 2 구별, 구분

Differentiation in education is a means of responding to student diversity.
교육에서 **차별화**는 학생 다양성에 대응하는 수단이다.

a **differentiation** between "roasting" and "baking"
'roasting(고기 굽기)'과 'baking(빵 굽기)' 사이의 **구별**

➕ differentiate ⓥ 1 차별[차등]화하다 2 구별[구분]하다

1339 supreme
[səprí:m]

ⓐ 최고의, 최상의

Republic means the **supreme** power of the people living in the country.
공화국은 그 나라에 사는 국민들의 **최고** 권력을 의미한다.

➕ the Supreme Court 대법원

➕ supremacy ⓝ 최고; 우위

1340 gorgeous
[gɔ́:rdʒəs]

ⓐ 아주 멋진, 찬란한, 화려한

Young minds generate **gorgeous** ideas and amazing innovation.
젊은 마음은 **아주 멋진** 아이디어와 놀라운 혁신을 만들어낸다.

1341 exemplary
[igzémpləri]

ⓐ 모범적인, 훌륭한

He set standards through **exemplary** acts all the world pursues.
그는 전 세계가 추구하는 **모범적인** 행동을 통해 기준을 세웠다.

➕ exemplar ⓝ 모범, 본보기

1342 feasible
[fí:zəbəl]

ⓐ 실행[실현] 가능한

Creativity is the production of ideas that are both novel and **feasible**.
창의력이란 참신하면서도 **실행 가능한** 아이디어의 생성이다.

➕ feasibility ⓝ 실행 가능함

1343 pragmatic
[prægmǽtik]

ⓐ 실용(주의)적인, 현실적인

Balanced life requires switching between the "**pragmatic**" and "aesthetic" attitude. 기출
균형 잡힌 삶은 '**실용주의적**' 태도와 '미학적' 태도 사이를 오가는 것을 필요로 한다.

➕ pragmaticism ⓝ 실용주의 (철학)

1344 futile
[fjú:tl]

ⓐ 쓸데없는, 무익한, 헛된

They know it will be a **futile** attempt to overcome this barrier.
그들은 이 장벽을 극복하려는 것이 **쓸데없는** 시도일 것임을 안다.

➕ futility ⓝ 쓸데없음, 무익

1345 dilemma
[dilémə]

ⓝ 딜레마, 진퇴양난

In ethical decision making, there are always gray areas that create **dilemmas**. ◀기출▶
윤리적 의사 결정에는 항상 **딜레마**를 일으키는 회색 지대(애매한 부분)가 있다.

1346 misconception
[miskənsépʃən]

ⓝ 오해, 그릇된 생각

One **misconception** about self-confidence is that it means living fearlessly.
자신감에 대한 한 가지 **오해**는 그것이 겁 없이 사는 것을 의미한다는 것이다.

1347 drawback
[drɔ́bæk]

ⓝ 결점, 약점   ⊟ downside 결점, 불리한 면

The benefits of having emotions outweigh the **drawbacks**. ◀기출▶
감정을 가지는 것의 이점이 그 **결점**보다 중요하다.

1348 discrepant
[diskrépənt]

ⓐ 괴리된, 불일치의, 모순된

People's beliefs are often **discrepant** from reality.
사람들의 믿음은 흔히 현실과 **괴리되어** 있다.

＋ discrepancy ⓝ 괴리, 불일치

1349 vulnerable
[vʌ́lnərəbəl]

ⓐ 취약한, 상처받기 쉬운

First discoveries are **vulnerable** to becoming undermined by subsequent research. ◀기출▶
최초의 발견은 후속 연구에 의해 약화되는 데 **취약하다**.

＋ vulnerability ⓝ 취약성

1350 susceptible
[səséptəbəl]

ⓐ 1 영향받기 쉬운, 취약한   2 (병에) 걸리기 쉬운

We are so **susceptible** to biases derived from facial perception.
우리는 얼굴 인식에서 비롯된 편견에 매우 **영향받기 쉽다[취약하다]**.

In particular, infants are **susceptible** to the virus.
특히, 갓난아기들이 그 바이러스에 **걸리기 쉽다**.

＋ susceptibility ⓝ 1 감수성, 민감   2 병에 걸리기 쉬움

DAILY CHECK-UP

A 빈칸에 알맞은 우리말 또는 영어 단어를 써넣으시오.

생각 · 판단

생각의 종류

1 _____
명상하다, 묵상하다

2 _____
contemplate

3 _____
회고[회상](하다)

4 _____
deduction

5 _____
analogy

생각의 특성

6 _____
암묵[암시]적인, 은연중의

7 _____
arbitrary

8 _____
정교한, 섬세한

9 _____
ingenious

10 _____
만장일치의, 이의 없는

속성 판단

15 _____
gorgeous

16 _____
모범적인, 훌륭한

17 _____
실행[실현] 가능한

18 _____
pragmatic

19 _____
쓸데없는, 무익한

생각의 구현

11 _____
주장하다; 경쟁하다

12 _____
manifest

13 _____
verification

14 _____
명료화; 해명

부정적 판단

20 _____
진퇴양난

21 _____
misconception

22 _____
결점, 약점

23 _____
discrepant

24 _____
susceptible

B 문장의 빈칸에 알맞은 말을 보기에서 골라 쓰시오.

vulnerable	ambiguous	supreme	deliberate	differentiation	refuted

1 The official _____ reports that refugees were starving.

2 _____ in education is a means of responding to student diversity.

3 Republic means the _____ power of the people living in the country.

4 Meanings of words are _____, as words are only signs given to concepts.

5 People appear to _____ and choose from a range of behavioral options.

6 First discoveries are _____ to becoming undermined by subsequent research.

인지 · 지성

인지적 · 지성적 행동

1351 retrieve
[ritríːv]

ⓥ (정보를) 검색하다; 되찾아오다, 회수하다

Like humans, computers acquire, preserve, and **retrieve** information. <기출>
인간과 같이 컴퓨터는 정보를 획득하고, 보존하고, **되찾아온다[검색한다]**.

retrieve recalled items from stores
리콜 상품을 상점에서 **회수하다**

➕ retrieval ⓝ 되찾아옴, 회수

1352 articulate
ⓥ [ɑːrtíkjəlèit]
ⓐ [ɑːrtíkjəlit]

ⓥ 명확히 표현하다   ⓐ 명확히 표현한

Artists use images expressionistically to **articulate** how they view the world. <기출>
예술가들은 자신이 세상을 바라보는 방식을 **명확히 표현하기** 위해 이미지를 표현주의적으로 사용한다.

1353 diversify
[divə́ːrsəfài]

ⓥ 다양[다각]화하다

effects of **diversified** markets on reasonable customer choices
다양화된 시장이 합리적인 소비자 선택에 미치는 영향 (주제)

다의어

1354 attribute
ⓥ [ətríbjuːt]
ⓝ [ǽtribjùːt]

ⓥ 덕분[탓]으로 돌리다   ⓝ 특성, 속성

v. People often **attribute** their faults to others. <기출>
사람들은 종종 자신의 잘못을 다른 이들 **탓으로 돌린다**.

n. our relatively long, powerful thumb and other anatomical **attributes**
우리의 상대적으로 길고 강력한 엄지와 다른 해부학적 **특성들**

1355 pinpoint
[pínpɔint]

ⓥ 정확히 기술하다; 정확히 찾아내다

It is hard to **pinpoint** the origin of this mentality. <기출>
이 정신 상태의 기원을 **정확히 기술하는** 것은 어렵다.

1356 complement
ⓥ [kámpləmènt]
ⓝ [kámpləmənt]

ⓥ 보완[보충]하다   ⓝ 보완[보충]물

It is good to **complement** your argument with a few quotes.
여러분의 주장을 몇 개의 인용으로 **보완하는** 것이 좋다.

For babies, breastfeeding is an essential **complement** to vaccination.
아기들에게 수유는 예방 접종의 필수적인 **보충물**이다.

➕ complementary ⓐ 보충[보완]하는

인지적 판단

1357 eternal
[itə́:rnəl]

ⓐ 영원한, 불멸의

Eternal truth is that humans are part of ecosystems, not separate from them.
영원한 진리는 인간이 생태계 일부이며 그것과 동떨어지지 않았다는 것이다.

✚ eternity ⓝ 영원, 무궁

1358 ubiquitous
[juːbíkwətəs]

ⓐ 어디에나 있는, 편재하는

Extended periods of sitting have become **ubiquitous** in the workplace.
장시간 앉아 있는 일이 직장에서 **어디에나 있게** 되었다.

✚ ubiquity ⓝ 어디에나 있음, 편재

1359 heuristic
[hjuərístik]

ⓐ 체험적인, 발견적인

Our designs integrate **heuristic** knowledge and consumer assessment.
우리의 디자인은 **체험적** 지식과 소비자 평가를 통합합니다.

✚ heuristics ⓝ 체험적 지식

1360 formidable
[fɔ́:rmədəbl]

ⓐ 가공할 만한, 어마어마한

He has accumulated a **formidable** amount of knowledge on this theme.
그는 이 주제에 관한 **가공할 만한** 양의 지식을 축적했다.

✚ formidability ⓝ 가공할 만함, 만만치 않음

1361 tremendous
[triméndəs]

ⓐ 엄청난, 굉장한

He could not adapt to the **tremendous** changes after the revolution. 기출
그는 혁명 후의 **엄청난** 변화에 적응할 수 없었다.

1362 recurrent
[rikə́:rənt]

ⓐ 되풀이되는, 반복되는

Rapid growth of the economy prevented **recurrent** threats of famine.
경제의 급속한 성장은 **되풀이되는** 기근 위협을 방지했다.

✚ recurrence ⓝ 재발, 반복

1363 cumulative
[kjúːmjəlèitiv]

ⓐ 누적하는, 누적적인

The **cumulative** work of many individuals produces a body of knowledge. <기출>
많은 개인들의 **누적된** 연구가 일련의 지식을 만들어낸다.

1364 equivalent
[ikwívələnt]

ⓐ 동등한; 상응하는 ⓝ 동등한 것

Each degree Fahrenheit is **equivalent** to 5/9 of a degree Celsius.
화씨 각 1도는 섭씨 5/9도와 **동등하다**.

obtain the **equivalent** of a master's degree <기출>
석사 학위와 **동등한 학위**를 취득하다

➕ equivalence ⓝ 같음, 등가, 동량

1365 homogeneous
[hòumədʒíːniəs]

ⓐ 동종의, 동질의 ⟷ heterogeneous 이종의, 이질의

Users with similar interests on social media often form a **homogeneous** group.
비슷한 관심사를 가진 소셜미디어 사용자들은 흔히 **동종** 집단을 형성한다.

➕ homogeneity ⓝ 동종(성), 동질(성) (⟷ heterogeneity 이종, 이질)

1366 holistic
[hòulístik]

ⓐ 총체적인, 전체론의

In problem-solving, a **holistic** approach involves understanding the entire situation.
문제 해결에서, **총체적인** 접근법은 전체 상황을 이해하는 것을 수반한다.

1367 discrete
[diskríːt]

ⓐ 별개의, 따로따로의 ⓔ separate

You need to examine the possible association between the two **discrete** variables.
여러분은 **별개의** 그 두 변수 사이의 가능한 관련성을 조사할 필요가 있다.

1368 metaphysical
[métəfízikəl]

ⓐ 형이상학적인

Aristotle's theory is "naturalistic" in that it does not depend on **metaphysical** knowledge. <기출>
아리스토텔레스의 이론은 **형이상학적** 지식에 의존하지 않는다는 점에서 '자연주의적'이다.

➕ metaphysics ⓝ 형이상학

1369 invariably
[invέəriəbli]

ad 예외[변함] 없이, 반드시

The infrastructure **invariably** constitutes the backbone of urban form. 기출
기반 시설은 **예외 없이** 도시 형태의 중추를 구성한다.

+ invariable ⓐ 변함없는 ⓝ 상수
★ cf. variable 변화무쌍한; 변수

1370 subconsciously
[sʌbkάnʃəsli]

ad 잠재 의식적으로

Runners **subconsciously** adjust leg stiffness to the hardness of the surface. 기출
주자는 **잠재 의식적으로** 다리 경직도를 표면의 단단함에 맞춘다.

+ subconscious ⓐ 잠재의식의

1371 predominantly
[pridάmənəntli]

ad 대개, 대부분; 현저하게   = mainly, primarily

It seems that Greek music was **predominantly** a vocal form. 기출
그리스 음악은 **대개** 성악(목소리가 있는) 형태였던 것 같다.

+ predominant ⓐ 주된, 현저한; 뛰어난

1372 simultaneously
[sàiməltéiniəsli]

ad 동시에

Such discoveries cannot be made **simultaneously** by numbers of individuals. 기출
그런 발견은 다수의 개인에 의해 **동시에** 이루어질 수 없다.

+ simultaneous ⓐ 동시의, 동시에 일어나는

1373 spontaneously
[spantéiniəsli]

ad 1 자연스럽게   2 자발적으로

He researched the way people **spontaneously** touch their faces. 기출
그는 사람들이 **자연스럽게** 자신의 얼굴을 만지는 방식을 연구했다.

spontaneously follow the rules **자발적으로** 규칙을 따르다

+ spontaneous ⓐ 자연히 일어나는, 자발적인

1374 unprecedentedly
[ʌnprésədèntidli]

ad 전례 없이

The result was an **unprecedentedly** rapid development of commerce.
그 결과는 **전례 없이** 급속한 상업의 발달이었다.

+ unprecedented ⓐ 전례 없는
★ cf. precede 선행하다 | precedent 선행하는; 전례, 선례

1375 schema
[skíːmə]

ⓝ 스키마, 도식, 개요 (*pl.* schemas/schemata)

Our **schema** represents all of our prior knowledge, which we use to make sense of the world.
우리의 **스키마**는 우리의 이전의 모든 지식을 나타내는데, 이는 우리가 세상을 이해하는 데 사용한다.

★ cf. scheme 1 도식, 도해 2 계획, 설계

1376 rationale
[ræ̀ʃənǽl]

ⓝ 이론적 근거[설명]

The **rationale** is that training improves performance and safety.
이론적 근거는 훈련이 경기력과 안전을 향상한다는 것이다.

1377 efficacy
[éfəkəsi]

ⓝ 유효성; 효험, 효능

The evidence demonstrates the **efficacy** of the measures.
증거는 그 조처의 **유효성**을 입증하고 있다.

evaluate the **efficacy** of a drug 약물의 **효능**을 평가하다

1378 implication
[ìmpləkéiʃən]

ⓝ 1 함축, 내포   2 (보통 *pl.*) 영향, (예상된) 결과

The **implication** is that all of these could have been prevented.
함축하는 바는 이 모든 것이 방지될 수도 있었다는 것이다.

Governmental involvement can have serious **implications**.
〈기출〉 정부의 관여는 심각한 **영향**을 미칠 수 있다.

✚ imply ⓥ 함축[암시]하다

1379 consensus
[kənsénsəs]

ⓝ 의견 일치, 합의 ⊜ agreement

There exists a **consensus** as to what constitutes a moral duty.
무엇이 도덕적 의무를 구성하는가에 관해 **의견 일치**가 존재한다.

1380 preoccupation
[priɑ̀kjəpéiʃən]

ⓝ 집착, 골몰; 몰두

Throughout history, the **preoccupation** with dieting has been persistent. 〈기출〉
역사 내내 살 빼기에 대한 **집착**은 지속되어 왔다.

✚ preoccupy ⓥ 마음을 빼앗다, 몰두하게 하다

★ cf. occupy 점유[점령]하다, 차지하다

A 빈칸에 알맞은 우리말 또는 영어 단어를 써넣으시오.

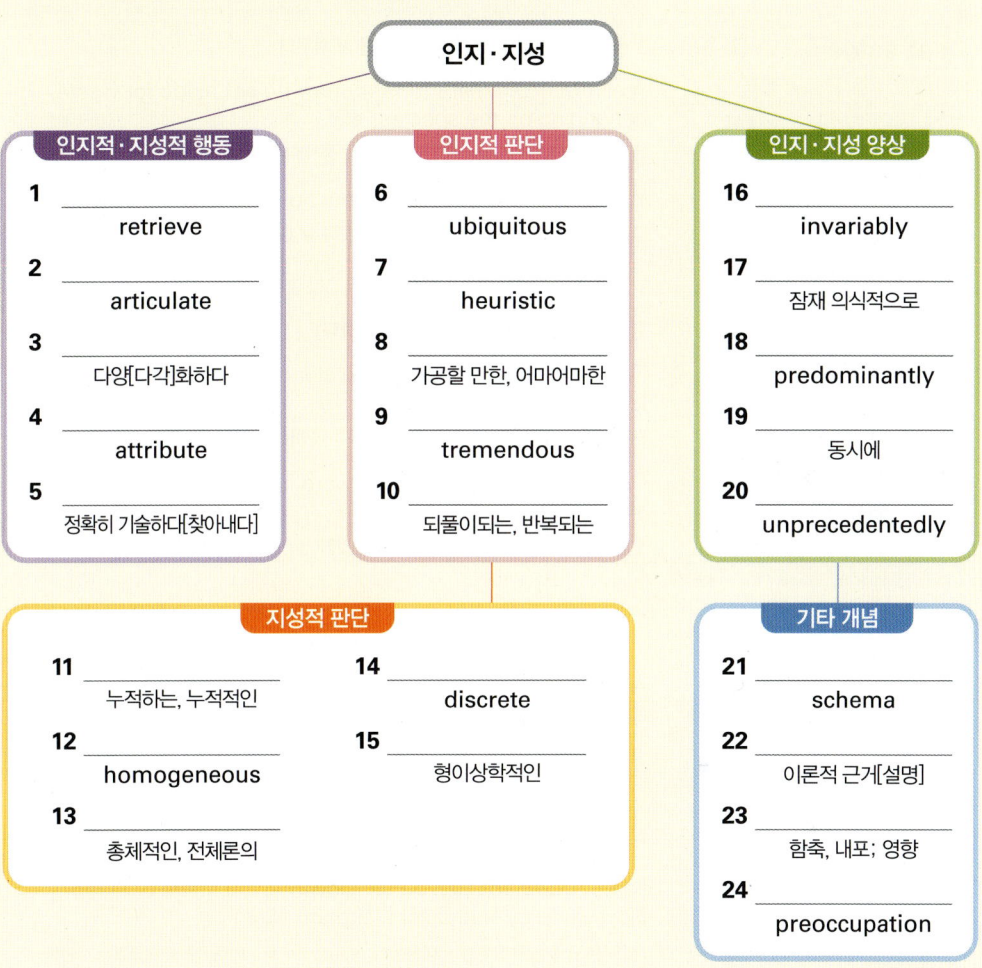

인지 · 지성

인지적 · 지성적 행동

1 _____ retrieve
2 _____ articulate
3 _____ 다양[다각]화하다
4 _____ attribute
5 _____ 정확히 기술하다[찾아내다]

인지적 판단

6 _____ ubiquitous
7 _____ heuristic
8 _____ 가공할 만한, 어마어마한
9 _____ tremendous
10 _____ 되풀이되는, 반복되는

인지 · 지성 양상

16 _____ invariably
17 _____ 잠재 의식적으로
18 _____ predominantly
19 _____ 동시에
20 _____ unprecedentedly

지성적 판단

11 _____ 누적하는, 누적적인
12 _____ homogeneous
13 _____ 총체적인, 전체론의
14 _____ discrete
15 _____ 형이상학적인

기타 개념

21 _____ schema
22 _____ 이론적 근거[설명]
23 _____ 함축, 내포; 영향
24 _____ preoccupation

B 문장의 빈칸에 알맞은 말을 보기에서 골라 쓰시오.

consensus	efficacy	equivalent	spontaneously	eternal	complement

1 It is good to _____ your argument with a few quotes.

2 The evidence demonstrates the _____ of the measures.

3 Each degree Fahrenheit is _____ to 5/9 of a degree Celsius.

4 He researched the way people _____ touch their faces.

5 There exists a(n) _____ as to what constitutes a moral duty.

6 _____ truth is that humans are part of ecosystems, not separate from them.

✎ **set, stand 구동사**

set aside	1 ~을 챙겨두다[확보하다] 2 ~을 제쳐두다
	A part of an animal's territory may be **set aside** for waste, depending on the species. _{기출}
	동물 영역의 일부는 종에 따라 배설을 위해 **챙겨두어졌을** 수 있다.
	You'd better **set aside** your routine activities for a while. _{기출}
	한동안 일상 활동을 **제쳐두는**(하지 않는) 것이 좋겠어요.

set off	1 ~을 출발하다 2 ~을 울리다[발하다]
	Ethan and Sean **set off** hiking along the valley by Aicken Mountain. _{기출}
	Ethan과 Sean은 Aicken 산자락 계곡을 따라 하이킹을 **출발했다**.
	CAUTION: An incorrect password input will **set off** an alarm. _{기출}
	주의: 틀린 비밀번호 입력은 경보를 **울릴** 것입니다. (안내문)

set out	~에 착수하다
	Administrators **set out** to convert an unused classroom into a teaching kitchen.
	행정직원들이 사용하지 않는 교실을 조리실로 개조하는 일에 **착수했습니다**. (편지글)

stand for	~을 의미하다[상징하다]
	REM **stands for** Rapid Eye Movement, a stage of sleep discovered by Nathaniel Kleitman. _{기출}
	REM은 급속 안구 운동을 **의미하는데**, Nathaniel Kleitman에 의해 발견된 수면의 한 단계이다.

stand out	돋보이다, 눈에 띄다
	We assume that people with innate talent **stand out** right away. _{기출}
	우리는 타고난 재능을 가진 사람들이 즉시 **돋보인다고** 가정한다.

stand up for	~을 옹호하다[지지하다]
	Our mission is to **stand up for** social justice and human rights.
	우리의 사명은 사회 정의와 인권을 **옹호하는** 것입니다.

PLAN 4
문화

DAY 47 생활

DAY 48 문학 · 교육

생활

comply 따르다, 응하다

interactive 쌍방향의, 상호 작용하는

문학 · 교육

manuscript 원고, 필사본

compulsory 의무의, 필수의

문화

개인 행위

1381 comply
[kəmplái]

ⓥ (법·규칙 등에) 따르다, 응하다

A large company has the resources to **comply** with the regulatory measure. 〈기출〉
대기업은 규제 조치를 **따를** 자원을 가지고 있다.

➕ compliance ⓝ 따름, 준수

1382 align
[əláin]

ⓥ 1 (알맞게) 맞추다, 조정하다   2 정렬하다

In general, we try to **align** our behavior with others' expectations.
일반적으로 우리는 우리의 행동을 다른 이들의 기대에 **맞추고자** 노력한다.

Plants **align** their leaves in such a way as to maximize exposure to light. 〈기출〉
식물은 빛에 노출을 최대화하는 방식으로 잎을 **정렬한다**.

➕ alignment ⓝ 1 맞춤, 조절   2 정렬

1383 internalize
[intə́:rnəlàiz]

ⓥ 내면화[내재화]하다

socialization as a form of **internalized** social control
내면화된 사회적 통제의 한 형태로서의 사회화 (주제)

★ cf. internal 내부의; 내면적인

1384 instill
[instíl]

ⓥ 심어주다, 서서히 주입시키다

Volunteering helps **instill** important values such as empathy, generosity, and altruism in students.
자원봉사 활동은 학생들에게 공감, 관대, 이타성과 같은 중요한 가치관을 **심어주는** 데 도움이 된다.

➕ instillation ⓝ (사상 등을) 서서히 주입시킴

1385 immerse
[imə́:rs]

ⓥ 1 열중[몰두]하게 하다   2 담그다

In Mozart's own words: "I **immerse** myself in music. I think about it all day long." 〈기출〉
모차르트 자신의 말: "나는 음악에 **열중한다**. 나는 하루 종일 그것을 생각한다."

immerse the cloth in water 천을 물에 **담그다**

➕ immersion ⓝ 1 열중, 몰두   2 담금

1386 indulge
[indʌ́ldʒ]

ⓥ 마음껏 하다, 탐닉하다

Decide when to **indulge** in social media and stay offline.
언제 소셜미디어를 **마음껏 하고** 언제 접속을 끊고 있을 것인지 정하라.

➕ indulgence ⓝ 마음껏 함, 탐닉

대인 행위

1387 mediate
[míːdièit]

ⓥ 1 중재하다 2 매개하다

The UN made diplomatic efforts to **mediate** the conflicts.
유엔은 그 분쟁을 **중재하기** 위한 외교적 노력을 기울였다.

be **mediated** by AI-based recommendation systems ◀기출

인공 지능 기반 추천 시스템에 의해 **매개되다**

✚ mediation ⓝ 1 중재 2 매개

1388 reconcile
[rékənsàil]

ⓥ 1 조정하다, 조화시키다 2 화해시키다

Negotiation is an attempt to explore and **reconcile** conflicting positions. ◀기출
교섭은 상충하는 입장을 살펴보고 **조정하는** 시도이다.

reconcile two friends who have quarreled
다툰 두 친구를 **화해시키다**

✚ reconciliation ⓝ 1 조정 2 화해

1389 encompass
[inkʌ́mpəs]

ⓥ 1 <mark>아우르다, 포함하다</mark> 2 에워싸다

Health rights should **encompass** all the members of the community.
건강권은 사회의 모든 구성원을 **아울러야** 한다.

a central park **encompassing** a lake
호수를 **에워싸고 있는** 중앙 공원

1390 alienate
[éiljənèit]

ⓥ 소원하게 하다; 소외시키다

Be careful not to **alienate** any of the participants in the discussion.
토론 참가자 중 어느 누구도 **소외시키지** 않도록 주의하시오.

feel **alienated** from friends 친구들로부터 **소외감**을 느끼다

✚ alienation ⓝ 소외, 따돌림

1391 marginalize
[máːrdʒinəlàiz]

ⓥ (사회적으로) 소외시키다, 주변으로 내몰다

There should be increased awareness related to the struggles of **marginalized** communities.
소외된 집단의 고충과 관련한 인식이 높아져야 한다.

1392 polarize
[póuləràiz]

ⓥ 양극화하다

We live in an increasingly **polarized** society, addicted to conflict.
우리는 갈등에 중독되어 점점 더 **양극화되는** 사회에 살고 있다.

✚ polarization ⓝ 양극화

1393 millennium
[miléniəm]

ⓝ 천년, 천 년간 (*pl.* millennia)

Adaptive strategies to local conditions occurred over the past ten **millennia**. 기출
지역 환경에 대한 적응 전략이 지난 1만 년간(10×**천년간**)에 걸쳐 일어났다.

1394 nomad
[nóumæd]

ⓝ 유목민; 방랑자

The tribes were **nomads** and used to move from one place to another.
그 부족은 **유목민**이었는데 한 지역에서 다른 지역으로 이동하곤 했다.

➕ nomadic ⓐ 유목민의, 유목 생활의

1395 expedition
[èkspədíʃən]

ⓝ 1 탐사[탐험] (여행), 원정   2 탐험대

In 1992, Anne Bancroft led the American Women's **Expedition** to Antarctica. 기출
1992년에 Anne Bancroft는 미국 여성 남극 **탐험대**를 이끌었다.

1396 navigate
[nǽvəgèit]

ⓥ 1 항해[항행]하다   2 헤쳐나아가다

The archeologist **navigated** the water paths to the ancient hidden temple.
그 고고학자는 고대의 숨겨진 사원으로 가는 물길을 **항해했다**.

as you **navigate** through the day 기출
하루를 **헤쳐나가면서**

➕ navigation ⓝ 항해, 항행, 운행 (보조 시스템)

1397 excavate
[ékskəvèit]

ⓥ 발굴하다, 파다

Stone human sculptures were **excavated** in the ancient Roman city of Pompeii.
석조 인간 조각물들이 고대 로마 도시 폼페이에서 **발굴되었다**.

➕ excavation ⓝ 발굴

1398 designate
[dézignèit]

ⓥ 1 지정하다   2 지명하다

UNESCO **designates** cultural heritage sites to be part of the World Heritage list.
유네스코는 세계 문화유산 목록에 들어가도록 문화 유산지를 **지정한다**.

designated hitter (DH) **지명** 타자 (야구)

➕ designation ⓝ 1 지정   2 지명

1399 interactive
[íntəræktiv]

ⓐ 쌍방향의, 상호 작용하는

Internet-based education is characterized by **interactive** communication.
인터넷 기반 교육은 **쌍방향** 의사소통이 특징이다.

➕ interact ⓥ 상호 작용하다 | interaction ⓝ 상호 작용

1400 anonymous
[ənάnəməs]

ⓐ 익명의

Remember that it's not possible to be completely **anonymous** online.
온라인에서 완전하게 **익명인** 것이 가능하지 않다는 점을 명심하시오.

➕ anonymity ⓝ 익명(성)

1401 malicious
[məlíʃəs]

ⓐ 악의적인, 심술궂은

Malicious replies can cause distress or anxiety to the recipient.
악의적 댓글은 받는 이에게 고통과 근심을 초래할 수 있다.

➕ malice ⓝ 악의, 적의 | maliciously ⓐⓓ 악의적으로

1402 notify
[nóutəfài]

ⓥ 알리다, 통지하다

This message **notifies** you that the waste toner container is full.
이 메시지는 폐기 토너 통이 가득 찼다는 것을 **알린다**. (프린터, 복사기)

➕ notification ⓝ 알림, 통지

1403 bombard
[bɑmbάːrd]

ⓥ 1 공세를 가하다, 퍼붓다 2 폭격[포격]하다

Information overload refers to being **bombarded** with a large amount of information.
정보 과부하는 많은 양의 정보 **공세를 받는다**는 것을 일컫는다.

bombard the enemy's command headquarters
적군의 사령부를 **폭격하다**

➕ bomb ⓝ 폭탄 | bombardment ⓝ 1 퍼붓기 2 폭격, 포격

1404 infringe
[infríndʒ]

ⓥ 침해하다, 위반하다

You **infringe** on portrait rights if you post someone's photos without his/her consent.
동의 없이 누군가의 사진을 게시하면 초상권을 **침해한다**.

➕ infringement ⓝ 침해, 위반

1405 apparel
[əpǽrəl]

ⓝ 의복, 의류

The fashion industry involves the production and consumption of **apparel**.
패션 산업은 **의복**의 생산과 소비에 관여한다.

★ cf. garment 의복, 옷 | outfit (한 벌의) 의상
attire 복장, 의복 | costume (특정 목적) 의상

1406 appliance
[əpláiəns]

ⓝ (가정용) 전기 제품[기구]

Refrigerators and washing machines are both major household **appliances**.
냉장고와 세탁기는 둘 다 주요 가정용 **전기 제품**이다.

➕ home appliance 가전제품

1407 apparatus
[æpərǽtəs, æpəréitəs]

ⓝ 장치, 기기　🟰 equipment

Fireplaces have been used for centuries as a heating **apparatus**.
벽난로는 수 세기 동안 난방 **장치**로 사용되어왔다.

★ cf. device 장치, 기기, 기구

1408 furnishing
[fɔ́ːrniʃiŋ]

ⓝ (pl.) 비품, 가구

Office **furnishings** include desks, chairs, tables, filing cabinets, and so on.
사무실 **비품**에는 책상, 의자, 탁자, 서류 캐비닛 등이 포함된다.

➕ furnish ⓥ (가구를) 비치하다

1409 installation
[ìnstəléiʃən]

ⓝ 설치, 설비

We provide **installation** services for equipment purchased in our store.
저희는 저희 상점에서 구매된 장비의 **설치** 서비스를 제공합니다.

1410 maintenance
[méintənəns]

ⓝ 관리, 유지, 보수

New business opportunities emerge in the world of **maintenance** and repair. ◀기출
새로운 사업 기회가 **유지**와 보수의 세계에서 생겨나고 있다.

➕ maintenance office (대형 건물, 시설의) 관리 사무소

DAILY CHECK-UP

A 빈칸에 알맞은 우리말 또는 영어 단어를 써넣으시오.

생활

개인 행위

1 _____ align

2 _____ 내면화[내재화]하다

3 _____ 심어주다, 서서히 주입시키다

4 _____ immerse

5 _____ indulge

대인 행위

6 _____ reconcile

7 _____ encompass

8 _____ 소원하게 하다; 소외시키다

9 _____ marginalize

10 _____ 양극화하다

인터넷

15 _____ 쌍방향의, 상호 작용하는

16 _____ malicious

17 _____ 알리다, 통지하다

18 _____ bombard

19 _____ infringe

인문학적 개념

11 _____ millennium

12 _____ 유목민; 방랑자

13 _____ expedition

14 _____ 발굴하다, 파다

물질 문화

20 _____ apparel

21 _____ 장치, 기기

22 _____ furnishing

23 _____ 설치, 설비

24 _____ maintenance

B 문장의 빈칸에 알맞은 말을 보기에서 골라 쓰시오.

navigated	comply	appliances	mediate	anonymous	designates

1 The UN made diplomatic efforts to _____ the conflicts.

2 Remember that it's not possible to be completely _____ online.

3 The archeologist _____ the water paths to the ancient hidden temple.

4 Refrigerators and washing machines are both major household _____.

5 A large company has the resources to _____ with the regulatory measure.

6 UNESCO _____ cultural heritage sites to be part of the World Heritage list.

문학 · 교육

글의 종류

1411 manuscript
[mǽnjəskrìpt]

ⓝ 원고, 필사본

Authors submit their **manuscripts** to editors for publication.
저자는 출판을 위해 편집자에게 자신의 **원고**를 제출한다.

1412 memoir
[mémwɑːr]

ⓝ 회고록

Her **memoir** depicts a nation with an unequal education system.
그녀의 **회고록**은 불평등한 교육 체계를 가진 국가를 묘사한다.

★ cf. biography 전기 | autobiography 자서전

1413 anecdote
[ǽnikdòut]

ⓝ 일화

This book is a collection of funny **anecdotes** of famous mathematicians.
이 책은 유명한 수학자들의 재미있는 **일화** 모음집이다.

➕ anecdotal ⓐ 일화적인

1414 discourse
[dískɔːrs]

ⓝ 담론, 담화

In *The Republic*, Plato writes, "Only the rational **discourse** has the tools to overcome illusions." 기출
〈국가론〉에서 플라톤은 "오직 이성적인 **담론**만이 착각을 극복하는 도구를 가졌다."라고 쓴다.

1415 thesis
[θíːsis]

ⓝ 1 논문 2 논제

I wrote my **thesis** on participatory artwork.
나는 참여 예술에 관해 내 **논문**을 썼다.

the borderless world **thesis** 기출 국경 없는 세계라는 **논제**

1416 commentary
[káməntèri]

ⓝ 논평, 비평

A good journalist provides **commentary** based on facts and informed perspectives.
훌륭한 언론인은 사실과 정보에 입각한 관점을 토대로 한 **논평**을 제공한다.

➕ commentator ⓝ (방송의) 해설자

글쓰기

1417 personify
[pəːrsánəfài]

ⓥ 의인화하다

Most of Aesop's fables feature **personified** animals.
이솝 우화 대부분은 **의인화된** 동물을 주인공으로 등장시킨다.

➕ personification ⓝ 의인화

다의어

1418 animate
[ǽnəmèit]

ⓥ 1 생명을 불어넣다   2 만화 영화로 하다
ⓐ 살아 있는, 생물인 ⟷ inanimate 무생물의

v. 1 In *On Dolls*, the writer **animates** dolls and playthings.
　　〈인형에 관하여〉에서 작가는 인형과 장난감에 **생명을 불어넣는다**.

　　2 **animate** a fairy tale using a digital tool
　　디지털 도구를 사용하여 동화를 **만화 영화로 만들다**

a. **animate** existence **살아 있는** 존재

1419 omit
[oumít]

ⓥ 생략하다, 빠뜨리다

The writer should not **omit** some basic and essential facts.
작가는 일부 기본적이고 필수적인 사실을 **생략해서는** 안 된다.

➕ omission ⓝ 생략; 빠짐

1420 abbreviate
[əbríːvièit]

ⓥ 줄여 쓰다 ⹀ shorten, 단축하다

The tendency to **abbreviate** text messages is common.
문자 메시지를 **줄여 쓰는** 경향이 일반적이다.

➕ abbreviation ⓝ 축약(한 말)

1421 paraphrase
[pǽrəfrèiz]

ⓥ (쉽게) 바꿔쓰다 ⓝ 바꿔쓰기

Paraphrasing can help students understand concepts.
바꿔쓰기는 학생들이 개념을 이해하는 것에 도움이 된다.

Poetry resists **paraphrase**: to change the words is to change the poem. ◀기출▶
시는 **바꿔쓰기**를 거부하는데, 단어를 바꾸는 것은 그 시를 바꾸는 것이라는 것이다.

1422 improvise
[ímprəvàiz]

ⓥ (시·곡·연주 등을) 즉흥적으로 하다

Oral storytellers often **improvise** to bring a story to life.
구술 이야기꾼들은 이야기를 생생하게 만들기 위해 종종 **즉흥적으로 지어낸다**.

be **improvised** within certain rules
어떤 규칙 내에서 **즉흥 연주되다**

➕ improvisation ⓝ 즉석에서 [연주]하기

1423 **figurative**
[fígjərətiv]

ⓐ 비유적인 ＝metaphoric; 수식이 많은

Figurative expressions are important in creative works of art.
비유적인 표현은 창의적인 예술 작품에서 중요하다.

1424 **eloquent**
[éləkwənt]

ⓐ 유려한, 능변인, 유창한

His style of writing is **eloquent**, and the book is highly pleasurable to read.
그의 문체는 **유려하고**, 그 책은 읽기에 매우 유쾌하다.

➕ eloquence ⓝ 유려, 능변

1425 **redundant**
[ridʎndənt]

ⓐ 중복되는, 장황한

The use of **redundant** words in a sentence harms the beauty of the structure.
한 문장에서 **중복되는** 말의 사용은 구조의 아름다움을 망친다.

➕ redundancy ⓝ 중복, 장황

1426 **coherence**
[kouhíərəns]

ⓝ 통일성, 일관성

A topic sentence contributes to the **coherence** of a paragraph.
주제문은 단락의 **통일성**에 기여한다.

➕ coherent ⓐ 통일성 있는, 논리[조리] 정연한

★ cf. cohere 응집하다; 일관성이 있다

1427 **synonym**
[sínənim]

ⓝ 동의어, 유의어 ↔antonym 반의어

For most of the employees, change is a **synonym** for uncertainty.
대부분 근로자에게 변화는 불확실성과 **동의어**이다.

1428 **punctuation**
[pʌ̀ŋktʃuéiʃən]

ⓝ 구두점[법]

Even a simple choice regarding **punctuation** can distort the meaning of the sentence.
구두점과 관련된 하나의 단순한 선택조차도 문장의 의미를 왜곡할 수 있다.

➕ punctuate ⓥ 구두점을 찍다

1429 doctoral
[dάktərəl]

ⓐ 박사의, 박사 학위의

He earned his **doctoral** degree from the California Institute of Technology in 1939.
그는 1939년에 캘리포니아 공과 대학에서 **박사** 학위를 받았다.

✚ doctorate ⓝ 박사 학위

★ cf. bachelor's/master's degree 학사/석사 학위

1430 extracurricular
[èkstrəkəríkjələr]

ⓐ 교과 외의, 정규 과정 이외의

Extracurricular activities are complementary to regular classes.
과외 활동은 정규 수업을 보완한다.

★ cf. curriculum 교육과정

1431 compulsory
[kəmpΛlsəri]

ⓐ 의무의, 강제적인, 필수의

Free and **compulsory** education has been an integral part of the education system.
무상 **의무** 교육은 교육 제도의 필수 불가결한 부분이 되었다.

★ cf. compulsive 강박적인

1432 orientation
[ɔ:rientéiʃən]

ⓝ 1 오리엔테이션(신입생 적응 교육) 2 방향(성)

Orientation for new students will be held on Tuesday, September 3.
신입생 **오리엔테이션**이 9월 3일 화요일에 열릴 것이다.

The policy maintains an **orientation** toward sustainability.
그 정책은 지속 가능성을 지향하는 **방향성**을 유지하고 있다.

1433 certificate
[sərtífəkit]

ⓝ 1 증명서, 이수(증) 2 -권

Each participant will be given a **certificate** of completion.
각 참가자는 수료 **증명서**를 받을 것이다.

The winner will be awarded a $50 gift **certificate**. 〈기출〉
수상자에게는 50달러짜리 상품**권**이 수여될 것이다.

✚ certify ⓥ 증명[보증]하다 | certification ⓝ 증명, 보증

1434 excursion
[ikskə́:rʒən]

ⓝ 수학여행, 소풍, 단체 관광

I give permission for my child to attend the school **excursion**.
저는 저의 자녀가 학교 **수학여행**에 참석하는 것을 허가합니다. (참가 동의서)

1435 connotation
[kɑ̀noutéiʃən]

ⓝ 함축, 내포

The term 'home' carries positive **connotations** of warmth, safety, and belonging.
'집'이라는 말은 따뜻함, 안전, 소속이라는 긍정적인 **함축**을 담고 있다.

1436 sentiment
[séntəmənt]

ⓝ 정서, 감정; 감상

Poetry is a literary genre full of diverse **sentiments**.
시는 다양한 **정서**로 가득한 문학 장르이다.

➕ sentimental ⓐ 정서적인, 감상적인

1437 rhetoric
[rétərik]

ⓝ 미사여구; 수사법[학]

The **rhetoric** of globalization emphasized the benefits of a free flow of goods and ideas.
세계화에 대한 **미사여구**는 재화와 아이디어의 자유로운 흐름의 이점을 강조했다.

➕ rhetorical ⓐ 미사여구의; 수사적인

1438 utterance
[ʌ́tərəns]

ⓝ 발언, 발화

No two children are exposed to exactly the same set of **utterances**. 기출
어떤 두 아이도 정확히 같은 세트의 **발언**에 노출되지 않는다.

➕ utter ⓥ 발언[발화]하다 ⓐ 완전한

1439 signature
[síɡnətʃər]

ⓝ 서명; 서명하기

With a digital **signature**, documents can be signed electronically.
전자 **서명**으로 문서가 전자적으로 서명될 수 있다.

1440 subscription
[səbskrípʃən]

ⓝ 1 정기 구독(료) 2 기부(금)

Subscriptions to printed newspapers have decreased due to the digital revolution.
인쇄 신문의 **정기 구독**은 디지털 혁명으로 인해 감소했다.

We donate 25% of your **subscription** to a charity of your choice.
저희는 귀하의 **기부금** 중 25%를 귀하가 선택하신 자선 단체에 기부합니다.

➕ subscribe ⓥ 1 정기 구독하다 2 기부하다

A 빈칸에 알맞은 우리말 또는 영어 단어를 써넣으시오.

문학·교육

글의 종류

1 _____ manuscript

2 _____ 회고록

3 _____ anecdote

4 _____ 논문; 논제

5 _____ commentary

글쓰기

6 _____ animate

7 _____ 의인화하다

8 _____ abbreviate

9 _____ paraphrase

10 _____ 즉흥적으로 하다

교육 관련 용어

16 _____ 박사의, 박사 학위의

17 _____ extracurricular

18 _____ 신입생 적응 교육; 방향(성)

19 _____ excursion

기타 용어

20 _____ connotation

21 _____ 정서, 감정; 감상

22 _____ rhetoric

23 _____ 발언, 발화

24 _____ 서명; 서명하기

글 관련 용어

11 _____ 비유적인; 수식이 많은

12 _____ eloquent

13 _____ redundant

14 _____ 동의어, 유의어

15 _____ punctuation

B 문장의 빈칸에 알맞은 말을 보기에서 골라 쓰시오.

compulsory	certificate	subscriptions	omit	discourse	coherence

1 Each participant will be given a _____ of completion.

2 A topic sentence contributes to the _____ of a paragraph.

3 The writer should not _____ some basic and essential facts.

4 _____ to printed newspapers have decreased due to the digital revolution.

5 Free and _____ education has been an integral part of the education system.

6 In *The Republic*, Plato writes, "Only the rational _____ has the tools to overcome illusions."

✏️ take 구동사

take advantage of	**~을 이용[활용]하다** Educators can **take advantage of** games' attention commanding capacities. `기출` 교육자들은 게임의 주의력 지배 능력**을 이용할** 수 있다.
take in	**~을 흡수[섭취]하다** Throughout photosynthesis, plants **take in** and release gas. 광합성 내내 식물은 기체**를 흡수하고** 방출한다.
take into account	**~을 고려하다** To treat human beings equally, we should **take into account** both their similarities and differences. `기출` 인간을 동등하게 대우하려면 우리는 그들의 유사성과 차이점 둘 다**를 고려해야** 한다.
take on	**1 (특질·모습을) 띠다 2 ~을 맡다** Colors came to **take on** meanings and cultural significance within societies. `기출` 색깔은 사회 내에서 의미와 문화적 중요성**을 띠게** 되었다. We all **take on** different roles in different contexts. 우리는 모두 다른 상황에서 다른 역할**을 맡는다.**
take over	**인수하다, 넘겨받다** The government has no say in how companies **take over** and merge with one another. `기출` 정부는 기업들이 서로 **인수하고** 합병하는 방식에 대한 발언권이 없다.
take up	**1 (취미 등으로) ~을 택하다[배우다] 2 (공간을) 차지하다** People **take up** gardening as a hobby with the purpose of being in nature. 사람들은 자연에 있고자 하는 목적을 가지고 취미로 원예**를 택한다.** Your left lung **takes up** less space than your right because of the heart. 왼쪽 폐는 심장 때문에 오른쪽 폐보다 공간을 덜 **차지한다.**

PLAN 5
사회

DAY 49   경제 일반
DAY 50   사법 · 군사

경제 일반

irrigation 관개, 물을 댐
allot 할당하다, 분배하다

사법·군사

testimony 증언, 증거, 증명
deploy 전개하다, 배치하다

사회

경제 일반

농업 · 상업

1441 irrigation
[ìrəgéiʃən]

ⓝ 관개, 물을 댐

Landowners should maintain fences, ditches, and **irrigation** systems. 〈기출〉
땅 주인은 울타리, 도랑, **관개** 시스템을 유지해야 한다.

➕ irrigate ⓥ 관개하다, 물을 대다

1442 monoculture
[mɑ́nəkʌ̀ltʃər]

ⓝ 단일 재배[경작]

Monoculture has effectively eliminated agricultural diversity.
단일 재배는 사실상 농업적 다양성을 제거해 버렸다.

★ cf. culture 재배하다; 배양하다 | aquaculture 양식

다의어

1443 merchandise
[mə́:rtʃəndàiz]

ⓝ 상품 ⓥ (상품을) 매매[거래]하다

n. You can get 20% off museum **merchandise** on your next visit. 〈기출〉
여러분은 다음번 관람 때 박물관 **상품**에 대해 20% 할인을 받을 수 있습니다. (편지글)

v. The store **merchandises** a variety of produce from nearby farms.
그 상점은 근처 농장에서 나온 다양한 농산물을 **매매한다**.

★ cf. merchant 상인

1444 publicity
[pʌblísəti]

ⓝ 홍보, 선전, 광고

The marketing team will do the **publicity** for the new campaign.
마케팅팀이 그 새로운 캠페인을 위한 **홍보**를 할 것이다.

➕ publicize ⓥ 홍보[선전]하다

1445 freight
[freit]

ⓝ 화물; 화물 운송 ⩵ cargo 화물

The mobility of passengers and **freight** is fundamental to economic and social activities.
여객과 **화물**의 이동성은 경제 및 사회 활동에 기본적이다.

1446 tariff
[tǽrif]

ⓝ 관세

Free trade agreements (FTAs) aim to eliminate **tariff** barriers and other barriers.
자유무역협정(FTA)은 **관세** 장벽 및 기타 장벽을 제거하는 것을 목적으로 한다.

산업 · 기업

1447 textile
[tékstail]

ⓝ 섬유, 직물, 옷감

The **textile** industry is responsible for manufacturing fashion products for consumers.
섬유 산업은 소비자들을 위한 패션 상품을 제조하는 책임을 맡는다.

1448 timber
[tímbər]

ⓝ 목재　ⓔlumber

Benefits provided by forests may exceed the economic value of the **timber**. ◂기출▸
숲이 제공하는 이점은 **목재**의 경제적 가치를 초과할 수 있다.

➕ the timber industry 목재 산업

1449 hospitality
[hὰspitǽləti]

ⓝ 환대, 후한 대접

The **hospitality** industry includes hotels, restaurants, travel, and tourism.
환대 산업에는 호텔, 식당, 여행과 관광업이 포함된다.

➕ hospitable ⓐ 환대하는, 호의로 맞이하는

1450 entity
[éntəti]

ⓝ 독립체; 실재

A firm is any business **entity** that sells goods or services to make a profit. ◂기출▸
회사는 이윤을 내기 위해 재화나 용역을 판매하는 사업**체**이다.

1451 startup
[stá:rtὰp]

ⓝ 신생 기업, 스타트업

User habits make success less likely for new innovations and **startups**. ◂기출▸
사용자 습관은 새로운 혁신과 **신생 기업**이 성공할 가능성을 더 적게 만든다.

1452 privatization
[prὰivətizéiʃən]

ⓝ 1 민영화　2 사유화

Privatization can help generate revenue for the government.
민영화는 정부를 위한 세입을 창출하는 데 도움이 될 수 있다.

the **privatization** of agricultural land 농지의 **사유화**

➕ privatize ⓥ 민영화[사유화]하다

1453 allot
[əlát/əlɔ́t]

ⓥ 할당하다 ⊜ allocate, 분배하다

Businesses **allot** their resources to achieve the greatest organizational value.
기업들은 가장 큰 조직적 가치를 성취하기 위해 자원을 **할당한다**.

➕ allotment ⓝ 할당, 분배

1454 customize
[kʌ́stəmàiz]

ⓥ 주문 제작하다, 맞춤화하다 ⊜ tailor 맞춤 제작하다

The preindustrial blacksmith **customized** the product, modifying it according to the user. ◀기출

산업화 이전의 대장장이는 제품을 **주문 제작했는데**, 사용자에 맞춰 제품을 조정했다.

➕ customization ⓝ 주문 제작

1455 dispense
[dispéns]

ⓥ 1 제공하다 2 나누어주다, 베풀다

We **dispense** consulting services for small businesses. ◀기출
저희는 영세 기업들을 위한 자문 서비스를 **제공합니다**.

The charity organization **dispensed** food and supplies to the needy families.
자선 단체가 음식과 용품을 생활이 어려운 가정에 **나누어주었다**.

1456 merge
[məːrdʒ]

ⓥ 1 <mark>합병하다</mark> 2 합류하다, 합쳐지다

Three gyms **merged** into one organization called Three Fit.
세 개의 체육관이 Three Fit이라고 불리는 하나의 조직으로 **합병했다**.

The stream **merges** with the lake here.
그 개천은 이곳에서 호수와 **합류한다**.

➕ merger ⓝ 합병

1457 incur
[inkə́ːr]

ⓥ 1 (비용을) 물게 되다 2 (위험을) 초래하다

Companies **incur** huge costs when cyberattacks compromise their data.
기업은 사이버 공격이 자사의 데이터를 손상했을 때 막대한 비용을 **물게 된다**.

incur production delays 생산 지연을 **초래하다**

1458 fluctuate
[flʌ́ktʃuèit]

ⓥ 변동하다, 오르내리다

Economic activities **fluctuate** according to the exchange rate.
경제 활동은 환율에 따라 **변동한다**.

➕ fluctuation ⓝ 등락, 변동

1459 portable
[pɔ́:rtəbəl]

ⓐ 휴대용의, 이동식의

We use **portable** digital technologies to store, process, and communicate information.
우리는 정보를 저장하고 처리하고 소통하기 위해 **휴대용** 디지털 기술을 사용한다.

✚ portability ⓝ 휴대성, 이동성

1460 affordable
[əfɔ́:rdəbl]

ⓐ 구매할 수 있는, 감당 가능한, (가격이) 적절한

By the end of the industrial revolution, fashion was **affordable** to all classes. 〈기출〉
산업혁명 말에 패션은 모든 계층에게 **감당 가능했다[구매할 수 있었다]**.

✚ afford ⓥ (금전적·시간적) 형편이 되다
affordability ⓝ (가격의) 감당할 수 있음

1461 affluent
[ǽflu(:)ənt]

ⓐ 풍요로운, 풍족한; 부유한

The more **affluent** a society, the more it protects its environment.
한 사회가 더 **풍요로울수록**, 그 사회는 환경을 더 많이 보호한다.

✚ affluence ⓝ 풍요, 풍부; 부유

1462 subsidy
[sʌ́bsidi]

ⓝ 보조금, 장려금

Some small businesses desperately need government **subsidies**.
일부 영세 기업은 정부 **보조금**이 절실히 필요하다.

✚ subsidize ⓥ 보조금[장려금]을 주다

1463 surplus
[sə́:rplʌs]

ⓝ 1 잉여; 잉여물 2 흑자 ⓐ 잉여의, 과잉의

n. 1 Transportation makes it possible for producers to trade their **surpluses**. 〈기출〉
운송은 생산자가 **잉여물**을 거래하는 것을 가능하게 한다.

2 run a trade **surplus** 무역 **흑자**를 기록하다

a. stock **surplus** goods 잉여 상품을 비축하다

1464 recession
[riséʃən]

ⓝ 침체, 후퇴, 불황

Economic **recession** might worsen the health of low-income families.
경기 **침체**는 저소득 가정의 건강을 악화할 수 있다.

✚ recess ⓥ 휴회하다; 쉬다 ⓝ 휴회; 휴식 시간

통치

1465 legitimate
[lidʒítəmit]

ⓐ 합법적인, 적법의　≡lawful

It is **legitimate** for governments to regulate internet gambling.
정부가 인터넷 도박을 규제하는 것은 **합법적이다.**

✚ legitimacy ⓝ 합법[적법]성

1466 patriotic
[pèitriátik/pætriɔ́tik]

ⓐ 애국의, 애국적인

At that time, planting trees was regarded as a **patriotic** act. ·기출·
그 당시에 나무를 심는 것은 **애국적인** 행위로 여겨졌다.

✚ patriot ⓝ 애국자 ｜ patriotism ⓝ 애국심

1467 municipal
[mjuːnísəpəl]

ⓐ 지방 자치의, 자치 도시의

Municipal governments are led by mayors in cities and towns.
지방 자치 정부는 도시나 소도시에서 시장이 이끈다.

✚ municipality ⓝ 지방 자치제

1468 hierarchy
[háiərɑ̀ːrki]

ⓝ 위계, 서열, 계층

It seems that there's an implicit **hierarchy** in social status.
사회적 지위에는 암묵적인 **위계[서열]**가 있는 듯하다.

the **hierarchy** in the Indian caste system
인도 카스트 제도의 **계층**

✚ hierarchical ⓐ 위계의, 계층제의

1469 aristocracy
[ærəstákrəsi]

ⓝ (집합적) 귀족　≡nobility; 귀족 사회

In ancient Greece, the **aristocracy** was greedy and cruel.
고대 그리스에서 **귀족**은 탐욕스럽고 잔인했다.

✚ aristocrat ⓝ 귀족 ｜ aristocratic ⓐ 귀족의

1470 peasant
[pézənt]

ⓝ 농민, 영세농, 소작농

Droughts can have a devastating impact on **peasants** and agriculture.
가뭄은 **농민**과 농업에 참담한 영향을 미칠 수 있다.

Lords owned the land and **peasants** worked on the lands.
군주는 땅을 소유했고 **농노들**은 그 땅에서 일했다.

✚ peasantry ⓝ (집합적) 영세 농민

DAILY CHECK-UP

A 빈칸에 알맞은 우리말 또는 영어 단어를 써넣으시오.

경제 일반

농업·상업

1 _____
관개, 물을 댐

2 _____
단일 재배[경작]

3 _____
merchandise

4 _____
화물; 화물 운송

5 _____
tariff

산업·기업

6 _____
섬유, 직물, 옷감

7 _____
목재

8 _____
hospitality

9 _____
신생 기업

10 _____
privatization

기타 개념

16 _____
portable

17 _____
풍요로운, 풍족한

18 _____
subsidy

19 _____
잉여(물); 흑자; 잉여의

20 _____
recession

기업의 경제 활동

11 _____
customize

12 _____
dispense

13 _____
합병하다; 합류하다

14 _____
incur

15 _____
변동하다, 오르내리다

통치

21 _____
애국의, 애국적인

22 _____
municipal

23 _____
aristocracy

24 _____
농민, 영세농, 소작농

B 문장의 빈칸에 알맞은 말을 보기에서 골라 쓰시오.

allot	affordable	publicity	hierarchy	entity	legitimate

1 It seems that there's an implicit _____ in social status.

2 It is _____ for governments to regulate internet gambling.

3 The marketing team will do the _____ for the new campaign.

4 By the end of the industrial revolution, fashion was _____ to all classes.

5 A firm is any business _____ that sells goods or services to make a profit.

6 Businesses _____ their resources to achieve the greatest organizational value.

사법 · 군사

사법

1471 testimony
[téstəmòuni]

ⓝ 증언, 증거, 증명

Witness **testimony** is a key source of evidence in trials.
목격자 **증언**은 재판에서 증거의 핵심적인 출처이다.

➕ testimonial ⓝ 증명서; 상장

1472 verdict
[vɚ́rdikt]

ⓝ 1 (배심원의) 평결 2 판단, 의견

If the jury's **verdict** is guilty, the accused is said to have been convicted.
배심원의 **평결**이 유죄이면, 피고는 유죄판결을 받았다고 말해진다.

The public **verdict** on the new law is negative.
새 법에 대한 대중의 **의견**은 부정적이다.

1473 petition
[pitíʃən]

ⓝ 청원(서), 탄원(서) ⓥ 청원[탄원]하다

Petitions were signed and sent to powerful political figures.
청원서가 서명되어 강력한 정치계 인사들에게 보내졌다.

petition the mayor for help 시장에게 도움을 **청원하다**

1474 antisocial
[æntisóuʃəl]

ⓐ 1 반사회적인 ⟷ prosocial 친사회적인 2 비사교적인

Violence is associated with both **antisocial** behavior and psychological trauma.
폭력은 **반사회적** 행동과 심리적 트라우마 모두와 관련된다.

1475 notorious
[noutɔ́:riəs]

ⓐ 악명 높은

The **notorious** gangster was arrested in LA last week.
그 **악명 높은** 폭력배가 지난주에 LA에서 체포되었다.

The city was once **notorious** for pickpockets.
그 도시는 한때 소매치기로 **악명 높았다**.

➕ be notorious for ~로 악명 높다

➕ notoriety ⓝ 악명

1476 accountable
[əkáuntəbl]

ⓐ 책임이 있는

Individuals must be held **accountable** for their illegal acts.
개인은 자신의 불법적 행위에 대해 반드시 **책임을 져야** 한다.

➕ be held accountable for ~에 대해 책임을 지다

➕ accountability ⓝ 책임, 책무

분쟁

1477 refugee
[rèfjudʒíː]

ⓝ 난민, 망명자

Every year, millions of **refugees** are forced to flee their homes because of war.
해마다 수백만 명의 **난민**이 전쟁으로 인해 조국에서 도망쳐야만 한다.

+ refuge ⓝ 피난(처), 도피(처)

1478 delegation
[dèligéiʃən]

ⓝ 대표단, 사절단

The government sent a **delegation** led by the Minister of the Interior.
정부는 내부부 장관이 이끄는 **사절단**을 파견했다.

+ delegate ⓝ 사절, 대표(자) ⓥ 사절[대표]로 보내다

1479 confederation
[kənfèdəréiʃən]

ⓝ 연합, 동맹, 연맹

The **confederation** consisted of nine minor kingdoms.
그 **연합**은 아홉 개의 작은 왕국으로 구성되었다.

the Asian Football **Confederation** (AFC) 아시아축구**연맹**

1480 torture
[tɔ́ːrtʃər]

ⓝ 고문 ⓥ 고문하다

International humanitarian law (IHL) prohibits **torture** of captives as a war crime.
국제 인도주의법(IHL)은 포로에 대한 **고문**을 전쟁 범죄로서 금지한다.

torture one person to find out something
뭔가를 알아내기 위해 누군가를 **고문하다**

★ cf. torment (정신적) 고통; 고통을 주다, 괴롭히다

1481 constraint
[kənstréint]

ⓝ 압박, 강제; 제약

The country's economy faces many global economic **constraints**, including resource shortages.
그 나라의 경제는 자원 부족을 포함하여 많은 국제적 경제 **압박**에 직면하고 있다.

+ constrain ⓥ 강제하다; 제약하다

1482 antipathy
[æntípəθi]

ⓝ 혐오, 반감

The two neighboring countries have a long-standing **antipathy** towards each other.
그 이웃하는 두 나라는 서로를 향한 오랜 세월의 **혐오**를 갖고 있다.

1483 deploy
[diplɔ́i]

ⓥ (군대 등을) **전개하다, 배치하다**

Army Airborne units are **deployed** from the air, either by parachute or helicopter.
육군 공수부대는 낙하산이나 헬리콥터로 공중에서 **전개[배치]된다.**

다의어

1484 retreat
[riːtríːt]

ⓥ 1 **철수[퇴각]하다** 2 **물러나다** ⓝ **후퇴, 철수**

v. 1 US troops have **retreated** from various countries for a variety of reasons.
미군은 여러 나라에서 여러 가지 이유로 **철수해왔다.**

2 The bear turned away and **retreated** into the shadows of the woods. ◀기출
곰은 몸을 돌려 숲의 그림자 속으로 **물러났다.**

n. order a **retreat** **후퇴**를 명령하다

1485 fortify
[fɔ́ːrtəfài]

ⓥ **강화하다; 요새화하다**

The soldiers **fortified** the walls of the castle to protect against enemy attacks.
군인들은 적 공격으로부터 보호하기 위해 성벽을 **강화했다.**

1486 intercept
[ìntərsépt]

ⓥ 1 **가로채다[막다]** 2 **요격하다**

intercept the ball from the opposing team
상대팀에게서 공을 **가로채다** (구기 스포츠)

We **intercepted** the drones before they entered our territory.
우리는 드론이 우리 영토로 진입하기 전에 그것들을 **요격했다.**

1487 counterattack
[káuntərətæ̀k]

ⓥ **반격[역습]하다** ⓝ **반격, 역습**

The enemy fired shells, and we **counterattacked** them.
적은 포탄을 발사했고, 우리는 그에 대해 **반격했다.**

have enough missiles for a **counterattack**
반격을 위한 충분한 미사일을 보유하다

★ cf. raid 습격, 급습 | air raid 공습

다의어

1488 discharge
[distʃɑ́ːrdʒ]

ⓥ 1 **제대시키다** 2 **퇴원시키다** 3 **짐[손님]을 내리다**

1 The general was **discharged** from the Armed Forces due to health issues.
그 장군은 건강 문제로 육군에서 **제대했다.**

3 a school bus that is **discharging** passengers
승객을 **내리고 있는** 통학버스

1489 inflict
[inflíkt]

ⓥ (고통·타격 등을) 주다, 가하다, 안기다

The earthquake **inflicted** human losses and killed domestic livestock.
지진은 인명 손실을 **줬고** 가축을 죽였다.

The epidemic **inflicted** suffering on the rural population.
그 유행병이 지역 주민들에게 고통을 **안겼다**.

　+ infliction ⓝ (고통 등을) 가함

1490 demolish
[dimάliʃ]

ⓥ 파괴하다, (건물을) 철거하다

The hurricane **demolished** churches and homes and uprooted trees.
허리케인은 교회와 주택을 **파괴했고** 나무를 뿌리째 뽑아냈다.

　+ demolition ⓝ 해체; 파괴, 폭파

1491 evacuate
[ivǽkjuèit]

ⓥ 대피시키다; 피난하다

A man died and over 800 people were **evacuated** due to forest fires.
산불로 인해 한 남성이 사망했고 800명 이상의 사람들이 **대피했다**.

　+ evacuation ⓝ 대피, 피난

1492 catastrophe
[kətǽstrəfi]

ⓝ 참사, 재앙, 큰 재해

Harvests fail as a result of a sustained drought, then **catastrophe** emerges. ·기출·
지속된 가뭄으로 흉년이 들고, 그 뒤에 **재앙**이 일어난다.

　+ catastrophic ⓐ 재앙의, 참사의

1493 jeopardy
[dʒépərdi]

ⓝ 위태로움, 위험

Drought, floods, and wildfires put lives and livelihoods in **jeopardy**.
가뭄, 홍수, 그리고 들[산]불은 생명과 생계를 **위태롭게** 한다.

　+ put[place] ~ in jeopardy ～을 위험에 빠뜨리다, ～을 위태롭게 하다
　+ jeopardize ⓥ 위태롭게 하다

1494 mortality
[mɔːrtǽləti]

ⓝ 사망률, 사망자 수

The **mortality** from extreme heat is larger than that from other natural disasters.
폭염으로 인한 **사망률**이 다른 자연재해들로 인한 **사망률**보다 더 높다.

　+ mortal ⓐ 죽을 운명의

1495 diffusion
[difjúːʒən]

ⓝ 확산, 전파

The **diffusion** of armed conflict is determined largely by spatial proximity.
무력 분쟁의 **확산**은 대개 공간적 근접성에 따라 결정된다.

+ diffuse ⓥ 확산[전파]되다 ⓐ 널리 퍼진

다의어

1496 imperative
[impérətiv]

ⓝ 의무, 책임; 명령 ⓐ 절대 필요한, 긴요한

n. Ending violations of women's human rights is a moral **imperative**.
여성의 인권 침해를 종식하는 것은 도덕적 **의무**이다.

a. It is **imperative** to address the climate crisis.
기후 위기 문제를 다루는 것은 **절대 필요하다**.

➕ the imperative mood (문법) 명령법, 명령문

1497 obligation
[àbləgéiʃən]

ⓝ (법적) 의무, 책임

Rights imply **obligations**, but **obligations** need not imply rights. ◀기출▶
권리는 **의무**를 함축하지만, **의무**가 꼭 권리를 함축하는 것은 아니다.

+ oblige ⓥ 의무적으로 ~하게 하다

1498 reciprocity
[rèsəprásəti]

ⓝ 호혜, 상호 관계

Reciprocity is the principle of exchanging things with others for mutual benefit.
호혜는 상호 이익을 위해 다른 이들과 물건을 교환하는 원칙이다.

+ reciprocal ⓐ 호혜의, 상호 간의

1499 unification
[jùːnəfikéiʃən]

ⓝ 1 통일 2 통합

The **unification** of Germany in 1990 marked the end of the Cold War. 1990년 독일의 **통일**은 냉전 종식을 알렸다.

the **unification** of various cultures 다양한 문화의 **통합**

+ unify ⓥ 통일[통합]하다

다의어

1500 sovereign
[sávərin]

ⓝ 1 주권국, 독립국 2 군주 ⓐ 주권을 가진, 군주의

n. 1 A **sovereign** is not subject to the laws of any other state.
주권국은 다른 어떤 국가의 법률에도 종속되지 않는다.

a. There are 193 recognized **sovereign** countries in the world today.
오늘날 세계에는 **주권** 국가로 인정받는 193개의 나라가 있다.

+ sovereignty ⓝ 주권; 통치권

DAILY CHECK-UP

A 빈칸에 알맞은 우리말 또는 영어 단어를 써넣으시오.

사법·군사

사법

1 _____
(배심원의) 평결; 판단

2 _____
petition

3 _____
반사회적인; 비사교적인

4 _____
notorious

5 _____
accountable

분쟁

6 _____
난민, 망명자

7 _____
delegation

8 _____
confederation

9 _____
고문; 고문하다

10 _____
antipathy

재난

16 _____
inflict

17 _____
파괴하다, 철거하다

18 _____
대피시키다; 피난하다

19 _____
jeopardy

군사

11 _____
(군대 등을) 전개하다,
배치하다

12 _____
retreat

13 _____
강화하다; 요새화하다

14 _____
counterattack

15 _____
discharge

기타 개념

20 _____
확산, 전파

21 _____
imperative

22 _____
(법적) 의무, 책임

23 _____
reciprocity

24 _____
통일; 통합

B 문장의 빈칸에 알맞은 말을 보기에서 골라 쓰시오.

sovereign	catastrophe	mortality	constraints	testimony	intercepted

1 Witness _____ is a key source of evidence in trials.

2 A _____ is not subject to the laws of any other state.

3 We _____ the drones before they entered our territory.

4 Harvests fail as a result of a sustained drought, then _____ emerges.

5 The _____ from extreme heat is larger than that from other natural disasters.

6 The country's economy faces many global economic _____, including resource shortages.

✏️ turn 구동사

turn around	1 호전되다, 좋아지다 2 등을 돌리다
	The economy **turned around** and started growing steadily.
	경제가 **호전되었고** 꾸준히 성장하기 시작했다.
	Those same fans will **turn around** and criticize a team.
	그 동일한 팬들이 **등을 돌리고** 팀을 비판할 것이다.
turn down	1 ~을 거절하다 2 ~을 낮추다 ↔ turn up ~을 높이다
	Surely it is not easy to **turn down** such a great opportunity.
	틀림없이 그렇게 훌륭한 기회를 **거절하기란** 쉽지 않다.
	A widened focus **turns down** the stress level. ◀기출
	초점을 넓히는 것이 스트레스 수위를 **낮춘다**.
turn in	~을 제출하다 = hand in
	You must **turn in** your completed application in person to the Sheriff's Office.
	귀하는 작성 완료된 신청서를 보안관 사무실에 직접 **제출해야** 합니다.
turn out	1 ~으로 드러나다[밝혀지다] 2 ~을 생산하다
	It **turns out** that this 'land sparing' has been good for biodiversity. ◀기출
	이 '토지 절약'은 생물 다양성에 좋은 것**으로 드러난다**.
	The factory in Switzerland can **turn out** over 100 airplanes a year.
	스위스에 있는 공장은 연간 100대가 넘는 항공기를 **생산할** 수 있다.
turn over A to B	A를 B에 넘겨주다[양도하다]
	Under normal circumstances, nobody **turns over** their rights **to** someone else.
	정상적인 상황에서는 그 누구도 자신의 권리를 다른 누군가**에게 넘겨주지** 않는다.
turn to	1 ~에 의지하다[의존하다] 2 ~로 바뀌다
	Over the last 500 years or so, humans have **turned to** fossil fuels. 지난 500년 정도에 걸쳐 인간은 화석 연료에 **의존하게** 되었다.
	Those trees' leaves **turn to** red in the fall.
	그 나무들의 잎은 가을에 붉은색**으로 변한다**.

ANSWER KEY

DAILY CHECK-UP

PLAN 1 자연 · 사물 · 과학

DAY 1 환경 · 생명
p.17

A 1 ecosystem 2 대기; 분위기 3 산소
4 풍경, 경치 5 layer 6 organism
7 포유류, 포유동물 8 파충류 9 primate
10 식물, 식생 11 breed 12 꽃을 피우다;
꽃; 개화 13 decay 14 번식의, 생식의;
재생의; 복제하는 15 extinct 16 pollution
17 삼림 벌채 18 destructive 19 재앙의,
재난[재해]을 일으키는 20 endangered
21 revive 22 alternative 23 생물 다양성
24 지속 가능성

B 1 habitat 2 predators 3 restore
4 adaptable 5 conserve 6 emissions

DAY 2 자연 세계
p.23

A 1 해안의, 연안의 2 remote 3 continent
4 경계(선); 한계, 범위 5 location 6 freeze
7 (공중, 물 위에) 뜨다; 떠다니다
8 쌓다[포개다]; 쌓이다; 더미, 무더기
9 decline 10 버리다, 버리고 떠나다;
단념하다 11 고집하다, (계속) 주장하다;
지속하다; 존속하다 12 extend
13 변형시키다; 바꾸다; 탈바꿈시키다
14 explode 15 진동하다 16 rapid
17 영구적인, 영속하는; 상설의 18 일시적인;
임시의 19 horizontal 20 virtually
21 외관상은, 겉보기에는 22 gradually
23 명백하게, 분명히 24 결국, 마침내

B 1 expand 2 opposite
3 immediately 4 scatter
5 vertical 6 marine

DAY 3 사물
p.29

A 1 raw 2 고체의; 확고한, 확실한; 고체
3 유(동)체의; 유동성의; 유(동)체, 액체
4 slippery 5 sticky 6 뻣뻣한, 딱딱한
7 dense 8 독성[독]이 있는, 유독한
9 humid 10 인공의, 인위적인
11 numerous 12 막대한, 거대한, 엄청난
13 충분한 14 rare 15 deficient
16 attract 17 전하다; 전송하다; 전도하다;
전염시키다 18 반사하다; 반영하다;
곰곰이 생각하다 19 evaporate
20 constantly 21 가끔, 이따금
22 완전히, 전적으로 23 vastly
24 partially

B 1 flexible 2 circulates
3 absorbed 4 Excessive
5 primitive 6 frequently

DAY 4 자연과학
p.35

A 1 laboratory 2 장비, 비품, 설비 3 시험,
실험; 재판, 공판 4 scale 5 영역, 범위
6 견해, 관점; 원근법 7 phenomenon
8 공식, 식 9 foundation 10 영역, 범위;
기회, 여지 11 conduct 12 탐사하다, 탐험
하다; 탐구하다, 분석하다 13 observe
14 측정하다; 평가[판단]하다; 조치, 대책
15 calculate 16 analyze
17 (신원을) 확인하다, 식별하다; 일체감을 갖다
18 uncover 19 증명해 보이다, 드러내다;
시위를 벌이다 20 simulate 21 chemical
22 신체[육체]의; 물리적인, 물리(학)의; 물질의
23 식물의, 식물학(상)의 24 geologic(al)

B 1 astronomical 2 geometric
3 property 4 investigated
5 Assessing 6 Precision

PLAN 2 인간

DAY 5 신체 · 감각   p.43

A   **1** grip   **2** 붙잡다, 붙들다; (의미 등을) 파악하다
3 glance   **4** 뚫어지게[빤히] 보다; 응시
5 자세히 보다, 응시하다; 동료, 또래   **6** blink
7 frown   **8** (소리 없이) 활짝[씩] 웃다,
싱글거리다; 활짝 웃음   **9** shiver
10 (어깨를) 으쓱하다; 어깨를 으쓱하기
11 감각, 지각; 센세이션, 선풍적 인기
12 stimulus   **13** sensory
14 (눈에) 보이는, 가시의   **15** auditory
16 의식, 자각   **17** awareness
18 인식, 인지; 인정   **19** 직관(력), 육감
20 (몸의) 자세; 태도   **21** fatigue
22 exposure   **23** 활발한, 활기찬
24 지친, 피곤한; 싫증이 난

B   **1** swallowed   **2** grasped   **3** perception
4 insights   **5** instinct   **6** sensitive

DAY 6 정서   p.49

A   **1** regretful   **2** 슬픈, 슬퍼하는   **3** envious
4 편안한, (마음이) 편한   **5** indifferent
6 annoy   **7** (매우) 기쁘게 하다; (큰) 기쁨,
즐거움   **8** 무서워하게[겁먹게] 하다
9 fascinate   **10** 당혹[당황]하게 하다,
난처하게 하다   **11** 감탄하다, 칭송하다,
높이 평가하다   **12** boast   **13** insult
14 두려워하다, 무서워하다; 공포, 불안
15 dismay   **16** 간절히 바라는, 열망하는
17 passive   **18** 익숙한   **19** willing
20 hesitant   **21** sympathy   **22** 절망;
절망하다, 단념하다   **23** boredom
24 (정신적) 고통, 괴로움; 괴롭히다,
슬프게 하다

B   **1** optimistic   **2** relieved   **3** apologized
4 grateful   **5** Anticipation   **6** greed

DAY 7 인성 · 태도   p.55

A   **1** 성실한, 착실한   **2** courageous
3 외향적인, 사교적인   **4** humble
5 잔인한, 잔혹한, 악랄한   **6** donate
7 복종[순종]하다; 따르다   **8** 칭찬하다; 칭찬
9 deceive   **10** 방치하다; 무시하다;
소홀히 하다; 방치, 소홀   **11** personality
12 관대(함), 아량, 너그러움   **13** modesty
14 어리석음, 아둔함   **15** cruelty
16 적대적인   **17** neutral   **18** 진심 어린,
진실한   **19** decisive   **20** 사려 깊은, 배려하는
21 현명한, 분별 있는   **22** intelligent
23 저명한, 유명한   **24** absurd

B   **1** brilliant   **2** impatient
3 timid   **4** reputation
5 favorable   **6** offended

DAY 8 식품 · 건강   p.61

A   **1** nutrient   **2** fiber   **3** 탄수화물
4 ingredient   **5** 보존; 저장; 보호
6 appetite   **7** 맛, 풍미; 맛을 내다,
풍미를 더하다   **8** texture   **9** 섭취(량)
10 beverage   **11** 구토하다; 구토   **12** faint
13 지치게 하다; 고갈시키다; 배기, 배기가스
14 출혈하다, 피를 흘리다   **15** infect
16 abnormal   **17** 만성의, 만성적인
18 resistant   **19** 치료 불가능한, 불치의
20 disorder   **21** 예방 접종   **22** therapy
23 외과 (의술), (외과) 수술   **24** 혈관; 선박

B   **1** nutrition   **2** emergency
3 addicted   **4** digestion
5 immune   **6** fatal

DAILY CHECK-UP

PLAN 3 사고

DAY 9 생각
p.69

A 1 원리, 원칙 2 norm 3 인상; 감명
4 outlook 5 감상; 이해; 감사 6 관련시키다,
연상하다; 교류하다, 어울리다 7 infer
8 distinguish 9 이해하다 10 conclude
11 설득력 있는 12 thorough 13 주관적인
14 radical 15 모순되는, 상충하는
16 convey 17 진술하다, 말하다; 상태;
국가; 주 18 mention 19 고백하다;
자백하다, 실토하다 20 아마도 (~일 것이다)
21 supposedly 22 상상컨대 23 arguably
24 전하는 바에 따르면, 소문에 의하면

B 1 potentially 2 informed 3 consistent
4 maintains 5 priority 6 contrasts

DAY 10 판단
p.75

A 1 evaluate 2 emphasize 3 옹호하다;
변호하다; 옹호자; 변호사 4 묵살[일축]하다;
해산시키다; 해고하다 5 object
6 essential 7 기본적인, 근본적인; 기초의;
기본, 근본 8 중대한, 결정적인 9 trivial
10 대수롭지 않은, 사소한, 무의미한 11 편향,
선입견, 편견; 편향되게 하다, 편견을 갖게 하다
12 fallacy 13 고정관념; 정형화하다
14 distortion 15 과장 16 뛰어난, 걸출한
17 눈에 띄는, 현저한; 인상적인
18 extraordinary 19 inferior
20 inaccurate 21 부적당한, 부적절한
22 irrational 23 unacceptable
24 이치에 맞지 않는, 불합리한

B 1 interpret 2 misleading 3 prejudice
4 remarkable 5 superior 6 primary

DAY 11 인지
p.81

A 1 logical 2 인과의, 인과 관계의, 원인이 되는
3 refined 4 지대한, 엄청난; 깊은, 심오한
5 superficial 6 connection 7 상관관계,
연관성 8 category 9 (판단, 심사 등의)
기준, 표준 10 classification 11 imply
12 추정[추측]하다; (떠)맡다; 띠다[취하다]
13 회상하다, 기억해 내다 14 stimulate
15 조작하다, 조종하다 16 accidental
17 목적이 있는; 고의적인 18 particular
19 최고의, 극도의; 가장 먼, 맨 끝의
20 overlook 21 거부[거절]하다; 기각[부결]
하다 22 criticize 23 무시하다, 경시하다;
무시, 경시 24 conceal

B 1 reinforce 2 Ultimate 3 deny
4 relevance 5 complicated
6 cognitive

DAY 12 지성
p.87

A 1 용량; 수용력; 역량, 재능 2 aptitude
3 expertise 4 식자 (능력), 읽고 쓰는 능력
5 ignorance 6 quest 7 도입; 입문; 소개
8 적용, 응용; 응용 프로그램(앱); 지원(서),
신청(서) 9 generalization 10 단순화,
간소화 11 논쟁, 토론, 논의; 논쟁[토론]하다,
논의하다 12 논쟁, 논란; 논쟁하다; 반박하다
13 approval 14 opposition 15 합의,
해결; 정착(지) 16 추적 관찰하다; 감시하다;
(컴퓨터 등의) 모니터 17 address
18 결정하다; 결심시키다[하다] 19 resolve
20 motivation 21 선호 22 reliability
23 약속, 서약; 전념, 헌신 24 consequence

B 1 adoption 2 controversy
3 detected 4 convince
5 disciplines 6 intellect

DAILY CHECK-UP

PLAN 4 문화

DAY 13 존재 · 대인관계   p.95

A 1 identity   2 개성, 특성   3 status
4 존엄(성), 위엄, 품위   5 elegance
6 former   7 친밀한; 정통한   8 ethical
9 영향력 있는, 유력한   10 noble
11 허가, 허락, 승인   12 farewell
13 재회; 재결합; 동창회   14 avoidance
15 treatment   16 engage
17 운집하다, 모이다, 모으다; 조립하다
18 획득하다, 손에 넣다   19 undertake
20 disturb   21 학대하다; 남용하다; 학대;
남용   22 mourn   23 나무라다, 비난하다
24 flatter

B 1 Morality   2 interrupted
3 tolerate   4 Mutual
5 possesses   6 refusal

DAY 14 여가 · 참여   p.101

A 1 예약하다; 비축하다, 남겨 두다; 비축(물)
2 depart   3 (탑)승객, 여객   4 boarding
5 종업원, 안내원; 수행원   6 탑승[승선]하고;
~을[에] 타고   7 abroad   8 journey
9 동반자, 친구   10 souvenir   11 편의, 편리
12 cancellation   13 complaint
14 수하물, (여행의) 짐   15 놀이, 오락; 즐거움
16 annual   17 기념하다, 경축하다, 축하하다
18 admission   19 모금 행사   20 charity
21 competition   22 registration
23 entry   24 arena

B 1 Requirements   2 Submissions
3 accompanied   4 arrange
5 destination   6 announcement

DAY 15 문화 · 예술   p.107

A 1 문명   2 heritage   3 advent
4 혁명의; 혁명적인; 회전의   5 ethnic
6 cherish   7 이민 오다, 이주해 오다
8 동화하다[되다]; 흡수하다, 받아들이다
9 embrace   10 director   11 작곡가
12 athlete   13 유명인, 명사, 연예인
14 spectator   15 mastery   16 표현, 묘사;
대표, 대리   17 acclaim   18 costume
19 (유명인의) 서명, 사인; 서명[사인]하다
20 religion   21 숭배; 예배; 숭배하다;
예배를 보다   22 priest   23 preach
24 예언자

B 1 inherit   2 Contemporary
3 instrument   4 architects
5 integrate   6 prayer

DAY 16 교육 · 언어   p.113

A 1 성취하다, 이루다, 완수하다   2 acquire
3 입학하다, 등록하다; 입학[등록]시키다
4 attend   5 lecture   6 초등(학교)의;
기본의, 초보의   7 academic   8 중급의;
중간의   9 교장; 주요한, 제1의   10 semester
11 업적; 성취, 달성   12 credit   13 장학금;
학문, 학식   14 degree   15 fictional
16 tragic   17 시, 시가   18 전기, 일대기
19 translation   20 linguistic   21 언어적인,
언어의, 구두의   22 bilingual   23 방언, 사투리
24 saying

B 1 assignment   2 graduates
3 fluency   4 instructed
5 faculty   6 literary

DAILY CHECK-UP

PLAN 5 사회

DAY 17 경제　　　　p.121

A　1 industrial　2 agricultural　3 제조; 제품;
제조하다　4 construction　5 사회 기반 시설
6 workforce　7 자본; 수도; 자본의; 수도의;
대문자의; 사형의　8 investment　9 시설,
설비　10 indicator　11 import　12 보관,
저장; 저장소　13 reduction　14 이윤, 이익;
수익(금); 이익을 얻다[주다]　15 deficit
16 operate　17 생산[생성]하다; 발생시키다,
창출하다　18 release　19 수확[추수],
수확물[량]; 수확하다, 추수하다
20 organization　21 (큰 규모의) 기업, 법인
22 employee　23 중역, 간부; 중역의;
실행의, 집행의　24 management

B　1 cultivated　2 sector　3 division
4 transactions　5 commercial
6 coworkers

DAY 18 통치　　　　p.127

A　1 territory　2 독립, 자립　3 연방의,
연방제의　4 united　5 식민(지)의; 군체의
6 democracy　7 공화국　8 politician
9 행정(부), 관리, 경영　10 관료, 관리, 공무원;
공식적인, 공무의　11 대표(자); (미국) 하원 의원;
대표하는　12 senator　13 election
14 후보자, 지원자　15 여론 조사; 투표;
여론 조사하다; 투표하다　16 교외의, 근교의
17 domestic　18 province　19 지구, 구역
20 budget　21 과세, 징세; 세제
22 privilege　23 집행, 시행　24 banish

B　1 rural　2 abolished　3 Congress
4 security　5 regulating　6 institutions

DAY 19 사법 · 군사 · 구호　　　　p.133

A　1 justice　2 (법률) 소송, 고소　3 jury
4 피고　5 형벌, 처벌; 벌금　6 criminal
7 witness　8 accuse　9 (형을) 선고하다;
형벌, 선고; 문장　10 imprison　11 invade
12 전투를 벌이다, 싸우다; 방지하다; 전투
13 승리; 대성공; 승리를 거두다　14 defeat
15 분쟁, 갈등, 충돌; 상충하다　16 starvation
17 대피소, 피난처; 보호소; 거처, 집; 보호하다
18 rescue　19 극복하다　20 isolate
21 마주치다; 직면하다, 부닥치다; (우연한) 만남
22 mission　23 agreement
24 장벽, 장애(물)

B　1 violation　2 distributed
3 poverty　4 interfere
5 arrest　6 conquered

DAY 20 사회 일반　　　　p.139

A　1 elevate　2 강요하다, 강제하다
3 restrict　4 빼앗다, 박탈하다　5 eliminate
6 obstacle　7 hardship　8 이동성, 가동성
9 사회화　10 reformation　11 separate
12 옮기다; 전하다; 갈아타다; 이동; 전수;
갈아타기　13 deserve　14 confirm
15 신장시키다, 북돋다; 신장; 증가
16 overall　17 internal　18 최고의; 주요한;
장, 우두머리　19 informal　20 전략적인
21 특징; 이목구비; 특집; ~이 특징이다
22 sphere　23 random　24 흠이 없는,
무결점의

B　1 harsh　2 undermine
3 mainstream　4 context
5 conform　6 circumstances

PLAN 1 자연

DAY 21 생명 · 환경 p.147

A 1 기원하다, 생기다 2 emerge 3 공존하다
4 thrive 5 풀을 뜯어 먹다; 방목하다
6 생물권 7 inhabitant 8 비옥(도);
생식력 9 자식, 새끼; 자손 10 fossil
11 ecological 12 파괴적인, 붕괴[분열]
시키는 13 discard 14 contaminate
15 (질을) 떨어뜨리다; 분해하다[되다]
16 가파른, 경사가 급한; 급격한 17 shallow
18 hollow 19 equator 20 위도 21 우주
22 satellite 23 orbit 24 식(일식, 월식)

B 1 vacuum 2 disposable
3 altitude 4 migrate
5 heredity 6 rotation

DAY 22 자연 세계 p.153

A 1 orderly 2 혼돈된, 무질서한 3 부족한,
결핍한, 드문 4 dynamic 5 정적인, 고정된,
정지 상태의 6 suspend 7 내려가다,
하강하다 8 ascend 9 들러붙다, 점착하다;
고수하다 10 erode 11 신속하게, 빨리
12 급격하게, 극단적으로 13 apparently
14 주기적으로; 정기적으로 15 barely
16 (달의) 상; 단계, 국면 17 moisture
18 입자, 미립자 19 acceleration
20 연속; 계승(권) 21 나아가게 하다, 추진하다
22 illuminate 23 막대한, 광대한, 엄청난
24 delicate

B 1 Abundant 2 infinitely
3 collapsed 4 intense
5 accumulation 6 modify

DAY 23 사물 p.159

A 1 증식하다; 증가시키다; 곱하다 2 shrink
3 번성[번영]하다; (동식물이) 잘 자라다
4 죽다; 멸망하다, 소멸하다 5 vanish
6 friction 7 충돌 8 eruption
9 수축시키다, 압축하다 10 trigger
11 specifically 12 체계적으로, 조직적으로
13 respectively 14 본질적으로, 본래;
타고나서 15 그 후에, 나중에 16 똑같은,
동일한; 일란성의 17 번갈아 일어나는, 교대의;
번갈아 하다 18 progressive 19 abrupt
20 사나운, 거친; 격동의 21 spatial
22 황량한, 불모의, 척박한 23 compact
24 극미한, 현미경으로만 볼 수 있는

B 1 massive 2 relatively 3 consists
4 planetary 5 uniform 6 convert

DAY 24 자연과학 p.165

A 1 inquiry 2 framework 3 (기계) 장치;
구조, 메커니즘, 기제 4 인식 체계, 패러다임;
전형, 예 5 개념적인, 개념의 6 tangible
7 qualitative 8 양적인 9 잘못된, 틀린
10 입증하다, 증명하다; 증언하다
11 disprove 12 formulate
13 document 14 공동 연구하다, 협업하다
15 분자 16 compound 17 gravity
18 variable 19 융합, 융해; 혼합, 퓨전
20 직사각형 21 dimension 22 확률;
가망성, 있음 직함 23 뺄셈; 빼기, 공제
24 proportion

B 1 breakthrough 2 hypothesis
3 statistics 4 established
5 equation 6 theoretical

DAILY CHECK-UP

PLAN 2 인간

DAY 25 인생 · 목표

p.173

A **1** infant **2** (걸음마 나이의) 아이
3 adolescent **4** 성숙한; 익은, 숙성한;
성숙하다 **5** feminine **6** 살다, 거주하다
7 occupy **8** (수양 아이를) 기르다;
조성[촉진]하다; 기르는, 수양의 **9** adjust
10 통근하다; 통근 **11** marital **12** 어머니의,
모성의 **13** 신부 **14** spouse **15** 상속인;
계승자, 후계자 **16** 얼핏 보다, 흘끗 보다; 언뜻
[흘끗] 봄, 일별 **17** 숨을 들이쉬다[들이마시다]
18 choke **19** 비틀거리다; 우연히 발견하다
[마주치다] **20** tremble **21** 소망[갈망]하다;
동경하다 **22** pursuit **23** 열망, 포부
24 destiny

B **1** endeavor **2** descendants
3 pregnant **4** burst **5** devote
6 dwelled

DAY 26 심경 · 심리

p.179

A **1** furious **2** 복수심에 불타는 **3** ashamed
4 당황한, 어리둥절한; 혼란스러운 **5** 만족한
6 정말 신나게 하다, 전율케 하다; 전율, 스릴
7 irritate **8** 좌절감을 주다; 좌절시키다
9 horrify **10** 깜짝 놀라게 하다; 경악케 하다
11 탄성을 지르다; 소리치다, 외치다
12 grieve **13** 당황하다, 허둥대다;
당황; (돌연한) 공포 **14** 박수갈채를 보내다
15 despise **16** tense **17** 열정적인,
열렬한 **18** resentful **19** 열성적인,
열광적인 **20** 애정 **21** hatred
22 격분, 격노; 격분시키다 **23** solitude
24 공감, 감정 이입

B **1** desperate **2** reluctant **3** suppress
4 jealous **5** compassion **6** startled

DAY 27 인성 · 태도

p.185

A **1** 진실한, 진심 어린; 진짜의
2 순진한, 천진난만한 **3** pessimistic
4 소심한, 겁많은; 비겁한 **5** stubborn
6 맞서다, 대항하다; 직면[마주]하다
7 provoke **8** 깎아내리다, 가치 절하하다
9 scorn **10** 굴욕(감)을 주다, 창피를 주다
11 alert **12** 저명한; 탁월한, 걸출한
13 inventive **14** awkward
15 근시안적인 **16** 온건한; 알맞은, 적당한;
보통의; 완화하다; 누그러뜨리다
17 prudent **18** 공정한, 공평한,
편파적이지 않은 **19** hospitable
20 skeptical **21** conscience
22 예의 바름, 공손 **23** humility
24 품위, 체면, 단정함

B **1** rigid **2** Cautious **3** competent
4 self-esteem **5** impulse
6 discriminates

DAY 28 식품 · 건강

p.191

A **1** 음식의, 식사의; 식이 (요법)의 **2** staple
3 식용의, 먹을 수 있는 **4** refrigerate
5 건조시키다, 탈수하다 **6** 조미(료), 양념
7 다과, 가벼운 음식 **8** portion **9** leftover
10 만료, 만기 **11** flu **12** 비만
13 insomnia **14** 당뇨병 **15** disability
16 diagnosis **17** prescription **18** 주사;
주입 **19** 약물; 약물 치료 **20** dosage
21 clinical **22** 급성의; 격심한; 예리한
23 antibody **24** paralysis

B **1** nourishes **2** remedy **3** terminal
4 symptoms **5** supplements
6 depression

DAILY CHECK-UP

PLAN 3 사고

DAY 29 생각
p.199

A **1** 기초가 되는, 근본적인 **2** 기초를 둔,
근거가 있는 **3** argument **4** premise
5 제안, 제의; 명제, 진술 **6** remind
7 떠올리게 하다, 환기시키다 **8** induce
9 prompt **10** 활성화하다, 작동시키다
11 inevitably **12** 글자 뜻 그대로, 말 그대로
13 따라서; 그에 따라 **14** undoubtedly
15 틀림없이, 명백하게 **16** 마음속에 그리다,
상상하다 **17** visualize **18** 깊이 새기다;
끼워 넣다 **19** weave **20** 구성하다;
이루어지다 **21** supposition **22** 추정, 가정
23 추정하다, 어림잡다; (비용) 견적하다;
추정치, 견적 **24** speculate

B **1** projected **2** incorporating
3 facilitate **4** intrinsic **5** explicitly
6 likelihood

DAY 30 판단
p.205

A **1** 터무니없는, 말도 안 되는, 웃기는
2 peculiar **3** 첫째의; 주된, 주요한; 전성기
4 parallel **5** 양립할 수 있는, 모순되지 않는;
호환되는 **6** multitude **7** 부분, 단편, 조각;
분할하다 **8** 정도, 범위; 규모 **9** duration
10 규모, 크기; 진도 **11** utilize **12** minimize
13 다듬다, 정교하게 만들다; 정교한, 공들인
14 allocate **15** 대체하다, 대용하다; 대체물;
대신하는 사람 **16** 간단한, 간단명료한; 솔직한
17 명백한, 노골적인; 대놓고, 노골적으로
18 subtle **19** 불명료한; 흐릿한
20 obscure **21** overlap **22** 얽히게 하다
23 accord **24** 일치하다; 동시에 일어나다

B **1** fragments **2** corresponding
3 interplay **4** integral **5** vague
6 Altering

DAY 31 인지
p.211

A **1** 상당한; 실제적인 **2** concise **3** 장황한,
너무 긴 **4** approximate **5** 정교한, 복잡한;
세련된 **6** efficiency **7** 심각성; 가혹
8 stability **9** utility **10** 실용성, 실현 가능성
11 부호화[암호화]하다; 입력하다
12 (문제 등을) 다루다; 저지하다, 맞서다
13 discern **14** 도출하다, 끌어내다;
생겨나다, ~에서 비롯되다 **15** embody
16 consolidate **17** 계몽하다, 교화하다
18 육성[양성]하다; 양육하다, 보살피다
19 empower **20** 획득하다, 달성[성취]하다
21 retain **22** 기울이다, 발휘하다; 가하다
23 바치다, 헌신하다, 전념하다 **24** unveil

B **1** entitled **2** endowed
3 undergo **4** adequate
5 validity **6** distracted

DAY 32 지성
p.217

A **1** 주목할 만한, 두드러진; 저명한, 유명한
2 unrivaled **3** 특별히 뛰어난; 예외적인
4 distinctive **5** 권위가 있는; 권위[위압]적인
6 outperform **7** ~보다 중요하다;
~보다 더 크다 **8** overtake
9 우선하다, ~보다 더 중요하다
10 precede **11** nonsense
12 illusion **13** 초자연적인
14 mythical **15** 불가사의한; 신비한
16 negotiate **17** 조정하다; 조직화하다;
동등한 **18** 보상, 배상 **19** procedure
20 confidence **21** 확신; 보증, 보장
22 uncertainty **23** 확언하다, 단언하다
24 ascertain

B **1** acknowledge **2** superstition
3 Compromise **4** prominent
5 surpasses **6** assert

DAILY CHECK-UP

PLAN 4 문화

DAY 33 생활   p.225

A 1 strive 2 실현[성취]하다; 이행하다,
완수하다 3 consent 4 주다, 수여하다;
승인하다; (특정 목적의) 보조금 5 prolong
6 일상적인, 판에 박힌; 일상, 판에 박힌 일
7 힘든, 고된; (사람이) 요구가 많은
8 optimal 9 intensive 10 위험한
11 recipient 12 보행자; 보행(자)의
13 practitioner 14 상응하는 사람[것],
상대 15 지인, 아는 사람; 지식, 익히 앎
16 활기 넘치는; (색채가) 선명한, 강렬한
17 장관을 이루는, 눈부신 18 festive
19 deserted 20 금(지)하다, 허락하지 않다
21 hinder 22 방해하다, 억제하다
23 한정[제한]하다; 가두다, 구금하다
24 restrain

B 1 postponed 2 prohibit
3 respondents 4 magnificent
5 monotonous 6 urgent

DAY 34 여가 · 예술   p.231

A 1 voyage 2 오락, 즐거움; 연예 3 exotic
4 새로운, 참신한; 소설 5 authentic
6 유적(지), (역사적) 기념물; 기념비 7 풍경,
경치 8 superb 9 경이로운, 놀라운
10 invaluable 11 conductor 12 공예가,
장인 13 curator 14 상대, 적수; 반대자
15 묘사하다, 그리다 16 (인물·풍경을) 그리다,
묘사하다 17 erect 18 adorn
19 보수[수리]하다, 새롭게 하다 20 vivid
21 abstract 22 statue 23 걸작, 명작
24 의뢰; 위임; (의뢰) 수수료; 의뢰하다

B 1 figure 2 accommodations
3 sculptors 4 artifacts 5 captures
6 aesthetic

DAY 35 문학 · 언어 · 언론   p.237

A 1 cite 2 인용하다, 일부를 발췌해서 쓰다;
인용구[문] 3 revise 4 윤을 내다, 닦다;
다듬다 5 recite 6 narrative
7 illustration 8 성격; 특징; 등장인물; 문자
9 playwright 10 metaphor
11 consonant 12 형용사 13 phrase
14 paragraph 15 능숙(도), 숙달 16 prose
17 서정시; (노래의) 가사 18 idiom 19 풍자
20 journalism 21 기사; 물품; 조항
22 editorial 23 설문지 24 broadcast

B 1 account 2 coverage 3 publication
4 pronunciation 5 summarize
6 rhymes

DAY 36 교육 · 종교 · 문화   p.243

A 1 교육[교과] 과정 2 수업, 교습; 수업료,
등록금 3 undergraduate 4 dormitory
5 (주로 이공계의) 대학; 연구소; 도입하다;
설립하다 6 faithful 7 신의; 불멸의, 불후의
8 minister 9 설교 10 ritual
11 줄(이)다, 작아지다 12 proceed
13 개척하다, 선도하다; 개척자, 선구자
14 견뎌내다, 버티다 15 characterize
16 collective 17 지배적인, 우세한; 우성의
18 convention 19 이행, 변천; 전환하다,
이행하다 20 inclusion 21 차이, 편차;
변이; 변화, 변동 22 deviance
23 incidence 24 조심, 경계; 예방 조치

B 1 component 2 prosperous
3 session 4 divine 5 adversity
6 prevails

DAILY CHECK-UP

PLAN 5 사회

DAY 37 경제 일반
p.251

A　1 비료　2 농약, 살충제　3 livestock
4 produce　5 가축화, 사육　6 노점상, 행상(인)
7 retailer　8 저렴한 물건, 특가품; 협상, 흥정
9 상품, 물자; 일용품　10 luxury　11 기업(체);
(모험적인) 사업　12 revenue　13 지출;
경비, 비용　14 currency　15 회계(학)
16 patent　17 면허(증); 면허를 주다
18 특허권[저작권] 사용료; 왕족, 왕가
19 warranty　20 insurance
21 금전(상)의; 통화[화폐]의　22 후원사[자];
후원[협찬]하다　23 monopoly
24 specialize

B　1 bankrupt　2 merchant　3 guarantee
4 yields　5 launch　6 asset

DAY 38 개인 경제
p.257

A　1 생계, 살림　2 resume　3 자격, 자격증
4 recruitment　5 부, 부서; (국가) 성, 부;
(대학교) 학부, 학과　6 부하직원, 하급자;
아래의, 하급의　7 termination
8 (일시) 해고 (기간)　9 retirement
10 pension　11 inspect　12 (짐을) 내리다
[부리다]　13 attach　14 삭제하다, 지우다
15 compile　16 lease　17 인출하다;
철회하다; 물러나다; 움츠리다　18 입금하다,
예금하다; 퇴적시키다; 예금; 퇴적[매장]물
19 thrift　20 담보 (대출), 저당
21 육체를 쓰는; 손으로 하는; 설명서, 소책자
22 punctual　23 인력, 전 직원; 인사과;
인사의; 직원의　24 agenda

B　1 supervises　2 conference
3 Occupation　4 expense
5 incentive　6 diligent

DAY 39 입법 · 행정
p.263

A　1 (영국 등의) 의회, 국회　2 (지방 자치 단체의)
의회; 회의; 협의회　3 legislate
4 (법을) 제정하다; 상연[연기]하다　5 amend
6 통치하다, 다스리다; 지배하다, 좌우하다
7 nominate　8 appoint　9 (정부) 기관,
–부; 대행사; 행동력　10 bureau
11 (경험 많고 존경받는) 정치가, 정치인
12 presidency　13 대리(인); 차관, 부–;
대리의, 부의　14 monarch　15 독재자
16 정권, 정부　17 empire　18 loyalty
19 선언(문), 공표; (세관 · 세무서) 신고(서)
20 ban　21 제국주의　22 보수주의자;
보수적인　23 proclaim　24 resign

B　1 Constitution　2 spokesperson
3 committee　4 implement
5 unity　6 autonomy

DAY 40 사법 · 국제 사회
p.269

A　1 theft　2 괴롭힘; 희롱　3 fraud
4 폭동, 소요; 폭동을 일으키다　5 corruption
6 변호사, (법률) 대리인　7 detective
8 무죄, 결백; 천진난만, 순진　9 소환[호출]하다,
출두를 명하다　10 convict　11 대사관
12 대사; 사절　13 alliance　14 협정, 조약
15 국경 (지방), 변경 (지대)　16 outbreak
17 배신[배반]하다; (신뢰 · 기대를) 저버리다
18 expel　19 항복[굴복]하다; 포기하다;
항복, 굴복　20 urbanization　21 대도시,
주요 도시　22 초고층 건물, 마천루
23 landmark　24 (대중)교통, 운송

B　1 diplomacy　2 suspect
3 oppression　4 interventions
5 robbery　6 congestion

PLAN 1 자연

DAY 41 생명 · 환경　　　　p.277

A 1 metabolism　2 발아, 싹틔우기
3 pollination　4 증산, 발산　5 hibernation
6 roam　7 disperse　8 스며들다, 침투하다;
관통하다, 꿰뚫다　9 mutate　10 시들다, 말라
[시들어] 죽다　11 deplete　12 황폐시키다,
완전히 파괴하다　13 추출하다, 뽑아내다;
발췌하다; 추출물, 원액; 발췌　14 (유)독성
15 debris　16 온대의, 온화한; 삼가는,
절제하는　17 subtropical　18 aquatic
19 바다의, 해상의; 해운의　20 지하의, 지중의
21 침전(물), 퇴적물　22 황량한, 황폐한;
외로운, 쓸쓸한　23 proximate　24 정지한,
움직이지 않는; 정주한; 고정된

B 1 decompose　2 photosynthesis
3 burials　4 terrain　5 terrestrial
6 exploitation

DAY 42 사물　　　　p.283

A 1 용해되다[시키다]; (의회·단체를) 해산하다
2 refract　3 rot　4 물속에 잠그다[가라앉히다];
잠수하다　5 purify　6 optic(al)　7 음향의;
청각의　8 thermal　9 영속적인, 영구의,
끊임없는　10 transparent　11 magnify
12 응결되다[하다]; 농축하다　13 compress
14 연소시키다　15 복제[복사]하다;
복제[사본]의　16 nucleus　17 전자
18 추력, 밀기; 찌르기; 밀다; 찌르다
19 diameter　20 (수학) 분수; 파편, 단편;
아주 조금　21 innate　22 확정적이지 않은,
임시의, 시험적인　23 synthesis
24 수렴, 한 점에의 집중

B 1 contracted　2 symmetry　3 Insert
4 sequence　5 temporal　6 empirical

DAILY CHECK-UP

PLAN 2 인간

DAY 43 인생 · 심경 · 인성　　　　p.291

A 1 아동의; 청소년의; 아동; 청소년　2 senile
3 선조의, 조상의　4 puberty　5 친족 관계,
친척임　6 당혹[난처]하게 하다　7 당혹[곤혹]
하게 하다; 퍼즐, 수수께끼　8 어리둥절하게
하다, 당황하게 하다　9 appall　10 reassure
11 lament　12 염려[우려]하다; 이해하다
13 intrigue　14 (생각에) 사로잡히게 하다;
유령이 출몰하다　15 arouse　16 덕망 있는,
고결한　17 진심 어린, 마음에서 우러난
18 arrogant　19 낭비벽이 있는; 사치스러운,
화려한　20 eccentric　21 predisposition
22 진실성; 청렴, 고결　23 gratification
24 정중함, 공손

B 1 overwhelmed　2 vanity　3 obsessed
4 endurance　5 siblings　6 altruistic

DAY 44 식품 · 건강　　　　p.297

A 1 cuisine　2 섬세함, 정교함; 진미, 별미
3 미식가, 식도락가　4 additive　5 발효 (작용)
6 병원균, 병원체　7 contagion
8 (가볍거나 만성적인) 병; 불쾌
9 유행병, 전염병; 유행성의, 전염성의
10 occurrence　11 이식 (수술); 이식하다;
(식물을) 옮겨 심다　12 antibiotic
13 마취제; 마취의　14 rehabilitation
15 cosmetic　16 약용의, 의약의
17 fragile　18 정신적 충격이 큰;
정신적 외상의　19 respiratory
20 위생; 위생학　21 physiology
22 enzyme　23 신경학
24 낙태, 임신 중절 (수술)

B 1 preservatives　2 transfusion
3 impairment　4 sanitary　5 anatomy
6 resilience

PLAN 3 사고

DAY 45 생각 · 판단 p.305

A **1** meditate **2** 심사숙고하다; 생각하다
3 retrospect **4** 연역(법), 추론; 공제, 빼기
5 유추; 비유, 유사 **6** implicit **7** 임의적인,
멋대로의 **8** exquisite **9** 기발한, 독창적인
10 unanimous **11** contend **12** 표명하다,
명백히 하다; 분명한, 명백한 **13** (진실임을)
입증, 확인 **14** clarification **15** 아주 멋진,
찬란한, 화려한 **16** exemplary **17** feasible
18 실용(주의)적인, 현실적인 **19** futile
20 dilemma **21** 오해, 그릇된 생각
22 drawback **23** 괴리된, 불일치의, 모순된
24 영향받기 쉬운, 취약한; (병에) 걸리기 쉬운

B **1** refuted **2** Differentiation
3 supreme **4** ambiguous
5 deliberate **6** vulnerable

DAY 46 인지 · 지성 p.311

A **1** (정보를) 검색하다; 되찾아오다, 회수하다
2 명확히 표현하다; 명확히 표현한
3 diversify **4** 덕분[탓]으로 돌리다;
특성, 속성 **5** pinpoint **6** 어디에나 있는,
편재하는 **7** 체험적인, 발견적인
8 formidable **9** 엄청난, 굉장한
10 recurrent **11** cumulative
12 동종의, 동질의 **13** holistic
14 별개의, 따로따로의 **15** metaphysical
16 예외[변함] 없이, 반드시
17 subconsciously **18** 대개, 대부분;
현저하게 **19** simultaneously
20 전례 없는 **21** 스키마, 도식, 개요
22 rationale **23** implication
24 집착, 골몰; 몰두

B **1** complement **2** efficacy
3 equivalent **4** spontaneously
5 consensus **6** Eternal

PLAN 4 문화

DAY 47 생활 p.319

A **1** (알맞게) 맞추다, 조정하다; 정렬하다
2 internalize **3** instill **4** 열중[몰두]하게
하다; 담그다 **5** 마음껏 하다, 탐닉하다
6 조정하다, 조화시키다; 화해시키다
7 아우르다, 포함하다; 에워싸다 **8** alienate
9 (사회적으로) 소외시키다, 주변으로 내몰다
10 polarize **11** 천년, 천 년간 **12** nomad
13 탐사[탐험] (여행), 원정; 탐험대
14 excavate **15** interactive
16 악의적인, 심술궂은 **17** notify
18 공세를 가하다, 퍼붓다; 폭격[포격]하다
19 침해하다, 위반하다 **20** 의복, 의류
21 apparatus **22** 비품, 가구
23 installation **24** 관리, 유지, 보수

B **1** mediate **2** anonymous **3** navigated
4 appliances **5** comply **6** designates

DAY 48 문학 · 교육 p.325

A **1** 원고, 필사본 **2** memoir **3** 일화
4 thesis **5** 논평, 비평 **6** 생명을 불어넣다;
만화 영화로 하다; 살아 있는, 생물인
7 personify **8** 줄여 쓰다, 단축하다
9 (쉽게) 바꿔쓰다; 바꿔쓰기 **10** improvise
11 figurative **12** 유려한, 능변인, 유창한
13 중복되는, 장황한 **14** synonym
15 구두점[법] **16** doctoral **17** 교과 외의,
정규 과정 이외의 **18** orientation
19 수학여행, 소풍, 단체 관광 **20** 함축, 내포
21 sentiment **22** 미사여구; 수사법[학]
23 utterance **24** signature

B **1** certificate **2** coherence **3** omit
4 Subscriptions **5** compulsory
6 discourse

DAILY CHECK-UP

PLAN 5 사회 ─────────────

DAY 49 경제 일반 p.333

A 1 irrigation 2 monoculture 3 상품;
(상품을) 매매[거래]하다 4 freight 5 관세
6 textile 7 timber 8 환대, 후한 대접
9 startup 10 민영화; 사유화 11 주문 제작
하다, 맞춤화하다 12 제공하다; 나누어주다,
베풀다 13 merge 14 (비용을) 물게 되다;
(위험을) 초래하다 15 fluctuate
16 휴대용의, 이동식의 17 affluent
18 보조금, 장려금 19 surplus
20 침체, 후퇴, 불황 21 patriotic
22 지방 자치의, 자치 도시의
23 귀족; 귀족 사회 24 peasant

B 1 hierarchy 2 legitimate
3 publicity 4 affordable
5 entity 6 allot

DAY 50 사법 · 군사 p.339

A 1 verdict 2 청원(서), 탄원(서);
청원[탄원]하다 3 antisocial 4 악명 높은
5 책임이 있는 6 refugee 7 대표단, 사절단
8 연합, 동맹, 연맹 9 torture 10 혐오, 반감
11 deploy 12 철수[퇴각]하다; 물러나다;
후퇴, 철수 13 fortify 14 반격[역습]하다;
반격, 역습 15 제대시키다; 퇴원시키다;
짐[손님]을 내리다 16 (고통·타격 등을) 주다,
가하다, 안기다 17 demolish 18 evacuate
19 위태로움, 위험 20 diffusion
21 의무, 책임; 명령; 절대 필요한, 긴요한
22 obligation 23 호혜, 상호 관계
24 unification

B 1 testimony 2 sovereign
3 intercepted 4 catastrophe
5 mortality 6 constraints

INDEX

A

abandon	19
abbreviate	321
abnormal	59
aboard	97
abolish	126
abortion	296
abroad	97
abrupt	157
absorb	27
abstract	230
absurd	54
abundant	148
abuse	94
academic	109
acceleration	151
accidental	79
acclaim	105
accommodation	226
accompany	99
accomplish	108
accord	204
accordingly	196
account	233
accountable	334
accounting	248
accumulation	151
accuse	129
accustomed	47
achievement	110
acknowledge	215
acoustic	279
acquaintance	222
acquire	108
activate	195
acute	190
adaptable	14
addict	58
additive	292
address	85
adequate	206
adhere	149
adjective	234

adjust	169
administration	123
admire	46
admission	99
adolescent	168
adoption	83
adorn	229
advent	102
adversity	242
advocate	70
aesthetic	230
affection	178
affirm	216
affluent	331
affordable	331
agency	259
agenda	256
agreement	132
agricultural	116
ailment	293
alert	182
alienate	315
align	314
alliance	266
allocate	202
allot	330
alter	202
alternate	157
alternative	16
altitude	145
altruistic	289
ambassador	266
ambiguous	301
amend	258
amusement	98
analogy	300
analyze	33
anatomy	296
ancestral	286
anecdote	320
anesthetic	294
animate	321
announcement	98
annoy	45

annual	99
anonymous	317
antibiotic	294
antibody	190
anticipation	48
antipathy	335
antisocial	334
apologize	46
appall	287
apparatus	318
apparel	318
apparently	150
appetite	57
applaud	176
appliance	318
application	83
appoint	259
appreciation	64
apprehend	288
approval	84
approximate	206
aptitude	82
aquatic	275
arbitrary	301
architect	104
arena	100
arguably	68
argument	194
aristocracy	332
arouse	288
arrange	96
arrest	129
arrogant	289
article	236
articulate	306
artifact	227
artificial	25
ascend	149
ascertain	216
ashamed	174
aspiration	172
assemble	93
assert	216
assess	33

asset	248	blossom	14	circumstance	135
assignment	110	blurry	203	cite	232
assimilate	103	boarding	96	civility	290
associate	65	boast	46	civilization	102
assume	78	bombard	317	clarification	302
assurance	216	boost	136	classification	77
astonish	175	boredom	48	clinical	190
astronomic(al)	34	botanic(al)	34	coastal	18
athlete	104	boundary	18	coexist	142
atmosphere	12	breakthrough	160	cognitive	76
attach	254	breed	14	coherence	322
attain	210	bride	170	coincide	204
attend	108	brilliant	54	collaborate	162
attendant	96	broadcast	236	collapse	149
attorney	265	brutal	50	collective	241
attract	27	budget	125	collision	155
attribute	306	bureau	259	colonial	122
auditory	40	burial	276	combat	130
authentic	226	burst	171	combust	280
authoritative	212			comfortable	44
autograph	105			commentary	320
autonomy	261	**C**		commercial	116
avoidance	92	calculate	32	commission	230
awareness	41	cancellation	98	commitment	86
awkward	182	candidate	124	committee	259
		capacity	82	commodity	247
		capital	117	commute	169
B		capture	229	compact	158
baggage	98	carbohydrate	56	companion	97
ban	262	catastrophe	337	compassion	178
banish	126	category	77	compatible	200
bankrupt	250	causal	76	compel	134
barely	150	cautious	183	compensation	215
bargain	247	celebrate	99	competent	182
barren	158	celebrity	104	competition	100
barrier	132	certificate	323	compile	254
betray	267	chaotic	148	complaint	98
beverage	57	character	233	complement	306
bewilder	287	characterize	240	complicated	79
bias	72	charity	99	compliment	51
bilingual	112	chemical	34	comply	314
biodiversity	16	cherish	103	component	242
biography	111	chief	137	composer	104
biosphere	143	choke	171	compound	163
bleed	58	chronic	59	comprehend	65
blink	39	circulate	27	compress	280

comprise	197	contemplate	300	curriculum	238
compromise	215	contemporary	102	customize	330
compulsory	323	contend	302		
conceal	80	contented	174		
conceivably	68	context	138	**D**	
conceptual	161	continent	18	debate	84
concise	206	contract	278	debris	274
conclude	65	contradictory	66	decay	14
condemn	94	contrast	65	deceive	51
condense	280	controversy	84	decency	184
conduct	32	convenience	98	decisive	53
conductor	228	convention	241	declaration	261
confederation	335	convergence	282	decline	19
conference	256	convert	155	decompose	273
confess	67	convey	67	dedicate	210
confidence	216	convict	265	deduction	300
confine	224	convince	85	defeat	130
confirm	136	coordinate	215	defendant	128
conflict	130	cordial	289	deficient	26
conform	134	corporation	120	deficit	118
confront	181	correlation	77	deforestation	15
confused	174	correspond	204	degrade	144
congestion	268	corruption	264	degree	110
congress	124	cosmetic	295	dehydrate	186
connection	77	cosmos	146	delegation	335
connotation	324	costume	105	delete	254
conquer	130	council	258	deliberate	300
conscience	184	counterattack	336	delicacy	292
consciousness	41	counterpart	222	delicate	152
consensus	310	courageous	50	delight	45
consent	220	courtesy	184	demanding	221
consequence	86	coverage	236	democracy	123
conservative	262	cowardly	180	demolish	337
conserve	16	coworker	120	demonstrate	33
considerate	54	craftsman	228	dense	25
consist	154	credit	110	deny	80
consistent	66	criminal	129	depart	96
consolidate	209	criterion	77	department	252
consonant	234	criticize	80	depict	229
constantly	28	crucial	71	deplete	274
constitution	258	cruelty	52	deploy	336
constraint	335	cuisine	292	deposit	255
constrict	155	cultivate	119	depreciate	181
construction	116	cumulative	308	depression	188
contagion	293	curator	228	deprive	134
contaminate	144	currency	248	deputy	260

derive	208	dismay	46	ecosystem	12
descend	149	dismiss	70	edible	186
descendant	170	disorder	60	editorial	236
deserted	223	dispense	330	efficacy	310
deserve	136	disperse	273	efficiency	207
designate	316	disposable	144	elaborate	202
desolate	276	disprove	162	election	124
despair	48	dispute	84	electron	281
desperate	177	disregard	80	elegance	90
despise	176	disruptive	144	elementary	109
destination	97	dissolve	278	elevate	134
destiny	172	distinctive	212	eliminate	134
destructive	15	distinguish	65	eloquent	322
detect	85	distortion	72	embarrass	45
detective	265	distract	210	embassy	266
determine	85	distress	48	embed	197
devastate	274	distribute	131	embody	208
deviance	242	district	125	embrace	103
devote	172	disturb	94	emerge	142
diabetes	188	diversify	306	emergency	60
diagnosis	189	divine	239	eminent	182
dialect	112	division	118	emission	15
diameter	281	doctoral	323	empathy	178
dictator	260	document	162	emphasize	70
dietary	186	domain	30	empire	261
differentiation	302	domestic	125	empirical	282
diffusion	338	domestication	246	employee	120
digestion	57	dominant	241	empower	209
dignity	90	donate	51	enact	258
dilemma	304	dormitory	238	encode	208
diligent	256	dosage	189	encompass	315
dimension	164	drastically	150	encounter	132
diminish	240	drawback	304	endangered	15
diplomacy	266	dread	46	endeavor	172
director	104	duplicate	280	endemic	293
disability	188	duration	201	endow	209
disastrous	15	dwell	169	endurance	290
discard	144	dynamic	148	enforcement	126
discern	208			engage	93
discharge	336	**E**		enlighten	209
discipline	86			enormous	26
discourse	320	eager	47	enroll	108
discrepant	304	earnest	50	entangle	204
discrete	308	eccentric	289	enterprise	248
discriminate	181	eclipse	146	entertainment	226
		ecological	144		

enthusiastic 177
entirely 28
entitle 209
entity 329
entry 100
envious 44
envision 197
enzyme 296
equation 163
equator 145
equipment 30
equivalent 308
erect 229
erode 149
erroneous 161
eruption 155
essential 71
establish 162
estimate 198
eternal 307
ethical 91
ethnic 102
evacuate 337
evaluate 70
evaporate 27
eventually 22
evoke 195
exaggeration 72
excavate 316
exceptional 212
excessive 26
exclaim 176
excursion 323
executive 120
exemplary 303
exert 210
exhaust 58
exotic 226
expand 20
expedition 316
expel 267
expenditure 248
expense 255
expertise 82
expiration 187

explicitly 196
explode 20
exploitation 274
explore 32
exposure 42
exquisite 301
extend 20
extent 201
extinct 14
extract 274
extracurricular 323
extraordinary 73
extravagant 289

F

facilitate 195
facility 117
faculty 109
faint 58
faithful 239
fallacy 72
farewell 92
fascinate 45
fatal 59
fatigue 42
favorable 53
feasible 303
feature 138
federal 122
feminine 168
fermentation 292
fertility 143
fertilizer 246
festive 223
fiber 56
fictional 111
figurative 322
figure 228
flatter 94
flavor 57
flawless 138
flexible 24
float 19
flourish 154
flu 188

fluctuate 330
fluency 112
fluid 24
forbid 224
former 91
formidable 307
formula 31
formulate 162
fortify 336
fossil 143
foster 169
foundation 31
fraction 281
fragile 295
fragment 201
framework 160
fraud 264
freeze 19
freight 328
frequently 28
friction 155
frighten 45
frontier 267
frown 39
frustrate 175
fulfill 220
fundamental 71
fundraiser 99
furious 174
furnishing 318
fusion 163
futile 303

G

generalization 83
generate 119
generosity 52
genuine 180
geologic(al) 34
geometric(al) 34
germination 272
glance 38
glimpse 171
gorgeous 303
gourmet 292

govern	259	hygiene	296	indulge	314
gradually	22	hypothesis	160	industrial	116
graduate	110			inevitably	196
grant	220	**ⓘ**		infant	168
grasp	38			infect	58
grateful	44	identical	157	infer	65
gratification	290	identify	33	inferior	73
gravity	163	identity	90	infinitely	150
graze	142	idiom	235	inflict	337
greed	48	ignorance	82	influential	91
grieve	176	illuminate	152	inform	67
grin	39	illusion	214	informal	137
grip	38	illustration	233	infrastructure	116
grounded	194	immediately	22	infringe	317
guarantee	249	immense	152	ingenious	301
		immerse	314	ingredient	56
ⓗ		immigrate	103	inhabitant	143
		immortal	239	inhale	171
habitat	12	immune	59	inherently	156
harassment	264	impairment	293	inherit	103
hardship	135	impartial	183	inhibit	224
harsh	138	impatient	53	injection	189
harvest	119	imperative	338	innate	282
hatred	178	imperialism	262	innocence	265
haunt	288	implement	262	inquiry	160
hazardous	221	implication	310	insert	280
heir	170	implicit	301	insight	41
heredity	143	imply	78	insignificant	71
heritage	102	import	118	insomnia	188
hesitant	47	impression	64	inspect	254
heuristic	307	imprison	129	installation	318
hibernation	272	improvise	321	instill	314
hierarchy	332	impulse	184	instinct	41
hinder	224	inaccurate	74	institute	238
holistic	308	inappropriate	74	institution	123
hollow	145	incentive	253	instruct	108
homogeneous	308	incidence	242	instrument	105
horizontal	21	inclusion	241	insult	46
horrify	175	incorporate	197	insurance	249
hospitable	183	incur	330	intake	57
hospitality	329	incurable	59	integral	200
hostile	53	independence	122	integrate	103
humble	50	indicator	117	integrity	290
humid	25	indifferent	44	intellect	82
humiliate	181	individuality	90	intelligent	54
humility	184	induce	195		

intense 152
intensive 221
interactive 317
intercept 336
interfere 132
intermediate 109
internal 137
internalize 314
interplay 204
interpret 70
interrupt 94
intervention 266
intimate 91
intrigue 288
intrinsic 194
introduction 83
intuition 41
invade 130
invaluable 227
invariably 309
inventive 182
investigate 32
investment 117
irrational 74
irrigation 328
irritate 175
isolate 132

J

jealous 174
jeopardy 337
journalism 236
journey 97
jury 128
justice 128
juvenile 286

K

kinship 286

L

laboratory 30
lament 288
landmark 268

landscape 12
latitude 145
launch 250
lawsuit 128
layer 12
layoff 253
lease 255
lecture 108
leftover 187
legislate 258
legitimate 332
lengthy 206
license 249
likelihood 198
linguistic 112
literacy 82
literally 196
literary 111
livelihood 252
livestock 246
location 18
logical 76
loyalty 261
luxury 247
lyric 235

M

magnificent 223
magnify 280
magnitude 201
mainstream 137
maintain 67
maintenance 318
malicious 317
mammal 13
management 120
manifest 302
manipulate 78
manual 256
manufacture 116
manuscript 320
marginalize 315
marine 18
marital 170
maritime 275

marvelous 227
massive 158
masterpiece 230
mastery 105
maternal 170
mature 168
measure 32
mechanism 160
mediate 315
medication 189
medicinal 295
meditate 300
memoir 320
mention 67
merchandise 328
merchant 247
merge 330
metabolism 272
metaphor 233
metaphysical 308
metropolis 268
microscopic 158
migrate 142
millennium 316
minimize 202
minister 239
misconception 304
misleading 74
mission 132
mobility 135
moderate 183
modesty 52
modify 152
moisture 151
molecule 163
monarch 260
monetary 250
monitor 85
monoculture 328
monopoly 250
monotonous 223
monument 227
morality 90
mortality 337
mortgage 255

motivation	86	obviously	22	paralysis	190
mourn	94	occasionally	28	paraphrase	321
multiply	154	occupation	252	parliament	258
multitude	201	occupy	169	partially	28
municipal	332	occurrence	293	particle	151
mutate	273	offend	51	particular	79
mutual	91	official	123	passenger	96
mysterious	214	offspring	143	passionate	177
mythical	214	omit	321	passive	47
		operate	119	patent	249
N		opponent	228	pathogen	293
		opposite	21	patriotic	332
naive	180	opposition	84	peasant	332
narrative	233	oppression	267	peculiar	200
navigate	316	optic(al)	279	pedestrian	222
neglect	51	optimal	221	peer	38
negotiate	215	optimistic	47	penalty	128
neurology	296	orbit	146	penetrate	273
neutral	53	orderly	148	pension	253
noble	91	organism	13	perception	40
nomad	316	organization	120	periodically	150
nominate	259	orientation	323	perish	154
nonsense	214	originate	142	permanent	21
norm	64	outbreak	267	permission	92
notable	212	outgoing	50	perpetual	279
notify	317	outlook	64	perplex	287
notorious	334	outperform	213	persist	20
nourish	186	outrage	178	personality	52
novel	226	outright	203	personify	321
nucleus	281	outstanding	73	personnel	256
numerous	26	outweigh	213	perspective	31
nurture	209	overall	137	persuasive	66
nutrient	56	overcome	131	pessimistic	180
nutrition	56	overlap	204	pesticide	246
		overlook	80	petition	334
O		override	213	phase	151
		overtake	213	phenomenon	31
obesity	188	overwhelm	287	photosynthesis	272
obey	51	oxygen	12	phrase	234
object	70			physical	34
obligation	338	**P**		physiology	296
obscure	203			pinpoint	306
observe	32	panic	176	pioneer	240
obsess	288	paradigm	160	planetary	158
obstacle	135	paragraph	234	playwright	233
obtain	93	parallel	200		

poetry	111	priority	64	questionnaire	236
poisonous	25	privatization	329	quote	232
polarize	315	privilege	126		
polish	232	probability	164	**R**	
politician	123	probably	68		
poll	124	procedure	215	radical	66
pollination	272	proceed	240	random	138
pollution	15	proclaim	262	rapid	21
portable	331	produce	246	rare	26
portion	187	proficiency	234	rationale	310
portray	229	profit	118	raw	24
possess	93	profound	76	reassure	287
postpone	220	progressive	157	recession	331
posture	42	prohibit	224	recipient	222
potentially	68	project	198	reciprocity	338
poverty	131	prolong	220	recite	232
practicality	207	prominent	212	recognition	41
practitioner	222	prompt	195	recollect	78
pragmatic	303	pronunciation	234	reconcile	315
prayer	106	propel	152	recruitment	252
preach	106	property	30	rectangle	164
precaution	242	prophet	106	recurrent	307
precede	213	proportion	164	reduction	118
precision	31	proposition	194	redundant	322
predator	13	prose	235	refined	76
predisposition	290	prosperous	241	reflect	27
predominantly	309	province	125	reformation	135
preference	86	provoke	181	refract	278
pregnant	168	proximate	276	refreshment	187
prejudice	72	prudent	183	refrigerate	186
premise	194	puberty	286	refugee	335
preoccupation	310	publication	235	refusal	92
prescription	189	publicity	328	refute	302
preservation	56	punctual	256	regime	261
preservative	292	punctuation	322	registration	100
presidency	260	purify	278	regretful	44
presumption	198	purposeful	79	regulate	126
prevail	240	pursuit	172	rehabilitation	294
priest	106	puzzle	287	reinforce	78
primary	71			reject	80
primate	13	**Q**		relatively	156
prime	200			release	119
primitive	25	qualification	252	relevance	77
principal	109	qualitative	161	reliability	86
principle	64	quantitative	161	relieve	45
		quest	83	religion	106

reluctant 177
remarkable 73
remedy 190
remind 195
remote 18
renovate 229
renowned 54
reportedly 68
representation 105
representative 124
reproductive 14
reptile 13
republic 123
reputation 52
requirement 100
rescue 131
resentful 177
reserve 96
reside 169
resign 262
resilience 294
resistant 59
resolve 85
respectively 156
respiratory 295
respondent 222
restore 16
restrain 224
restrict 134
resume 252
retailer 247
retain 210
retirement 253
retreat 336
retrieve 306
retrospect 300
reunion 92
revengeful 174
revenue 248
revise 232
revive 16
revolutionary 102
rhetoric 324
rhyme 235
ridiculous 200

rigid 180
riot 264
ritual 239
roam 273
robbery 264
rot 278
rotation 146
routine 221
royalty 249
rural 125

S

sanitary 295
satellite 146
satire 235
saying 112
scale 30
scarce 148
scatter 19
scenery 227
schema 310
scholarship 110
scope 31
scorn 181
sculptor 228
seasoning 187
sector 117
security 122
sediment 276
seemingly 22
segment 201
seize 38
self-esteem 184
semester 109
senator 124
senile 286
sensation 40
sensible 54
sensitive 42
sensory 40
sentence 129
sentiment 324
separate 136
sequence 281
sermon 239

session 238
settlement 84
severity 207
shallow 145
shelter 131
shiver 39
short-sighted 182
shrink 154
shrug 39
sibling 286
signature 324
simplification 83
simulate 33
simultaneously 309
sincere 53
skeptical 183
skyscraper 268
slippery 24
socialization 135
solid 24
solitude 178
sophisticated 206
sorrowful 44
souvenir 97
sovereign 338
spatial 158
specialize 250
specifically 156
spectacular 223
spectator 104
speculate 198
sphere 138
spokesperson 260
sponsor 250
spontaneously 309
spouse 170
stability 207
stack 19
staple 186
stare 38
startle 175
startup 329
starvation 131
state 67
statesman 260

static	148	supposedly	68	thorough	66
stationary	276	supposition	198	thrift	255
statistics	164	suppress	176	thrill	175
statue	230	supreme	303	thrive	142
status	90	surgery	60	thrust	281
steep	145	surpass	213	timber	329
stereotype	72	surplus	331	timid	50
sticky	24	surrender	267	toddler	168
stiff	25	susceptible	304	tolerate	93
stimulate	78	suspect	265	torture	335
stimulus	40	suspend	149	toxicity	274
storage	118	sustainability	16	tragic	111
straightforward	203	swallow	39	transaction	119
strategic	137	swiftly	150	transfer	136
striking	73	symmetry	282	transform	20
strive	220	sympathy	48	transfusion	294
stubborn	180	symptom	189	transit	268
stumble	171	synonym	322	transition	241
stupidity	52	synthesis	282	translation	111
subconsciously	309	systematically	156	transmit	27
subjective	66			transparent	279
submerge	278			transpiration	272
submission	100	**T**		transplant	294
subordinate	253			traumatic	295
subscription	324	tackle	208	treatment	92
subsequently	156	tangible	161	treaty	266
subsidy	331	tariff	328	tremble	171
substantial	206	taxation	126	tremendous	307
substitute	202	temperate	275	trial	30
subterranean	275	temporal	279	trigger	155
subtle	203	temporary	21	triumph	130
subtraction	164	tense	177	trivial	71
subtropical	275	tentative	282	tuition	238
suburban	125	terminal	190	turbulent	157
succession	151	termination	253		
sufficient	26	terrain	276		
summarize	232	terrestrial	275	**U**	
summon	265	territory	122		
superb	227	testify	162	ubiquitous	307
superficial	76	testimony	334	ultimate	79
superior	73	textile	329	unacceptable	74
supernatural	214	texture	57	unanimous	301
superstition	214	theft	264	uncertainty	216
supervise	254	theoretical	161	uncover	33
supplement	187	therapy	60	undergo	208
		thermal	279	undergraduate	238
		thesis	320	underlying	194

undermine	136
undertake	93
undoubtedly	196
unification	338
uniform	157
united	122
unity	261
unload	254
unmistakably	196
unprecedentedly	309
unreasonable	74
unrivaled	212
unveil	210
urbanization	268
urgent	221
utility	207
utilize	202
utmost	79
utterance	324

V

vaccination	60
vacuum	146
vague	203
validity	207
vanish	154
vanity	290
variable	163
variation	242
vastly	28
vegetation	13
vendor	247
verbal	112
verdict	334
verification	302
vertical	21
vessel	60
vibrant	223
vibrate	20
vigorous	42
violation	128
virtually	22
virtuous	289
visible	40
visualize	197

vivid	230
vomit	58
voyage	226
vulnerable	304

W

warranty	249
weary	42
weave	197
willing	47
withdraw	255
wither	273
withstand	240
witness	129
workforce	117
worship	106

Y

yearn	172
yield	246

나만의 주제별 영단어 학습 플래너

VOCA
PLANNER

수능 완성

신문섭

누적 테스트

★ 빈칸에 알맞은 우리말 뜻 또는 영어를 쓰시오.

1	atmosphere	_____	16	산소	_____
2	decay	_____	17	팽창하다; 확장하다	_____
3	extinct	_____	18	포유류, 포유동물	_____
4	scatter	_____	19	보존하다; 절약하다	_____
5	emission	_____	20	영구적인; 상설의	_____
6	disastrous	_____	21	지속 가능성	_____
7	rapid	_____	22	포식자, 포식 동물	_____
8	restore	_____	23	해안의, 연안의	_____
9	remote	_____	24	경계(선); 한계	_____
10	freeze	_____	25	서식지	_____
11	pollution	_____	26	폭발[파열]하다	_____
12	decline	_____	27	생물 다양성	_____
13	persist	_____	28	수직의; 수직선[면]	_____
14	deforestation	_____	29	거의, 사실상	_____
15	gradually	_____	30	즉시, 곧	_____

1	continent	_____	16	해양의, 바다의	_____
2	location	_____	17	뻣뻣한, 딱딱한	_____
3	extend	_____	18	쌓다[포개다]; 더미	_____
4	absorb	_____	19	가공하지 않은; 날것의	_____
5	evaporate	_____	20	변형시키다; 탈바꿈시키다	_____
6	seemingly	_____	21	순환하다; 퍼지다	_____
7	obviously	_____	22	일시적인; 임시의	_____
8	sticky	_____	23	결국, 마침내	_____
9	numerous	_____	24	버리다; 단념하다	_____
10	excessive	_____	25	고체(의); 확고한	_____
11	attract	_____	26	(공중, 물 위에) 뜨다	_____
12	opposite	_____	27	독성이 있는, 유독한	_____
13	horizontal	_____	28	인공의, 인위적인	_____
14	constantly	_____	29	막대한, 거대한, 엄청난	_____
15	partially	_____	30	진동하다	_____

DAYS 3-4

1	slippery	_____	16	유(동)체(의); 액체 _____
2	analyze	_____	17	유연한; 융통성 있는 _____
3	humid	_____	18	공식, 식 _____
4	investigate	_____	19	충분한 _____
5	chemical	_____	20	전하다; 전도하다 _____
6	frequently	_____	21	식물의, 식물학(상)의 _____
7	vastly	_____	22	가끔, 이따금 _____
8	laboratory	_____	23	완전히, 전적으로 _____
9	scale	_____	24	시험, 실험; 재판 _____
10	conduct	_____	25	견해, 관점; 원근법 _____
11	rare	_____	26	원시의, 원시 시대의 _____
12	calculate	_____	27	영역, 범위; 기회 _____
13	dense	_____	28	측정[평가]하다; 조치 _____
14	identify	_____	29	신체의; 물리적인 _____
15	deficient	_____	30	반사[반영]하다 _____

DAYS 4-5

1	phenomenon	_____	16	장비, 비품, 설비 _____
2	foundation	_____	17	(눈에) 보이는, 가시의 _____
3	grip	_____	18	의식, 자각 _____
4	observe	_____	19	탐사하다; 탐구하다 _____
5	assess	_____	20	증명해 보이다; 시위를 벌이다 _____
6	uncover	_____	21	천문(학상)의 _____
7	simulate	_____	22	기하학적인, 기하학(상)의 _____
8	geologic(al)	_____	23	붙잡다; 파악하다 _____
9	precision	_____	24	뚫어지게[빤히] 보다 _____
10	blink	_____	25	활짝[씩] 웃다; 활짝 웃음 _____
11	perception	_____	26	(어깨를) 으쓱하다[하기] _____
12	stimulus	_____	27	재산; 속성, 특성 _____
13	exposure	_____	28	영역, 범위 _____
14	recognition	_____	29	직관(력), 육감 _____
15	fatigue	_____	30	(몸의) 자세; 태도 _____

★ 빈칸에 알맞은 우리말 뜻 또는 영어를 쓰시오.

1	grasp	_____	16	기대, 예상	_____
2	glance	_____	17	(정신적) 고통; 괴롭히다	_____
3	relieve	_____	18	감각; 선풍적 인기	_____
4	shiver	_____	19	본능	_____
5	dismay	_____	20	통찰(력)	_____
6	auditory	_____	21	민감한, 예민한; 세심한	_____
7	awareness	_____	22	활발한, 활기찬	_____
8	weary	_____	23	슬픈, 슬퍼하는	_____
9	regretful	_____	24	편안한, (마음이) 편한	_____
10	frown	_____	25	(매우) 기쁘게 하다	_____
11	fascinate	_____	26	감탄하다, 칭송하다	_____
12	insult	_____	27	간절히 바라는, 열망하는	_____
13	sensory	_____	28	절망; 절망[단념]하다	_____
14	passive	_____	29	자세히 보다; 동료	_____
15	willing	_____	30	(꿀꺽) 삼키다	_____

1	envious	_____	16	감사하는, 고마워하는	_____
2	indifferent	_____	17	무서워하게[겁먹게] 하다	_____
3	annoy	_____	18	당혹[당황]하게 하다	_____
4	donate	_____	19	성실한, 착실한	_____
5	hesitant	_____	20	두려워하다; 공포	_____
6	sympathy	_____	21	낙관적인, 낙천적인	_____
7	greed	_____	22	익숙한	_____
8	boredom	_____	23	사과하다	_____
9	timid	_____	24	외향적인, 사교적인	_____
10	boast	_____	25	칭찬하다; 칭찬	_____
11	deceive	_____	26	관대(함), 아량	_____
12	brilliant	_____	27	어리석음, 아둔함	_____
13	favorable	_____	28	조급한, 성급한	_____
14	neutral	_____	29	사려 깊은, 배려하는	_____
15	personality	_____	30	현명한, 분별 있는	_____

DAYS 7-8   맞은 개수   / 30

1	courageous	_____	16	잔인한, 잔혹한 _____
2	humble	_____	17	복종하다; 따르다 _____
3	offend	_____	18	방치(하다); 소홀(히 하다) _____
4	modesty	_____	19	섭취(량) _____
5	disorder	_____	20	적대적인 _____
6	therapy	_____	21	진심 어린, 진실한 _____
7	intelligent	_____	22	저명한, 유명한 _____
8	absurd	_____	23	영양 _____
9	fiber	_____	24	평판; 명성 _____
10	ingredient	_____	25	지치게 하다; 배기 _____
11	appetite	_____	26	출혈하다, 피를 흘리다 _____
12	texture	_____	27	만성의, 만성적인 _____
13	infect	_____	28	치료 불가능한, 불치의 _____
14	cruelty	_____	29	면역(성)의 _____
15	decisive	_____	30	예방 접종 _____

DAYS 8-9   맞은 개수   / 30

1	nutrient	_____	16	혈관; 선박 _____
2	digestion	_____	17	보존; 저장; 보호 _____
3	beverage	_____	18	맛; 풍미를 더하다 _____
4	contrast	_____	19	모순되는, 상충하는 _____
5	addict	_____	20	저항력이 있는, 저항하는 _____
6	abnormal	_____	21	응급; 비상(사태) _____
7	fatal	_____	22	외과 (의술), (외과) 수술 _____
8	infer	_____	23	탄수화물 _____
9	faint	_____	24	원리, 원칙 _____
10	distinguish	_____	25	인상; 감명 _____
11	consistent	_____	26	감상; 이해; 감사 _____
12	arguably	_____	27	설득력 있는 _____
13	state	_____	28	구토하다; 구토 _____
14	potentially	_____	29	고백하다; 실토하다 _____
15	convey	_____	30	아마도 (~일 것이다) _____

★ 빈칸에 알맞은 우리말 뜻 또는 영어를 쓰시오.

1	norm	_____	16	우선(순위); 우선(권)	_____
2	outlook	_____	17	관련시키다; 교류하다	_____
3	conclude	_____	18	고정관념; 정형화하다	_____
4	thorough	_____	19	과장	_____
5	essential	_____	20	알리다, 통지하다	_____
6	mention	_____	21	유지[지속]하다; 주장하다	_____
7	supposedly	_____	22	상상컨대	_____
8	evaluate	_____	23	전하는 바에 따르면	_____
9	emphasize	_____	24	묵살[일축]하다; 해고하다	_____
10	radical	_____	25	이해하다	_____
11	primary	_____	26	주관적인	_____
12	trivial	_____	27	뛰어난, 걸출한	_____
13	irrational	_____	28	눈에 띄는; 인상적인	_____
14	inaccurate	_____	29	열등한; 하급의	_____
15	prejudice	_____	30	이치에 맞지 않는	_____

1	interpret	_____	16	옹호하다; 변호하다	_____
2	object	_____	17	기본[근본](적인)	_____
3	remarkable	_____	18	중대한, 결정적인	_____
4	distortion	_____	19	대수롭지 않은, 사소한	_____
5	fallacy	_____	20	관련(성); 타당성	_____
6	extraordinary	_____	21	부적당한, 부적절한	_____
7	superior	_____	22	오해하게 하는; 현혹하는	_____
8	imply	_____	23	받아들이기 어려운	_____
9	connection	_____	24	인과의, 인과 관계의	_____
10	criterion	_____	25	지대한; 심오한	_____
11	cognitive	_____	26	편향, 편견; 편향되게 하다	_____
12	manipulate	_____	27	회상하다, 기억해 내다	_____
13	accidental	_____	28	최고의, 극도의; 가장 먼	_____
14	complicated	_____	29	거부하다; 기각하다	_____
15	overlook	_____	30	무시(하다), 경시(하다)	_____

DAYS 11-12 　　　　　　　　　　　　　　　맞은 개수　/ 30

1	logical	16	상관관계, 연관성
2	controversy	17	추정하다; (떠)맡다
3	opposition	18	자극하다, 고무하다
4	category	19	추적 관찰하다; 감시하다
5	classification	20	목적이 있는; 고의적인
6	particular	21	궁극적인, 최후의
7	criticize	22	부엔[부정]하다; 거절하다
8	conceal	23	지성, 지력; 지식인
9	aptitude	24	읽고 쓰는 능력
10	quest	25	적용, 응용; 지원(서)
11	generalization	26	논쟁(하다), 토론(하다)
12	refined	27	강화하다, 보강하다
13	superficial	28	결정하다; 결심시키다
14	detect	29	해결하다; 결심하다
15	motivation	30	약속, 서약; 전념, 헌신

DAYS 12-13 　　　　　　　　　　　　　　　맞은 개수　/ 30

1	expertise	16	용량; 역량, 재능
2	ignorance	17	도입; 입문; 소개
3	former	18	채택; 입양
4	farewell	19	단순화, 간소화
5	avoidance	20	허가, 허락, 승인
6	reliability	21	획득하다, 손에 넣다
7	consequence	22	선호
8	identity	23	훈육(하다); (학문) 분야
9	status	24	친밀한; 정통한
10	morality	25	영향력 있는, 유력한
11	approval	26	논쟁; 논쟁[반박]하다
12	address	27	합의, 해결; 정착(지)
13	convince	28	중단시키다; 방해하다
14	engage	29	학대(하다); 남용(하다)
15	undertake	30	나무라다, 비난하다

★ 빈칸에 알맞은 우리말 뜻 또는 영어를 쓰시오.

1	depart	_____	16	개성, 특성	_____
2	cancellation	_____	17	존엄(성), 위엄	_____
3	complaint	_____	18	탑승하고; ~을[에] 타고	_____
4	refusal	_____	19	목적지, 행선지	_____
5	treatment	_____	20	운집하다; 조립하다	_____
6	disturb	_____	21	지니다; 소유하다	_____
7	mourn	_____	22	참다; 용인하다	_____
8	flatter	_____	23	준비하다; 배열하다	_____
9	elegance	_____	24	(탑)승객, 여객	_____
10	ethical	_____	25	상호[서로]의; 공통의	_____
11	noble	_____	26	재회; 재결합; 동창회	_____
12	annual	_____	27	동반자, 친구	_____
13	admission	_____	28	수하물, 짐	_____
14	charity	_____	29	경쟁; 대회, 경기	_____
15	arena	_____	30	제출(작); 복종, 항복	_____

1	boarding	_____	16	예약하다; 남겨 두다	_____
2	abroad	_____	17	종업원; 수행원	_____
3	advent	_____	18	표현, 묘사; 대표	_____
4	contemporary	_____	19	기구, 도구; 악기	_____
5	accompany	_____	20	서명(하다), 사인(하다)	_____
6	requirement	_____	21	기념하다, 경축하다	_____
7	registration	_____	22	모금 행사	_____
8	entry	_____	23	문명	_____
9	journey	_____	24	이민 오다	_____
10	souvenir	_____	25	작곡가	_____
11	cherish	_____	26	편의, 편리	_____
12	embrace	_____	27	놀이, 오락; 즐거움	_____
13	director	_____	28	안내 방송; 알림	_____
14	athlete	_____	29	숭배(하다); 예배	_____
15	mastery	_____	30	예언자	_____

DAYS 15-16   맞은 개수   / 30

1	heritage	_____
2	preach	_____
3	lecture	_____
4	spectator	_____
5	acclaim	_____
6	costume	_____
7	religion	_____
8	priest	_____
9	ethnic	_____
10	architect	_____
11	academic	_____
12	credit	_____
13	tragic	_____
14	linguistic	_____
15	bilingual	_____

16	혁명의, 혁명적인	_____
17	물려받다, 상속받다	_____
18	교장; 주요한	_____
19	업적; 성취, 달성	_____
20	장학금; 학문, 학식	_____
21	기도; 기도문	_____
22	성취하다, 이루다	_____
23	입학하다, 등록하다	_____
24	초등(학교)의; 기본의	_____
25	동화하다; 흡수하다	_____
26	통합하다[되다]	_____
27	유명인, 명사, 연예인	_____
28	문학의, 문예의	_____
29	전기, 일대기	_____
30	방언, 사투리	_____

DAYS 16-17   맞은 개수   / 30

1	acquire	_____
2	attend	_____
3	faculty	_____
4	investment	_____
5	import	_____
6	fictional	_____
7	translation	_____
8	saying	_____
9	industrial	_____
10	semester	_____
11	degree	_____
12	reduction	_____
13	deficit	_____
14	release	_____
15	organization	_____

16	교육하다; 지시하다	_____
17	중급의; 중간의	_____
18	수확[추수](하다)	_____
19	기업, 법인	_____
20	중역(의); 실행의	_____
21	언어적인, 언어의	_____
22	유창(성)	_____
23	상업의; 상업 광고	_____
24	사회 기반 시설	_____
25	부문, 분야	_____
26	자본(의); 수도(의)	_____
27	운영되다; 수술하다	_____
28	숙제, 과제; 배정	_____
29	졸업자[생]; 졸업하다	_____
30	시, 시가	_____

★ 빈칸에 알맞은 우리말 뜻 또는 영어를 쓰시오.

1	agricultural	_____	16	제조; 제품; 제조하다 _____
2	construction	_____	17	시설, 설비 _____
3	workforce	_____	18	보관, 저장(소) _____
4	indicator	_____	19	분할, 분배; 나눗셈 _____
5	transaction	_____	20	의회, 국회 _____
6	management	_____	21	후보자, 지원자 _____
7	territory	_____	22	시골의, 전원의 _____
8	banish	_____	23	(직장) 동료 _____
9	united	_____	24	안보, 안전; 보안 (검색) _____
10	democracy	_____	25	제도; 기관 _____
11	politician	_____	26	이윤; 이익을 얻다 _____
12	senator	_____	27	생산[생성]하다; 창출하다 _____
13	domestic	_____	28	경작하다; 함양하다 _____
14	employee	_____	29	과세, 징세; 세제 _____
15	budget	_____	30	집행, 시행 _____

1	election	_____	16	독립, 자립 _____
2	province	_____	17	연방의, 연방제의 _____
3	district	_____	18	식민(지)의; 군체의 _____
4	privilege	_____	19	정복하다; 극복하다 _____
5	agreement	_____	20	대피소, 피난처 _____
6	abolish	_____	21	관료; 공식적인 _____
7	justice	_____	22	대표(자); 하원 의원 _____
8	jury	_____	23	여론 조사; 투표(하다) _____
9	criminal	_____	24	교외의, 근교의 _____
10	arrest	_____	25	피고 _____
11	invade	_____	26	(형을) 선고하다; 형벌 _____
12	defeat	_____	27	공화국 _____
13	poverty	_____	28	행정(부), 관리 _____
14	isolate	_____	29	극복하다 _____
15	regulate	_____	30	마주치다; (우연한) 만남 _____

DAYS 19-20　　　　　　　　　　　　　　　　　　맞은 개수　/ 30

1	witness	_____	16	(법률) 소송, 고소 _____
2	accuse	_____	17	위반; 침해 _____
3	imprison	_____	18	형벌, 처벌; 벌금 _____
4	starvation	_____	19	전투를 벌이다; 전투 _____
5	reformation	_____	20	승리; 승리를 거두다 _____
6	separate	_____	21	최고의; 주요한; 장 _____
7	confirm	_____	22	전략적인 _____
8	overall	_____	23	순응하다, 따르다 _____
9	restrict	_____	24	강요하다, 강제하다 _____
10	eliminate	_____	25	이동성, 가동성 _____
11	obstacle	_____	26	옮기다; 전하다; 갈아타다 _____
12	rescue	_____	27	분쟁, 갈등; 상충하다 _____
13	distribute	_____	28	장벽, 장애(물) _____
14	interfere	_____	29	특징; ~이 특징이다 _____
15	mission	_____	30	흠이 없는, 무결점의 _____

DAYS 20-21　　　　　　　　　　　　　　　　　　맞은 개수　/ 30

1	random	_____	16	빼앗다, 박탈하다 _____
2	thrive	_____	17	사회화 _____
3	hardship	_____	18	잠식하다, 약화시키다 _____
4	deserve	_____	19	신장시키다; 증가 _____
5	internal	_____	20	주류(의); 본류의 _____
6	informal	_____	21	생물권 _____
7	sphere	_____	22	비옥(도); 생식력 _____
8	elevate	_____	23	기원하다, 생기다 _____
9	circumstance	_____	24	공존하다 _____
10	ecological	_____	25	맥락, 문맥; 상황 _____
11	disposable	_____	26	가혹한; 혹독한 _____
12	contaminate	_____	27	자식, 새끼; 자손 _____
13	hollow	_____	28	가파른, 경사가 급한 _____
14	equator	_____	29	우주 _____
15	satellite	_____	30	식(일식, 월식) _____

★ 빈칸에 알맞은 우리말 뜻 또는 영어를 쓰시오.

DAYS 21-22   맞은 개수   / 30

1	emerge	_____	16	이동하다, 이주하다	_____
2	inhabitant	_____	17	풀을 뜯어 먹다; 방목하다	_____
3	fossil	_____	18	신속하게, 빨리	_____
4	discard	_____	19	주기적으로	_____
5	shallow	_____	20	(달의) 상; 단계, 국면	_____
6	rotation	_____	21	고도, 해발; 고지대	_____
7	orbit	_____	22	위도	_____
8	orderly	_____	23	진공 (상태); 공백	_____
9	dynamic	_____	24	풍부한, 많은	_____
10	suspend	_____	25	들러붙다, 점착하다	_____
11	ascend	_____	26	유전; 유전 형질	_____
12	apparently	_____	27	파괴적인, 붕괴[분열]시키는	_____
13	acceleration	_____	28	(질을) 떨어뜨리다; 분해하다	_____
14	illuminate	_____	29	입자, 미립자	_____
15	delicate	_____	30	나아가게 하다, 추진하다	_____

DAYS 22-23   맞은 개수   / 30

1	collapse	_____	16	혼돈된, 무질서한	_____
2	erode	_____	17	부족한, 결핍한, 드문	_____
3	infinitely	_____	18	죽다; 멸망하다	_____
4	barely	_____	19	내려가다, 하강하다	_____
5	moisture	_____	20	급격하게, 극단적으로	_____
6	specifically	_____	21	연속; 계승(권)	_____
7	respectively	_____	22	막대한, 광대한	_____
8	abrupt	_____	23	증식하다; 곱하다	_____
9	spatial	_____	24	정적인, 고정된	_____
10	friction	_____	25	충돌	_____
11	trigger	_____	26	그 후에, 나중에	_____
12	accumulation	_____	27	똑같은, 동일한	_____
13	modify	_____	28	번갈아 일어나는, 교대의	_____
14	intense	_____	29	행성의	_____
15	shrink	_____	30	황량한, 불모의	_____

DAYS 23-24 　　　　　　　　맞은 개수 　/ 30

1	vanish	
2	eruption	
3	relatively	
4	uniform	
5	progressive	
6	variable	
7	massive	
8	inquiry	
9	framework	
10	qualitative	
11	formulate	
12	compound	
13	compact	
14	dimension	
15	proportion	

16	현미경으로만 볼 수 있는	
17	인식 체계; 전형	
18	개념적인, 개념의	
19	수축시키다, 압축하다	
20	체계적[조직적]으로	
21	본질적으로, 본래	
22	사나운, 거친	
23	번성[번영]하다	
24	구성되다; (~에) 있다	
25	전환[변환]하다	
26	잘못된, 틀린	
27	입증하다; 증언하다	
28	공동 연구하다, 협업하다	
29	분자	
30	직사각형	

DAYS 24-25 　　　　　　　　맞은 개수 　/ 30

1	breakthrough	
2	tangible	
3	adolescent	
4	document	
5	gravity	
6	equation	
7	statistics	
8	infant	
9	disprove	
10	occupy	
11	adjust	
12	marital	
13	spouse	
14	choke	
15	pursuit	

16	가설, 가정	
17	(기계) 장치; 구조, 기제	
18	이론적인, 이론의	
19	양적인	
20	기르다; 조성하다; 수양의	
21	신부	
22	확률; 가망성	
23	뺄셈; 공제	
24	성숙한, 익은; 성숙하다	
25	살다, 거주하다　r	
26	세우다; 설립하다	
27	융합, 융해; 혼합	
28	상속인; 계승자	
29	얼핏 보다; 언뜻 봄	
30	소망하다; 동경하다	

★ 빈칸에 알맞은 우리말 뜻 또는 영어를 쓰시오.

1	feminine	_____	16	(걸음마 나이의) 아이	_____
2	tense	_____	17	임신한	_____
3	descendant	_____	18	통근하다; 통근	_____
4	burst	_____	19	어머니의, 모성의	_____
5	tremble	_____	20	애정	_____
6	devote	_____	21	격분; 격분시키다	_____
7	endeavor	_____	22	열망, 포부	_____
8	destiny	_____	23	복수심에 불타는	_____
9	desperate	_____	24	당황한; 혼란스러운	_____
10	grieve	_____	25	정말 신나게 하다; 전율	_____
11	despise	_____	26	좌절감을 주다; 좌절시키다	_____
12	dwell	_____	27	깜짝 놀라게 하다 a _____
13	resentful	_____	28	탄성을 지르다; 소리치다	_____
14	furious	_____	29	숨을 들이쉬다	_____
15	solitude	_____	30	비틀거리다	_____

1	alert	_____	16	만족한	_____
2	inventive	_____	17	깜짝 놀라게 하다 s _____
3	prudent	_____	18	참대[억누르다]; 진압하다	_____
4	horrify	_____	19	당황하다; 당황; 공포	_____
5	reluctant	_____	20	박수갈채를 보내다	_____
6	hatred	_____	21	열정적인, 열렬한	_____
7	empathy	_____	22	온건한; 알맞은; 완화하다	_____
8	stubborn	_____	23	공정한, 공평한	_____
9	provoke	_____	24	품위, 체면, 단정함	_____
10	scorn	_____	25	순진한, 천진난만한	_____
11	jealous	_____	26	맞서다; 직면하다	_____
12	ashamed	_____	27	근시안적인	_____
13	irritate	_____	28	열성적인, 열광적인	_____
14	conscience	_____	29	연민, 동정심	_____
15	impulse	_____	30	진실한, 진심 어린; 진짜의	_____

DAYS 27-28
맞은 개수 **/ 30**

1	pessimistic _____	16	엄격한; 완고한; 굳은 _____
2	discriminate _____	17	다과, 가벼운 음식 _____
3	competent _____	18	만료, 만기 _____
4	awkward _____	19	굴욕(감)을 주다 _____
5	insomnia _____	20	저명한; 탁월한, 걸출한 _____
6	disability _____	21	주의 깊은, 조심하는 _____
7	diagnosis _____	22	예의 바름, 공손 _____
8	humility _____	23	음식의; 식이 (요법)의 _____
9	portion _____	24	식용의, 먹을 수 있는 _____
10	flu _____	25	건조시키다, 탈수하다 _____
11	hospitable _____	26	소심한, 겁많은 _____
12	skeptical _____	27	깎아내리다, 가치 절하하다 _____
13	self-esteem _____	28	주사; 주입 _____
14	dosage _____	29	급성의; 격심한 _____
15	clinical _____	30	요법, 치료; 해결책 _____

DAYS 28-29
맞은 개수 **/ 30**

1	staple _____	16	조미(료), 양념 _____
2	nourish _____	17	보충(제); 보충하다 _____
3	refrigerate _____	18	우울(증); 불경기 _____
4	leftover _____	19	깊이 새기다; 끼워 넣다 _____
5	induce _____	20	구성하다; 이루어지다 _____
6	inevitably _____	21	추정하다; 견적(하다) _____
7	undoubtedly _____	22	약물; 약물 치료 _____
8	paralysis _____	23	기초가 되는, 근본적인 _____
9	argument _____	24	제안; 명제, 진술 _____
10	remind _____	25	활성화하다, 작동시키다 _____
11	prescription _____	26	틀림없이, 명백하게 _____
12	terminal _____	27	마음속에 그리다, 상상하다 e_____
13	antibody _____	28	비만 _____
14	supposition _____	29	당뇨병 _____
15	speculate _____	30	증상 _____

★ 빈칸에 알맞은 우리말 뜻 또는 영어를 쓰시오.

1	intrinsic	_____	16	기초를 둔, 근거가 있는 _____
2	premise	_____	17	떠올리게 하다 e_____
3	prompt	_____	18	불명료한; 흐릿한 b_____
4	visualize	_____	19	얽히게 하다 _____
5	weave	_____	20	일치하다; 동시에 일어나다 _____
6	duration	_____	21	따라서; 그에 따라 _____
7	utilize	_____	22	추정, 가정 p_____
8	project	_____	23	터무니없는, 말도 안 되는 _____
9	parallel	_____	24	양립할 수 있는; 호환되는 _____
10	multitude	_____	25	부분, 단편; 분할하다 s_____
11	incorporate	_____	26	대체하다; 대체물 _____
12	likelihood	_____	27	간단한; 솔직한 _____
13	minimize	_____	28	촉진하다; 용이하게 하다 _____
14	subtle	_____	29	글자 뜻 그대로, 말 그대로 _____
15	overlap	_____	30	명백하게, 명쾌하게 _____

1	embody	_____	16	첫째의; 주된; 전성기 _____
2	consolidate	_____	17	필수 불가결한 _____
3	empower	_____	18	장황한, 너무 긴 _____
4	allocate	_____	19	실용성, 실현 가능성 _____
5	vague	_____	20	부호화[암호화]하다 _____
6	obscure	_____	21	명백한, 노골적인; 대놓고 _____
7	accord	_____	22	상호 작용하다; 상호 작용 _____
8	approximate	_____	23	부합하다, 일치하다 _____
9	efficiency	_____	24	상당한; 실제적인 s_____
10	stability	_____	25	정도, 범위; 규모 _____
11	discern	_____	26	규모, 크기; 진도 _____
12	peculiar	_____	27	다듬다; 정교한 _____
13	fragment	_____	28	권리[자격]를 주다 _____
14	alter	_____	29	획득하다, 달성하다 _____
15	unveil	_____	30	바치다, 전념하다 _____

DAYS 31-32   맞은 개수   / 30

1	adequate	16	정교한, 복잡한; 세련된
2	concise	17	기울이다, 발휘하다
3	utility	18	권위가 있는; 권위적인
4	undergo	19	추월하다; 덮치다
5	endow	20	도출하다; ~에서 비롯되다
6	retain	21	계몽하다, 교화하다
7	surpass	22	육성하다; 양육하다
8	precede	23	심각성; 가혹
9	nonsense	24	타당성; 유효성
10	outperform	25	(문제 등을) 다루다; 맞서다
11	distract	26	초자연적인
12	notable	27	불가사의한; 신비한
13	unrivaled	28	보상, 배상
14	negotiate	29	확신; 보증, 보장 a
15	procedure	30	확언하다, 단언하다 a

DAYS 32-33   맞은 개수   / 30

1	optimal	16	단언하다, 주장하다
2	recipient	17	주다; 승인하다; 보조금
3	illusion	18	일상(적인), 판에 박힌 (일)
4	mythical	19	미신
5	acknowledge	20	조정하다; 동등한
6	confidence	21	타협, 절충; 타협하다
7	uncertainty	22	특별히 뛰어난; 예외적인
8	ascertain	23	~보다 중요하다[더 크다]
9	strive	24	우선하다, ~보다 더 중요하다
10	consent	25	위험한
11	prominent	26	보행자; 보행(자)의
12	distinctive	27	활기 넘치는; 선명한
13	practitioner	28	장관을 이루는, 눈부신
14	festive	29	금(지)하다, 허락하지 않다 f
15	restrain	30	방해하다, 억제하다 l

★ 빈칸에 알맞은 우리말 뜻 또는 영어를 쓰시오.

DAYS 33-34   맞은 개수   / 30

1	prolong	_____	16	실행하다; 이행하다	_____
2	urgent	_____	17	풍경, 경치	_____
3	exotic	_____	18	공예가, 장인	_____
4	authentic	_____	19	(설문) 응답자	_____
5	invaluable	_____	20	상응하는 사람[것]	_____
6	deserted	_____	21	지인, 아는 사람; 지식	_____
7	hinder	_____	22	금지하다	p_____
8	voyage	_____	23	한정[제한]하다; 가두다	_____
9	intensive	_____	24	유물; 인공물, 공예품	_____
10	monotonous	_____	25	연기하다, 미루다	_____
11	magnificent	_____	26	힘든, 고된	_____
12	conductor	_____	27	(유명) 인사; 숫자; 모양	_____
13	erect	_____	28	묘사하다, 그리다	d_____
14	vivid	_____	29	보수[수리]하다	_____
15	statue	_____	30	걸작, 명작	_____

DAYS 34-35   맞은 개수   / 30

1	accommodation	_____	16	오락, 즐거움; 연예	_____
2	superb	_____	17	새로운, 참신한; 소설	_____
3	sculptor	_____	18	발음	_____
4	playwright	_____	19	서정시; 가사	_____
5	paragraph	_____	20	상대, 적수; 반대자	_____
6	prose	_____	21	그리다, 묘사하다	p_____
7	journalism	_____	22	의뢰(하다); 수수료	_____
8	aesthetic	_____	23	윤을 내다; 다듬다	_____
9	cite	_____	24	요약하다	_____
10	account	_____	25	형용사	_____
11	illustration	_____	26	유적(지), (역사적) 기념물	_____
12	curator	_____	27	경이로운, 놀라운	_____
13	capture	_____	28	풍자	_____
14	adorn	_____	29	출판(물); 발표	_____
15	abstract	_____	30	기사; 물품; 조항	_____

DAYS 35-36   맞은 개수   / 30

#			#		
1	revise	_____	16	인용하다; 인용구	_____
2	recite	_____	17	성격; 특징; 등장인물	_____
3	broadcast	_____	18	능숙(도), 숙달	_____
4	faithful	_____	19	각운; 운을 맞추다	_____
5	proceed	_____	20	대학; 연구소; 도입하다	_____
6	phrase	_____	21	신의; 불멸의, 불후의	_____
7	idiom	_____	22	설교	_____
8	editorial	_____	23	수업(료); 교습	_____
9	narrative	_____	24	설문지	_____
10	metaphor	_____	25	보도, 취재; 보상 (범위)	_____
11	consonant	_____	26	교육[교과] 과정	_____
12	collective	_____	27	성행[만연]하다; 승리하다	_____
13	convention	_____	28	견뎌내다, 버티다	_____
14	deviance	_____	29	지배적인; 우성의	_____
15	incidence	_____	30	차이, 편차; 변이	_____

DAYS 36-37   맞은 개수   / 30

#			#		
1	undergraduate	_____	16	수업 시간; 학기; 회기	_____
2	dormitory	_____	17	신의, 신성의	_____
3	patent	_____	18	줄(이)다, 작아지다	_____
4	warranty	_____	19	개척하다; 선구자	_____
5	insurance	_____	20	농약, 살충제	_____
6	inclusion	_____	21	상인, 무역상	_____
7	component	_____	22	상품, 물자; 일용품	_____
8	adversity	_____	23	산출(량); 산출하다	_____
9	produce	_____	24	번영한; 번창하는	_____
10	retailer	_____	25	이행, 변천; 전환하다	_____
11	revenue	_____	26	조심, 경계; 예방 조치	_____
12	minister	_____	27	기업(체); 사업	_____
13	ritual	_____	28	회계(학)	_____
14	characterize	_____	29	금전(상)의; 통화의	_____
15	bankrupt	_____	30	후원사; 후원하다	_____

★ 빈칸에 알맞은 우리말 뜻 또는 영어를 쓰시오.

1	livestock	_____	16	비료	_____
2	luxury	_____	17	가축화, 사육	_____
3	asset	_____	18	노점상, 행상(인)	_____
4	currency	_____	19	저렴한 물건; 협상	_____
5	license	_____	20	육체를 쓰는; 설명서	_____
6	guarantee	_____	21	근면한, 성실한	_____
7	termination	_____	22	인력; 인사과; 인사의	_____
8	retirement	_____	23	생계, 살림	_____
9	resume	_____	24	부하직원; 하급의	_____
10	recruitment	_____	25	(짐을) 내리다[부리다]	_____
11	launch	_____	26	삭제하다, 지우다	_____
12	specialize	_____	27	입금하다; 예금(하다)	_____
13	inspect	_____	28	지출; 경비, 비용	_____
14	lease	_____	29	특허권[저작권] 사용료	_____
15	thrift	_____	30	독점, 전매	_____

1	incentive	_____	16	직업; 점령, 점거	_____
2	pension	_____	17	자격, 자격증	_____
3	supervise	_____	18	부, 부서; 학부	_____
4	attach	_____	19	(일시) 해고 (기간)	_____
5	bureau	_____	20	인출하다; 철회하다	_____
6	loyalty	_____	21	독재자	_____
7	ban	_____	22	정권, 정부	_____
8	agenda	_____	23	의회; 회의; 협의회	_____
9	constitution	_____	24	통치하다; 지배하다	_____
10	amend	_____	25	정치가, 정치인 s_____
11	appoint	_____	26	대리(인); 차관; 대리의	_____
12	compile	_____	27	비용, 지출; 손실	_____
13	punctual	_____	28	담보 (대출), 저당	_____
14	conference	_____	29	선언(문); 신고(서)	_____
15	proclaim	_____	30	보수주의자; 보수적인	_____

1	legislate		16	(영국 등의) 의회, 국회	
2	nominate		17	(법을) 제정하다; 상연하다	
3	detective		18	(정부) 기관; 대행사	
4	alliance		19	대변인	
5	expel		20	소환[호출]하다	
6	empire		21	대사관	
7	implement		22	제국주의	
8	resign		23	괴롭힘; 희롱	
9	theft		24	폭동; 폭동을 일으키다	
10	committee		25	변호사, (법률) 대리인	
11	presidency		26	자치(권); 자율(성)	
12	monarch		27	단결, 통합, 화합	
13	urbanization		28	협정, 조약	
14	landmark		29	국경 (지방), 변경 (지대)	
15	congestion		30	항복[굴복](하다)	

1	robbery		16	무죄, 결백; 순진	
2	decompose		17	(유)독성	
3	deplete		18	육생의; 지상의	
4	convict		19	지대, 지형	
5	outbreak		20	간섭, 개입; 중재	
6	oppression		21	배신하다; 저버리다	
7	skyscraper		22	대도시, 주요 도시	
8	metabolism		23	(대중)교통, 운송	
9	roam		24	광합성	
10	fraud		25	증산, 발산	
11	corruption		26	스며들다; 관통하다	
12	temperate		27	추출하다; 발췌하다	
13	aquatic		28	의심하다; 용의자	
14	burial		29	외교(술)	
15	proximate		30	대사; 사절	

★ 빈칸에 알맞은 우리말 뜻 또는 영어를 쓰시오.

1	magnify	_____	16	발아, 싹틔우기	_____
2	compress	_____	17	시들다, 말라 죽다	_____
3	disperse	_____	18	황폐시키다	_____
4	mutate	_____	19	이용, 개발; 착취	_____
5	debris	_____	20	바다의, 해상의	_____
6	subtropical	_____	21	영속적인, 영구의	_____
7	contract	_____	22	연소시키다	_____
8	refract	_____	23	(수학) 분수; 파편	_____
9	optic(al)	_____	24	정지한; 정주한; 고정된	_____
10	pollination	_____	25	물속에 잠그다; 잠수하다	_____
11	hibernation	_____	26	열의, 온도의	_____
12	nucleus	_____	27	지하의, 지중의	_____
13	diameter	_____	28	침전(물), 퇴적물	_____
14	innate	_____	29	황량한; 외로운	_____
15	empirical	_____	30	확정적이지 않은, 임시의	_____

1	rot	_____	16	용해되다; 해산하다	_____
2	purify	_____	17	음향의; 청각의	_____
3	temporal	_____	18	선조의, 조상의	_____
4	transparent	_____	19	당혹하게 하다; 수수께끼	_____
5	eccentric	_____	20	복제하다; 복제의	_____
6	predisposition	_____	21	전자	_____
7	symmetry	_____	22	추력, 밀기; 찌르기; 밀다	_____
8	puberty	_____	23	수렴, 한 점에의 집중	_____
9	appall	_____	24	아동(의); 청소년(의)	_____
10	reassure	_____	25	끼워 넣다, 삽입하다	_____
11	lament	_____	26	응결되다; 농축하다	_____
12	intrigue	_____	27	(생각에) 사로잡히게 하다	_____
13	arrogant	_____	28	덕망 있는, 고결한	_____
14	sequence	_____	29	진실성; 청렴, 고결	_____
15	synthesis	_____	30	정중함, 공손	_____

DAYS 43-44   맞은 개수   / 30

1	senile	_____	16	친족 관계, 친척임 _____
2	rehabilitation	_____	17	당혹[난처]하게 하다 p _____
3	cosmetic	_____	18	어리둥절하게 하다 b _____
4	obsess	_____	19	위생; 위생학 _____
5	arouse	_____	20	신경학 _____
6	gratification	_____	21	낙태, 임신 중절 (수술) _____
7	endurance	_____	22	낭비벽이 있는; 사치스러운 _____
8	cuisine	_____	23	허영(심), 자만; 허무 _____
9	preservative	_____	24	미식가, 식도락가 _____
10	occurrence	_____	25	병원균, 병원체 _____
11	transfusion	_____	26	(가볍거나 만성적인) 병 _____
12	sibling	_____	27	마취제; 마취의 _____
13	overwhelm	_____	28	염려하다; 이해하다 _____
14	fragile	_____	29	이타적인 _____
15	respiratory	_____	30	진심 어린, 마음에서 우러난 _____

DAYS 44-45   맞은 개수   / 30

1	additive	_____	16	섬세함, 정교함; 진미 _____
2	impairment	_____	17	(진실임을) 입증, 확인 _____
3	antibiotic	_____	18	아주 멋진, 찬란한 _____
4	resilience	_____	19	최고의, 최상의 _____
5	sanitary	_____	20	이식 (수술); 이식하다 _____
6	physiology	_____	21	약용의, 의약의 _____
7	contend	_____	22	정신적 충격이 큰 _____
8	differentiation	_____	23	효소 _____
9	implicit	_____	24	심사숙고하다, 생각하다 c _____
10	exquisite	_____	25	유추; 비유, 유사 _____
11	unanimous	_____	26	발효 (작용) _____
12	anatomy	_____	27	(접촉) 전염[감염] _____
13	meditate	_____	28	유행[전염]병; 유행성의 _____
14	feasible	_____	29	오해, 그릇된 생각 _____
15	futile	_____	30	영향받기 쉬운, 취약한 _____

★ 빈칸에 알맞은 우리말 뜻 또는 영어를 쓰시오.

1 deliberate _____
2 retrospect _____
3 refute _____
4 clarification _____
5 recurrent _____
6 cumulative _____
7 subconsciously _____
8 vulnerable _____
9 diversify _____
10 pinpoint _____
11 formidable _____
12 exemplary _____
13 dilemma _____
14 drawback _____
15 rationale _____

16 연역(법), 추론; 공제 _____
17 모호한, 분명하지 않은 _____
18 임의적인, 멋대로의 _____
19 기발한, 독창적인 _____
20 표명하다; 명백한 m_____
21 예외[변함] 없이, 반드시 _____
22 대개, 대부분; 현저하게 _____
23 검색하다; 되찾아오다 _____
24 어디에나 있는, 편재하는 _____
25 동종의, 동질의 _____
26 별개의, 따로따로의 _____
27 실용(주의)적인, 현실적인 _____
28 괴리된, 불일치의 _____
29 도식, 개요 _____
30 집착, 골몰; 몰두 _____

1 complement _____
2 eternal _____
3 equivalent _____
4 holistic _____
5 polarize _____
6 excavate _____
7 interactive _____
8 implication _____
9 instill _____
10 alienate _____
11 metaphysical _____
12 simultaneously _____
13 efficacy _____
14 apparatus _____
15 installation _____

16 명확히 표현하다 a_____
17 (알맞게) 맞추다; 정렬하다 _____
18 열중하게 하다; 담그다 _____
19 엄청난, 굉장한 _____
20 자연스럽게; 자발적으로 _____
21 전례 없이 _____
22 의견 일치, 합의 _____
23 덕분[탓]으로 돌리다 _____
24 체험적인, 발견적인 _____
25 마음껏 하다, 탐닉하다 _____
26 천년, 천 년간 _____
27 지정하다; 지명하다 _____
28 악의적인, 심술궂은 _____
29 공세를 가하다; 폭격하다 _____
30 의복, 의류 _____

DAYS 47-48 맞은 개수 /30

1	internalize		16	따르다, 응하다	
2	mediate		17	조정하다; 화해시키다	
3	marginalize		18	아우르다; 에워싸다	
4	nomad		19	(쉽게) 바꿔쓰다[쓰기]	
5	redundant		20	구두점[법]	
6	doctoral		21	익명의	
7	orientation		22	침해하다, 위반하다	
8	sentiment		23	비품, 가구	
9	omit		24	관리, 유지, 보수	
10	improvise		25	원고, 필사본	
11	figurative		26	생명을 불어넣다	
12	notify		27	탐사[탐험] (여행)	
13	appliance		28	항해[항행]하다	
14	memoir		29	교과 외의	
15	thesis		30	함축, 내포	

DAYS 48-49 맞은 개수 /30

1	discourse		16	일화	
2	personify		17	논평, 비평	
3	coherence		18	줄여 쓰다, 단축하다	
4	synonym		19	유려한, 능변인	
5	legitimate		20	제공하다; 나누어주다	
6	peasant		21	휴대용의, 이동식의	
7	signature		22	침체, 후퇴, 불황	
8	irrigation		23	지방 자치의, 자치 도시의	
9	freight		24	상품; 매매하다	
10	textile		25	환대, 후한 대접	
11	startup		26	할당하다, 분배하다	
12	fluctuate		27	의무의, 강제적인	
13	affluent		28	수학여행, 소풍	
14	certificate		29	미사여구; 수사법	
15	utterance		30	정기 구독[료]	

★ 빈칸에 알맞은 우리말 뜻 또는 영어를 쓰시오.

1	refugee	_____	16	홍보, 선전, 광고	_____
2	deploy	_____	17	관세	_____
3	merge	_____	18	독립체; 실재	_____
4	affordable	_____	19	민영화; 사유화	_____
5	surplus	_____	20	(고통·타격 등을) 주다	_____
6	patriotic	_____	21	확산, 전파	_____
7	hierarchy	_____	22	보조금, 장려금	_____
8	testimony	_____	23	귀족; 귀족 사회	_____
9	monoculture	_____	24	(배심원의) 평결; 판단	_____
10	timber	_____	25	책임이 있는	_____
11	retreat	_____	26	압박, 강제; 제약	_____
12	discharge	_____	27	가로채다; 요격하다	_____
13	demolish	_____	28	반격[역습](하다)	_____
14	evacuate	_____	29	주문 제작하다, 맞춤화하다	_____
15	catastrophe	_____	30	(비용을) 물게 되다	_____

ANSWER KEY

DAYS 1-2 p.2

1 대기; 분위기　2 부패[부식]하다; 부패, 부식
3 사멸한, 멸종된; (화산이) 활동을 멈춘
4 흩뿌리다; 흩어지다, 흩어지게 하다　5 배출, 방출;
배기가스, 배출물　6 재앙의, 재난[재해]을 일으키는
7 급속한, 신속한　8 복원하다, 복구하다; 회복하다
9 외딴, 먼; 원격의　10 얼다, 얼리다　11 오염, 공해
12 감소하다, 하락하다; (정중히) 거절하다; 감소, 하락
13 고집하다, (계속) 주장하다; 지속하다; 존속하다
14 삼림 벌채　15 서서히, 점차, 차츰　16 oxygen
17 expand　18 mammal　19 conserve
20 permanent　21 sustainability
22 predator　23 coastal　24 boundary
25 habitat　26 explode　27 biodiversity
28 vertical　29 virtually　30 immediately

DAYS 2-3 p.2

1 대륙; 육지　2 장소, 위치; 현지 촬영(지)
3 확대하다, 넓히다; 연장하다; 뻗다, 내밀다
4 흡수하다　5 증발하다　6 외관상으로, 겉보기에는
7 명백하게, 분명히　8 끈적끈적한, 끈적거리는;
들러붙는　9 다수의, 많은　10 과도한, 과다한;
지나친　11 끌어당기다; (흥미 등을) 끌다; 유치하다
12 반대(쪽)의; 맞은편의; 정반대(되는 사람·일)
13 수평의, 가로의; 수평선[면]　14 끊임없이; 자주
15 부분적으로, 불완전하게　16 marine　17 stiff
18 stack　19 raw　20 transform
21 circulate　22 temporary　23 eventually
24 abandon　25 solid　26 float
27 poisonous　28 artificial　29 enormous
30 vibrate

DAYS 3-4 p.3

1 미끄러운　2 분석하다　3 습한, 습기 있는
4 연구하다; 조사하다, 수사하다　5 화학적인, 화학의;
화학 물질　6 자주, 빈번히　7 대단히, 막대하게
8 실험실　9 규모; 척도, 눈금; 저울　10 수행하다;

지휘하다; 전도하다; 행동, 품행　11 희귀한, 드문;
(공기 등이) 희박한　12 계산하다; 추산하다
13 밀집한, 빽빽한, 우거진; (인구가) 조밀한
14 (신원을) 확인하다, 식별하다; 일체감을 갖다
15 부족한, 결핍한　16 fluid　17 flexible
18 formula　19 sufficient　20 transmit
21 botanic(al)　22 occasionally　23 entirely
24 trial　25 perspective　26 primitive
27 scope　28 measure　29 physical
30 reflect

DAYS 4-5 p.3

1 현상　2 토대, 근간; 창립; 재단　3 꽉 쥐다,
움켜잡다; 꽉 쥠, 움켜쥠　4 관찰하다; 준수하다;
말하다　5 평가하다, 사정하다　6 밝혀내다;
폭로하다　7 모의 실험하다　8 지질학(상)의, 지질의
9 정확(성); 정밀(함)　10 (눈을) 깜빡거리다; 깜빡임
11 인식, 인지; 지각　12 자극(물), 자극제　13 노출;
접합, 경험함　14 인식, 인지; 인정　15 피로, 피곤
16 equipment　17 visible　18 consciousness
19 explore　20 demonstrate　21 astronomic(al)
22 geometric(al)　23 seize　24 stare
25 grin　26 shrug　27 property　28 domain
29 intuition　30 posture

DAYS 5-6 p.4

1 움켜쥐다, 붙잡다; 파악하다; 움켜쥠; 이해, 파악
2 흘끗 보다; 흘끗 봄　3 안도하게 하다; 덜어주다;
구원[구제]하다　4 (추위·공포 등으로 몸을) 떨다;
떨림, 전율　5 낙담하게 하다, 경악하게 하다; 낙담,
실망, 경악　6 청각의, 청각 기관의　7 의식; 인식,
자각　8 지친, 피곤한; 싫증이 난　9 후회하는;
유감으로 생각하는　10 눈살을 찌푸리다, 얼굴을
찡그리다; 찌푸림　11 매료[매혹]하다　12 모욕하다;
모욕, 무례　13 감각의, 지각의, 감각[지각] 기관의
14 수동적인, 소극적인　15 기꺼이 ~하는; 자발적인
16 anticipation　17 distress　18 sensation

19 instinct **20** insight **21** sensitive
22 vigorous **23** sorrowful **24** comfortable
25 delight **26** admire **27** eager
28 despair **29** peer **30** swallow

DAYS 6-7   p.4

1 부러워하는, 시샘하는 **2** 무관심한, 냉담한
3 짜증 나게[약 오르게] 하다 **4** 기부하다, 기증하다
5 주저하는, 망설이는 **6** 연민, 동정 **7** 탐욕, 큰 욕심
8 지루함, 권태 **9** 소심한, 겁 많은 **10** 자랑하다,
뽐내다 **11** 속이다, 기만하다 **12** 화창한, 빛나는;
기발한, 뛰어난; 총명한 **13** 호의적인; 찬성하는;
알맞은, 유리한 **14** 중립적인 **15** 성격, 개성, 인품
16 grateful **17** frighten **18** embarrass
19 earnest **20** dread **21** optimistic
22 accustomed **23** apologize **24** outgoing
25 compliment **26** generosity **27** stupidity
28 impatient **29** considerate **30** sensible

DAYS 7-8   p.5

1 용기 있는, 용감한 **2** 겸손한; 비천한; 초라한
3 기분 상하게 하다; (법을) 위반하다 **4** 겸손; 수수(함),
소박 **5** 무질서, 혼란; 장애, 질환 **6** 치료(법)
7 지적인, 총명한 **8** 어리석은; 불합리한
9 섬유; 섬유질 **10** 성분, 재료; (구성) 요소, 요인
11 식욕; 욕구 **12** 식감, 질감; 감촉 **13** 감염시키다,
전염시키다 **14** 잔인(함); 학대 **15** 단호한;
결정적인 **16** brutal **17** obey **18** neglect
19 intake **20** hostile **21** sincere
22 renowned **23** nutrition **24** reputation
25 exhaust **26** bleed **27** chronic
28 incurable **29** immune **30** vaccination

DAYS 8-9   p.5

1 영양소, 영양분 **2** 소화 (작용); 터득, 이해
3 음료, 마실 것 **4** 대조하다; 대조, 대비

5 중독시키다; 중독자 **6** 비정상적인 **7** 치명적인
8 추론하다, 추측하다 **9** 기절하다; 희미한, 약한;
어질어질한 **10** 구별하다, 구분하다 **11** 일관된,
한결같은; 일치하는, 부합하는 **12** 거의 틀림없이,
주장하건대 **13** 진술하다, 말하다; 상태; 국가; 주
14 잠재적으로 **15** (생각·감정 등을) 전달하다;
운송하다, 나르다 **16** vessel **17** preservation
18 flavor **19** contradictory **20** resistant
21 emergency **22** surgery
23 carbohydrate **24** principle
25 impression **26** appreciation
27 persuasive **28** vomit **29** confess
30 probably

DAYS 9-10   p.6

1 규범, 기준; 표준 **2** 전망, 전도; −관, 견해
3 결론을 내리다; 끝내다 **4** 철저한, 면밀한
5 필수적인; 본질적인 **6** 언급하다; 언급
7 추측건대, 아마 (~일 것이다) **8** 평가하다
9 강조하다, 역설하다 **10** 근본적인, 철저한;
급진적인 **11** 주요한; 1차적인; 초기의
12 사소한, 하찮은, 대단치 않은 **13** 비이성적인,
불합리한 **14** 부정확한; 틀린 **15** 편견, 선입관;
편견을 갖게 하다 **16** priority **17** associate
18 stereotype **19** exaggeration **20** inform
21 maintain **22** conceivably **23** reportedly
24 dismiss **25** comprehend **26** subjective
27 outstanding **28** striking **29** inferior
30 unreasonable

DAYS 10-11   p.6

1 해석하다, 설명하다; 통역하다 **2** 반대하다; 물건;
목적, 목표 **3** 주목할 만한, 놀랄 만한 **4** 왜곡, 비틀기
5 그릇된 생각; 오류 **6** 비상한, 비범한; 대단한
7 우월한, 우수한; 상관의, 상급의 **8** 암시하다,
함축하다, 의미하다 **9** 관련(성); 연결, 접속
10 (분류, 심사 등의) 기준, 표준 **11** 인지의; 인식의

12 조작하다, 조종하다　13 우연한, 우발적인
14 복잡한; 풀기 어려운　15 간과하다; 감독하다;
내려다보다　16 advocate　17 fundamental
18 crucial　19 insignificant　20 relevance
21 inappropriate　22 misleading
23 unacceptable　24 causal　25 profound
26 bias　27 recollect　28 utmost　29 reject
30 disregard

DAYS 11-12　p.7

1 논리적인; 논리학(상)의　2 논쟁, 논의, 논란
3 반대, 저항　4 범주, 부문　5 분류(법)　6 특정한;
특유의　7 비판하다, 비난하다　8 숨기다, 감추다;
비밀로 하다　9 적성, 소질, 재능　10 탐구, 탐색
11 일반화, 개괄　12 정제된; 세련된; 정교한
13 피상적인; 표면적인, 외면의　14 발견하다;
탐지하다, 감지하다　15 동기 (부여); 자극, 유도
16 correlation　17 assume　18 stimulate
19 monitor　20 purposeful　21 ultimate
22 deny　23 intellect　24 literacy
25 application　26 debate　27 reinforce
28 determine　29 resolve　30 commitment

DAYS 12-13　p.7

1 전문 지식[기술]　2 무지, 무식　3 전의, 이전의;
전재(의)　4 작별, 송별(회); 작별을 고하다
5 회피, 기피　6 신빙성, 신뢰도[성]　7 결과, 결말
8 정체(성); 신분　9 (법적) 신분; (사회적) 지위
10 도덕; 도덕성　11 찬성; 승인　12 연설하다;
(문제·상황 등을) 다루다; 주소; 연설
13 납득시키다, 확신시키다　14 하다, 관여하다,
참여하다; 약혼시키다　15 맡다, (~의) 책임을 지다;
착수하다　16 capacity　17 introduction
18 adoption　19 simplification
20 permission　21 obtain　22 preference
23 discipline　24 intimate　25 influential
26 dispute　27 settlement　28 interrupt
29 abuse　30 condemn

DAYS 13-14　p.8

1 출발하다, 떠나다　2 취소; 해제　3 항의, 불평
4 거절, 거부　5 대우, 처우; 치료; 처리　6 방해하다;
불안하게 하다; 교란하다　7 슬퍼하다, 애도하다
8 추켜세우다, 아첨하다　9 기품, 고상, 우아(함)
10 윤리적인, 도덕상의　11 숭고한, 고귀한; 귀족의
12 연례의, 연 1회의; 일년생의　13 입장; 입장료;
입학 (허가); 인정, 시인　14 자선; 자선 단체;
자선 사업　15 경기장, 시합장; ~장, 활동 장소
16 individuality　17 dignity　18 aboard
19 destination　20 assemble　21 possess
22 tolerate　23 arrange　24 passenger
25 mutual　26 reunion　27 companion
28 baggage　29 competition
30 submission

DAYS 14-15　p.8

1 탑승, 승선　2 해외로, 외국으로
3 (중요 인물·시대 등의) 도래, 출현
4 현대의; 동시대의; 동시대인　5 동반하다
6 자격, 필요조건, 요건　7 등록, 기재　8 참가;
참가작; 입장; 가입　9 여행; 여정　10 기념품
11 소중히 하다　12 껴안다; 포용하다, 받아들이다
13 (영화) 감독, 연출가; 책임자, 이사, 중역
14 (운동)선수　15 숙달, 정통　16 reserve
17 attendant　18 representation
19 instrument　20 autograph　21 celebrate
22 fundraiser　23 civilization　24 immigrate
25 composer　26 convenience
27 amusement　28 announcement
29 worship　30 prophet

DAYS 15-16　p.9

1 (문화)유산, (문화적) 전통　2 설교; 설교하다
3 강의하다; 강의　4 관중, 관(람)객　5 갈채, 환호;
갈채[환호]하다　6 의상, 복장　7 종교　8 성직자,

사제, 신부　**9** 민족의, 종족의　**10** 건축가　**11** 학업의; 학문의; 학자, 대학교수　**12** 신용; 학점; 공로, 칭찬; 공로를 인정하다; ~의 소유자로 생각하다

13 비극적인, 비극의　**14** 언어의, 언어학의

15 2개 언어 사용의; 2개 언어 사용자

16 revolutionary　**17** inherit　**18** principal

19 achievement　**20** scholarship　**21** prayer

22 accomplish　**23** enroll　**24** elementary

25 assimilate　**26** integrate　**27** celebrity

28 literary　**29** biography　**30** dialect

DAYS 16-17　　　　p.9

1 습득하다; 획득하다　**2** (학교에) 다니다; 참석하다; 주의를 기울이다　**3** 교수진, 교직원; (대학의) 학부; 능력, 재능　**4** 투자　**5** 수입, 수입품; 수입하다

6 소설의; 허구의　**7** 번역; 번역물; 변환, 변형

8 격언, 속담, 전해오는 말　**9** 산업의, 공업의

10 학기　**11** 정도, 등급; 학위; (온도·각도 등의) 도

12 감축, 축소, 삭감　**13** 적자, 부족(액), 결손

14 출시, 개봉; 분비, 방출; 석방, 해방; 출시[개봉]하다; 분비[방출]하다; 석방[해방]하다

15 조직, 기구　**16** instruct　**17** intermediate

18 harvest　**19** corporation　**20** executive

21 verbal　**22** fluency　**23** commercial

24 infrastructure　**25** sector　**26** capital

27 operate　**28** assignment　**29** graduate

30 poetry

DAYS 17-18　　　　p.10

1 농업의, 농경의　**2** 건설, 건축(물); 구성, 구조

3 노동력, 노동 인구　**4** 지표　**5** 거래　**6** 경영진; 관리, 경영　**7** 영토; 영역　**8** 추방하다, 내쫓다

9 연합한, 결합한　**10** 민주주의; 민주 국가

11 정치가, 정치인　**12** (미국) 상원 의원

13 국내의; 가정의; (동물이) 사육되는　**14** 직원, 고용인　**15** 예산　**16** manufacture　**17** facility

18 storage　**19** division　**20** congress

21 candidate　**22** rural　**23** coworker

24 security　**25** institution　**26** profit

27 generate　**28** cultivate　**29** taxation

30 enforcement

DAYS 18-19　　　　p.10

1 선거; 선출　**2** 지방, 지역; (행정 단위의) 주, 성, 도

3 지구, 구역　**4** 특권, 특전; 특권[특전]을 주다

5 협정, 협약; 합의, 동의　**6** (법률·제도 등을) 폐지하다, 철폐하다　**7** 사법, 재판; 정의; 공정

8 배심(원단)　**9** 범죄자, 범인; 범죄의; 형사상의

10 체포, 연행; 체포[연행]하다　**11** 침입[침략]하다; 침해하다　**12** 패배; 패배시키다, 물리치다

13 빈곤, 가난　**14** 고립[격리]시키다; 분리하다

15 규제하다; 조절하다　**16** independence

17 federal　**18** colonial　**19** conquer

20 shelter　**21** official　**22** representative

23 poll　**24** suburban　**25** defendant

26 sentence　**27** republic　**28** administration

29 overcome　**30** encounter

DAYS 19-20　　　　p.11

1 목격자; 증인; 목격하다　**2** 고소하다, 고발하다; 비난하다　**3** 수감하다, 투옥하다　**4** 기아, 굶주림

5 개혁; 개선　**6** 분리하다; 헤어지다; 따로따로의, 개별적인　**7** 확인하다, 확실히 하다　**8** 전반적인, 전체의; 전반적으로, 전체적으로　**9** 제한하다, 한정하다　**10** 제거하다, 없애다　**11** 장애(물), 방해(물)

12 구하다, 구조[구출]하다; 구조, 구출　**13** 분배하다; 유통시키다; 분포시키다　**14** 간섭하다; 방해하다, 훼방 놓다　**15** 임무, 사명　**16** lawsuit

17 violation　**18** penalty　**19** combat

20 triumph　**21** chief　**22** strategic

23 conform　**24** compel　**25** mobility

26 transfer　**27** conflict　**28** barrier

29 feature　**30** flawless

DAYS 20-21 p.11

1 무작위적인, 임의의   2 번성[번창, 번영]하다
3 고난, 고초   4 (~할) 가치[자격]가 있다,
~받을 만하다   5 내적인; 내부의   6 비공식적인,
비격식의   7 구, 구체; 영역, 범위   8 격상시키다;
들어올리다   9 상황, 정황, 환경   10 생태학의,
생태계의   11 일회용의, 쓰고 버릴 수 있는
12 오염시키다   13 속이 빈; 공허한   14 적도
15 (행성의) 위성, 달; 인공위성   16 deprive
17 socialization   18 undermine   19 boost
20 mainstream   21 biosphere   22 fertility
23 originate   24 coexist   25 context
26 harsh   27 offspring   28 steep
29 cosmos   30 eclipse

DAYS 21-22 p.12

1 출현하다, 나타나다   2 서식 동물; 주민, 거주자
3 화석   4 폐기하다, 처분하다   5 얕은; 피상적인
6 (지구의) 자전; 회전; 윤작   7 궤도; 궤도를 (그리며)
돌다   8 질서 정연한, 정돈된   9 역동적인, 동적인;
(성격이) 활발한, 활동적인   10 매달(리)다, (공중에)
뜨다; 중지하다   11 올라가다, 상승하다   12 명백히;
외견상, 보아하니   13 가속; 가속도   14 (빛을)
비추다, 조명하다   15 가냘픈, 연약한; 섬세한
16 migrate   17 graze   18 swiftly
19 periodically   20 phase   21 altitude
22 latitude   23 vacuum   24 abundant
25 adhere   26 heredity   27 disruptive
28 degrade   29 particle   30 propel

DAYS 22-23 p.12

1 붕괴하다, 무너지다; (사람이) 쓰러지다; 붕괴
2 침식되다[하다]; 좀먹다   3 무한하게, 한없이
4 간신히, 가까스로, 겨우   5 수분, 습기
6 구체적으로, 명확하게; 특정하게, 특별히
7 각각, 제각기, 각자   8 갑작스러운, 느닷없는;
퉁명스러운   9 공간적인, 공간의   10 마찰

11 촉발하다; 계기, 유인; 방아쇠   12 축적
13 수정[변경]하다; 수식하다   14 강렬한, 극심한;
치열한   15 오그라들다, 줄어들다   16 chaotic
17 scarce   18 perish   19 descend
20 drastically   21 succession   22 immense
23 multiply   24 static   25 collision
26 subsequently   27 identical   28 alternate
29 planetary   30 barren

DAYS 23-24 p.13

1 사라지다   2 폭발, 분화   3 상대적으로, 비교적
4 획일적인; 균등한; 제복, 교복   5 점진적인;
진보적인   6 변수; 변화무쌍한, 변하기 쉬운
7 거대한, 육중한; 대규모의, 대량의   8 탐구, 연구;
문의, 질문   9 (이론적) 체계, 틀, 뼈대   10 질적인
11 공식화하다; (세심히) 만들어 내다   12 화합물;
혼합물; 합성하다, 혼합하다   13 밀집한, 빽빽한;
소형의   14 치수, 크기; 차원; 관점   15 비율, 비;
비례   16 microscopic   17 paradigm
18 conceptual   19 constrict
20 systematically   21 inherently
22 turbulent   23 flourish   24 consist
25 convert   26 erroneous   27 testify
28 collaborate   29 molecule   30 rectangle

DAYS 24-25 p.13

1 획기적 발전[발견], 돌파구, 약진   2 유형의,
유형적인; 명백한   3 청소년; 청소년의   4 (상세히)
기록하다; 문서, 서류   5 중력; 심각성, 중대함
6 방정식   7 통계, 통계학   8 유아, 영아, 갓난아기
9 그릇됨을 증명하다, 틀렸음을 입증하다
10 점유[차지]하다, 거주하다; 점령하다
11 적응하다; 조정[조절]하다   12 결혼(생활)의,
혼인의   13 배우자   14 목이 메다; 숨이 막히다;
질식시키다   15 추구; 추적, 추격   16 hypothesis
17 mechanism   18 theoretical
19 quantitative   20 foster   21 bride

22 probability **23** subtraction **24** mature
25 (r)eside **26** establish **27** fusion **28** heir
29 glimpse **30** yearn

DAYS 25-26   p.14

1 여성의; 여자 같은 **2** 긴장한; 긴장된, 긴박한
3 자손, 후손, 후예 **4** (감정을) 터트리다, 갑자기
~하다; 터지다, 폭발하다; 파열, 폭발; 돌발
5 (몸을) 떨다, 떨리다 **6** (노력, 시간 등을) 할애하다,
바치다; 전념시키다 **7** 노력하다, 애쓰다; 노력,
시도, 진력 **8** 운명, 숙명 **9** 필사적인, 절박한;
절망적인 **10** 몹시 슬퍼하다; 몹시 슬프게 하다
11 경멸하다, 멸시하다 **12** 살다, 거주하다
13 분개한, 분통해 하는 **14** 격노한, 격분한; 맹렬한,
열띤 **15** 혼자 있음; 독거; 고독 **16** toddler
17 pregnant **18** commute **19** maternal
29 affection **21** outrage **22** aspiration
23 revengeful **24** confused **25** thrill
26 frustrate **27** (a)stonish **28** exclaim
29 inhale **30** stumble

DAYS 26-27   p.14

1 기민한; 경계하는; 경보, 경계; 경고하다; 경계시키다
2 독창적인, 발명의 재능이 있는 **3** 신중한, 세심한
4 무서워하게 하다, 소름 끼치게 하다 **5** 꺼리는,
마음 내키지 않는 **6** 증오, 원한 **7** 공감, 감정 이입
8 고집 센, 완고한 **9** 도발하다; 화나게 하다;
일으키다 **10** 경멸[멸시]하다; 경멸, 멸시
11 질투하는, 시기하는 **12** 부끄러운, 창피한,
수치스러운 **13** 짜증 나게 하다; 자극하다,
염증을 일으키다 **14** 양심 **15** 충동
16 contented **17** (s)tartle **18** suppress
19 panic **20** applaud **21** passionate
22 moderate **23** impartial **24** decency
25 naive **26** confront **27** short-sighted
28 enthusiastic **29** compassion
30 genuine

DAYS 27-28   p.15

1 비관적인, 염세적인 **2** 차별하다; 식별[구별]하다
3 유능한; 능숙한 **4** 서투른; 어색한; 불편한
5 불면증 **6** (신체적·정신적) 장애 **7** 진단
8 겸손, 겸양 **9** (음식의) 양, 1인분; 부분, 일부
10 독감 **11** 환대하는, 호의로 맞이하는;
(환경 등이) 쾌적한 **12** 회의적인, 의심 많은
13 자존감, 자부심 **14** (1회) 복용[투약]량
15 임상의 **16** rigid **17** refreshment
18 expiration **19** humiliate **20** eminent
21 cautious **22** courtesy **23** dietary
24 edible **25** dehydrate **26** cowardly
27 depreciate **28** injection **29** acute
30 remedy

DAYS 28-29   p.15

1 주요한; 주요 식품; 주요 산물
2 영양분을 공급하다; (감정·생각 등을) 키우다
3 냉장[냉동]하다 **4** 남은 음식; (과거의) 잔재;
남은, 나머지의 **5** 유도하다, 유발하다
6 필연적으로, 불가피하게 **7** 의심할 여지 없이,
틀림없이 **8** 마비 **9** 논거; 주장; 언쟁
10 상기시키다, 생각나게 하다 **11** 처방(전); 규정,
법규 **12** 말기의; 불치의; 터미널, 종점 **13** 항체
14 가정, 가설, 추정 **15** 추측하다; 투기하다
16 seasoning **17** supplement
18 depression **19** embed **20** comprise
21 estimate **22** medication **23** underlying
24 proposition **25** activate **26** unmistakably
27 (e)nvision **28** obesity **29** diabetes
30 symptom

DAYS 29-30   p.16

1 본질적인, 고유한, 내재적인 **2** 전제 **3** 촉발[유발]
하다; 신속한, 즉각적인 **4** 마음속에 그리다;
시각화하다 **5** 짜다, 뜨다; 엮어 넣다[맞추다]

6 지속, 지속 기간   7 활용하다, 이용하다

8 추정하다; 투사[투영]하다; 계획, 프로젝트

9 유사한; 평행하는; 유사[필적]하다; 평행시키다

10 다수, 수가 많음   11 통합[합체]하다; (일부로)
포함하다   12 가능성, 있음 직함   13 최소화하다

14 미묘한, 포착하기 어려운   15 (부분적으로) 겹치다;
중복되다; (부분적) 겹침, 중복   16 grounded

17 (e)voke   18 (b)lurry   19 entangle

20 coincide   21 accordingly

22 (p)resumption   23 ridiculous

24 compatible   25 (s)egment

26 substitute   27 straightforward

28 facilitate   29 literally   30 explicitly

DAYS 30-31   p.16

1 (사상 · 감정 등을) 구체화하다, 구현하다

2 통합하다; 공고히 하다, 강화하다

3 능력[권한, 자격]을 주다   4 할당하다, 배분하다

5 애매한, 막연한; 희미한, 흐릿한   6 불명료한,
모호한; 모호하게 하다   7 일치하다[시키다]; 일치,
조화   8 근접한; 대략의; 가까워지다   9 효율(성),
능률   10 안정, 안정성   11 분별하다, 식별하다

12 특유의, 특이한, 독특한   13 조각, 파편, 단편;
조각나다[내다]   14 고치다, 바꾸다, 변경하다

15 밝히다, 베일을 벗기다   16 prime

17 integral   18 lengthy   19 practicality

20 encode   21 outright   22 interplay

23 correspond   24 (s)ubstantial   25 extent

26 magnitude   27 elaborate   28 entitle

29 attain   30 dedicate

DAYS 31-32   p.17

1 충분한; 적당한, 적절한   2 간결한, 간명한

3 유용(성), 효용; 공공 설비, 공익사업

4 겪다, 경험하다; (수술 등을) 받다

5 (능력, 자질 등을) 부여하다; (기금을) 기부하다

6 보유하다, 유지하다   7 능가하다, 뛰어넘다,

~보다 낫다   8 우선하다; 앞서다, 선행하다

9 터무니없는 소리[생각], 무의미한 말

10 ~보다 (기량이) 뛰어나다, 능가하다

11 (주의를) 산만하게 하다   12 주목할 만한,
두드러진; 저명한, 유명한   13 독보적인, 경쟁자가
없는   14 협상[협의]하다, 교섭하다   15 절차, 순서

16 sophisticated   17 exert   18 authoritative

19 overtake   20 derive   21 enlighten

22 nurture   23 severity   24 validity

25 tackle   26 supernatural   27 mysterious

28 compensation   29 (a)ssurance

30 (a)ffirm

DAYS 32-33   p.17

1 최선의, 최적의   2 받는 사람, 수령[수취]인

3 환상, 착각, 환영   4 신화적인, 신화의; 가공의

5 인정[시인]하다; 승인하다   6 확신; 자신

7 불확실성   8 확인하다, 규명하다   9 분투하다,
애쓰다   10 동의[승낙]하다; 동의, 승낙   11 현저한,
두드러진; 저명한, 걸출한   12 구별되는; 독특한

13 전문직 종사자(개업의, 개업 변호사 등)

14 축제 분위기의, 축제의, 즐거운   15 제지하다,
제한하다; 억누르다   16 assert   17 grant

18 routine   19 superstition   20 coordinate

21 compromise   22 exceptional

23 outweigh   24 override   25 hazardous

26 pedestrian   27 vibrant   28 spectacular

29 (f)orbid   30 (i)nhibit

DAYS 33-34   p.18

1 연장하다, 늘이다   2 긴급한, 다급한

3 이국적인; 외래의   4 진정한, 진짜의

5 매우 귀중한, 값을 매길 수 없는   6 황량한,
사람이 살지 않는   7 방해하다, 저해하다

8 항해; 항해하다   9 집중적인, 철저한;
(농업 방식이) 집약적인   10 단조로운, 지루한

11 장엄한, 웅장한   12 지휘자; (전)도체

13 건립하다, 세우다; 직립의, 똑바로 선

14 생생한; 선명한 **15** 상, 조각상 **16** fulfill
17 scenery **18** craftsman **19** respondent
20 counterpart **21** acquaintance
22 (p)rohibit **23** confine **24** artifact
25 postpone **26** demanding **27** figure
28 (d)epict **29** renovate **30** masterpiece

1 숙박 시설; 조정, 타협 **2** 빼어난, 멋진, 최고의
3 조각가 **4** 극작가, 각본가 **5** 문단, 단락 **6** 산문
7 언론(계), 저널리즘 **8** 미(학)적인; 심미적인
9 인용하다, (이유ㆍ예를) 들다 **10** 이야기; 설명;
계좌; 계정; 설명하다; 차지하다 **11** 삽화; 실례,
예증 **12** 큐레이터, 박물관[미술관] 관리자
13 포착하다; 붙잡다, 포획하다 **14** 꾸미다,
장식하다 **15** 추상적인; 추상[파]의; 추상; 추상화
16 entertainment **17** novel
18 pronunciation **19** lyric **20** opponent
21 (p)ortray **22** commission **23** polish
24 summarize **25** adjective
26 monument **27** marvelous **28** satire
29 publication **30** article

1 개정하다, 교정하다; 변경하다 **2** 낭송[암송]하다
3 방송; 방송하다 **4** (독실한) 신자들; 충실한
5 진행하다, 나아가다 **6** (어)구, 관용구
7 관용 표현, 숙어 **8** 사설, 논설; 편집의
9 이야기; 이야기의 **10** 은유, 비유 **11** 자음
12 집단의; 집합의 **13** 관례, 관습; (대표자) 회의,
총회; 협약 **14** 일탈, 탈선 **15** 발생(률), 발병(률)
16 quote **17** character **18** proficiency
19 rhyme **20** institute **21** immortal
22 sermon **23** tuition **24** questionnaire
25 coverage **26** curriculum **27** prevail
28 withstand **29** dominant **30** variation

1 대학생, 학부생; 학사의, 대학생의 **2** 기숙사
3 특허(권); 특허를 얻다; 특허의 **4** (품질) 보증서,
보증 **5** 보험 **6** 포용, 포함 **7** 구성 요소; 부품
8 역경, 불운 **9** 농산물; 생산하다, 산출하다
10 소매상(인) **11** 수익, 소득; 세입 **12** 목사,
성직자; (내각) 장관 **13** 의식, 제식; 의식의, 제식의
14 특징이 되다; 특징짓다 **15** 파산한
16 session **17** divine **18** diminish
19 pioneer **20** pesticide **21** merchant
22 commodity **23** yield **24** prosperous
25 transition **26** precaution **27** enterprise
28 accounting **29** monetary **30** sponsor

1 가축(류) **2** 사치품, 명품; 사치, 호사 **3** 자산, 재산
4 화폐, 통화; 통용 **5** 면허(증); 면허를 주다
6 보증; 보증서; 보증하다 **7** 종료, 종결
8 퇴직, 은퇴 **9** 이력서; 재개하다 **10** 채용, 모집
11 출시하다; 착수하다; 발사하다; 출시; 발사
12 전문으로 하다; 특화하다 **13** 점검하다,
검사하다 **14** 임대하다, 빌리다; 임대차 계약
15 검약, 절약 **16** fertilizer **17** domestication
18 vendor **19** bargain **20** manual
21 diligent **22** personnel **23** livelihood
24 subordinate **25** unload **26** delete
27 deposit **28** expenditure **29** royalty
30 monopoly

1 장려(금); 유인, 동기 **2** 연금 **3** 감독하다, 관리하다
4 첨부하다; 붙이다, 달다 **5** (관청의) 청, 국, 부
6 충성(심), 충의, 충실 **7** 금지(령); 금(지)하다
8 안건, 의제 **9** 헌법; 구성, 조직 **10** 수정하다,
개정하다 **11** 임명하다, 지명하다; (시간ㆍ장소 등을)
정하다 **12** 편집하다, 편찬하다 **13** 시간을 엄수하는

14 회의, 회담 15 선포하다, 선언하다

16 occupation 17 qualification

18 department 19 layoff 20 withdraw

21 dictator 22 regime 23 council

24 govern 25 (s)tatesman 26 deputy

27 expense 28 mortgage 29 declaration

30 conservative

DAYS 39-40   p.21

1 입법하다, 법률을 제정하다

2 (후보자로) 지명[추천]하다 3 수사관, 형사; 탐정

4 동맹(국), 제휴, 연합 5 추방하다; 퇴학시키다

6 제국 7 시행하다, 이행하다 8 사임[사직]하다,
그만두다 9 절도(죄), 도둑질; 도용 10 위원회;
(집합적) 위원 11 대통령직, 대통령 임기 12 군주

13 도시화 14 주요 지형지물; 획기적 업적[사건]

15 혼잡, 밀집 16 parliament 17 enact

18 agency 19 spokesperson

20 summon 21 embassy 22 imperialism

23 harassment 24 riot 25 attorney

26 autonomy 27 unity 28 treaty

29 frontier 30 surrender

DAYS 40-41   p.21

1 강도 (사건), 약탈 2 분해하다; 부패하다

3 고갈[소모]시키다 4 유죄를 선고[판결]하다; 죄인,
죄수 5 (전쟁·유행병 등의) 발발, 발생, 창궐 6 억압,
탄압 7 초고층 건물, 마천루 8 신진[물질]대사

9 돌아다니다, 배회하다 10 사기, 협잡; 사기꾼

11 부패, 타락 12 온대의, 온화한; 삼가는, 절제하는

13 수생의, 물속의 14 매장(지); 장례식 15 근접한,
가장 가까운 16 innocence 17 toxicity

18 terrestrial 19 terrain 20 intervention

21 betray 22 metropolis 23 transit

24 photosynthesis 25 transpiration

26 penetrate 27 extract 28 suspect

29 diplomacy 30 ambassador

DAYS 41-42   p.22

1 확대하다 2 압축하다, 압착하다 3 분산하다,
흩어지다, 퍼지다 4 돌연변이를 일으키다

5 잔해, 파편, 부스러기 6 아열대의 7 수축하다
[시키다]; 계약하다; (병에) 걸리다; 계약(서)

8 굴절하다[시키다] 9 눈의, 시각의; 광학(상)의

10 수분, 가루받이 11 동면, 겨울잠 12 핵; 핵심

13 지름, 직경 14 타고난, 선천적인 15 경험적인,
경험주의의 16 germination 17 wither

18 devastate 19 exploitation 20 maritime

21 perpetual 22 combust 23 fraction

24 stationary 25 submerge 26 thermal

27 subterranean 28 sediment

29 desolate 30 tentative

DAYS 42-43   p.22

1 부패하다, 썩다; 썩음, 부패 2 정화하다, 깨끗이 하다

3 시간의 4 투명한 5 괴팍한, 괴짜인; 괴짜

6 성향, 기질 7 (좌우) 대칭 8 사춘기

9 섬뜩[오싹]하게 하다 10 안심[안도]시키다

11 슬퍼하다, 비탄하다; 비탄, 한탄

12 흥미를 느끼게 하다, 호기심을 자극하다

13 교만한, 오만한, 건방진 14 연쇄, 연속;
순서, 차례 15 합성; 통합, 종합 16 dissolve

17 acoustic 18 ancestral 19 puzzle

20 duplicate 21 electron 22 thrust

23 convergence 24 juvenile 25 insert

26 condense 27 haunt 28 virtuous

29 integrity 30 civility

DAYS 43-44   p.23

1 나이 든, 노쇠한 2 재활 (치료) 3 성형의; 미용의,
화장(품)의 4 강박감을 갖게 하다; 사로잡히게 하다

5 분기[각성]시키다; 불러일으키다 6 만족(감);
욕구 충족 7 인내(력), 끈기; 지구력 8 요리; 요리법

9 방부제 10 발생, 일어남 11 수혈 12 형제자매

13 압도하다; (위에서) 덮치다 14 허약한; 연약한,

깨지기 쉬운   15 호흡의, 호흡기의   16 kinship
17 (p)erplex   18 (b)ewilder   19 hygiene
20 neurology   21 abortion   22 extravagant
23 vanity   24 gourmet   25 pathogen
26 ailment   27 anesthetic   28 apprehend
29 altruistic   30 cordial

DAYS 44-45   p.23

1 (식품) 첨가제, 첨가물   2 손상; 장애
3 항생제, 항생 물질; 항생의, 항생 물질의
4 회복력; 탄성   5 (공중) 위생의, 보건의   6 생리학;
생리 기능   7 주장하다; 경쟁하다, 다투다
8 차별화, 차등화; 구별, 구분   9 암묵[암시]적인,
은연중의   10 정교한, 섬세한; 매우 아름다운
11 만장일치의, 이의 없는   12 해부학;
해부학적 구조   13 명상하다, 묵상하다
14 실행[실현] 가능한   15 쓸데없는, 무익한, 헛된
16 delicacy   17 verification   18 gorgeous
19 supreme   20 transplant   21 medicinal
22 traumatic   23 enzyme
24 (c)ontemplate   25 analogy
26 fermentation   27 contagion
28 epidemic   29 misconception
30 susceptible

DAYS 45-46   p.24

1 숙고하다; 의도[고의]적인   2 회고, 회상;
회고[회상]하다   3 반박하다, 논박하다   4 명료화;
해명   5 되풀이되는, 반복되는   6 누적하는, 누적적인
7 잠재 의식적으로   8 취약한, 상처받기 쉬운
9 다양[다각]화하다   10 정확히 기술하다;
정확히 찾아내다   11 가공할 만한, 어마어마한
12 모범적인, 훌륭한   13 딜레마, 진퇴양난
14 결점, 약점   15 이론적 근거[설명]
16 deduction   17 ambiguous   18 arbitrary
19 ingenious   20 (m)anifest   21 invariably
22 predominantly   23 retrieve

24 ubiquitous   25 homogeneous
26 discrete   27 pragmatic   28 discrepant
29 schema   30 preoccupation

DAYS 46-47   p.24

1 보완[보충]하다; 보완[보충]물   2 영원한, 불멸의
3 동등한; 상응하는; 동등한 것   4 총체적인,
전체론의   5 양극화하다   6 발굴하다, 파다
7 쌍방향의, 상호 작용하는   8 함축, 내포; 영향,
(예상된) 결과   9 심어주다, 서서히 주입시키다
10 소원하게 하다; 소외시키다   11 형이상학적인
12 동시에   13 유효성; 효험, 효능   14 장치, 기기
15 설치, 설비   16 (a)rticulate   17 align
18 immerse   19 tremendous
20 spontaneously   21 unprecedentedly
22 consensus   23 attribute   24 heuristic
25 indulge   26 millennium   27 designate
28 malicious   29 bombard   30 apparel

DAYS 47-48   p.25

1 내면화[내재화]하다   2 중재하다; 매개하다
3 (사회적으로) 소외시키다, 주변으로 내몰다
4 유목민; 방랑자   5 중복되는, 장황한   6 박사의,
박사 학위의   7 오리엔테이션(신입생 적응 교육);
방향(성)   8 정서, 감정; 감상   9 생략하다, 빠뜨리다
10 (시·곡·연주 등을) 즉흥적으로 하다
11 비유적인; 수식이 많은   12 알리다, 통지하다
13 (가정용) 전기 제품[기구]   14 회고록
15 논문; 논제   16 comply   17 reconcile
18 encompass   19 paraphrase
20 punctuation   21 anonymous
22 infringe   23 furnishing   24 maintenance
25 manuscript   26 animate   27 expedition
28 navigate   29 extracurricular
30 connotation

1 담론, 담화   2 의인화하다   3 통일성, 일관성
4 동의어, 유의어   5 합법적인, 적법의   6 농민,
영세농, 소작농   7 서명; 서명하기   8 관개, 물을 댐
9 화물; 화물 운송   10 섬유, 직물, 옷감   11 신생 기업,
스타트업   12 변동하다, 오르내리다   13 풍요로운,
풍족한; 부유한   14 증명서, 이수(증); -권
15 발언, 발화   16 anecdote   17 commentary
18 abbreviate   19 eloquent   20 dispense
21 portable   22 recession   23 municipal
24 merchandise   25 hospitality   26 allot
27 compulsory   28 excursion   29 rhetoric
30 subscription

1 난민, 망명자   2 (군대 등을) 전개하다, 배치하다
3 합병하다; 합류하다, 합쳐지다   4 구매할 수 있는,
감당 가능한, (가격이) 적절한   5 잉여; 잉여물; 흑자;
잉여의, 과잉의   6 애국의, 애국적인   7 위계, 서열,
계층   8 증언, 증거, 증명   9 단일 재배[경작]
10 목재   11 철수[퇴각]하다; 물러나다; 후퇴, 철수
12 제대시키다; 퇴원시키다; 짐[손님]을 내리다
13 파괴하다, (건물을) 철거하다   14 대피시키다;
피난하다   15 참사, 재앙, 큰 재해   16 publicity
17 tariff   18 entity   19 privatization
20 inflict   21 diffusion   22 subsidy
23 aristocracy   24 verdict   25 accountable
26 constraint   27 intercept
28 counterattack   29 customize   30 incur

VOCA
PLANNER

Workbook

수능 완성